JN211915

Handbook of
Music Education
Research

音楽教育研究
ハンドブック

日本音楽教育学会
Japan Music Education Society
設立50周年
記念出版

音楽之友社

まえがき　　本書が刊行される 2019 年に，日本音楽教育学会は設立 50 年目を迎えます。

　学会設立当時を振り返ってみますと，1970 年に日本万国博覧会が大阪で開かれ，その前年 1969 年にはアポロ 11 号の宇宙飛行士が人類として初めて月面に降り立ちました。50 年を経た今，社会はかつてない急速で大きな変革の時を迎えていると言われますが，その変革の背景であるグローバル化，情報化，AI の台頭に代表されるテクノロジーの進化は，学会設立時の象徴的な出来事の中にすでに見え始めていたと言ってもよいでしょう。

　教育のあり方についても，大きな変革が求められるという声が多方面から聞こえてきます。そのような中で，音楽教育の実践と研究に携わる私たちはどこに立ち，何を見据え，どう考え，どう動いていこうとするのでしょうか。今だからこそ，私たちは「人が音楽を学ぶこと，音楽を教えること」の変わらぬ本質を見きわめ，社会の変化に伴って変わりゆくものがあるとするならばそれを展望し，学術団体としてのあり方を探究したいと考えます。設立 50 年を記念して刊行されるこのハンドブックには，そうした私たちの考えと思いがこめられています。

　本書は，音楽教育の研究と実践に携わる研究者，実践者，関心をもつあらゆる方々に音楽教育研究の今を伝え，これからの展望を拓きたいという意図をもって構成されています。音楽教育研究の「これまで―今―これから」を三つの切り口から捉え，実践と研究にとって重要なことがらを選び出して，基本的に見開き 2 ページ（一部の実践研究事例は 1 ページ）という限られた紙数で解説，考察を行っています。

　「三つの切り口」とは，「第 1 部 音楽教育研究の視座」「第 2 部 音楽教育研究の方法」「第 3 部 音楽教育研究のフィールドと実際」です。

　音楽という営みをもつこと，そしてそれを継承していることが人に普遍的であり固有であるという認識は，今日では人文科学のみでなく自然科学分野においても共有されているようです。そうであれば，音楽の学びと教えには，人を人たらしめてきた大切な存在意義があるはずです。第 1 部ではこの大きな課題を，関連・隣接諸分野の研究動向を背景として様々な視点から見渡し，これからの音楽教育研究の視座

を示します。第2部では課題に向き合うための立ち位置と態度そして取組みの方法として，今知っておくべきことを把握します。その上で，音楽教育という総合的で多様な事象に様々な方法で切り込む研究の実際を示します。第3部では音楽教育研究が対象とするフィールドごとに，それぞれに固有の現代的課題について実践と理論を統合した研究の展開を示します。人が音楽を学ぶこと，音楽を教えることは，私たちがそれを「音楽教育」という名で呼ぶか否かにかかわらず，そして当事者の自覚の有無にかかわらず，人の生涯にわたるあらゆる文脈で生起します。音楽教育研究の今が包み込む多様性と広がりの実際をここに示していきます。各部に掲載された項目は，常任編集委員会が中心となって精選したものです。第1部と第2部は依頼原稿，第3部は依頼原稿及び公募によって選ばれた「実践研究事例」で構成されています。

　音楽の教えと学びを探究していくこれからの道程では，音楽教育の専門性の追究ももちろん重要ですが，ただその中だけに閉じこもることなく，他の専門分野の研究とクロスする目と頭と心をもつことも求められるのではないでしょうか。そして，様々なフィールドに目を向け，フィールドから学び，フィールドに成果を還元していく態度をもつこと，言い換えれば，学校，家庭，地域をはじめ社会に広くつながりながら，現代社会における音楽教育の諸問題の解決に貢献することも考えねばなりません。言うまでもなく，一人の研究者が取り組む範囲と課題には限界があります。一つの見方，一つの捉え方，一つの論理を推奨するわけでもありません。研究が深化し先鋭化すればするほど，現象に向き合うスタンスも方法論も論理構成の仕方も，多様性を増していくでしょう。そうであれば学会にとっては，そうした多様性を包括し，議論を活性化し共有する「場」を保証することが大きな使命となるでしょう。日本音楽教育学会が，基礎の学，応用の学，実践の学を包括しながら今を見つめ，未来を展望していく人々の集団として，これからも発展し続けていくことを願ってやみません。

日本音楽教育学会第23期会長　今川恭子

編集担当者一覧

日本音楽教育学会設立 50 周年記念出版編集委員会

【常任編集委員】	有本真紀	(第 1 部第 1 章, 第 3 部第 3 章, 第 3 部第 5 章)
	今川恭子	(第 1 部第 1 章, 第 3 部第 1 章)
副委員長	小川容子	(第 1 部第 1 章, 第 2 部第 1 章, 第 2 部第 2 章)
編集委員長	加藤富美子	(第 3 部第 2 章)
	権藤敦子	(第 1 部第 2 章)
	齊藤忠彦	(第 3 部第 4 章)
	菅 裕	(第 1 部第 2 章, 第 3 部第 4 章)
	本多佐保美	(第 3 部第 3 章, 第 3 部第 5 章)

【編集委員】	石川眞佐江	(第 3 部第 1 章)
	伊野義博	(第 1 部第 2 章, 第 3 部第 4 章)
	尾見敦子	(第 3 部第 1 章)
	木村次宏	(第 3 部第 4 章)
	木村充子	(第 3 部第 1 章, 第 3 部第 5 章)
	工藤傑史	(第 3 部第 2 章)
	柴崎かがり	(第 2 部第 1 章)
	西島 央	(第 2 部第 2 章)
	吉永早苗	(第 3 部第 1 章, 第 3 部第 5 章)
	萬 司	(第 3 部第 4 章)

【編集協力者】	市川 恵
	伊原小百合
	押手美加
	小井塚ななえ
	国府華子
	佐藤慶治
	田邊裕子
	長野麻子
	長畑俊道
	早川倫子
	原口 直
	村上康子

執筆者一覧
（五十音順）

有本真紀	（ありもと　まき）	立教大学
磯田三津子	（いそだ　みつこ）	埼玉大学
市川　恵	（いちかわ　めぐみ）	早稲田大学
伊野義博	（いの　よしひろ）	新潟大学
伊原小百合	（いはら　さゆり）	東京藝術大学
今井康雄	（いまい　やすお）	日本女子大学
今川恭子	（いまがわ　きょうこ）	聖心女子大学
今田匡彦	（いまだ　ただひこ）	弘前大学
岩田遵子	（いわた　じゅんこ）	東京都市大学
臼井　学	（うすい　まなぶ）	国立教育政策研究所
大熊信彦	（おおくま　のぶひこ）	群馬県立太田女子高等学校
大澤智恵	（おおさわ　ちえ）	武庫川女子大学
岡　ひろみ	（おか　ひろみ）	滋賀県立新旭養護学校
小川昌文	（おがわ　まさふみ）	横浜国立大学
小川実加子	（おがわ　みかこ）	邦楽囃子演奏家
小川容子	（おがわ　ようこ）	岡山大学
尾崎祐司	（おざき　ゆうじ）	上越教育大学
尾見敦子	（おみ　あつこ）	川村学園女子大学
樫下達也	（かしした　たつや）	京都教育大学
加藤富美子	（かとう　とみこ）	東京音楽大学
川田弘人	（かわだ　ひろひと）	高知県教育委員会
菅　道子	（かん　みちこ）	和歌山大学
北野幸子	（きたの　さちこ）	神戸大学
北山敦康	（きたやま　あつやす）	静岡大学名誉教授
木村次宏	（きむら　つぎひろ）	福岡教育大学
木村充子	（きむら　みつこ）	桜美林大学
桐原　礼	（きりはら　あや）	信州大学
工藤傑史	（くどう　たけし）	東京福祉大学
小井塚ななえ	（こいづか　ななえ）	東洋英和女学院大学
木間英子	（このま　えいこ）	昭和女子大学
小林剛志	（こばやし　たけし）	茨城県立下館第一高等学校
駒　久美子	（こま　くみこ）	千葉大学
古山典子	（こやま　のりこ）	福山市立大学
小山英恵	（こやま　はなえ）	東京学芸大学
今　由佳里	（こん　ゆかり）	鹿児島大学
権藤敦子	（ごんどう　あつこ）	広島大学
近藤真子	（こんどう　しんこ）	文教大学
斉木美紀子	（さいき　みきこ）	田園調布学園大学
齊藤忠彦	（さいとう　ただひこ）	信州大学
阪井　恵	（さかい　めぐみ）	明星大学
坂井康子	（さかい　やすこ）	甲南女子大学
酒井勇也	（さかい　ゆうや）	宮崎大学
佐藤　学	（さとう　まなぶ）	学習院大学
佐野　靖	（さの　やすし）	東京藝術大学
重森栄理	（しげもり　えり）	海田町立海田南小学校
志民一成	（したみ　かずなり）	国立教育政策研究所
柴崎かがり	（しばざき　かがり）	University of Huddersfield
島崎篤子	（しまざき　あつこ）	文教大学
嶋田由美	（しまだ　ゆみ）	学習院大学
志村洋子	（しむら　ようこ）	埼玉大学名誉教授
新藤浩伸	（しんどう　ひろのぶ）	東京大学
菅　裕	（すが　ひろし）	宮崎大学
杉江淑子	（すぎえ　よしこ）	滋賀大学
鈴木慎一朗	（すずき　しんいちろう）	鳥取大学
妹尾正教	（せのお　まさのり）	社会福祉法人 仁慈保幼園
仙北瑞帆	（せんぼく　みずほ）	立命館大学
髙木夏奈子	（たかぎ　かなこ）	植草学園大学
高田　明	（たかだ　あきら）	京都大学
高見仁志	（たかみ　ひとし）	佛教大学
瀧川　淳	（たきかわ　じゅん）	熊本大学
滝沢ほだか	（たきざわ　ほだか）	岡崎女子短期大学
田村にしき	（たむら　にしき）	鎌倉女子大学
津田正之	（つだ　まさゆき）	国立音楽大学
坪能由紀子	（つぼのう　ゆきこ）	開智国際大学
鶴岡陽子	（つるおか　ようこ）	玉川大学
寺内大輔	（てらうち　だいすけ）	広島大学

寺田己保子	（てらだ　みほこ）	埼玉学園大学
遠山文吉	（とおやま　ぶんきち）	うつのみや音楽療法研究会
徳丸吉彦	（とくまる　よしひこ）	聖徳大学
徳本広孝	（とくもと　ひろたか）	中央大学
長井覚子	（ながい　さとこ）	白梅学園短期大学
中地雅之	（なかじ　まさゆき）	東京学芸大学
中嶋俊夫	（なかじま　としお）	横浜国立大学
中田隆行	（なかた　たかゆき）	公立はこだて未来大学
中西紗織	（なかにし　さおり）	北海道教育大学
永野和男	（ながの　かずお）	聖心女子大学名誉教授
西海聡子	（にしかい　さとこ）	東京家政大学
西島　央	（にしじま　ひろし）	青山学院大学
根ケ山光一	（ねがやま　こういち）	早稲田大学
根津知佳子	（ねづ　ちかこ）	日本女子大学
野本由紀夫	（のもと　ゆきお）	玉川大学
橋彌和秀	（はしや　かずひで）	九州大学
長谷川恭子	（はせがわ　きょうこ）	秋草学園短期大学
羽石英里	（はねいし　えり）	昭和音楽大学
林　睦	（はやし　むつみ）	滋賀大学
平井恭子	（ひらい　きょうこ）	京都教育大学
藤井浩基	（ふじい　こうき）	島根大学
藤江康彦	（ふじえ　やすひこ）	東京大学
藤田和也	（ふじた　かずや）	歌舞伎囃子笛方
藤原志帆	（ふじはら　しほ）	熊本大学

星野悦子	（ほしの　えつこ）	上野学園大学
本多佐保美	（ほんだ　さほみ）	千葉大学
前川陽郁	（まえかわ　はるか）	大阪芸術大学
松信浩二	（まつのぶ　こうじ）	香港教育大学
丸山　慎	（まるやま　しん）	駒沢女子大学
三浦雅展	（みうら　まさのぶ）	国立音楽大学
水戸博道	（みと　ひろみち）	明治学院大学
三村真弓	（みむら　まゆみ）	広島大学
宮下俊也	（みやした　としや）	奈良教育大学
向田由美〔鶴澤友球〕	（むかいだ　ゆみ）〔つるざわ　ともじゅ〕	義太夫節三味線演奏家
村尾忠廣	（むらお　ただひろ）	公益社団法人 才能教育研究会
村上康子	（むらかみ　やすこ）	共立女子大学
八桁由布樹	（やげた　ゆうき）	東京学芸大学大学院生
山下薫子	（やました　かおるこ）	東京藝術大学
山下世史佳	（やました　よしか）	よしかミュージック
山田悠莉	（やまだ　ゆり）	岡崎女子短期大学
山中和佳子	（やまなか　わかこ）	福岡教育大学
山本久美子	（やまもと　くみこ）	山梨県立大学
山本華子	（やまもと　はなこ）	小田原短期大学
横田典子	（よこた　のりこ）	岡崎女子短期大学
吉永早苗	（よしなが　さなえ）	東京家政学院大学
萬　司	（よろず　つかさ）	拓殖大学北海道短期大学

（2019 年 10 月 5 日　現在）

目　次

第1部　音楽教育研究の視座

第1部

音楽教育研究の視座

第1章

音楽教育研究の今

introduction

　音楽教育をどのような立ち位置からどのように捉えるか。本章「音楽教育研究の今」は、「人と音楽」「社会の中の音楽教育」「歴史の中の音楽教育」という三つの窓を開いて、学際的な知のクロスするところに音楽教育研究の「今」と「これから」の視座を据える。もちろん、一つの固定された「ここからこう捉える」があるわけではない。人と音楽との関わりの探究から、社会という水平軸と歴史という垂直軸が有機的に交わるところへと視界を広げていき、その広がりと多様性の中に、読み手それぞれの立ち位置と捉え方が自覚されていくことが重要である。

　1-1「人と音楽」は、人が音楽をすること、歌う、聴く、奏でることの意味から始まる。一見「なくても生きていける」音楽を人が歴史を通して普遍的に保ち続けていることは、生きることと音楽との不可分性を示している。この原点から考えたい。1-2は社会へと目線を動かす。学校という場の重みは言うまでもないが、学校だけでなく生涯にわたる学びの場、個人のウェルビーイングの観点、社会化と社会性そのものへの問いに関わっての音楽、そして情報化社会における音楽教育研究を考えていく。1-3は、歴史研究の意義とあり方を今日的な目で見つめる。我々一人一人が歴史を更新する存在であり、いかなる現代的課題も歴史的視点を欠いて展望することはできない。多角的な論考が根底でつながり合いながら、音楽教育固有の問題に切り込む我々の今とこれからを描き出していく。　　　　　（今川恭子）

人が音楽をすることと音楽教育研究

1.「人が音楽をすること」と音楽教育研究

　音楽教育研究は,「人が音楽をすること」を主たる研究対象・研究内容としながら, 人にとっての音楽経験の意味やあり方を問い続けてきた。古今東西の様々な年齢層の人が, 様々な環境の中で様々に「音楽をすること」を研究対象としてきた。そして, 周辺諸科学における研究に依拠したり参照したりしながらも, 人が音楽をしている事実を記述したり分析したりするにとどまらず,「なぜ」「どうすれば」を繰り返しながら, 人の形成にとって音楽が生きて働くものとなることを目指す研究内容としてきた。

　ここでは「音楽教育研究の今」というテーマのもと,「人が音楽をすること」について, 周辺諸科学における研究の今を探り, それとの関わりの中でこれからの音楽教育研究のあり方を考えていく。

2.「音楽をする」ことの研究の広がり

　「音楽をする」ことについての研究は, 2000年前後から周辺諸科学で急速な勢いで広がりと深まりを見せてきた。大きく,「音楽をする」場・機能の広がりと「音楽をする」経験の捉えの深まりに分けることができる。

2.1「音楽をする」場・機能の広がり

　スモール (1998＝2011) は音楽は人間の〈行為〉であるとしてミュージッキングの概念を打ち出し,「音楽をする」ことを捉える場や機能を大きく広げた。音楽の表現と音楽を聴くことに関わるすべての〈行為〉, 例えば演奏や上演を支えるスタッフの仕事等も「音楽をする」こととした。音楽をモノとしてではなく活動として今ここで何が起こっているかを問うことが大切だとした。

　DeNora (2000) は, アメリカやイギリスの都会で暮らす女性たち50名ほどへの日常生活の中での音楽の聴き方についてのインタビューを手掛かりに, 社会生活における音楽の役割や自己の形成に関わる音楽の役割を描き出した。アイデンティティ, 情動, 記憶, 身体など多様な切り口を設け, 学際的展望の中で論じている。

　ミールら (2005＝2012) も, 音楽が消費者行動に影響を与える場を捉える等, 人が「音楽をする」場を広げて研究する中で, 人にとっての音楽的コミュニケーションを心理学の立場から追究している。「まえがき」に掲げられた, 聴覚障害をもったイギリスの打楽器奏者エヴリン・グレニーの言葉が印象的である。「音楽は私たちの日常言語である。……それ（音楽）は誰にでもまったく身近なものであるが, それとどのように関わるかの選択は, 私たち自身が操作できるのである」(p. 5)。

　一方, 渡辺 (2013) では,「文化資源」と「聴覚文化」をキーワードとしつつ, 音楽は単独で存在しているのではなく, 様々な概念との関係性や歴史的・社会的な背景のもとで人の認識の枠組みや感性の様態を通して音楽に「なって」いくとして,「ある」音楽から「なる」音楽へという捉えが示されている (pp. 5-7)。

　また, ジョルダーニア (2011＝2017) の「歌うことを知らない人間の文化は存在しないが, 文化によって, 歌うことは非常に異なる役割を果たしている」(p. 20) からも,「音楽をする」ことの普遍性と, 歴史や社会に影響を受けながら人によって「なっていく」音楽という, 人が「音楽をする」ことの機能を見ることができる。

2.2「音楽をする」経験の捉え方の深まり

　「音楽をする」という経験の捉えを深めたキーワードとして, 身体, パフォーマンスが挙げられる。身体から音楽経験を捉えた研究としては, 佐藤 (2002) の「表現する行為のまえには身体のざ

わめきがあり，表現されるものは，その息づかいのなかに準備されている」(p. 83) に強く惹かれる。また，山田（2017）は音楽することの意味はすべて身体との関係性の追究であるとし，「聴くことが単に聴覚的な経験ではなく，身体全体で音を感じとる行為であるように，演奏することも単なる身体運動的な行為ではなく，身体の全体性の経験」(p. 25) であるとする。

一方，諏訪（2012）は，メラネシアやトバや奄美のエスノグラフィー研究から，パフォーマンスとしての人と音楽の関わりに注目した。パフォーマンスとは，祭囃子でもヴォーカロイドでも，音と生活が不可分に一体となったすべての局面を指すとし，音楽はそれが鳴り響いている時間と場所における人の体験の総体として捉えられるべきであるとした（pp. 1-4）。

3.「音楽をする」ことの研究を生かし合う

音楽教育研究は，音楽作品そのものの価値や演奏そのもの価値を問うことよりも，それらが生み出される過程に価値を見いだしてきた。その意味では，もともと，音楽教育研究は人間の〈行為〉として「音楽をする」ことを捉えてきたと言える。また，日常生活の個々人の中に「音楽をする」ことの意味を捉えることについても，子どもの人生経験と結び付けながら評価を探る，暮らしの中での文化的実践として記述し意味付けていく等の研究が始まっている。歴史的・社会的・文化的脈絡の中で音楽実践を捉えていくことについても，ある意味では，音楽教育研究全般で行ってきたことと言える。一方で，「音楽をする」経験の捉え方の深まりとして，身体と音楽の関わりやパフォーマンスとして人の体験の総体を音楽教育実践に生かすことについては，まだまだその緒についたばかりである。

その中で，周辺諸科学における「音楽をする」ことについての研究をこれからの音楽教育研究にどのように生かしていったらいいのであろうか。

ここで挙げたいのは，双方向的な協働研究のす

すめである。周辺諸科学に向けて問題提起や情報提供を行いながら，双方向的に「人が音楽をすること」について協働的に研究を行っていくことである。それによって「人が音楽をすること」をこれまで主要な研究対象，研究内容としてきた音楽教育研究の成果が広く科学一般に生かされるとともに，音楽教育研究そのものにも広がりと深まりをみることができるはずである。

例えば，吹上（2015）は社会学の博士研究で，音楽における意味内容は音楽を聴いたり演じたりする人の個別的かつ全体的な経験の中から生み出されるが，「音楽そのもの」をそこから除外することもできないとした (p. 15)。ここには，人と音楽に関わる音楽教育研究の大きな枠組みを見いだすことができる。まず，そのことを伝え合い，問いや情報提供を発信し合うことから，双方向的な協働研究が始まっていくと考える。すでに心理学や脳科学等の学問分野と，あるいは乳幼児教育の研究領域等で行ってきた双方向的な協働研究を，「人が音楽をすること」に関わるすべての研究分野と展開していくことが望まれる。

（加藤富美子）

【引用・参考文献】
DeNora, T. (2000) *Music in Everyday Life*, Cambridge: Cambridge University Press.
佐藤学（2002）『身体のダイアローグ―佐藤学対談集―』太郎次郎社.
ジョルダーニア, ジョーゼフ（2017）『人間はなぜ歌うのか？』森田稔訳，アルク出版.［原著：Jordania, J. (2011). *Why Do People Sing? Music in Human Evolution*. Logos.］
スモール, クリストファー（2011）『ミュージッキング―音楽は〈行為〉である―』野澤豊一・西島千尋訳，水声社.［原著：Small, C. (1998). *The Musicking: The Meaning of Performing and Listening*. Wesleyan University Press.］
諏訪淳一郎（2012）『パフォーマンスの音楽人類学』勁草書房.
吹上裕樹（2015）「社会を媒介する音楽―出来事の生成理論をめざして―」関西学院大学博士学位論文.
ミール, D., マクドナルド, R. & ハーグリーヴズ, D. (2012)『音楽的コミュニケーション―心理・教育・文化・脳と臨床からのアプローチ―』誠心書房.［原著：Miell, D. et al. (eds.). (2005). *Musical Communication*. Oxford University Press.］
山田陽一（2017）『響きあう身体―音楽・グルーヴ・憑依―』春秋社.
渡辺裕（2013）『サウンドとメディアの文化資源学―境界線上の音楽―』春秋社.

(1-1)　人と音楽　2

人が歌うことの意味

1．人は普遍的に歌う

　歌わない民族や歌のない時代，あるいは歌や音楽という呼び名をもたなくとも，それに相当する営みをもたない民族や時代はないと言われる（Blacking 1995)[1]。近年では人文科学や社会科学だけでなく生物学をはじめとする自然科学の観点からも，人が普遍的に歌い音楽をする生き物であると認められていると言ってよい（Hauser & McDermott 2003，ほか）。

　人が普遍的に歌うとすると，その示唆するところは何か。それは，人が発達過程で自ずと歌い始める可能性をもち，歌うことに向かう心身の仕組みと方向性を本来的にもつ，ということである。この点で言語との共通性を指摘する向きもあるが，文化ごとに多様な歌は歌詞以外の翻訳が成り立たないこと，歌がかならずしも概念的意味内容の伝達を前提としないこと，人同士を情報によってよりむしろ情動面で密に結ぶこと，等といった点で，歌は言語と異なるユニークなコミュニケーション媒体と考えられている[2]。

　人が進化の過程で歌うことを手に入れて保ってきたからには，歌うことには人が生きる上での意味があると考えるのが自然だろう。

2．科学的アプローチから見えるもの

2.1 他生物種との比較から探る「人ならでは」

　音楽をすることへの科学的関心はダーウィンに始まると言われる。一見何の利益ももたらさない音楽を人がもち続けている理由をダーウィンは謎扱いしたが（2016)，これをめぐる探究は今多角的に進みつつある。その一つは，他生物種との比較である。進化は身体面だけでなく，感情や知覚・認知機能，態度や傾向に関わり，これら諸側面で人と他生物種とを比較することによって，人に固有の歌が成立した進化史への理解が進むと見られているのである[3]。

　鳴禽類，鯨類，テナガザル等が比喩的に歌うと言われるのは周知のとおりである。彼我の比較は多岐にわたり，音声表出を発動する心身のメカニズム，産出される音響のいわば文法構造だけでなく，音声の社会的役割や情動との関連等，可視化の難しい面の比較も進んでいる。一見実用性のない型やスタイルそのものを継承するところに人ならではの文化性を見る指摘もあり[4]，歌うことの意味が社会的・文化的であることを示している。

2.2 歌って競うのか，歌って繋がるのか

　人が歌うことの由来に関する仮説は現時点で一つに収斂されないが，大雑把を覚悟で整理すれば，歌って競うのか歌って繋がるのかに二分される。意義のない副産物という説（ピンカー 1995）もあるが，これには多くの反論がなされている。

　歌って競う説はダーウィンの性淘汰理論に依拠し，歌うことは雄鳥が羽を広げるダンスで雌の気を惹くのと同じだと見る。これには一定の説得力がある一方，人の場合は男女平等に歌うこと，競争目的以外で歌うことが多いという反論もある。

　歌って繋がる説は，歌うことが社会的な営みであり，情動的に人同士を繋いで集団の凝集性を高める，と考える[5]。歌うことの由来をめぐる諸仮説は上述のように現時点で一つだけが決定打というわけではなさそうだが，歌って繋がる説は，これを歓迎したい心情はさて置いても，我々の実感に合致するところが大きいのではないだろうか。

2.3 人の繋がりの根源と，歌うこと

　マロックとトレヴァーセンら（2018)[6]は，人同士の繋がりの根源を乳児―養育者間の絆形成に見いだす。集団の親和性の始原は，乳児と養育者間の情動的コミュニケーションにあると見るのだ。

人は相互に歩み寄ろうとする心身の基盤を生得的に備え，これによって音声のリズムやピッチの同調や呼応，やり取りの物語的（ナラティヴ）構造といった音楽的現象が醸成される。これが間主観性に基づく社会的絆の出発点であると，彼らは主張する[7]。ここに見いだされる音楽性とは，音楽だけでなくあらゆる学びと育ちの基盤となるものである。社会的絆と歌うことの根源とが，人生の始まりにこうして重なり合って見いだされている点は示唆深い。

3．歌って育つ，生涯にわたって歌う

人は誕生後すぐから，身近な他者と双方向的に通じ合う経験を重ねる。直観的な音声相互作用に始まり，声を介して人と繋がりながら自己を確立し，文化的な意味の体系にアクセスし，主体的な意味のつくり手となる。社会・文化の中で歌い，歌を学ぶということは，この道筋上にある。

人生の多様な場面で何をどう歌うかは，発達段階や文脈によって違う。以下に挙げるような例は，具体的な姿が思い浮かぶだろう。

乳児と大人との関わりにおける音楽的な遊びは，普遍的に見られる（Trehub & Trainor 1998）。社会的な絆の始まりである乳児―養育者間の歌遊びは，乳児を文化的な実践者としての学習に巻き込む行為と言える。そこに意図的な教えがなくとも，生涯にわたって歌を学ぶ入り口はここにある。

文化的実践に向かって学ぶ緒についた幼い子どもたちは，特に指導されずとも嬉々として大人と歌を共有し，誇らしげに歌を身に付け，一人で歌い出す。歌うことが社会的で情動的な営みであること，人同士の絆を結ぶ人本来の喜びに強く動機付けられていることが，ここに見て取れる。

齢を重ねた人々に目を転ずれば，人生で学んだ歌を人と共有する喜びは言うまでもない。生命の危機に瀕した時でさえ，歌って繋がることで精神的に支えられた事例があることは見逃せない。

4．学びのフィールドで問うこと

現代社会において，人は歌わなくても生きてい

けるという声があることは否めない。公教育で歌うことの意味が問われることも少なくない。人が歌うことの中には，時には習得が難しい声づかいの型やスタイルをそのまま学ぶことを必要とするものもあり，そうした学びの営みの中に実用性や利益が可視化されないがゆえに，意味を問う声があがるのだろう。だが，人が歌うことの根源を見つめる近年の学際的研究は，可視化できないような人固有の精神文化の成り立ちを歌うことの中に見いだし，それを多角的に実証しつつある。学際的な知見を音楽教育の現代的課題に結び付ける責任を，音楽教育研究は担っている。　　（今川恭子）

【注】
1）本稿は歌うことを演繹的に定義せず，人の現実から構成的に考える立場をとりたい。
2）3）4）5）これらの見解については，マロックら（2018），ウォーリン（2005），ミズン（2006）等を参照。
6）彼らの編著書中に取められたディサナーヤカ，エッケダールとマーカーらの論考も参照されたい。
7）トレヴァーセンらは間主観性の生得的基盤をコミュニカティヴ・ミュージカリティと呼んだ。彼らの編著書中には，この生得的音楽性を支持する学際的な研究動向が網羅されている。

【引用・参考文献】
Blacking, J. (1995). *Music, Culture, and Experience: Selected Papers of John Blacking.* University of Chicago Press.
Hauser, M. & McDermott, J. (2003). "The Evolution of the Music Faculty: A Comparative Perspective." *Nature Neuroscience,* vol. 6, no. 7, pp. 663-668.
Trehub, S. E. & Trainor, L. J. (1998). "Singing to Infants: Lullabies and Play Songs." *Advances in Infancy Research,* 12, pp. 43-77.
ウォーリン，N. L.（2013）『音楽の起源』（上）山本聡訳，人間と歴史社。［原著：Wallin, N., Merker, B. & Brown, S. eds. (2000). *The Origins of Music.* MIT Press.］
ダーウィン，C.（2016）『人間の由来』（下）長谷川眞理子訳，講談社。
ピンカー，S.（1995）『言語を生み出す本能』（上・下）椋田直子訳，日本放送出版協会。
マロック，S. & トレヴァーセン，C. 編著（2018）『絆の音楽性―つながりの基盤を求めて』根ケ山光一・今川恭子・蒲谷槙介・志村洋子・羽石英里・丸山慎監訳，音楽之友社。［原著：Malloch, S. & Trevarthen, C. (2009). *Communicative Musicality: Exploring the Basis of Human Companionship.* Oxford University Press.］
ミズン，S.（2006）『歌うネアンデルタール』熊谷淳子訳，早川書房。［原著：Mithen, S. (2005). *The Singing Neanderthals: The Origins of Music, Language, Mind and Body.* Weidenfeld & Nicolson.］

1-1　人と音楽　3

人が聴くことの意味

1．ことばのモノローグ

音を「聴く」という実際は，ヒトが在る瞬間に生起する。この瞬間は，ヒトという全体を見る時は通時的かつ「普遍的」となるが，〈私〉が聴く時，共時的で個別の事象となる。個別の〈私〉は，ただ聴いているのだが，そこに音が在り，〈私〉の耳がその音に向かって開いていたとしても，〈私〉に思惟が起こらない限り，勿論，「意味」は生起しない。音の世界は，今，そこに在り，生きている〈私〉の世界にしか存在しないが，聴く〈私〉は，思惟あるいは思考により，「意味」というもう一つの世界には依然足を踏み入れてはいない。

これはとても重要なことである。

件の〈私〉が，ある瞬間，「沈黙」を聴いたとしよう。その時〈私〉が，例えば，その「沈黙」に「無」あるいは「死」という「意味」を見いだしたとして，そこに至る過程を辿ってみると次のようになる。「沈黙」を聴きつつ，手足をばたつかせる〈私〉は，恐らく，必然的に，その辺りに転がっていることばを，鷲掴みにするしかないのだろう。鷲掴みにしたその掌を恐る恐る開いてみると，そこに「無」，あるいは「死」という「意味」が在ったということだ。もしも〈私〉の聴覚，そしてそれを支える感性が尖鋭であったなら，沈黙を聴く，という体験と，「無」あるいは「死」という意味の乖離に気付き，更なることばに対峙するための欲望が生まれたかもしれない。池田晶子（1996）は言う，「マラルメは早くから，そのことを直感していた」（p. 71）と。池田（1996）は続ける。

「『イジチュール』そして『骰子一擲』。思考について思考することは，そのまま，在るもの，『存在』を思考することに他ならない。可能な限り『事態』への接近を試みたマラルメの実験が，これら

の書物である」（p. 75）と。

詩人は常に原初のモノローグを探求する。音を聴く，という原初の体験を「可能な限り」それ自体として透明に写し取るためのことばを鷲掴みにする実験は，ある種の狂気を孕んでいたに違いない。その辺りに既に転がっていたことばの「意味」を無思考に掴むことは，詩人の流儀には反するのだろう。一般的な「意味」，詩人の流儀に反する無思考なことばとはつまり，慣用句のことである。習慣的に既に使われていることばの「意味」が分からなかった場合，多くの人は辞書を引く。例えば「繻子」を辞書で引くと「縦糸横糸を織り込んだきめ細やかな織物。サテン」とあるかもしれない。繻子ということばの「意味」を知らなかった人は「あ，サテンか」と理解し，3日も経てば忘れてしまうかもしれない。だが詩人が「繻子」を使う時，勿論，「繻子」は「サテン」ではないし，「織物」でもない。「繻子」は〈シュス〉，〈shusu〉，〈しゅす〉，という音韻をもち，語呂となる。今日多くのポップ・ミュージシャンたちが音楽を先につくり，ことばを後から語呂合わせのように宛がっていくのは，「聴く」ことが「意味」に収斂されないための，至極真っ当かつ本能的な抵抗である。

〈私〉のモノローグは，鷲掴みにされたそのものとして，小説となることもある。水村（2009）は以下のように記述する。

「雪が吸収してしまうのか，世の中の音という音が消えてしまったのか，コンピューターの唸るような低い音だけが耳に入ってくる。ラジエーターも今は死んだように静かだった。

Everything's so still. さっきの除雪車は戻ってくるのだろう。And oh yes, the siren...I wonder if the guy was all right. No maybe it was a woman. A reckless driver. No, a jaywalker. Maybe she's dead. 今夜は流れ星も見えないが……。天体の動きが軌道をはずれて永遠の夜に向かってしまったような長い夜であった。」(p. 449)

　水村のことばは「意味」を構築しているのではなく、音を紡いでいるのだ。この時、ことばは既成の意味ではなく、聴覚を通した身体そのものとなる。知覚する〈私〉は、心理的主体ではなく、コンピューターやラジエーター、そして siren の音を聴く自己（セルフ）である。ここに「意味」は存在しない。心理的主体は、何故この小説は日本語と英語で書かれているのかと問い、その含意を読み解こうとする。個々の単語にはコノテーションによって構築される意味作用が生じているのではないか、と疑い、分析する。しかし、この小説のことばは、なんの主観的解釈の余地も許さない、つまり聴覚のトレースに過ぎないのだ。主人公のモノローグは、言辞として書き留められる以前に、日本語と英語で主人公の内に漠然と存在し、呟かれた。嘗てマラルメが試みた大仰な実験を、水村はまるでミンストレルのように昇華する（perform する）。例えばバルト（2004）が言う「主体が希望する悦楽」(p. 197) とは、"Everything's so still" と呟くモノローグであり、聴覚である。これらの悦楽は、シニフィエを読み解くことからは決して生じないので、故に、心理的主体、意味作用を失い、音楽として作用する。

2．音のモノローグ

　シェーファー（2006）は言う。

　「まず、動物どうしの間で交わされる狩猟、警告、驚き、怒り、求愛といった信号の多くが、音の長さや強さ、および抑揚の点で人間の間投詞と非常に似かよっている場合がある……バリ島のケチャにみられるように、こうした儀式において動物たちの声が人々によって極めて巧みに模倣されつつ、呪文のように唱えられる……われわれは今や、言語と音楽の誕生という二つの奇蹟が起こった前史時代からは、はるか遠いところにいる。これらの活動はどのようにして生まれたのだろうか。」

(pp. 100-102)

　〈私〉が、自然のサウンドスケープに耳を開き、音そのものを繰り返し聴いていた無垢な体験、それらのサウンドスケープに木霊を返すように繰り返されたモノローグを取り戻せるだろうか。詩人や小説家が、言語の誕生という奇蹟が起こった前史時代の透明な体験を取り戻すために格闘し、骰子を一擲する中、音楽学者たちは既存の音楽作品に論理的価値、新たな「意味」を付与しようとする。作品にはテクストが、その裏側にはサブテクストが存在すると仮定し、シミュレーションと実証を混同する。音楽の息の根は止まり、芸術は凋落する（芸術とは西洋のある特定の時代、階級により創られた特殊な現象で、例えばマラルメやケージは所謂芸術ではない、とする能天気な学者も存在するほどだ）。〈私〉が在り、そこには同時に〈音〉も在る、さて、それから……。今日、共時的に生起するヒトと音との立ち合いを追求する音楽教育のみが、「意味」に収斂されない〈私〉と〈音〉との方向性を示唆することができる。

3．聴くことの意味

　「聴くことに意味などない」と、ある哲学者が言ったとしよう。池田（1996）ならこう言い返すに違いない、「『意味』という病からは逃れられたとしても、『意味という病』という意味からは逃れられないのだ」(p. 10) と。それなら最初から意味など求めなければよい。音のモノローグ、音楽の誕生の奇蹟を、詩人や小説家の輩に倣って取り戻せばよい。そこに狂気の入る余地などない。

（今田匡彦）

【引用・参考文献】
池田晶子（1996）『事象そのものへ！』法藏館.
シェーファー，R. マリー（2006）『世界の調律』鳥越けい子
　　ほか訳，平凡社.
バルト，ロラン（2004）『第三の意味—演劇と音楽と—』沢
　　崎浩平訳，みすず書房.
水村美苗（2009）『私小説 from left to right』筑摩書房.

人が奏でることの意味
その始原と資源からの考察

1．はじめに

「奏でること」とは，歌唱や器楽によって現実の音響を生み出す行為である。音楽が遂行的な芸術である以上，これらの行為は音楽の意味に直接触れる契機となる。本節では「楽器を用いた演奏行動」を対象に人が奏でることの意味を考察する。

2．問いの設定：奏でることの始原

音は，楽器と身体とが出会うことで発生する。この時，身体は物理的な必要性にとどまらず，音楽的な意味それ自体を生み出しているという主張がある（Davidson & Malloch 2009/2018）。この見方に従えば，楽器と関わる身体はすでに何らかの意味を具現しているということになる。洗練された技巧を駆使して音を奏でる演奏家の身体は，明らかにその一つの極と言えるだろう。

この見方は，もう一方の極にも拡張することができるかもしれない。一般的な演奏行為のイメージとは結び付きにくいだろうが，発達初期の乳児であっても，養育者から与えられた楽器に自ら手を伸ばし，やがて拙いながらも音を発生させることができるようになる。この時，彼らの身体は確かに楽器と出会っている。とすれば，その時点で彼らは音楽につながる意味に触れていると言えるのではないだろうか。むしろ，楽器を求める乳児の行為こそが，奏でることの始原であり，声以外の，自ら発する音の意味を体験する重要な機会になっているのではないか。このような関心から，本稿では主に楽器と関わる身体及びその発達という二つの視点を端緒として議論を進める。

2.1 ヒト固有の身体に共起する音

奏でることの意味とその始原を身体に求めることの可能性は，ヒトの進化に関する議論からも示唆されている。まず，人類は二足歩行を獲得したことによって，移動に伴って生じる音が特徴的なリズムと予測性をもつようになり，そのことがヒトの音楽的能力の進化に寄与したという仮説がある（Larson 2014）。またヒトは手で巧みに道具を使用するが，その行為にも，やはり音が随伴する。ヒトは自らの行為に共起する音とリズムに囲まれてきたのであり，それらの知覚を通して音声コミュニケーション（言語発達）を進化させてきたのである（Larson 2015）。

この仮説の延長に楽器を当てはめてみることはさほど困難ではないだろう。楽器もまた道具だからである。ただし楽器は，音を出すための特殊な機能を備えた道具である。発生した音に対して明確な期待が向けられ，その音が，奏でる者を更に動機付けていく。それが楽器のもつ独自の価値であると言えるだろう。

楽器の発明は，連続的かつ安定した音の生成を可能にし，音楽の「わざ」を大きく飛躍させたといわれる。また歌唱よりも忠実に音の高さを固定できる「楽器的固定化」が，歌の忠実な伝承を可能にしたのである（Stumpf 1911/1995）。

ヒトの身体はその進化の中で，楽器を扱うことのできる基盤を獲得してきた。そして，楽器を使用することでしか生じえない音を具現するために，身体と楽器との関わり方を刻々と変化させてきたのであろう。身体は常に奏でることの中心にあったのである。

2.2 乳児の探索：楽器としての音に出会う

続いて発達の観点から，身体が楽器の意味に接近していく様子を乳児の事例をもとに考えてみたい。母子の楽器遊びを縦断的に観察したデータを用いた筆者の研究では，コンパクト・グロッケンをめぐる乳児の行動を「一般的な扱い方（バチで鍵盤をたたく）」とそれ以外の「探索的な扱い方（バ

チを舐める，鍵盤を裏返す等)」に分け，それらの生起回数の推移を分析した[1]。その結果，探索的な扱い方は6か月齢くらいから現れ始め，11か月齢くらいからは一般的な扱い方が急激に増加していく傾向がみられた。更に一般的な扱い方の初出時とその2か月後のグロッケンの音の周波数分布を比較してみると，乳児が徐々に持続的な音を発生させるようになっていたことが示唆されたのである（丸山2017）。

　一般的な扱い方とは，楽器を奏でるための適切な解である。つまり乳児は，探索の過程でその解に徐々に近づき，ほどなくして発生した楽器としての音に動機付けられて，その解を数多く行うようになったのであろう。このような行為の発達にこそ，楽器の意味に出会う身体のありようが示されているのではないだろうか。

3．問いの展開：意味へと導く資源

　乳児の身体を楽器を奏でる解へと導いたものは何か。本稿ではこの問いを楽器の側にある資源という見方から展開していきたい。

　なぜ楽器の側なのか。それは，乳児がバチやグロッケンを舐めようが，転がしていようが，鍵盤をバチで適切にたたきさえすれば，楽器としての音を発生させることはいつでも可能だからである。つまり楽器としての音を発する資源ないし可能性は，すでに，そして常に楽器の側に存在しているのである。いったん乳児が鍵盤をたたくことに成功し，その音に動機付けられれば，「楽器とは何か」等という知識の習得を待つことなく，楽器としての音を発生させることができる。

　このように環境や対象の側に在り，それに関わる者を促し，ある行為を可能にする資源のことを特にアフォーダンスと呼ぶ（Gibson 1979/1985）。アフォーダンスの知覚は，行為する者の身体的な能力と対象のアフォーダンスとが「合う（fit)」かどうかに依拠している（Gibson 2003）。同一の楽器に対して生じる行為が多様になるのは，身体的な能力の違いによるアフォーダンスの知覚が異

なるからである。人の身体と楽器に潜在する資源（＝アフォーダンス）とが固有の仕方で結び付くこと，それが奏でることの本質なのである。

4．おわりに

　アートとは，「環境と身体とが直接触れ合う所で発見された何か」であるという（佐々木2006, pp. 18-19）。進化と発達を背景にして，ヒトの身体はその周囲にある楽器と触れ合い，奏でることの可能性を具現してきたのである。

　演奏とは，様々な要因が複雑に作用して形づくられるものであり，その本質を身体とその周囲の資源の探索に求める見方には更なる議論が必要となるだろう。このような議論は，音楽の教育・研究に対する根本的な姿勢を見つめ直す契機となるものであり，その含意を共有することの意義は決して小さくないはずである。　　　　（丸山　慎）

【注】
1）データ収集の詳細は二藤（2004-2009）による。なお本データは現在，ヤマハ音楽振興会ヤマハ音楽研究所所蔵の乳幼児データベースに収録されている。

【引用・参考文献】
Gibson, E. J. (2003). "Perceptual Learning in Development: Some Basic Concepts." *Ecological Psychology*, 12, pp. 295-302.
Larson, M. (2014). "Self-generated Sounds of Locomotion and Ventilation and the Evolution of Human Rhythmic Abilities." *Animal Cognition*, 17, pp. 1-14.
Larson, M. (2015). "Tool-use-associated Sound in the Evolution of Language." *Animal Cognition*, 18, pp. 993-1005
ギブソン，ジェイムズ J.（1985）『生態学的視覚論—人の知覚世界を探る』古崎敬訳，サイエンス社.
シュテュンプ，カルル（1911/1995）『音楽のはじめ』結城錦一訳，法政大学出版局.
佐々木正人（2005）アートの知覚を求めて．佐々木正人（編著）『アート／表現する身体—アフォーダンスの現場』東京大学出版会，pp. 2-22.
デイヴィッドソン，J. & マロック，S.（2018）「音楽的なコミュニケーション：演奏における身体の動き」マロック，S. & トレヴァーセン，C.（編著）根ヶ山光一ほか監訳『絆の音楽性—つながりの基盤を求めて—』音楽之友社，pp. 565-584.
二藤宏美（2004-2009）『子どもの音楽発達研究』ヤマハ音楽振興会 ヤマハ音楽研究所.
丸山慎（2017）「楽器への旅路，あるいは音への誘い—乳幼児期の音楽的発達とアフォーダンスの学習」日本音楽教育学会編『音楽教育実践ジャーナル』vol. 15, pp. 114-124.

1-1　人と音楽　5

音楽的コミュニケーションの原点

1．行動のテンポと子ども

　本稿では発達行動学の立場から，子どもがいかに音楽的な存在であるのかを考察する。それはまた，子どもの身体と音楽性の親近性の問題を語ることでもある。切り口として，行動のテンポをその出発点としよう。

　動物を親や仲間から離して単独で飼育すると，グルグルと同じ場所を歩き回ったり，体毛を繰り返し引っ張ったりする行動が見られることがある。そこには同じ行動パターンを同じテンポで単調に繰り返すという共通点があり，それゆえ常同行動とも呼ばれる。それは隔離飼育を受けた霊長類の一つの大きな行動的特徴である（根ケ山1978）。

　隔離飼育された個体は，同種個体から離され，外的刺激も剥奪された環境で長時間飼育される。そのような剥奪環境下で律動的な行動が生み出されることから，個体内部に何らかのテンポ発生機構が存在することが想定される。動物園で飼育される動物が檻の中を紋切り型の行動で行ったり来たりするのも，同様のメカニズムで説明できる。

　Thelen（1981）は，エソロジカルな観点から乳児のリズミカルな行動をヒトのエソグラム（行動目録の単位）と見なし，生後1年間にわたって反復的な行動の発達的変化を自然観察した。その結果，指，手，腕，足，胴等全身のほぼあらゆる部位に，反復動作を含んだ行動が多様に見られることが明らかにされた。Thelen はその背景に自発的な反復性を生み出す神経機構を想定している。

　テンポはそのように子どもの内部から自発的に発生されるだけではなく，養育者から送られることもある。例えば，乳児が抱かれて歩く時の振動，頭をなでられる時の接触，寝かしつける時やなだめる時の揺すり等，養育行動の多くは養育者の身体に備わったテンポとして子に送られる。子は身体接触を介してそれを受け取り，養育者に特徴的なテンポとしてそれを取り込んでいく。このような養育者の関わりから発生するテンポは，子のもつテンポと重なり合って作用する。

2．身体接触における同期性

　触覚が他のモダリティとはきわだって異なる点として，当事者間で同時双方向的に体験が共有されるという特徴と，強い情動性を伴うという特徴がある。ともに母子の楽しいやり取りに不可欠の要素である。

　身体接触を行う当事者のこのような同時双方向性によって，強い快の感情体験が同一のタイミングで双方に発生する。それは行動の同期性の問題であり，そのような同期性は親子間に大きな一体感を生むであろう。Feldman（2007）は初期母子相互作用におけるマルチモーダルな同期性に注目し，そこに生理学的発信機構の存在を想定した。そしてそのような同期性が，三項関係やアタッチメント，心の理論，言語等の発達につながるものと考えた。それは初期の母子関係にとってきわめて重要な共有体験といえよう。

　子どもに音楽を聞かせるとそれに合わせて身体を揺すったりすることがある。それは，子どもがテンポに対して鋭敏な感受性と応答性をもつことを物語るものである。子どもの身体が音楽のテンポに共振するさまは，まるで音叉の共鳴のごとくである。親は歌を歌って子の同期行動を誘発し，それを通じて関係の一層の親密化を図ろうとする。

　また，親が子の手足を持って回したり曲げ伸ばししたり，もしくはタカイタカイ等によって，反復的な動作で子と遊ぶことがある。これも親と子

の間に行動テンポの同期現象を生み出すものであり，養育者と子とのコミュニケーションとして重要な意味をもつ。Trevarthen と Aitken（1994）は，身体にテンポを引き起こす内発的動機構造という脳神経系の働きを想定していて，そのテンポは個体間に共鳴をもたらすとともに，その共感性が相互の帰属感を一層強める。

3．くすぐり遊びに見る文脈性

単なるテンポだけではなく，抑揚を伴う発声が養育者からなされることがある。よく知られているのは養育者のマザリーズもしくは対乳児発話と呼ばれる発話である。これは音声のうわずりや抑揚の大きな落差等，歌を連想させるような独特の語り口であり，音声の時系列的な変化が親子にとって重要な意味をもつことを示している。

ところでマザリーズが発せられる場面でも，実は養育者は音声だけで子に接するということはまれであり，身体接触や表情を含めマルチモーダルな関わりとなることが普通である。聴覚だけでなく視覚や触覚も巻き込んだ行動は，モーショニーズと呼ばれることもある。養育者は全身を用いて子に関わりかける。音楽性といっても「音」だけに限定された世界ではない。

くすぐり遊びは母子の間でしばしば行われる身体遊びであるが，遊びがもつ音楽的要素を考える上で興味深い題材である。くすぐりにおいては指による反復動作が子の身体の特定の部位に向けて行われ，しかもそこには音声や表情も伴われマルチモーダルに発現する。また皮膚に接触する前でも，指が空中でくすぐり様の動きをすると，それを向けられた者にはくすぐったさの感情が沸き上がる。その意味でくすぐりは，末梢の皮膚感覚レベルを超えた中枢による文脈理解を含む過程であると推察される。

更に，くすぐりが音楽と親近性をもつ特徴として，手足の末梢から始まって身体の中心部（くすぐったさのツボ）で終結するような文脈性をもつという点がある。しかもその展開の中で，テンポを徐々に亢進させることによって，次第に興奮を高めることも文脈性のもう一つの要素であり，まるで即興演奏のような一体感をもたらす。

文脈は母子間の体験の共有や共同生成，クライマックスに向けての盛り上がりをもたらすが，その効果を高めるためにしばしば歌が用いられることは示唆的である。歌というかたちで文脈を共有することは，その場をともにする人々の一体感とゴールの同期性を高める。

くすぐったさは，自分で自分をくすぐっても発生せず，他者性が必要とされる。くすぐり遊びは生後半年を過ぎるまではあまり盛んには遊ばれないが，その時点までは乳児にとって他者性が十分認識されないことも一因と考えられる。逆に言うと，くすぐりが遊びとして成立するには，母親が子にとって親しい他者として認識されなくてはならないということを意味する。

母子のくすぐりに限らず，コミュニケーションに音楽性を認める際には，そこに関与する人たちの間に，それを巡っての意図の共有や相互調整が必要となる。それは他者性の重要な要素であり，コミュニケーションにおいて音楽のもつ文脈性がその成立に大きく関わっているのである。

（根ケ山光一）

【引用・参考文献】

Feldman, R. (2007). "Parent-Infant Synchrony: Biological Foundations and Developmental Outcomes." *Current Directions in Psychological Science*, 16, pp. 340-345.

Malloch, S. & Trevarthen, C. (eds.). (2009). *Communicative Musicality: Exploring the Basis of Human Companionship*. Oxford University Press.［邦訳：根ケ山光一・今川恭子・蒲谷慎介・志村洋子・羽石英里・丸山慎監訳（2018）『絆の音楽性—つながりの基盤を求めて—』音楽之友社］

Thelen E. (1981). "Rhythmical Behavior in Infancy: An Ethological Perspective." *Developmental Psychology*, 17, pp. 237-257.

Trevarthen, C. & Aitken, K. J. (1994). "Brain Development, Infant Communication, and Empathy Disorders: Intrinsic Factors in Child Mental Health." *Development and Psychopathology*, 6, pp. 599-635.

根ケ山光一（1978）「隔離飼育霊長類の常同行動」『心理学評論』21, pp. 19-37.

1-1 人と音楽　6

文化の中で育つ・育てることと音楽

1. 音楽と社会性

18 世紀半ば，当時一世を風靡していた大作曲家ジャン＝フィリップ・ラモー（1683-1764）と後の人文・社会科学全般の潮流を塗り替えることになるジャン＝ジャック・ルソー（1712-1778）の間で，音楽の起源に関する激論が交わされた。前者は音楽の源泉を西欧クラシック音楽の根幹をなす和声の構成原理に求めた。このラモーの音楽理論は，自然神学の影響下にあった。すなわち，美しい和音や旋律に神の御業を見ようとしたのである。これに対して，ルソーは人間同士の原初的コミュニケーションこそが音楽の起源だと主張した。ルソーによれば，原初的コミュニケーションでは歌と言葉が融合しており，したがって言語の起源もまた音楽性に帰せられる。ラモーの音楽理論を世の中に広めることに大きく貢献し，優れた数学者・物理学者でもあったダランベール（1717-1783）は，次第に直接的な観察と明確な論理によって貫かれたルソーの考え方を支持するようになった。ルソーの思想は，神学的な発想から音楽理論を解き放っただけではなく，現代の言語科学やコミュニケーション論の基盤をも形成することになる（高田 2018）。

それから長い年月を経て，現在活況を呈しているコミュニカティヴ・ミュージカリティに関する議論は，大枠においてルソーの主張の妥当性を裏付けている。すなわち人間の生得的な音楽性は，子どもが他者と協力的に関わり，社会関係を構築するために重要な役割を果たすことが証明されつつある（Malloch & Trevarthen 2009）。コミュニカティヴ・ミュージカリティを通じて，子どもはきわめて早い時期から相互行為の過程で何をするべきか，及び何をするべきではないかについての予期を発達させ，そのローカルな文脈に応じた望ましい反応を行うようになる。そして母親をはじめとする養育者は，音楽的対話のパートナーとして子どもと早くから関わっているのである。

ただしこれらの研究は，子どもがそれぞれの社会で歴史・文化的に発展してきた音楽や言語の形式に沿って適切に振る舞えるようになる過程を十分明らかにはできていない（Takada 2005）。一般に，幼い子どもへの働きかけは，その発話共同体で歴史的に構築されてきた文化的実践と関連しながら組織化されている（Ochs et al. 2005）。そうした文化的実践には，乳児とのコミュニカティヴ・ミュージカリティを通じた関わりが制度化されたものが含まれる。以下に見るクン・サンのカイン・コア（Takada 2015）はその一例である。

2. クン・サンにおけるカイン・コア

クン（!Xun）は，南部アフリカの先住民・狩猟採集民として知られるサン（ブッシュマンとも呼ばれる）の 1 グループである。クンは，ナミビア北中部で農牧民と数世紀にわたる密接な関わりをもちながら暮らしてきた。

クンでは個人名を表す名前（コア）の数が限られており，男児は祖父やオジ，女児は祖母やオバから名前を引き継ぐ。名前を継承した・された親族間には（更には，たまたま名前を同じくする個人間にも）特別なつながりがあるとされ，しばしば親密な関係が形成される。

更にクンにはカイン・コアという，もっぱら赤ちゃんをあやす時に発せられる名前がある。カイン・コアとしては，しばしば通常の名前を発音しやすいように変化させた単語や乳児の身体的な特徴を表すフレーズが用いられる。カインは乳児をあやすことを意味し，典型的には乳児に立位をとらせ，繰り返しジャンプさせながら，脇の下に入

写真1　カイン・コアを発しながらジムナスティックを行うクンの女性（撮影年：2002年，撮影者：高田 明）

れた両手で背中を軽くたたく行動を指す（写真1）。こうした乳児に立位をとらせる，あるいは繰り返しジャンプさせる行動を，筆者はジムナスティックと呼んで研究してきた。ジムナスティックは，サンの多くのグループを含むアフリカの諸民族で広く行われている。ジムナスティックには，乳児の歩行反射を誘発し，運動発達を促進させるとともに，乳児をあやす働きがある。

　クンでは乳児の母親や母親と親しい親族の女性に代表される養育者が，しばしばジムナスティックを行いながら，繰り返し乳児にカイン・コアで呼びかける。カイン・コアの実践では，上記の単語やフレーズの反復と変奏のパターンが現れる。これらは，カイン・コアの実践に特徴的なリズムを生み出す。その際に養育者たちは，乳児が応答することを期待している。少し言葉を補うと，母親や母親と親しい親族の女性たちは，ジムナスティックを行い，カイン・コアで呼びかけることによって，生き生きした感情表出を伴う交流に乳児を引き込むことをねらっている。

　こうしたやりとりは，養育者と乳児が，次第に複雑になっていく相互行為において相互理解を達成し，間主観性を確立していくための基盤となっていると考えられる。この点で，カイン・コアは乳児との双方向的なやりとりを志向するものであり，コミュニカティヴ・ミュージカリティを通じた関わりが慣習化し，制度化された文化的な実践である。カイン・コアは，子どもが成長し，自ら

歩いたり話したりできるようになると大抵用いられなくなる。

3．音楽の起源再考

　ルソーの思想にその着想を遡る，赤ちゃん向け発話を音楽的対話とみなすアプローチは，人間の原初的コミュニケーションの普遍的な側面を明らかにしつつある。その過程で，養育者－乳児間相互行為を秩序づけるためには，赤ちゃん向け発話における儀礼的な側面，すなわち特定の形式をめぐるやりとりが養育者と乳児の双方に義務的に要求されること（Merker 2009）が，とりわけ重要であることが分かってきた。そうした儀礼的な側面は，多くの他の言語ジャンルと同様に，言語共同体ごとの歴史，慣習，制度を反映している。音楽的対話における儀礼的な側面の分析・理解を進めることは，古くはピュタゴラスの時代に遡り，ラモーの音楽理論をも支えていた，人間は音楽によって自己を超越した存在と結び付くという視座を現代に蘇らせることにもつながる。そうした存在は，古くは神と呼ばれ，現代では社会がそれに相当するであろう。　　　　　（高田 明）

【引用・参考文献】
Malloch, S. & Trevarthen, C. (eds.) (2009). *Communicative Musicality: Exploring the Basis of Human Companionship.* Oxford University Press. ［邦訳：根ケ山光一ほか監訳（2018）『絆の音楽性―つながりの基盤を求めて―』音楽之友社］
Merker, B. (2009). "Ritual Foundations of Human Uniqueness." In S. Malloch & C. Trevarthen (eds.), *Communicative Musicality: Exploring the Basis of Human Companionship.* Oxford University Press. pp. 45-59
Ochs, E., Solomon, O. & Sterponi, L. (2005). "Limitations and Transformations of Habitus in Child-Directed Communication." *Discourse Studies,* 7(4-5), pp. 547-583.
Takada, A. (2005). "Early vocal communication and social institution: Appellation and infant verse addressing among the Central Kalahari San". *Crossroads of Language, Interaction, and Culture,* 6, pp. 80-108.
Takada, A. (2015). *Narratives on San Ethnicity: The Cultural and Ecological Foundations of Lifeworld among the !Xun of North-central Namibia.* Kyoto University Press & Trans Pacific Press.
高田明（2018）「子育ての自然誌―狩猟採集社会からの眼差し（五）：ルソーの野望―」『ミネルヴァ通信「究」』8月号，pp. 12-15.

　人と音楽　7

ヒトの協働の起源と音楽

1．起源を巡る議論

　ヒトという生物の特徴に言語と音楽が挙げられる。言語と同様，音楽をもたないヒト集団は存在しない。一方，ヒトがユニークな協力・協働の形態を示す可能性も指摘されてきた。協力の起源を巡る議論は今世紀に入り大きく進展した（Tomasello 2009）。協力・協働そのものはヒト以外の広範な種においても見られるが，ヒトに特徴的な協力・協働も存在する。恩返し，復讐といった直接互恵性（Trivers 1971）だけでなく，第三者の評判を介した間接互恵性（Nowak & Sigmund 1998）も，ヒトの協力とその基盤となるこころの成立に重要な役割を果たしている。では音楽はどうだろう。発達初期から見られる協力傾向がヒトの本性ならば，もう一方の本性である音楽とどのように相互作用しうるのだろうか。

2．繋ぐ音楽

　「起源」を論じる知見として欠かせない人類学や考古学が音楽に向ける関心は，言語や「芸術」へのそれと比較すると比較的最近までごく低いものだった。芸術が認知の複雑性の指標，言語がコミュニケーションに不可欠なツールとみなされる一方，音楽は余暇的である上に接近不能だと捉えられてきた。これに対し Mithen（2005）は，音楽はヒトに必須の社会的本性であり，方法論的にも言語と同様に接近可能と主張した。

　音楽やダンスは集団の凝集性やコミットメントを高めるツールとしての文化進化の産物であり，内集団志向的行動や協力の促進機能をもつとの主張もなされてきた（Huron 2001）。短期的協力行動における音楽の効果も実証データから示されている（Kirschner & Tomasello 2010）。

3．同期・同調

　しかし，これらの事実からストレートな因果関係を導くのは困難だ。この文脈で注目されるのが個体間の動作の同期・同調現象だ。個体間の行為レベルでの同期が乳児の向社会的行動を増加させるという行動実験が明示的に取り扱うように（Cirelli 2018），音楽と向社会行動の関連を扱う時，両者は常に時間的同期に媒介され，被験者らの行為・身体を基盤とする（Maes, et. al. 2014）。

　行為の観点からは，音楽は身体技法の一つと言える。進化の産物である身体とこころの制約下にありつつも，個々人に閉じることなく社会や文化を通じて個体に獲得され，個別の変奏に彩られながら個体に根付く。根付いた技法は表現型として身体に現れ，また別の個体に取り込まれる。その意味で，進化と文化が交差する位置にあると言えるだろう。とはいえ，この指摘は身体技法一般に当てはまるもので，音楽に限った話ではない。

　身体技法としての音楽が相互作用において個々の身体を超越するのは，それが本来的に聴覚を介するためでもある。聴覚刺激によるコミュニケーション上の重要な特徴は相互顕在性（Sperber & Wilson 1986）の強さと言える。例えば視覚においてAとBとが同所的に共在しつつ「Aが見ていないものをBが見る」ことは比較的頻繁だが，一定以上の強度をもつ聴覚刺激を「Aは聞いていないものをBが聞く」ことは想定しづらい。

　音楽のビートやテンポは共在する複数の身体を巻き込み，個体同士の行為の同調を「結果的に」生み出す。このような現象を誘発する外部刺激としての属性は音楽に備わったものには違いないが，「音楽であること」が本質的か否かには留意する必要がある。「音楽が〈社会的絆を深める〉」といった言説も安易に過ぎるだろう。重要なのは

個体間の同調や同期であり，音楽はそれらを生み出す上での一定の役割を果たしている，とみなすに留めておくのが現時点では妥当だろう。

4．分かつ音楽

音楽が内集団の成員同士を心理的に繋ぎ協働の手掛かりとして社会的に機能する可能性は，音楽が，内集団／外集団を区別するシグナルとして機能する可能性と表裏一体である点にも注目しておきたい。乳児期から獲得される文化依存的な音楽の様式を身体技法の獲得及び集団適応の観点から捉えるならば，音楽は内集団を識別する（例えば方言と同様の）ソーシャル・マーカーであり，獲得に多大なコストを要し，したがって嘘や騙しが侵入するリスクの少ない「正直なシグナル（honest signal）」としての機能を備えている。歌や演奏，ダンスの共有は集団の凝集性を高めると同時に，外集団の侵入を検知する機能を有しているのかもしれない。完成度の高い音楽に対する感動と，音程やテンポの微かなズレにさえ違和感を抱く感性とは表裏一体だ。協働場面において適切なパートナーを選択することは個体の適応上重要であり，音楽が，先に述べた個体間の同期を介して選択の手掛かりとなるシグナルの機能を果たす可能性も，音楽の進化を検討する際の重要なトピックとなるだろう。必要なのは，音楽のいかなる要素が，社会的関係を構築し分断するヒトの心的システムに寄与するかを多層的に問い，検討することなのだ。

5．結論

音楽にとって「同調」は不可欠な要素だろうか。音楽に触れた時の感動は本来的に個人に帰属するもので，自他間で深まる心理的絆があったとしてもそれは，絵画や彫刻，料理といった音楽以外の芸術を共有した際に得られるものから逸脱してはいないように思える。しかし一方で，このような音楽「鑑賞」の形態は，文化的にも時代的にも限局されたごく「近代的」な規範を反映した態度であることにも留意する必要がある。音楽は不可避

的に，同調を介して，その演奏者同士を心理的に繋ぐ。言い換えるなら，音楽そのものが本来的に協働作業としての要素をもつ。独奏であっても，聴衆が演奏に巻き込まれ，体を揺らし声を発することで，この協働作業は成り立つ（Repp 2002）。協働と音楽の起源を論じるには，同所的に共在し，すべてのメンバーが何らかのかたちで参加する（ある意味皆が演奏者である）という，音楽の原初的在り方を抜きにできないのかもしれない。

音楽の起源を巡る議論において，ヒトという種に特異的な協力・協働は欠かせないパズルのピースではあるが，両者の具体的な連関については慎重な議論が必要だ。「同調を促す装置」としての文化進化過程は，音楽の原初的形態の一側面を検討する上で重要な検討課題となる。一方で，文化的装置としての音楽が，協働を促すだけでなく，同調を致死的に加速する「魔力」さえ孕み，集団を峻別し分断するシグナルとなりうるほどに強力な力を備えているという側面も忘れるべきではない。

（橋彌和秀）

【引用・参考文献】

Cirelli, L. K. (2018). "How Interpersonal Synchrony Facilitates Early Prosocial Behavior." *Current Opinion in Psychology*, 20, pp. 35-39.

Huron, D. (2001). "Is Music an Evolutionary Adaptation?" Annal. NY Ac. Sci., 930 (1), pp. 43-61.

Kirschner, S. & Tomasello, M. (2010). "Joint Music Making Promotes Prosocial Behavior in 4-year-old Children." *Evolution Human Behavior*, 31 (5), pp. 354-364.

Maes, P. J., Leman, M., Palmer, C. & Wanderley, M. (2014). "Action-based Effects on Music Perception." *Front. Psychol.*, 4, p. 1008.

Mithen, S. (2005). *The Singing Neanderthal*. London: Weidenfeld & Nicholson.

Nowak, M. A. & Sigmund, K. (1998). "Evolution of Indirect Reciprocity by Image Scoring." *Nature*, 393 (6685), p. 573.

Repp, B. H. (2002). "The Embodiment of Musical Structure: Effects of Musical Context on Sensorimotor Synchronization with Complex Timing Patterns." In *Common Mechanisms in Perception and Action: Attention and Performance* XIX, eds. W. Prinz & B. Hommel, pp. 245-265.

Sperber, D. & Wilson, D. (1986). *Relevance: Cognition and Communication*. Oxford: Blackwell.

Tomasello, M. (2009). *Why We Cooperate*. The MIT Press.

Trivers, R. L. (1971). "The Evolution of Reciprocal Altruism." *Quarterly Review Biology*, 46 (1), pp. 35-57.

1-2　社会の中の音楽教育　1

学校教育と音楽
なぜ学校で音楽を教えるのか

1．実感と正当化の乖離

音楽を学校で教えることの必要性を，学習指導要領改訂のたびごとになぜ訴えねばならないのか，という嘆きが音楽教育関係者から聞こえてくる（高須 2015）。このような正当化の困難の原因を歴史的に探っていくと，音楽教育の表向きの正当化の論理と，音楽の教育的意味についての関係者の実感との，乖離に行き着くことになる。

1.1 徳育と啓蒙

伊沢修二が愛知県師範学校長時代に実践した唱歌教育は，音楽を徳育の手段と見るものではなかった。しかし，彼が目賀田種太郎とともに起草した音楽取調事業に関する上申書には，すでに音楽外の「功力」による正当化の論理が見られる。学校に教科としての音楽を導入することの表向きの正当化は，そうした「功力」のうち，とりわけ徳育への貢献に求められた。教師たちの間では，その他に「俗曲」の駆逐という啓蒙的な要請も強かった。この両者，つまり「徳育」と「啓蒙」は，明治 20 年代以降，祝日大祭日唱歌において統合されていったと言えるだろう。徳育にとって枢要な場である学校儀礼で唱歌が必要とされたことは，音楽教育の正当化として申し分のないものであった。また，そうした儀礼の権威を通して「俗曲」の駆逐も可能になると考えられたのである（cf. 山住 1967）。

1.2 正当化の現状

以上のような明治初年の状況が，構図においては現代と重なる部分が多いことに驚かされる。

一つは音楽外の効能による音楽の正当化，という構図である。「21 世紀型学力」「コミュニケーション能力」等々，今日的な教育目標が引き合いに出されることになるが，それらが音楽外的な目標であることに変わりはない。そもそも，こうした目標の達成が音楽を学ぶことの意味だと，音楽教育関係者は本当に信じているのだろうか。自らの実感から乖離した後付け的な正当化ではないのか。

もう一つの類似は，学校儀礼に果たす役割による音楽の価値付け，という構図である。生徒指導や学校行事で音楽が効能を発揮するという理由で音楽の力を評価する声が，他教科の教師の間では強いという（森下・菊地・高須 2015）。これ自体は，音楽外的な効能による正当化であり，教科としての音楽を無用化する論拠にさえなりうる。しかしそれは音楽と生活の密接な関係を再認識させる興味深いデータでもある。イヤホンで音楽を聴く，友人とカラオケに興じる，といった形で，音楽は子どもたちの生活を現に形づくっている。音楽の学校経営的効能よりも，子どもたちのリアルな生活にとって音楽がもつ意味に，注目すべきであろう。

2．正当化の様々な試み

2.1 情操教育論

「情操」という言葉は，戦時下においても（「国民的情操」），敗戦後の民主化の時代にも（「美的情操」），音楽教育の正当化に用立てられた（木間 2008）。現在に至っても，それは音楽教育を正当化する上での一種の殺し文句として通用している。「情操」は，音楽外的な正当化の論理と，関係者の実感に近い音楽内在的な価値とを，曖昧に連結する役割を果たしてきたように思われる。

しかしこの「情操教育」という連結ルートに乗ることで，音楽教育は音楽外的な正当化の論理に組み込まれることになる。情操教育論の源流と目されるプラトンは，理知が働く以前に特定の感情のパターンを練り込んでしまえる点に音楽・文芸の意義を見ていた。シラーも，芸術の自律性を前

提にしつつ，道徳を無理なく受け入れるような感性の状態をつくり出すことに美的経験の教育的な意味を見ていた。情操教育論は，望ましいと考えられた感情や感性のあり方を植え付ける道具として音楽を位置付けることに帰着せざるをえない。

2.2 エリオット・リーマー論争

　リーマー（1987）は，音楽と感情との特別の関係に着目しつつも，情操教育論とは違って，特定の感情のあり方を植え付けるというのではなく，感情一般を直接経験可能にする点に音楽の教育的意味を見ている。論理的思考の教育が学校教育に欠かせないように，こうした感情の教育も万人にとっての必要事であり（必要性の論拠），しかもそれは他の教科では不可能な音楽独自の貢献なのである（独自性の論拠）。このように音楽形式に内在する感情喚起的な働きを美的に感じ取るためには，相当高度な音楽理解が必要であろう。そのための体系的なカリキュラムが求められることにもなる。

　以上のようなリーマーの構想を真っ向から批判したのがエリオットであった（Elliott 1995）。リーマーは西欧近代に特有の非常に狭隘な音楽観を不当に一般化している，というのである。作品として固定化されず，かつ「美的」以外の様々な機能を生活の中で担うというのは，今でも音楽が見せる普通の姿なのだ。音楽は，作品という対象物にではなく，歌われ演奏される過程（「音楽すること」）の中に存在する。音楽することは独特の思考や知を含んでいるが，それはライル（1987）の言う「方法的知識」であり，明文化できず，音楽することの中で獲得され確認される他はない。このような音楽特有の思考や知—それをエリオットは「ミュージシャンシップ」と呼ぶ—の獲得が，音楽教育の目標となるべきなのである。

3．学校で音楽を教えることの意味

　鋭く対立するリーマーとエリオットではあるが，音楽が世界への独特の通路をなしている，という了解では一致しているだろう。音楽特有の

「知」の側面に焦点を合わせたエリオットの音楽教育論はそうした了解をよく示している。それは生活の中で生きて働く音楽の広大な帯域を視野に入れている点でも優れているが，必要性の論拠がかなり弱い。というのも，「ミュージシャンシップ」がなぜ万人に必要なのだろうか。それを言うためには，音楽の基盤にあって万人に共有されている感覚や感情のレベルに，探りを入れる必要が出てくる。そしてこれこそリーマーが彼の音楽教育論で試みていたことである。音楽教育は，音楽特有の知によって世界への独特の通路を開くだけでなく，この通路自体を感覚や感情のレベルに遡って探究し省察する可能性を開く。こうして音楽は，自己の感覚や感情に，音楽することを通して実験的に関わり，自己を変容させる場，つまりは経験の生起する場，ともなる（今井・坪能 2014）。音楽は，「エビデンス」と「説明責任」にまみれて見失われつつある学校教育本来の働き—知的経験の扉を開くという働き—を取り戻す機会を，学校に提供する。とすれば，学校教育が必要としているのは音楽外の効能ではなく，音楽それ自体なのである。　　　　　　　　　　　（今井康雄）

【引用・参考文献】

Elliott, D. J. (1995). *Music Matters: A New Philosophy of Music Education.* New York, Oxford: Oxford University Press.

今井康雄・坪能由紀子（2014）「知的経験への扉を開く『音楽の力』」『教育音楽（小学版）』第69巻第9号，pp. 36-40．／『教育音楽（中学・高校版）』第58巻第9号，pp. 44-48．

木間英子（2008）『日本における音楽教育理論の美学的基盤の研究—情操教育としての音楽教育再考—』（一橋大学大学院言語社会研究科博士論文）．

高須一（2015）「これからの学校音楽教育が子どもに培うべき学力とは何か」『音楽教育実践ジャーナル』vol. 13, no. 1, pp. 6-17．

森下修次・菊地雅樹・高須一（2015）「音楽科教育は存在できるのか」『音楽教育実践ジャーナル』vol. 13, no. 1, pp. 54-65．

山住正己（1967）『唱歌教育成立過程の研究』東京大学出版会．

ライル，ギルバート（1987）『心の概念』坂本百大・井上治子・服部裕幸訳，みすず書房．

リーマー，ベネット（1987）『音楽教育の哲学』丸山忠璋訳，音楽之友社．

（1-2） 社会の中の音楽教育　2

社会教育・生涯学習と音楽

1．理想主義，「エビデンス」を超えて

「生涯学習」は，「いつでも，誰でも，どこでも」学べると，どこか理想主義的に語られることが多い。これは杉江（2009）が「啓蒙的生涯音楽学習論」の課題としてすでに指摘しているが，まずこの点を以下の現代的文脈からみつめ直す必要がある。

第一に，「生涯教育」理念の提唱（1965年，ユネスコのP. ラングランによる），1980年代以降の世界的な「生涯学習」理念普及の経緯を辿ると，産業化，情報化社会において，義務教育修了後も学ぶことで社会に適応し，よりよい社会が形成されていくというやや楽観的，適応主義的な側面が見られた。これに対し，E. ジェルピが抑圧からの解放という視点で生涯教育を提唱，またP. フレイレの課題提起型教育理論の世界的な受容もあったが，未だ日本では適応主義的，そして以下に見る個人主義・消費主義的な生涯学習観が根強い。

第二に，1960〜80年代の日本における「生涯教育」「生涯学習」理念の受容は，好況下でのカルチャーセンターや音楽教室等の民間教育・文化産業の進展と軌を一にしていた。この流れには，個人主義的，消費主義的な学習観とそれに基づく音楽学習機会拡大という側面もあった。しかし，その後の全世界的不況下で，他の教育・文化セクターと同様，新自由主義的な自己責任の強調，学習環境の格差拡大という問題が生まれている。

第三に，第二次世界大戦後に市民の自発的な活動の環境醸成を目指して制度が整備されてきた社会教育が，1980年代以降，行政が上から押し付ける「教化」の論理として忌避され，文化行政が総合行政として教育行政から独立していった（新藤2018）。そして，いわば反証不能なマジックワードとして「生涯学習」とならび「文化」が自治体や一般社会に認知されていったといえよう。しかし，2018年には文部科学省で，社会教育と生涯学習の名を冠した部局が廃止され，これらの理念が制度的にも曖昧になりつつある。この意味でも，理想主義的な把握では済まされない厳しい現状がある。

第四に，学校教育も含め，芸術教育の社会の中での位置付けが世界的に揺らいでいる。測定可能な「エビデンス」に基づく学力の保障が各国で課題になる中で，学校ならびに義務教育修了後の社会における芸術教育の機会保証の根拠と意義をめぐり議論がなされている。OECD（2016）は，芸術の学習と学力向上に相関はあるが際立った因果関係は示せないとしながらも，その上で芸術教育固有の価値を提示している。

音楽教育は政治的中立の真空状態で行われることはなく，政治経済的な諸矛盾の中で行われ，理想主義的な語りでは済まされない。海外では，社会正義や社会包摂，社会関係資本との関係，ケアといったことが議論になっているのが近年の動向である（McPherson & Welch 2012）。

2．対象の多様性と研究の可能性

この間，音楽教育研究では，アウトリーチ活動，アマチュア団体，ピアノ学習者，郷土芸能の伝承等を対象に，地域における生涯学習の実態，成人固有の学習の論理が探求されてきた。海外では，「成人」と「コミュニティ」（ISMEにもCMA：Community Music Activity Commissionが存在する）が，この領域のキーワードとなっている。学習者だけではなく，音楽家や音楽教師の成長も視野に入れられている（ブース 2016）。

表のように，生涯学習は，学校制度的教育（フォーマル）だけでなく，学校外教育（ノンフォーマル），日常的学習（インフォーマル）も含むことから，対象は多様に広がり（佐藤 1998），そこに研究の

表　音楽における生涯学習の実践

	フォーマル学習	ノンフォーマル学習	インフォーマル学習
物理的文脈・状況	学校，施設・機関，教室	施設・機関あるいはその他の組織化されない環境	非公式で，くだけた，組織化されない環境
学習のスタイル	教師，あるいは教授活動を準備し主導する人に計画・実行される	ディレクター，リーダー，教師がプロセスを主導する場合と，集団内の相互作用により進む場合がある	プロセスはもともと順序立っておらず，参加者の相互作用により発生する
誰の学習か	・教授とその方法への注目 ・教師が計画し活動を導く	・学習への注目 ・教師や集団の選択に従う場合もあるが，最終的には学習者がコントロールする	・学習及び学び方への注目（学習者の視点から） ・学習者主体 ・意図的にも無意図的にも学習は起きる
志向性	・演奏，活動，創作方法への注目 ・意図的	・社会的側面と個人的利益のからみあいの中に音楽をおく ・意図的あるいは副次的	・演奏への注目 ・副次的あるいは偶発的
伝え方	・楽譜が多い	・口授もしくは口授と楽譜，タブ譜等との複合	多様：耳，サイバー空間，その他未知のプロセス

Veblen, K. K. (2012), "Adult Music Learning in Formal, Nonformal, and Informal Contexts", in *The Oxford Handbook of Music Education*, vol. Ⅱ, Oxford University Press.

困難と可能性がある。

3．個・集団と社会への視野

　2000年代以降，人文社会科学全体で，質的研究の方法論をめぐる議論とその精緻化を目指す動きがあった。音楽教育においても，音楽活動の現場を，従来見られた成人学習の理論に加え，質的研究の方法に基づき分析するスタイルの研究が蓄積されている。また，学習科学やインフォーマル学習，学校外学習研究のように，心理学や教育工学等学際的な視点から個人や集団内の力学に焦点を当てた研究も増えている。学習者の理解，学習環境の向上，指導者の専門性の向上等が目指されているこれらの研究の今後の深化が期待される。

　こうした個と集団の力学を明らかにする研究の一方で，社会科学的観点からの研究は十分とはいえない。学習の社会的な文脈を，とりわけ社会包摂の視点から考えることは，貧困・格差の拡大，また多文化化が進む今後，重要である。

　また，制度研究，歴史研究，施設・空間研究も求められる。制度研究については，社会教育法（1949年制定），生涯学習の振興のための施策の推進体制等の整備に関する法律（1990年），音楽文化の振興のための学習環境の整備等に関する法律（1994年），文化芸術振興基本法（2001年。2017年に文化芸術基本法に改正），劇場，音楽堂等の活性化に関する法律（2012年）といった基本法制の理解が出発点となる。また，近年は学校と地域の協働も政策課題となる中で（中央教育審議会答申「新しい時代の教育や地方創生の実現に向けた学校と地域の連携・協働の在り方と今後の推進方策について」2015年12月），両者の連携という課題と可能性が拓けている。

　歴史研究については，生涯教育や生涯学習という語が生まれる以前の，社会教育，あるいはそれ以外の枠組みで行われてきた音楽活動の歴史（草野2007）が十分検討されていない課題がある。

　施設・空間研究は，音楽活動が行われる場所の論理を歴史的・現代的に読み解いていくものである。各種施設はもちろん，地域の多様な場で音楽活動は行われている。具体的な場所への注目は，これも理想主義的に語られがちな「コミュニティ」を，より実態に即して捉えることを可能にする。

　この分野は，音楽教育のみならず，社会教育・生涯学習，心理学，アーツマネジメント等多様な領域に関わるが，相互の参照が十分とはいえない。音楽活動の現場に根ざすのは当然だが，関連領域，歴史，海外の動向にも目配りをしながら，より水準の高い研究と実践の蓄積が望まれる。

（新藤浩伸）

【引用・参考文献】
McPherson, G. E. & Welch G. F. eds. (2012). *The Oxford Handbook of Music Education*. Oxford University Press.
OECD教育研究革新センター（2016）『アートの教育学―革新型社会を拓く学びの技―』篠原康正・篠原真子・袰岩晶訳，明石書店.
草野滋之（2007）「戦後日本における民衆の文化活動・表現活動の展開とその意義」畑潤・草野編『表現・文化活動の社会教育学―生活のなかで感性と知性を育む―』学文社.
佐藤一子（1998）『生涯学習と社会参加―おとなが学ぶことの意味―』東京大学出版会.
新藤浩伸（2018）「社会教育」小林真理編『文化政策の現在　1　文化政策の思想』東京大学出版会.
杉江淑子（2009）「10年間の研究動向―生涯学習社会における音楽教育研究―」日本音楽教育学会編『音楽教育学の未来』音楽之友社.
ブース，E.（2016）『ティーチング・アーティスト―音楽の世界に導く職業―』久保田慶一監訳，大島路子・大類朋美訳，水曜社.

1-2　**社会の中の音楽教育　3**

学校と社会を結ぶ音楽教育
音楽教育における新たな連携を模索する

1．日本音楽教育学会の研究における位置付け

　本項執筆に当たって，「学校と社会」，「アウトリーチ」，そして「演奏家」等をキーワードとして日本音楽教育学会発足以来約50年の刊行物から[1] 論文，記事，口頭発表要旨等を検索したところ，約40編を抽出した。

　1970年の学会発足当時から1980，1990年代を通じてほぼ皆無であった「学校と社会」との関わりを論じたものが，2000年前後から出始め，その後，主に大会口頭発表と『音楽教育実践ジャーナル』を中心に急増していく。その数は2008〜2017年に約30編にのぼり，当学会においては「学校と社会」についての研究や実践がこの10年間に集中していることが分かる。中でも特筆すべきは『音楽教育実践ジャーナル』vol. 10 no. 2の特集「音楽教育におけるアウトリーチを考える」(2013)であろう。学会内外の研究者あるいは実践者，オーガナイザー等により，音楽のアウトリーチの「歴史と未来」(第1部)，「国内外での実践の状況」(第2部)，「様々な場における実践」(第3部)，「学校での実践」(第4部)等の多様な視点から書かれた11論文は，アウトリーチ，すなわち学校とそれを取り巻く社会との関わりの現状を明確に浮かび上がらせているのである。

2．学校と社会的な団体との種々の関わり

　図1は，これまでどのような団体が，学校と関わりながら音楽活動を展開してきたかを示したものである。そのうち，A，B，D，E，Fについては先述の「音楽教育におけるアウトリーチを考える」において具体的な事例を見ることができる。また，2001年施行の「文化芸術振興基本法」(2017年には「文化芸術基本法」に改正)は，こうした活発な取組みを支えてきた要因の一つと考えられ，「G.

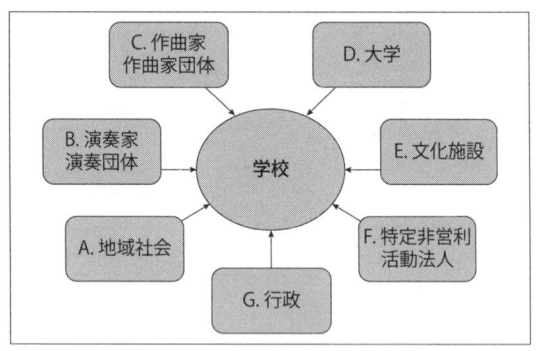

図1　学校と社会との関わり

行政」として図1に書き加えている。

3．出前コンサートから音楽づくりへ

　学校と社会的な団体との連携は，「鑑賞のみ」「参加型」「音楽づくりを含むワークショップ」の三つに大別できるだろう。

　「鑑賞のみ」は戦後まもなくすでに群馬交響楽団がスタートさせており[2]，現在でも同様の形が「出前コンサート」という通称で一般に親しまれている。最近ではこれに加えて子どもたちが何らかの形で音楽活動に参加する「参加型コンサート」も増えている。更に『学習指導要領』における「音楽をつくって表現する」(1989, 小学校)，「音楽づくり」(2008〜現在, 小学校)，「創作」(2008〜現在, 中学校)の導入と期を同じくして，音楽家と子どもたちがともに音楽をつくる「音楽づくりワークショップ」という形もかなり広く行われるようになっている。「鑑賞のみ」や「参加型」とは異なり，「音楽づくりワークショップ」ではプロの音楽家と子どもたちがコミュニケーションを取り合いながら，ある意味対等な立場で音楽づくりに関わっていくことが目指されている。

　その先駆けとなったのが，図1の「C. 作曲家, 作曲家団体」の活動であり，日本現代音楽協会主

催の「童楽」[3) が，すでに 1991 年から小・中学校とのコラボレーションを行っている。その中には作曲家，高橋悠治が千代田区の小学校において行った「音楽づくりワークショップ」も含まれる。これは作曲家が学校で子どもたちと活動した日本で最初の事例であるのみならず，学校と社会的な団体との音楽づくりを介したコラボレーションとしても最初期のものであろう。

　しかし現在行われている「参加型」や「音楽づくりワークショップ」の活動において，実際にはプロの音楽家たちが真剣に子どもたちの音楽に向き合っている姿を見ることは少ないのではないだろうか。たとえ音楽ワークショップにおけるファシリテーターとしての訓練を受けていても，筆者の経験では，子どものつくる音・音楽を聴き，認め，それを音楽として生かすことのできるファシリテーターは決して多いとは言えない。子どものちょっとしたアイディアや，一瞬のうちに消え去る音を，彼らが把握して生かすことができていないことは多いのである。コントまがいのウケねらいではなく，またショーのようなパフォーマンスではなく，子どもの学びに寄り添い，子どもの音に真剣に耳を傾け，自分たちの音で子どもの音楽を支えることのできるファシリテーターの育成が，今後望まれる。

4．プロジェクト研究：学校と社会を結ぶ音楽教育

　日本音楽教育学会は 2017 年から常任理事会企画として「学校と社会を結ぶ音楽教育」をスタートさせた。

　これまでの学校と社会との連携よりも，学校側からの発信に重きを置いた実践やカリキュラムの開発が，その第一のねらいである。それは必然的に現在の『学習指導要領』や，あるいは学校独自のカリキュラム・マネジメントとも関わりをもつことになる。

　第二に，学会や様々な種類の音楽の研究者，そして作曲家が関わることにより，教材としての音楽の切り口を広げること，それによって幅広く子

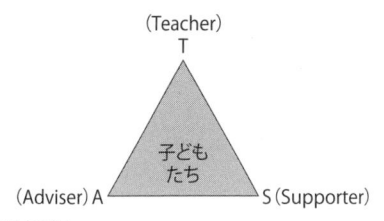

図2　TAS モデル
T = Teacher（教師），A = Adviser（音楽の専門家＝研究者や作曲家），S = Supporter（演奏家等）

どもの創造性を生かすことのできる授業を開発することも大きなねらいである。

　第三としては，教師の役割の明確化を挙げたい。これまでの学校と社会との連携では，子どもを最もよく知る教師が参加しない場合や，音楽家にリーダーシップを委ねて自らは脇役にまわることもある等，その役割は不明確であった。そこでプロジェクト研究「学校と社会を結ぶ音楽教育」では，

①教師を授業者として位置付け，

② Adviser としての音楽の専門家（研究者や作曲家等）の知見をもとに，

③ Supporter として授業を自らの音によって支える演奏家の参加

という三者の協働によって，新たな授業のあり方を成立させる試み「TAS モデル」を提案している（図2）。

　2018 年 2 月から授業に取り組み始め，幼稚園から高校にかけて，2 年間で約 20 回の実践が予定されている。2015 年度中央教育審議会答申の「社会に開かれた教育課程」とも関わる，学校側からの発信を視野に入れた，学校と社会を結ぶ音楽教育の新たなカリキュラムを提案することができればと考えている。　　　　　　　　　　（坪能由紀子）

【注】
1）1979 年から 10 年ごとに出版された記念誌（4 冊），同じく 10 年ごとに出版された記念論文集（7 冊），学会誌『音楽教育学』（1971-2017）と『音楽教育実践ジャーナル』（2003-2018），及び各大会プログラム（シンポジウムや発表の要旨）。この数にはこれまで比較的継続的に行われてきている，地域社会の芸能等と学校との連携を扱ったものは含まれていない。
2）群馬交響楽団，インターネット，http://www.gunkyo.com/（2018/8/31 にアクセス）
3）日本現代音楽協会，インターネット，http://www.jscm.net/（2018/8/31 にアクセス）

社会集団と音楽教育

1．音楽的な社会化

　複製メディアと通信技術の進歩は，音楽の個人化をもたらした。世界のどこへでも音楽を持ち運ぶことができ，計り知れない量の音源から折々の気分や必要に応じて選択することもできる。しかも，他者に一切聞かれることなく密かに音楽を楽しむことが可能である。だが，このような社会になる以前，音楽は不可避的に集団のものであった。

　ヒトは誕生とともに周囲の養育者たちのもつ文化に囲まれて育ち，生活経験を共有する中で当該集団の言語や習慣等を身に付けて成員性を獲得していく。これを社会化というが，言語とは異なる音声表現を行う，身体やモノを使って音を出す，周囲に流れる音・音楽を聞くといった経験を通して，音楽的にも社会化が行われている。これは例えば，乳児と母親の相互行為において相手の発する音声に反応して抑揚やリズムを調整しながら音声表現がなされることや，沖縄の幼児が三線と唄，指笛にのって自然とカチャーシーを踊り出す様子等から確認できる。このような社会化が行われるのは，集団にとって音楽が必要だからである。

2．音楽による集団化

　他者と身体を同期させて手拍子や歌，太鼓等の音を一緒に発したり，音楽に合わせて動作をともにする行為は，ヒトに根源的な快をもたらす。こうした行為は，ターン・テイキングに基づいて行われる会話とは全く異なる性質をもつ。複数の話者が同時に発話すれば雑音となり会話は成り立たないが，手拍子や歌は同時に発する共同性の共有が可能であり，共時性を楽しむことができる。この性質により，音楽は集団をつくり出す。

　どのような社会においても，大人になることは労働と結び付いている。集団で力を合わせること

が必要な労働であれば，掛け声や音による合図，特定のリズムが諸個人の動きを調整し，それなしには成し得ない仕事を達成させる。個々人で行う労働の場合も，歌を口ずさんだり音楽を聞いたりすることが労苦を軽減し長時間の労働にも耐えさせる。田植唄，舟唄といった労作歌，日本の子守唄等は作業効率を高める機能を果たしてきた。

　より重要なのは，宗教世界における音楽の機能である。信仰の有無にかかわらず，人々が生きる世界は聖と俗に二分される。俗である労働に対し，礼拝，マツリ，儀式等が聖を構成する。聖は時間上も空間上も，俗から区分されなくてはならない。音・音楽は，その聖なる時間の始まりと終わりを人々に告げる。また，マツリであれ儀式であれ，聖なる時間に用いられる音楽は，その場に居合わせる者の情緒に働きかける。聖なる音を聴くのみでも周囲の人々とともに沈黙して耳を傾ける行為を遂行しているが，参加者が共同で音楽を生み出すことは，諸個人を集団へと束ねる卓越した方法である。「彼らが一致し，また，一致していると感ずるのは，同じ叫びを発し，同じ言葉を発し，同じ対象について同じ動作をすることによって」（デュルケム 1975, 上巻 p. 415）だからである。こうして音楽は「集団の感情」を行きわたらせる。

　これらの作用を余すところなく示す例として，戦いの歌が挙げられる。同期した発声と動作により集団は凝集し，士気が鼓舞される。歌うことは成員性の確認と，集団への忠誠の誓いなのである。

　更に，音楽は集団として伝えるべき知識の貯蔵・伝達手段としても機能してきた。とりわけ文字文化が浸透していない社会では，集団にとって重要な記憶を，舞踊，民話や叙事詩等の口承，歌の媒介なしに蓄え伝えることは不可能であった。声明，讃美歌，クルアーンの詠唱，隠れキリシタンのオ

ラショ等は，聖なる歌であるだけでなく，効率的に記憶するための手段でもあった。

3．近代における集合アイデンティティと音楽

　前項のような音楽のもつ集団化機能は，主に成員が場を共有する状況で発揮されたが，国家はそれをはるかに超えた範囲に及ぶ。国民国家は，国民の統合によって成立するが，民衆にとって国家は抽象的で，それへの自己同一化や忠誠心を喚起することは難しい。そこで，個々人を国家に結び付けるためにシンボルが採用される。その典型がハタとウタであり，国民国家が優勢になると公的な機会に国歌が歌われるようになった。アンダーソンは，国歌を例に「いかにその歌詞が陳腐で曲が凡庸であろうとも，この歌唱には同時性の経験がこめられ」，互いに知らない人々が正確に同じメロディーと歌詞を発する斉唱が「想像の共同体」を体現すると指摘した（1997, pp. 238-239）。

　日本においては，国歌のみならず儀式唱歌と文部省唱歌が国民統合に寄与した。教育勅語を旨とする国民教育体制を駆動させたのは，小学校祝日大祭日儀式規程（1891）に基づく儀式の反復遂行である。儀式は参集者に画一的で様式化された身体行動を課し，人々が同じ信念を共有することなしに，ともに行為することによって連帯と規範を打ち立てる。儀式唱歌は，その作用を強化する。

　学校儀式における唱歌の実践は1879年の東京女子師範学校卒業証書授与式に始まり，1888年には《紀元節》と《天長節》が学校唱歌とされた（有本 2013）。加えて，1893年に「祝日大祭日歌詞並楽譜」が告示されて斉唱が義務付けられると，歌詞の意味は理解できなくとも，儀式唱歌を歌うことで児童の身体には臣民たる「われわれ」というアイデンティティが刻み込まれていった。

　文語体で難解な儀式唱歌に対し，文部省唱歌は聞き言葉でつくられ，日常生活，自然や季節を主題とした歌が多く，土地や情景は匿名的であって誰もが身近な情景を重ね合わせることができる等の特徴をもつ（西島 1995）。そうした唱歌を歌う

ことで「日本人」としての集合アイデンティティが醸成され，それは後の「国民歌謡」へとつながった。更に時を経て，文部省唱歌は「にっぽんの歌」として古きよき日本に対する集合的記憶を回顧する歌となっている。

　国民統合の歌の浸透に追随して現れたのが，学校，会社，地域といった第二次（中間）集団の歌である。これには校歌，社歌，県民歌，新民謡等が含まれ，歌詞に当該集団の目標や規範，郷土の山川や名所旧跡，名物，都市の風俗等が詠い込まれるのが特徴である。そのため，儀式や教科書を介して教えられる歌では匿名的な情景に，第二次集団の歌では具体的な事物に，個人の心情と集合アイデンティティが仮託されることとなった。

　近代化が進み音声メディアが発展すると，前述したのとは別様の集合アイデンティティが生まれてくる。大衆文化や若者文化として括られる流行に根ざした音楽は，時代につれて変化するために世代間の区分を鮮明にする。更に音楽は世代のアイデンティティのみならず，価値観のそれによっても集団化を行う。ロックが反抗，アウトサイドに価値を置く対抗文化を形成したことは，その好例であろう。この音楽にシンパシーを感じるという条件が，集団を創出するのである。現代では，音楽の個人化の一方で，ライブコンサートでの集団的な熱狂や，ネット上での同好の交流等が新たな集団を形成している。

　音楽が本来的に集団のものである以上，音楽教育の研究には社会集団への視点が不可欠であり，民俗学，文化人類学，社会学，歴史学といった分野の知見にも目配りすることが求められよう。

（有本真紀）

【引用・参考文献】

有本真紀（2013）『卒業式の歴史学』講談社.

アンダーソン，B.（1997）『増補　想像の共同体―ナショナリズムの起源と流行―』白石さや・白石隆訳，NTT出版.

デュルケム，E.（1975）『宗教生活の原初形態』（改訳），古野清人訳，岩波書店.

西島央（1995）「想像の『にっぽん』―唱歌のつくった原風景―」森田尚人ほか編『教育学年報4　個性という幻想』世織書房，pp. 433-466.

1-2　社会の中の音楽教育　5

社会性と音楽
価値観の形成と多様性の受容

1．はじめに

　社会性という言葉を明確に定義することはきわめて難しい。一般的に「社会」という概念は，国や地球規模での人間の集団としての営みから特定の組織や集団における個人の相互関係までを含んでいる。音楽は，様々な社会の営みから発生し，そこに属する生活集団の中で発展・伝承して，人々の生活に影響を及ぼしながら広く地域や国の文化として発展してきた。

　したがって，ここで言う「社会性」とは，音楽を通して生活集団における円滑な対人関係を形成し，広く社会に通じる情緒や性格といったパーソナリティを獲得するための資質・能力を意味している。

2．社会的芸術としての音楽と教育
2.1 音楽の社会的機能

　マーセル（Mursell 1934, 美田訳 1967）は，音楽の著しい特徴の一つとして，それが「社会的な芸術」であることを挙げ，その理由を「音楽自体が，いろいろな社会的様式を生み出すものであり，また社会的状態の中で行なわれるものであるから」（訳書 p. 66）と述べている。

　原始社会より，音楽は，宗教，政治，経済，医療，労働，教育，果ては戦争といった人類のあらゆる社会的行為と関係して発展し，現在に至っている。現在では，そうした様々なものが集団的行為から分化して，音楽も専門家の手に移ってきたが，そのために音楽の社会的価値が低くなったというわけではない。むしろ，そうして細分化された社会にこそ音楽が必要とされている。小石や砂の隙間を水が満たして土壌が潤うように，音楽は，世代や職業等で階層化された社会を豊かで潤いのあるものにするのである。

2.2 音楽教育と社会との関わり

　古来，集団的行為の中で生活に密着して発展してきた音楽であるが，他の様々な社会的機能の複雑化に伴って，音楽の機能の多くの部分が「芸術音楽」として分化し，社会との関係が昔とは異なったものになった。そして，この傾向は21世紀に入って急激な変化を示している。

　我が国の小学校学習指導要領においても，音楽科の目標を「表現及び鑑賞の活動を通して，音楽を愛好する心情と音楽に対する感性を育てるとともに，音楽活動の基礎的な能力を培い，豊かな情操を養う。」（平成20年告示）から「表現及び鑑賞の活動を通して，音楽的な見方・考え方を働かせ，生活や社会の中の音や音楽と豊かに関わる資質・能力を次のとおり育成することを目指す。（以下略）」（平成29年告示）と改訂され，指導内容も含めて社会との関わりを重要視したものになっている。

　こうした傾向は中学校，高等学校と進むにしたがってより顕著になり，高等学校では，生活や社会との関わりや音楽の文化的・歴史的背景との関わりを意識下に置くようになっている。芸術音楽の存在意義は，現代社会をより豊かで潤いのあるものとするばかりでなく，予測不能な未来社会を切り拓く力を育てるための教育の一環としても重要な役割を担っている。

3．社会性の獲得と音楽的な意味
3.1 ピッチマッチによる社会化

　村尾（1995）は，発達段階における「一つの社会化」として，子どものわらべ歌遊びにおける「集団のピッチマッチの学習」を挙げている（p. 62）。

　対人関係を構築するための基礎的な能力は聴覚によるものばかりではないが，成長の過程におい

て周りの大人との会話や子ども同士の遊びの中でピッチを合わせたり意図的にピッチを操作したりすることは，音声言語によるコミュニケーションのための社会的ツールの一つであると考えられる。重要なことは，この声によるピッチマッチの習慣は，単に音の高さや大きさを認識するというだけではなく，音声をはじめとするあらゆる音に含まれる複雑な情報，とりわけ人の感情や周囲の状況等の社会的情報を瞬時に把握・分析して判断する能力を育てるということである。

3.2 音楽学習による無意識の意識化

音楽は個人が属する社会や集団の中から生まれる。したがって，私たちがその音楽からなんらかの意味を感じ取り，そこに含まれる様々な情報や感情を仲間と共有することはそれほど難しいことではない。しかし，そのためには，その音楽から特定の意味を想起する必要がある。

徳丸（1979）は，記号学的な見地から，音楽が私たちに想起させる意味を大きく二つに分けて説明した（pp.34-60）。一つは，描写音楽や表題音楽等のように音楽が音楽以外の概念と結び付いて他律的に意味を生じるもの（表示的意味），そしてもう一つは，音楽が純粋に音楽の鳴り響きの中だけで自律的に意味を生じるもの（統語論的意味）である。どちらの意味も，生活や社会の中の音や音楽として無意識的に蓄えられているものであり，音楽の学習はそれを意識下に置くことを意図して行われる。

また，音楽はこういった共通する文化のもとで経験や学習によって生じる意味とは別に，個人の記憶や感情によって生じる意味も想起させる。場合によっては，それが音楽そのものの表示的意味や統語論的意味に優先することもある。そこに含まれる様々な感情を心理的な距離を置いて受け入れることで，自己と社会との関係の調整をする習慣を学ぶことになる。こうした音楽を媒介とした関係調整能力こそが音楽を学ぶことによる社会性の獲得につながると言えるだろう。

4．価値観の形成と多様性の受容

4.1 知識の更新と自己の成長

音楽は抽象性をもって受容されるため，幼少期から生涯を終えるまで，その意味や価値が変容する可能性をもっている。多様な音楽との出会いは多様な社会との出会いであり，私たちは音楽を通して社会の変化や自分自身の成長を客観視することができる。

音楽の抽象性は知識の更新を容易にし，更新された後も古い知識は一概にその意味や価値が否定されてしまうのではなく，記憶の中で引き続き成長する。こうした音楽のもつ柔軟性が，社会性のある自己表現を可能にするとともに，多様な文化や社会的価値観を受け入れる積極的な姿勢にもつながる。

4.2 価値観の共有と社会性の発達

社会性は価値観の共有と共感によって成り立つものであるが，そのためには主体的なパーソナリティをもって社会や集団に働きかけることのできる資質・能力が必要となる。音楽を通して，私たちは自己の内面と向き合い，そこで得た洞察力をもって社会と対峙する。音楽は，社会的様式を生み出すものであると同時に，その基礎となる個人のパーソナリティを確立し，主体的に社会に働きかける習慣を形成するものでもあるのだ。

マーセルが音楽を「すべての人がともに幸福になれる社会形態を生み出す芸術」（前掲書 p.78）であると述べてから約50年が過ぎた。今でもその言葉が色褪せることがないのは，音楽の存在そのものが普遍的な社会性をもっているからにほかならない。

（北山敦康）

【引用・参考文献】
徳丸吉彦（1979）『親と子の音楽再入門—聴くことからはじまる—』国土社.
マーセル，J. L.（1967）『音楽教育と人間形成』美田節子訳，音楽之友社.〔原書：Mursell, J. L. (1934). *Human Values in Music Education*. New York: Silver Burdett Company.〕
村尾忠廣（1995）『「調子外れ」を治す』音楽之友社.

(1-2) 社会の中の音楽　6

ウェルビーイングと音楽

1．はじめに

「ウェルビーイング」とは，1946年に世界61か国の代表により署名された世界保健機関憲章（Constitution of World Health Organization）において，健康（Health）の定義に用いられた言葉である。身体的，精神的，社会的な健やかさがすべて統合された状態を意味しており（World Health Organization 1946），その背景にあるのは，健康の問題を人まかせにせず，当事者自らが自覚し追求する（MacDonald et al. 2012），という自律性である。

この全人的かつ自律的な概念であるウェルビーイングの達成には，音楽がもつ三つの意味での多様性が大いに役立つと考えられる。一つ目は，人間の様々な側面に広く同時に働きかける「音楽の機能の多様性」であり，二つ目は，個々の人間が自分にふさわしい形態で楽しむことを可能にする「音楽体験の多様性」，そして三つ目は，同じ音楽に対する受け止め方の個人差，すなわち「音楽体験への反応の多様性」である。本稿では，これら三つの多様性を軸に，ウェルビーイングと音楽について考察する。

2．音楽の機能の多様性

音楽のもつ諸機能は，それらを治療の目的に応じて活用する音楽療法の分野において，基礎理論の中核をなすものである。例えばMerriam (1964)は，身体的反応を引き起こす刺激としての音楽，コミュニケーションとしての音楽，感情表現としての音楽，社会的統合に貢献する音楽等，10項目に分けて音楽のもつ機能を説明している。そして実際には，これらの機能は音楽という時間的な体験の中で同時に作用している。

歌うという行為を例にとって考えてみよう。歌唱は，呼吸器官，声帯を含む発声器官，舌や顎等の構音器官の動きを活発化するという点から身体への刺激になるが，歌詞とメロディーに同時に注意を配分するという点では認知への働きかけと言える。更に，その歌が昔を思い出させるなら，認知の中でも記憶の領域への賦活剤であり，歌うことで感情が動くなら，感情の表現・はけ口としての機能をもつ。更に複数で歌うなら，集団の結束意識を高め，人との交流を促進する社会的な機能も果たすことになる。

すなわち音楽は，身体的，精神的，社会的健やかさという，ウェルビーイングのすべての領域を統合する可能性をもっているのである。

3．音楽体験の多様性

さて，これら音楽の諸機能が我々の健やかさの実現に生かされるためには，その人にとって音楽体験が意味のあるものでなくてはいけない。例えば，病気や障害のために楽器演奏が心身の負担になる場合には，歌うことや，音楽に合わせて体を動かすことのほうが，その人にとって自分を実現できる行為かもしれない。

音楽は，楽器を演奏する，歌う，聴く，作曲する，音楽に合わせて動く等，様々な形で体験できる。医学的に見れば明らかに「病気」であっても，音楽の世界ではその人の健やかな部分に焦点を当てた活動が可能である。つまり，音楽には，その人なりの自律的な関わり方を可能にする多様な体験の方法がある。だからこそ音楽は，音楽経験やスキル，障害や疾病，年齢，性別を問わず人に寄り添い，一人一人の健やかさの実現に向けて，その人にふさわしい形で貢献する。

4．音楽への反応の多様性

　同じ音楽を体験しても，その反応には個人差がある。人によって過去の音楽経験や音楽の好みが異なるからである。これはウェルビーイングにおける自律性を考える上で大変重要である。

　私たちは，ある特定の曲が固有の体験に結び付くことを何度も経験してきたはずだ。その結び付きは経験した本人にしかわからない。だからこそ音楽を療法的に活用する場合，患者自身による選曲が重要なのである（Mitchell & MacDonald 2006）。例えば音楽を使った疼痛緩和は，慣れ親しんだ好みの曲を患者自身が選び，ストレスの多い病院の環境に自分らしい安心できる要素を導入して初めて，効果を発揮するだろう。患者自身が健やかな自分を主体的にもち込むことにより，結果として不安や痛みが軽減される。また，音楽に集中することで，痛みから注意をそらすこと，つまり痛み自体の知覚を変容させることにもつながる。患者自身が環境と痛みを自らコントロールするという自律性を，音楽が援助するのである（クレア・メモット 2017）。

　このように，音楽への反応は個人に固有のものであり，それが強まれば音楽が自己のアイデンティティにもなりうる（MacDonald et al. 2012）。その一方，同じ音楽がコミュニケーションの手段として異なる個体同士の絆，関係性をつくり上げ，集団としてのアイデンティティを形成することもある。それぞれの受け止め方が異なっているにもかかわらず，音楽は我々に「共有」される。これは音楽がコミュニケーションの手段として，言葉のように限定的でなく，無限の解釈を可能にするよい意味でのあいまいさをもっているからである。アメリカにおいて「音楽療法の父」と呼ばれるカンザス大学の Gaston の次のような言葉が，デイビスらの編著書（2015）に引用されている。

　機能的な視点からすると，音楽は基本的にはコミュニケーションのための一つの手段である。事実，音楽のもつ非言語的な意味の存在がその可能性と価値を与えているといえよう。音楽的に簡単に伝えられる内容を言語でも同様に伝えることができるならば，世の中に音楽は存在していないし，その必要もなかったであろう。（p. 103）

　すなわち音楽は，個人の感性と自律性を担保しながら，他者とつながる貴重な社会的交流の手段となるのである。

5．おわりに

　音楽はその機能の多様性を通じて，我々の身体的，精神的，社会的な在り方に包括的に働きかける力をもっている。そして，その体験方法の多様性ゆえに，たとえ我々がどのような状態にあっても，自分なりの方法で自律的に音楽を体験することを可能にする。更に音楽は，一人一人と個別の関係を結びながら，同時に他者と結ばれる絆として社会的役割を果たすのである。

　音楽ほど我々の社会，日常生活に普及し，多くの人々から愛される文化的活動はないだろう。音楽療法はもちろんのこと，音楽教育，日常における音楽の活用，そして地域コミュニティでの音楽活動においても，音楽はその人らしさを支え，ウェルビーイングの実現に貢献する可能性をもっているのである。

（羽石英里）

【引用・参考文献】

MacDonald, R. A. R., Kreutz, G. & Mitchell, L. (2012). *Music, Health, and Wellbeing*. New York: Oxford University Press.

Merriam, A. P. (1964). *The Anthropology of Music*. Evanston IL: Northwestern University Press.

Mitchell, L. A. & MacDonald, R. A. R. (2006). "An Experimental Investigation of the Effects of Preferred and Relaxing Music Listening on Pain Perception." *Journal of Music Therapy* 43, no. 4, pp. 295-316.

World Health Organization, Constitution of WHO: Principles, インターネット, http://www.who.int/about/mission/en/（2018/8/3 にアクセス）

クレア，アリシア A. & メモット，ジェニー（2017）『高齢者のための療法的音楽活用第2版』廣川惠理訳，一麦出版社．

デイビス，W. B. & グフェラー，K. E. & タウト，M. H. 編（2015）『音楽療法入門―理論と実践I―』栗林文雄訳，一麦出版社．

（1-2）　社会の中の音楽教育　7

情報化社会と音楽教育

1．情報化社会の進展

　情報化社会を「必要な情報がいつでもどこでも利用できるように整備された社会」と定義するならば，1）あらゆる情報をデジタル化して流通できるような企業・組織の充実，2）情報を必要なところに届ける高速の通信手段と端末のインフラ整備，そして何より，3）情報そのものに経済的価値が発生し売買の対象になるという社会的価値が共有される必要がある。その意味で，我が国はすでに情報化社会であると言える。情報化社会は，文字，画像，音声，映像のデジタル化技術とそれを処理できるコンピュータの発展，情報をリアルタイムに送信できる通信技術の革新があってこそ実現してきた。特に 1990 年代後半のコンピュータの処理能力の飛躍的向上と技術革新による小型化及び低コスト化の実現，2000 年以後のインターネットの普及と無線通信技術の革新による超高速通信網の具現化等が，この 20 年の飛躍的な進展に貢献している。そしてその成果は，ビジネスの世界にとどまらず，学校や家庭においても，まさに「いつでもどこでも必要な情報にアクセスできる」状況になってきているわけである。更に最近は「人工知能による機械翻訳や自動運転車，知的ロボット」等が実用化され，私たちを驚かすようになってきた。

　その一方で，これまでの社会との継続性や共存性等においての歪みが新しい問題としてクローズアップされている。例えば，情報にアクセスできる機会や環境に関する格差（デジタルデバイド）の問題である。新しい技術は，その利用環境，利用方法がすべての国民に開かれて整備されていかなければならない。情報化社会は情報が有償な時代なだけに，情報格差は経済格差につながり社会の健全な発展を阻害することになる。また，情報が多すぎて意思決定できないという問題も指摘されている。情報がないと正確な判断ができないが，現在は，その信頼性や整合性を確認することができないほどの様々な情報が入手でき，かえって的確な判断ができない。このように情報化の進展による光の部分（恩恵を受ける部分）と同時に，影の部分（新しい社会問題等）についても，目を光らせ，対策を立てておく必要がある。

2．情報化時代に対応した教育

　情報化の進展に対応した教育の実践が 1990 年代の終わりごろからクローズアップされてきた。これには，大きく二つの視点がある。

　一つは，情報化に対応した学習内容の検討と改善である。情報化の進展により，知識はいつでもどこでもコンピュータから取り出せるようになった。知識理解に重きを置かれていた能力育成が，自分で調査し，多くの情報から必要な情報を選び出し，吟味して判断・意思決定でき，行動できる能力（情報活用能力，コミュニケーション能力，問題解決能力等，判断力・表現力等）の育成に変化してきた。したがって，教育でも，体験し考えることに意味のある課題，正解はないけれど最善策を見つける課題，人と協力して創作的な成果をつくり出す課題など，課題解決的な学習スタイルへの移行が求められている。文科省のいう「主体的・対話的で深い学び」とほぼ同義の「アクティブ・ラーニング」も情報化に対応した教育内容の改善を求めるものである。

　さて，もう一つの視点は，情報化によって実現した環境や ICT を，教育を効果的に行うために活用すること（教育方法の情報化）である。具体的には，教員が教科書や黒板とチョークを使って指導してきた従来型の学校教育や高等教育のスタイ

ルを，ICT をフルに活用して，学習意欲を高め，もっと効果的に実施することを指す。教授学習過程を，a）学習内容の説明，b）学習者理解の把握，c）評価と的確なフィードバック，という単純な情報伝達モデルで捉えたとしても，a）b）c）の各段階で，提示の手段として，あるいはデータ処理やフィードバックの手段として ICT は活用できる。既に写真，動画，音声付の映像を利用した効果的なデジタル教材が様々な分野で数多く開発されている。更に学習者が一人 1 台の端末を持てるようになると，授業のスタイルは著しく変化する。すなわち，一斉学習ではなく，学習の個別化や協調学習が可能になる。また，情報のやり取りがネットワークを介してできる環境にあると，e-Learning（電子遠隔学習）が実現可能になる。もちろんこの実現のためには，ICT の技術革新を待つだけではなく，学習を支援するシステムや学習教材の開発研究，学習方法の実践的研究が必要となり，教育研究の重要なテーマになる。

3．情報化時代での音楽教育

前節で述べたように情報化に関して教育で取り上げられている問題は音楽教育でも当てはまると思われる。すなわち，

一つは，音楽教育の目的を情報化の進展に照らし合わせて考え直してみることである。例えば，今は楽器を弾けなくても ICT を利用すれば誰でも音楽を創作し発信できる。したがって，教育では，感じていることを研ぎ澄ますこと，感性の表現方法をいろいろ体得することが重要性になる。また表現も昔に比べれば多様である。自然の音と音楽の組合せ，擬音，シンセサイザー音源，声等あらゆる音がデジタル化の対象となっており利用できる。一度保存した音は，他の音と組み合わせることも容易であるし，形や体の表現，光や動画等他の表現手段との組合せも可能である。このような多様な音楽の表現を子どものころから実際に見聞きし感じること，様々な方法で自らを音楽として表現することに ICT 活用は必要不可欠である。音

楽教育やその実践に ICT が積極的に取り入れられることを期待する。

もう一つは音楽教育の方法としての ICT 活用である。コンピュータに音を取り込み個別に聴いたり，音符を追いかけながら演奏したり，音程を自動判別したり，作曲や合奏を支援したりする等，音楽教育を支援するツールには事欠かない。音楽教育の目標をもう一度見定めた上で，このような新しいツールを積極的に活用することを今後も試みてほしい。もちろん，このような最先端技術の活用により，従来の音楽教育が大切にしてきたものを失わないか，その継続性や整合性を吟味していくことも，大切なことは言うまでもない。

4．研究情報の情報化

情報化の進展を考えた時，もう一つ指摘しておきたいことがある。それは研究情報の情報化である。これまで研究成果は，科学的方法として命題に真偽をつける形でまとめてきた。知見の真偽性や論理的体系化を重視してきたからである。しかし，実践的研究においては命題論理の検証手法の限界が見えてきている。一方，知識や知識構造をデジタル化して複雑な論理を整合したり，大量のデータから適用可能な論理を抽出するといった技術が人工知能の分野では利用されている。実践研究のように多くの要因が複雑にからまる状況では，実態データを発言録や映像・音声等生のデータとして蓄積していき，データマイニングやビッグデータ解析等によって適応可能な命題を引き出すというアプローチが可能となろう。特に，音そのものが重要な要因である音楽分野では，素材そのものが重要である。その第一歩は研究対象となる実践のデジタル記録であろうが，これも含め研究情報を計画的・組織的に蓄積していくことが求められる。　　　　　　　　　　（永野和男）

【参考文献】
永野和男（2012）「教育の情報化と情報教育」教育工学選書　1『教育工学とはどんな学問か』，ミネルヴァ書房，pp. 115-141.

〔1-3〕 歴史の中の音楽教育　1

歴史からみる音楽教育

1．歴史の中の音楽教育

　日本の学校音楽教育は，唱歌科と芸能科音楽，そして戦後は音楽科という名称に代表される教科目として存続してきた。国策に翻弄されつつ，諸外国に学びつつ，あるべき方向性を希求しながら，子どもたちと向き合い音楽と向き合って音楽教育に携わってきた人々によって，現在の教科「音楽」は形づくられてきたと言えよう。

　しかしながら，日本で近代学校制度が開始されるのは明治期に入ってからだが，歴史上，音楽の存在は太古の昔にさかのぼって確認されている。記録の有無にかかわらず，伝承されたり意図的に伝習を行ったりしながら音楽は存在してきた。また，療法的な働きかけ，乳幼児に対する働きかけ等にも，意識的，無意識的にかかわらず，音楽的な行動は含まれており，その長い積み重ねの過程には広い意味での音楽教育と捉えられる人間の行動が存在していたと言うことができる。

2．音楽教育の「歴史」

　このように，過去から現在に至るまで，音楽教育に関わる膨大な出来事が存在する。しかし，その出来事に関するなんらかの情報が遺されていなければ，歴史には記されない。また，歴史に記すことのできる範囲にも限りがある。私たちは時代小説を読んでその時代を理解したかのような錯覚に陥ることがあるが，情報が遺されていない出来事について想像することは可能であってもそれは「歴史」ではない。言いかえれば，すべてを網羅することは不可能である，という前提の上で歴史は記されるのであり，新たに記録が発見されれば歴史は書き換えられる。逆説的ではあるが，そうであるからこそ，過去の出来事に関して，得られる限り広範な情報を収集し，その情報に真摯に向

き合い，解釈し，想像を排して慎重に判断することによって，初めて「音楽教育を歴史からみる」歴史研究が成立する。

3．歴史をみるための方法

　出来事についての記録を精査することを広く「史料批判」と言い，事実を引き出す作業を「史料分析」と言う。過去の出来事は実に多様なかたちをした痕跡となって現代に語りかけようとしているが，断片として存在するその痕跡を見いだしたとしても，その有効性や信頼度（信憑性）もまた多様である。佐々木（2003）は，「文献史料を例にとると，その目安となるものは，その史料を『いつ』『どこで』『だれが』書いたか，の三要素であり『そのとき』『その場で』『その人が』の三要素を充たしたものを『一次史料』と呼び，そうでないものを『二次史料』と呼んでいる」と解説する。つまり，一次史料とは，生の，同時代，当事者の痕跡となる重要な史料を指し，研究に当たっては，できる限り一次史料に直接接することができるよう心がける。研究の対象や目的によって幅はあるが，公文書や日記，書簡，楽譜等，当事者へのインタビューによる口述記録，演奏の記録等も含まれる。もちろん，その史料の作成者の意図が込められているので，一次史料に書かれた事実がそのまま正確な歴史の出来事を表しているわけではなく，史料批判，史料分析は不可欠である。

　その一方で，翻刻・編成された編纂史料も存在する。直接現物に接することが難しい一次史料が多い中で，研究目的で編纂された情報を確認し，活用することは必須である。音楽基礎研究文献集，音楽教育史文献・資料叢書，復刻教科書等のシリーズ（大空社），『文部省唱歌集成』（大和淳二解説・日本コロムビア），『原典による近代唱歌集

成—誕生・変遷・伝播—』（安田寛ほか編・ビクターエンタテインメント）等，史料を復刻版や写真等で確認できる出版物も複数出されている。

　また，国立国会図書館では，所蔵資料をデジタル化して公開し，インターネットで閲覧できるようにしており（http://dl.ndl.go.jp/），貴重書や歴史的音源，官報等も確認することができる。このような公共的デジタル・アーカイブ事業への取組み等が進み，史料の保存，永続的な科学的利用のためのデータベースが整備されていくことによって，過去の出来事の痕跡との距離は格段に縮まっている。更に，比較的近い時代を扱う場合には，口述による当事者の証言や，レコード等のメディアに残された録音・録画を通して，その出来事の痕跡をたどることも可能である。

4．歴史を書くための方法

　史料を通して様々な事実を引き出し，解釈し，それらを結び付けて，過去に起きた出来事について一定の像を描くこと，それを「歴史叙述」と言う。すでに述べたように，歴史研究では，過去の出来事に関する情報を収集し，真摯に向き合い，解釈し，慎重に判断することが求められる。そして，研究目的を十分に検討した上で最も適した研究の視点や枠組み，研究の範囲を定め，自ら明らかにした歴史の一頁をいよいよ叙述することになる。英語の history という言葉の語源には，「物語」という意味が含まれているが，実は，空想を排した徹底的な史料分析を通してこそ，過去の出来事は未来へと語り継ぐにふさわしい歴史叙述となる。

　研究を行う際には，第一に，他者の描いた歴史叙述や他分野も含む先行研究の成果を広く検討し，自分の研究目的に即して，それらの有効性や信頼度を可能な限り確認する。

　第二に，歴史研究であっても，かならずリサーチ・クエスチョンは存在する。つまり，「○○を調べる」のようにトピックを追うだけでは研究とは言えない。「問題の所在」を明らかにし，その問題を解明するために精査するべき対象の範囲を

限定する必要がある。例えば，大沼（2009）は，幼児期の表現教育における音楽と身体の関わりへの問いから，土川五郎の『律動遊戯』（1917, 1918）掲載の 56 作品を，勝岡（2009）は，音楽取調掛における箏の教習を明らかにするために，『音楽取調掛時代所蔵目録（2）文書綴』と明治期に発刊された『音樂雑誌』の記事を，樫下（2015）は，器楽教育の成立過程への問題意識から，楽器産業界の業界紙『楽器商報』を，それぞれ中心的な研究対象として考察を行っている。

　第三に，自らの問題意識に基づいて歴史をみるために，どのような研究の視点や枠組みを取り入れれば最も的確に解釈を行うことができるのか，検討を行う。歴史学における民衆史研究，ライフヒストリー研究や，社会学，文化人類学，文学，図像学等の視点を援用したり，より広い，文化という視点から音楽教育の歴史を捉えたり，グローバルな視点から日本における過去の出来事を捉えたりすることで，これまで見落とされてきた歴史像を明らかにすることも可能となる。

　なお，音楽教育を歴史からみることは，歴史研究に限定されるわけではない。横断的，体系的に現在を捉えるような場合においても，どんな研究でも歴史的な視点は必要である。　　（権藤敦子）

【引用・参考文献】
有本真紀（2018）「学校儀式と身体—教育勅語と唱歌の共存関係を中心に—」日本教育学会教育勅語問題 WG 編『教育勅語と学校教育』世織書房，pp. 74-94.
大沼覚子（2009）「音楽と身体がかかわった遊戯作品の史的展開—土川五郎の律動遊戯にみる成果と問題点—」『音楽教育実践ジャーナル』vol. 6, no. 2, pp. 96-108.
樫下達也（2015）「戦後日本における教育用楽器の生産，普及，品質保証施策—文部・商工（通産）・大蔵各省と楽器産業界の動向を中心に—」『音楽教育学』第 45 巻第 2 号，pp. 1-12.
勝岡ゆかり（2009）「音楽取調掛における箏の教習—伝統的曲目の教習の可能性，教授法，東京音楽学校への影響—」『音楽教育学』第 39 巻第 2 号，pp.1-11.
佐々木隆（2003）「歴史史料とは何か」『史料にみる日本の近代』国立国会図書館ホームページ，インターネット，http://www.ndl.go.jp/modern/guidance/whats01.html（2018/8/30 にアクセス）.
浜松敦子（1985）「民衆の音楽活動と唱歌教育の関連性についての一考察—東京都台東区住民の実態調査にもとづいて—」『音楽教育学』第 15 号，pp. 76-87.

1-3　歴史の中の音楽教育　2

歴史叙述としての音楽教育

1. 音楽教育と歴史叙述

　安田（2009）は，「歴史はフィクションとしてしか存在し得ない」（p. 16）と挑発的な言辞を呈した。音楽教育史は「単純に実在」するものではなく，「学術的な」フィクションであるとした。

　音楽教育研究における歴史叙述について考えた場合，梅野（2017）が，「教科教育学における歴史研究は，歴史的資・史料に立脚して教科教育学の研究課題を解明する実証的研究である」（傍点引用者）と定義するように，先行研究の丁寧な吟味を踏まえ，研究目的に相応する一次資料を適切に用い，研究手続きの妥当性を説明できることが必要であるのは言うまでもない。

　一方，カー（1962）は，彼の古典的名著の中で，「事実というのは，歴史家が事実に呼びかけた時にだけ語る」（p. 8）のであり，「いかなる事実に，また，いかなる順序，いかなる文脈で発言を許すかを決めるのは歴史家」（同上）であると述べている。また，Cox（2006）は，「すべての歴史家は，入手し得る資料（the sources）に制限され，そして自身の世界観（worldview）と価値体系（value system）に影響を受ける」（p. 74）と言う。

　安田の言う，歴史はフィクションとしてしか存在し得ない，ただし学術的フィクションである，という言い方は，カーやCoxの指摘と一脈通ずるところがある。すなわち，歴史叙述にはおのずと，研究者の世界観が表れざるを得ない。歴史研究の研究としての手続き的な妥当性を保証した上で，研究者の世界観，例えば，音楽の指導・学習をどのようなものとして捉えるか，音楽が人間にとって，また子どもにとってどのようなものであると考えるか，音楽教育の制度・理念・実践の関係性をどう考えるか，といった，ものの見方，世界の捉え方がそこにはおのずと表れるのである。

　そして，カーが言うように，事実としてどの資料を取り上げるか，それらの資料をどの順序で並べて，そこから何を語らせるかを決めるのは，私たち歴史研究者なのである。

2. 2009年以降『音楽教育学』に見る研究動向[1]

2.1 国家主義と国際主義

　安田（2009）は，「フィクションとしての日本音楽教育史の枠組みに張り渡されている力は，国家主義に向かうのかそれとも国際主義に向かうのかという両極の緊張感に起因する」（p. 16）とした。国家主義と国際主義の二側面の相剋という大きな視点から音楽教育史研究を捉えようとすることは，この10年間の研究動向を見るのにも有効である。

　日本国民，国民意識，国民統合，ナショナル・アイデンティティといった論点を含んだ，いわば国家主義に向かう研究は，音楽教育史研究の中心を占めていると言ってよいだろう。

　欧米諸国から輸入された西洋の音楽や唱歌教育制度は，音楽による日本人の心身の近代化，国民化の手段であったことを論じた奥中（2008），近代天皇制の下で特異な役割を担うことになった雅楽が，近代日本において明治国家との関わりの中で，どのように変化，生成していったのかを論じた塚原（2009）の研究はこの筆頭である。

　国民学校期を対象に，学習者の日常生活の次元における音楽教育の意味を明らかにするという視点をもって音楽教育史の読み直しを図ることを目指した本多，西島，藤井，今川ら（2015）の研究も，学習者にとっての具体的なレベルでのナショナル・アイデンティティを何とかして捉えようと試みたものであると言える。

2.2 国際主義：文化変容の過程として歴史を見る

国家主義に対峙するもう一つの極としての国際主義的な歴史の見方は，国家を越えての音楽文化の伝達や交流を捉えようとするもので，いわば音楽の文化変容の過程として歴史を見ることであると言えるだろう。

この側面に立つ研究として，ゴチェフスキ（2011）は，保育唱歌等の歴史的事例を踏まえながら，明治時代，近代化の過程で起こった西洋音楽文化受容を異文化交流と捉え，音楽文化の伝達，流れ，交流を捉える大きな枠組みを提起した。

《仰げば尊し》の原曲発見を契機として『小学唱歌集』全曲の原曲を詳らかにし，原曲とは何か，唱歌と讃美歌との関係性の問い直しを行った櫻井ら（2015）の研究も，やはり国際主義の視野からの音楽教育史研究に位置付くと言える。

これらの研究が，西洋から東洋へという方向性であるのに対し，釘宮（2018）は，伊澤修二編『小学唱歌』のドイツにおける受け止めを考察しており，東洋から西洋というこれまであまり注目されてこなかった方向性で音楽文化受容を論じている点で新しい研究である。

2.3 社会史的・社会学的な視点

1980 年代には，教育史学のテーマとして学校教育の展開と教育の制度や思想等が主要であったが，その後 20〜30 年の時を経て，「歴史学の方法論と主題が大きく変化」し，「かつての文献（文字史料・資料）中心の実証主義（中略）に代わって，社会史的方法とそれにもとづく新たな主題が大きな潮流を構成してきた」と言う（教育史学会編 2007, p. ii）。グローバル化時代における今日的諸課題として，文化葛藤，ジェンダー，公共性，メディア，身体，「モノ」「コト」等といったテーマが注目されるようになってきた。社会史的あるいは社会学的視点の歴史研究への影響が不可避なものとなってきている。

渡辺（2012）は，《郵便貯金唱歌》や，農村の大沢楽隊というジンタバンドを例に，「オフィシャル」と「アンオフィシャル」の世界が地続きにつながっていることを指摘した。また，渡辺（2013）では，「聴覚文化」と「文化資源」をキー概念として，寮歌，民謡，ジンタ，レコード・メディア等の主題を，主流と周辺といった複層的な視点で論じている。学校と学校外の音楽文化が地続きでつながっているという複層的な視点は，学校音楽教育そのものを見る時にも重要となる。

社会史的・社会学的な視点が取り入れられることによって，従来の音楽教育史研究に対するある種の相対化が行われ，歴史の読み直しが促されることになると言える。　　　　　　（本多佐保美）

【注】
1）ここでは，2009 年から 2018 年 3 月までの『音楽教育学』に掲載された論文，学会大会における基調講演や共同企画のトピックス，及び書評で取り上げられた著作等について，どのような視点からの歴史研究であるのかを概観し整理する。

【引用・参考文献】
Cox, G. (2006). "Transforming Research in Music Education History." *MENC Handbook of Research Methodologies.* New York: Oxford University Press, pp. 73-94.
梅野正信（2017）「教科教育の歴史的研究」日本教科教育学会編『教科教育研究ハンドブック』教育出版, pp. 102-107.
奥中康人（2008）『国家と音楽―伊澤修二がめざした日本近代―』春秋社.
カー, E. H.（1962）『歴史とは何か』清水幾太郎訳, 岩波新書.
教育史学会編（2007）『教育史研究の最前線』日本図書センター.
釘宮貴子（2018）「20 世紀初頭のドイツにおける日本の学校唱歌―R. ランゲと G. カペレンによる伊澤修二編『小学唱歌』第一巻の翻訳・編曲に焦点を当てて―」『音楽教育学』第 47 巻第 2 号, pp. 37-48.
ゴチェフスキ, H.（2011）「音楽をめぐる東西の異文化交流 2000 年―平成の天平文化―」『音楽教育学』第 41 巻第 2 号, pp. 27-33.
櫻井雅人・ゴチェフスキ・安田寛（2015）『仰げば尊し―幻の原曲発見と『小学唱歌集』全軌跡―』東京堂出版.
塚原康子（2009）『明治国家と雅楽―伝統の近代化／国楽の創成―』有志舎.
本多佐保美・西島央・藤井康之・今川恭子ほか（2015）『戦時下の子ども・音楽・学校―国民学校の音楽教育―』開成出版.
安田寛（2009）「10 年間の研究動向」『音楽教育学の未来』音楽之友社, pp. 16-25.
渡辺裕（2012）「『オフィシャル』と『アンオフィシャル』とのはざまで―近代日本の音楽文化と音楽教育の死角―」『音楽教育学』第 42 巻第 2 号, pp. 15-21.
渡辺裕（2013）『サウンドとメディアの文化資源学―境界線上の音楽―』春秋社.

文化史としての音楽教育

1. はじめに

　学校の内外を問わず音楽教育全般は社会の情勢や文化的事象と不可分であり，これらの考察をなくして音楽教育を語ることはできない。日本における音楽教育は歴史的に眺めてみても，明治初頭の西洋音楽の導入という特殊な事情があり，まさに異文化受容という視点を含めた文化史として語られるべきである。そこで本項では，音楽教育の今後を考える際の視座となるように，近代教育制度確立以降の日本における文化的背景と音楽教育の関わりを概観してみたい。

2. 七五調の歌詞偏重の音楽（唱歌）教育

2.1『小学唱歌集』編纂と音楽教育の開始

　櫻井ら（2015）は『小学唱歌集』各曲の原曲と編纂事情を緻密な資料調査により明らかにし，国民国家の形成事業とキリスト教伝道という二つの力学の上に『小学唱歌集』が編纂され，日本の子どもは「ドイツ教育民謡系」と「英米賛美歌系」の二つの系譜の歌を日本の新しい歌として歌うようになったと結論付けている。

2.2 七五調による替え歌詞の音楽（唱歌）教育

　上記のような『小学唱歌集』によって開始されようとした音楽教育において公的な面で蔑ろにされたものが，子どもたちが口ずさんでいたわらべ歌の類であった。しかし，明治半ばまでに編成された多くの唱歌教授細目に巷間で歌われていた《数えうた》（一つとや）が低学年の教材として位置付けられていたことは記憶しておくべきである。つまり西洋音楽の素養の乏しい教員にとって聞き知った《数えうた》の旋律は扱いやすいものであり，加えて《数えうた》という曲の形態がもつ，七五の韻律に則って歌詞に徳目を次々と詠い込めるという利点が徳育に向けた音楽（唱歌）教育に

大いに利用されたのであった。その徳目とは忠君愛国，孝行等であったが，時に《数えうた》には猛威をふるうコレラの予防的な歌詞も付されて教育現場で使われた形跡も見られる。ここに，当時の人々の歌に対する意識がいまだ楽曲にではなく，徳育や生活指導事項を容易に詠い込める歌詞に向けられていた様子が如実に窺われる。

2.3「新体詩」運動と軍歌・郷土地理唱歌

　文学の世界において「新しい詩體を興さうといふ意識を以て」（矢野 1972, p. 363）始められた「新体詩」の運動は音楽教育にも大きな作用を及ぼすものであった。そして日清，日露の両戦争という時局柄，台頭してきた軍歌は楽曲形態こそ西洋音楽にならったものであったが，「新体詩」運動で主流となった七五調の音数律による替え歌詞を唱えるもの，つまり戦意高揚的な歌詞こそが重要な歌であった。その中では，《敵は幾萬》と《進め矢玉》に代表されるように，同一の旋律をもちながら歌詞が異なる楽曲が相次いで出現した。そしてこの時期，軍歌は文部省による歌曲採用許可や検定を受け，『大捷軍歌』に例を見るように積極的に唱歌教材として採り上げられたのであった。

　七五調の音数律と唱歌に関してはもう一点，郷土地理唱歌の隆盛と音楽教育の関連についても言及しておきたい。1900（明治33）年出版の『地理教育鉄道唱歌』と一連の郷土地理唱歌は，1891（明治24）年の「小学校教則大綱」で明示された教科間の関連をはかるという点からも音楽（唱歌）教育で重宝されるものであった。つまり，それまでの徳育に加え，『地理教育鉄道唱歌』や郷土地理唱歌（《上野唱歌》《東京唱歌》《名古屋唱歌》等）[1]を唱歌教育に採用することにより地誌教育との関連がはかられ，他教科教育の補助的手段としての役割を示すことができたのであった。ここにも楽

曲としてではなく歌詞の内容として唱歌が捉えられていた実態が明らかである。

3．諸儀式の確立と音楽教育

ところで軍歌の台頭や郷土地理唱歌の隆盛という社会的現象の一方で，1891（明治24）年の「小学校祝日大祭日儀式規程」の制定，続く1893（明治26）年の「祝日大祭日歌詞竝楽譜」の告示もまた音楽教育にとって大きな出来事であった。すなわち，儀式を唱歌で彩るためには唱歌科の加設と唱歌教育の推進が必須となったからである。

更に儀式を念頭においた唱歌の指導は，歌に臨む子どもの身体を規定することに繋がったと考えられる。一糸乱れぬ整然とした儀式での歌唱のために，日頃の唱歌教授の際にも歌唱時の立ち方や口型図による口の開け方が細かく指示されたことは，表現という観点からその後の我々の歌唱行為に大きな作用をもたらしたと考えられる。

4．「子ども」という視点にたった楽曲づくり

明治初頭の開始以来，音楽（唱歌）教育は専ら徳育に資することを目的として推進されてきたが，大正期になると子どものための新しい芸術運動（童謡運動）が起こり，『赤い鳥』をはじめとする童話・童謡雑誌が相次いで発刊された。残念ながらここから生まれた童謡は成城小学校等のごく一部の小学校を除いて（周東 2015），既に文部省が編纂していた『尋常小学唱歌』を主教材とする音楽（唱歌）教育の中に浸透するには至らなかった。しかし，童謡運動は，雑誌やレコードというメディアを媒体とした音楽の普及の在り方を確立させ，同時に童謡歌手を生み出したという点で，子ども文化の発展に大きな意義をもたらすものであった。

5．メディアや音楽産業の台頭と音楽教育

子どもの歌唱のレコード録音の端緒は納所文子によって開かれたが，『教科適用幼年唱歌』所載の《兎と亀》や《金太郎》を歌う文子や童謡運動

期の本居みどりらの声，更にはラジオの普及によって聞かれた唱歌コンクールの優勝校の歌声が，当時の子どもの歌声の一つのモデルとなったと考えられる。またこのラジオ放送に関して，戦後復興期に仙台で展開された「東北うたの本」の活動は，児童文学や作曲等の文化人，学校及び放送関係者の協働によるもので，選抜された子どもの歌声がラジオを通して東北一円に流されており，子どものための文化創造の在り方を考える際に示唆を与えてくれるものである（嶋田 2005）。

一方，戦後の鍵盤ハーモニカやリコーダー等の楽器産業の振興は器楽教育を，そしてDVD等の視聴覚教材やデジタル教材の普及は鑑賞教育を促進させるものとなった。更に今後の課題としてプログラミング教育の導入がどのように子どもの音楽学習や音楽的発達に資するのか注視すべき時期に差しかかっている。

6．おわりに

上述のような文化的背景から大きな影響を受けつつ展開されてきた150年に及ぶ音楽教育の歴史を概観すると，今後ますます多様化する社会に生きる子どもたちの音楽的発達をどのように考えるのか，音楽のみならず芸術教育一般の方向性をどこに定めていくべきか，あらためて歴史の中から問い直す必要があるように思われる。

（嶋田由美）

【注】
1）これらの曲はいずれも小学校唱歌用として文部省の歌曲採用認可を受けたものである。

【引用・参考文献】
櫻井雅人・ゴチェフスキ，ヘルマン・安田寛（2015）『仰げば尊し─幻の原曲発見と「小学唱歌集」全軌跡─』東京堂出版．
嶋田由美（2005）「『東北うたの本』と仙台放送児童合唱団─戦後の児童文化育成と学校音楽教育における意義─」『和歌山大学教育学部教育実践総合センター紀要』no. 15, pp. 95-104.
周東美材（2015）『童謡の近代─メディアの変容と子ども文化─』岩波書店．
矢野峰人（1972）「創始期の新體詩─『新體詩抄』より『叙情詩』まで─」『明治文學全集 60 明治詩人集（一）』筑摩書房，pp. 363-392.

関係史としての音楽教育

1．「音楽教育関係史」研究の構築にむけて

「音楽教育関係史」という用語や概念は，音楽教育研究のフィールドにおいて，確立されているものでも通用されているものでもない。したがって現時点で定義は難しいが，ここでは「音楽教育関係」を「音楽教育という営みを介した個人や集団等の間の相互関係」とし，それらの事例の蓄積を整理し，音楽教育の視座から編み上げた歴史を「音楽教育関係史」と捉える。

なお，「関係史」は，「日中関係史」や「対外関係史」のように，専ら国際関係史の文脈で用いられることが一般的であり，本項もそれに依拠する。

2．国際関係を映し出す音楽教育
2.1 国際関係に寄与する音楽教育

音楽教育の研究と実践は，国際関係に積極的に関与してきた。逆に音楽教育とは国際関係を映し出す鏡のようなものでもある。

2015年6月23日，日韓国交正常化50周年記念式典が東京とソウルで開催された。冷え込んでいた日韓関係を反映し，張り詰めた空気が漂う中，ソウルの会場では日韓両国の子どもたちによる合唱が一気に緊張感を解きほぐした。曲には，日本の唱歌《故郷》，韓国の童謡《故郷の春》《青い心白い心》等が含まれていた。いずれも1990年代から2000年代にかけて，音楽教育に関わる日韓の相互交流や協働の成果として広く歌われるようになった曲である。主催した駐韓日本大使館は，この合唱について「数年にわたり不協和音を出している両国関係を協力と和合に導こうという意味が込められている」と説明したと言う[1]。外交の最前線で音楽教育の研究と実践が寄与した事例である。

2.2 国際関係と不可分な音楽教育

『日本書紀』には，612年に百済から味摩之が来日し，奈良の桜井で伎楽の教習を行ったという記述がある。752年の奈良東大寺における大仏開眼供養では，日本古来の音楽のほか，広くアジア各地の様々な音楽が披露された。これらの音楽の一部は，雅楽として摂取，伝承され，日本独自の発展を遂げていった。

近代日本の音楽教育の成立過程に目を向けると，伊澤修二の米国派遣やメーソンの日本招聘等，日米間の音楽教育関係史なくして，その黎明期を語ることはできない。

このように日本に限ってみても，音楽教育という営みは，国際関係から乖離し孤立して形成されたものではない。徳丸吉彦は，ラテン語で *reputare nihil insulatum*（何モノモ孤立シテイル見做サナイコト）を世界に向けて発信したが，まさに音楽教育関係史研究の要諦である（Tokumaru 2005）。

3．研究のあり方―網目のように交わる関係―

音楽教育関係史を形づくる事例は，人と人とが音楽教育を介して接触し，何らかの関係を築くことから生まれる。個人の場合もあれば，集団の場合もある。網の目のように交わる様々なレベルの関係が対象となる。

留意したい点は，国や地域，民族，人種といった大きな単位だけではなく，個人や小さな集団，組織との関係にも目を向けることである。音楽教育を介した関係は，個人同士や小さな集団の間での草の根的な関係から始まることが多い。

1998年から大分県別府市で開催されている別府アルゲリッチ音楽祭は，世界的なピアニストのマルタ・アルゲリッチと，日本人ピアニストの伊藤

京子との個人的な関係から，地方自治体等を巻き込んだ大規模な国際音楽祭に発展した[2]。教育プログラムも充実し，地方と世界を結ぶ様々な工夫が試みられている。同様に個人的な関係を基盤に国際的な研究交流の場へと発展した例に，アジア太平洋音楽教育シンポジウム（APSMER）がある（詳しくは，村尾 2017）。

　民族音楽学が果たした役割も大きい。民族音楽学者は，情報収集や訪問が困難な地域，少数民族等，いわゆる周縁部の音楽も研究の対象としてきた。その成果は音楽教育にも還元され，とりわけ1990 年代から音楽科教育で重視された諸民族の音楽の学習や「総合的な学習の時間」における「国際理解」の学習でも活用された。個人や少人数のグループにより着手された研究から，交流や関係が継続・発展することで，音楽教育関係史を形づくる事例も蓄積されている。1970 年代の国際交流基金による「アジア伝統芸能の交流」はその先駆けと言えよう（詳しくは，Tokumaru 2005）。

４．今後の展望

4.1 新たにつくる音楽教育の関係

　音楽教育関係史研究は，関係する対象間での過去・現在を問い直しつつ，未来の関係に音楽教育がいかに主体的に関わっていくかを考察し，実践し，発信していく研究である。過去の事例を編むだけなく，これからの関係をつくることで音楽教育の研究や実践の将来を拓くことができる。

　カンボジアでは，日本の認定 NPO 法人「JHP・学校をつくる会」が支援し，同国独自の新しい音楽教育が創成されつつある[3]。カンボジア政府は現在，ポル・ポト政権時代やその後の内戦で混乱した教育の復興を目指している。伝統とアイデンティティを大切に継承しながら，日本の音楽教育のノウハウを取り入れ，カリキュラムの策定，教員養成，子どもたちへの支援・指導が行われていると言う。国際協力という観点から音楽教育関係史が形づくられるようとしている一例である。

　近年日本では，人口減少と少子高齢化の影響で，

外国人労働力への依存度が高まり，多文化社会が到来しつつある。ルーツの異なる人々が互いを理解し合うための窓口として，それぞれが文化的な背景にもつ音楽の役割は大きい。ルーツとなる国や民族同士が音楽や音楽教育を接点として築いてきた関係を研究した上で，音楽教育の実践を行うならば，多文化共生の推進にも大いに寄与するだろう。

4.2 音楽教育関係史研究が見据える先

　国際関係史の研究においては，「パラレル・ヒストリー」という手法により，関係国の歴史学者が双方の歴史認識を尊重しながら歴史共同研究を行い，関係史として再構築する動きも出てきている（例えば，五百旗頭ほか編 2015）。いずれ音楽教育関係史研究においても，パラレル・ヒストリーが求められ，実現する時もくるだろう。双方が互いの歴史観を冷静に見つめるには，成熟した関係を築いておくことが不可欠である。

　音楽教育関係史研究は，音楽教育の重要性を社会へ発信するミッションをもつ。同時に音楽教育研究の新たな沃野を拓く枠組みや視座となろう。

（藤井浩基）

【注】
1 ）ハンギョレ日本語電子版(2015 年 6 月 22 日付)インターネット，http://japan.hani.co.kr/arti/politics/21098.html （2018/8/25 にアクセス）
2 ）インターネット，http://www.argerich-mf.jp/（2018/8/27 にアクセス）
3 ）インターネット，http://www.jhp.or.jp/activity/arts/performance/music-performance/（2018/8/30 にアクセス）

【引用・参考文献】
Tokumaru, Y. (2005). *Musics, Signs and Intertextuality*. Tokyo: Academia Music.
五百旗頭真ほか編 （2015）『日ロ関係史―パラレル・ヒストリーの挑戦―』東京大学出版会.
藤井浩基 (2017)『日韓音楽教育関係史研究―日本人の韓国・朝鮮表象と音楽―』勉誠出版.
村尾忠廣 (2017)「APSMER 誕生秘話―生誕 20 周年を記念して―」『日本音楽教育学会ニュースレター』第 69 号，p. 7.

第2章

「実践の学」「応用の学」としての音楽教育研究

introduction

　音楽教育の実態，その事実は，実践の中にある。人が学ぶ，人が人を教える行動に同じものは二つとなく，複雑で多様な活動，関係性，要因を含みもつ。そこに真摯に向き合うところに音楽教育研究は存在する。なんらかの学問分野のもとで，アプリオリに決まった方法や流儀が存在するわけではない。そうではなく，研究をしようとする者が，視点をミクロにもマクロにも転換させ，問題を的確に捉え，既存の学問分野から学びながら，最適な迫り方を自ら探究して，音楽を教え学ぶことのありようを提起していくところに，音楽教育研究は成立する。その意味で，音楽教育研究は「実践の学」であるとともに，新たな事実を拓いていく「応用の学」であるという独自性を有する。しかし，同時に，どんな研究方法をとろうとも，自らの専門性に対する社会の信頼にこたえ，自律した倫理的判断と行動をすることが求められる。

　本章では，まず，音楽教育研究の学的基盤を，「文化の実践と教育研究」「教育の実践と理論の往還」「音楽教育研究における事実認識と価値判断の実証性をめぐって」「音楽教育理念と実践の史的展開」という4側面から捉える。つづいて，音楽教育研究に向かう者の取るべきスタンスに，「実践の開発」「実践者による研究」「研究と社会の関係」「研究倫理と科学者の責任」という4側面を通して迫る。最後に，「日本音楽教育学会倫理綱領」を示し，音楽教育研究が「実践の学」「応用の学」であるからこそ求められる研究者の姿勢を確認する。
　　　　　　　　　　　　　　　　　　　　　　　　　　　　　　（権藤敦子）

文化の実践と教育研究

1．音楽教育と音楽的行為

　音楽教育という行為は音楽と同様に古い歴史を
もつと考えられる。例えば，ヘロドトスの『歴史』
は古代エジプト人が一つの挽歌を大切に伝承して
いたと記すが，その伝承のために音楽教育が行わ
れたであろう。社会集団が国家の体制をとると，
音楽教育で扱うべき音楽が国の文化政策の課題に
なる。古代ギリシャのダモンの言葉として伝えら
れる「音楽のノモス（様式）は，国家の重要なノ
モス（法律）の変更なしには変更できない」は，
国の法律と音楽の関係を指摘したものである。ア
リストテレスが『政治学』の中に音楽教育を含め
たのも，国と音楽様式の関係を重視したからであ
る。また，孔子が鄭と衛の国の音楽を批判したの
も，音楽が国の文化政策に関わると判断したから
である。

　古代のこれらの言説はすでに二つのことを示し
ている。第一は音楽教育が特定の音楽を社会的に
維持し，また抑圧すること。これは音楽教育が文
化政策の一部であることを示す。第二は，音楽教
育における「音楽」が，作品・様式だけではなく，
人間の音楽的行為全体を意味すること。例えば，
教えられる作品の使われ方も問題にする必要があ
る。この問題の整理に，ここではナティエの提案
に従い，人間の音楽行為全体を創出・中立・感受
の三つのレヴェルに分けて考える（ナティエ 1996，
徳丸 2016，p. 179）。まず創出レヴェルで音楽がつ
くられると，それが楽譜や音としての痕跡という
中立レヴェルを生む。それを受けるのが感受レ
ヴェルであるが，感受レヴェルは痕跡を受けるだ
けでなく，痕跡に影響を及ぼす。通信に関するモ
デルは，発信者が痕跡をつくり，受信者がそれを
受けるという一方向の流れを前提にしているが，
音楽行為のモデルは，痕跡が発信者によってだけ

でなく，受信者によってもつくられることを前提
にする。このことは，痕跡が異なる脈絡に置かれ，
異なる聴き方をされることからも明らかである。

　エリオットは，音楽教育では音楽を作品として
ではなく，「人間の活動」として考えるべきであ
ると主張して，英語 music の動名詞形 musicing
の使用を提案したが（Elliott 1995, p. 42），これも
ナティエの考え方に共通する。

2．音楽学の分野としての音楽教育学

　歴史と現在における人間集団全体を視野に入れ
て，人間の音楽的行為全体の解明を行うのが正し
い意味での音楽学（独 Musikwissenschaft，英
musicology）である。アードラーは自分の理想を
「音楽学の範囲・方法・目的」（Adler 1885）とし
て提案し，音楽学をまず歴史的部門と体系的部門
に二分した。彼は歴史的部門に地域別，民族別，
時代別の音楽史の研究を入れ，体系的部門に音楽
教育学，音楽美学，比較音楽学他を入れた。体系
という言葉を使ったのは，個々の事例を越える上
位のメタ理論の構築を目指すためであった。しか
し，西洋社会の音楽美学とアジアやオセアニアの
音楽美学を総合するメタ理論がまだ構築されてい
ないように，これは困難な作業である。また，音
楽教育学の領域では，例えば学校音楽の歴史に関
して優れた研究が出されても，音楽教育学のメタ
理論を形成するためには，学校音楽をもたない文
化での音楽教育の歴史研究が必要となる。

　体系的部門のもう一つの領域である比較音楽学
は，音組織・音階や楽器の比較を通してメタ理論
を構築しようとしたが，成功しなかった。

3．音楽教育学と民族音楽学での学習行動の研究

　20世紀後半に比較音楽学は民族音楽学と呼ばれ

るようになる。名称の変化とともに，研究の方法も変化した。民族音楽学は，音楽構造の比較よりも，それぞれの文化の社会的脈絡の中で人々がとる音楽行動を研究の中心にした。メリアムが音楽行動の中に認めた身体行動・言語行動・社会行動そして学習の4種（メリアム 1980）は，人間集団の音楽行動の記述のために有効である。

　その後の民族音楽学は学習という行動を重視することによって，音楽教育学と関心を共有することになる。多くの民族音楽学研究者が，学校制度をもたない社会における子どもの歌や通過儀礼の音楽を調査したのは，学習こそが音楽の実践を可能にし，伝承を確保すると考えたからである。また，それぞれの文化がもつ子どもへの音楽教授法が音楽構造の理解に有用であることも明らかにされた。

4．音楽教育学への期待

　音楽教育学はすでに学習を共通項にして民族音楽学と連携を進めている。その結果，音楽教育学で文化と音楽の多様性が意識されるようになった。音楽教育学が他の分野よりも早く英語で音楽の複数形 musics を使い始めたのが，その現れである。これは価値の相対性の認識にも関係する。どの国も自分たちが優れたものと考える音楽をもち，最近はそれをユネスコの「人類の口承及び無形遺産の傑作」リストに入れようとしている。これは傑作とされるものが多種多様であることを示すもので，音楽教育学もこれに向き合う必要がある。

　音楽教育学は学習方法の多様性についても認識を深めてきた。口頭性による方法，書記性（楽譜）による方法，そして，その中間形態（日本の口三味線のような唱歌一般）を用いる方法が，伝承すべき音楽の様式に結び付いていることが認識されてきた。その結果，ある音楽で有効な教授法が他の音楽では有効ではないことも認識されてきた。

　音楽教育学における音楽の多様性の認識は，自文化と異なる異文化あるいは多文化の音楽の教育

を盛んにした。そこから二つの結果が生まれた。第一は音楽がもともと置かれていた脈絡が，新しく教育という脈絡に転換されたことである。これは，宮廷という脈絡を失った旧・宮廷音楽が演奏会用音楽として実践されて生き残ったことに類似するものである。もう一つは，複数の音楽で音楽性をもつ者が増えたことである。これは多言語を使用する能力に似たもので，ベイリーはこれをintermusability（多音楽能力）と呼んでいる（徳丸 2016, p. 227）。音楽教育学がこの能力の解明を行えば，それは音楽学の他の領域に貢献しよう。

5．学校教育制度に対する音楽教育学の貢献

　近代に普及した学校制度による音楽教育は，国が重視する特定の音楽を特定の方法で国民全員に学習させることを目的とする。日本が今後もこの制度を使うとしたら，音楽教育学が制度につきもののイデオロギーの修正と制度のよりよい運営に貢献することが期待される。例えば，西洋音楽の作曲家の肖像だけを音楽教室に掲げるのはイデオロギーの間違いであるし，学校のカリキュラムのために，日本の伝統音楽や地域の音楽の習得が阻害されたら，それらの音楽の伝承が保証されなくなる。日本の音楽教育学には，多様な研究を更に深め，それに基づいて，我が国のあるべき姿を示すことが期待される。　　　　　　　　　（徳丸吉彦）

【引用・参考文献】

Adler, G. (1885). "Umfang, Methode und Ziel der Musikwissenschaft." *Vierteljahrsschrift für Musikwissenschaft* 1, pp. 5-20.［英訳　Mugglestone, Erica (1981). "Guido Adler's "The Scope, Method, and Aim of Musicology" (1885): An English Translation with an Historico-analytical Commentary." *Yearbook for Traditional Music* 13, pp. 1-21.］

Elliott, D. J. (1995). *Music Matters: A New Philosophy of Music Education.* New York; Oxford: Oxford University Press.

徳丸吉彦（2016）『ミュージックスとの付き合い方—民族音楽学の拡がり—』左右社.

ナティエ，ジャン＝ジャック（1996）『音楽記号学』足立美比古訳，春秋社.

メリアム，アラン P.（1980）『音楽人類学』藤井知昭・鈴木道子訳，音楽之友社.

(2-1)　音楽教育研究の学的基盤　2

教育の実践と理論の往還

1．教育研究における理論と実践

　教育研究における理論と実践の関係は複雑である。かつて1930年代から1970年代において人文社会科学の研究は行動科学が主流であり，実践は科学的研究によって基礎づけられた技術の合理的適用（technical rationality）として性格づけられていた。「理論の実践化」（theory into practice）という関係である。他方，教育実践の研究をベースとして教育理論の構築を追求する系譜も存在した。戦後日本の教育学の研究と教育実践の研究はその傾向が強かった。この系譜は「実践による理論」（theory through practice）として性格づけることができる。もう一つの系譜が1980年代から「反省的（省察的）実践」（reflective practice）の概念とともに浮上している。実践に埋め込まれている理論という関係，すなわち「実践の中の理論」（theory in practice）である（Schön 1983）。この立場における理論は行為の枠組み（frame）であり，教育研究は教育実践における「省察」と「判断」による理論（枠組み）の再構成として位置づいている。

2．音楽教育の批評と研究

　音楽教育を含む芸術教育における理論と実践の関係は，より繊細で複雑な様相を示している。音楽教育においても，多様な理論による実践が展開されてきた。現在では，音楽教育研究において主として問われている理論と実践の関係は，音楽教育の実践の創造とその評価における理論と実践の関係であり，音楽教育の実践の研究における理論と実践の関係である。

　行動科学が支配的であった1970年代までの理論パラダイムは「過程—産出（process-product research）」モデルであり，カリキュラムの授業実践のプログラムや技術の有効性をインプット（独立変数）・アウトプット（従属変数）の因果関係で数量的に表現する研究であった。

　しかし，この伝統的パラダイムでは音楽を含むアートの教育実践の理論的検証を行うことは難しい。音楽教育実践は〈目標の達成〉よりも〈表現の質〉を目的とする実践であり，しかもその〈表現の質〉の文化的価値は，音楽のジャンル，題材，作品により多様であり一義的なものではない。また，音楽教育の実践の創造とその研究に関与する知識は，音楽哲学，楽理，発声法（演奏法），作品のアナリーゼ，音楽史など総合的であり複合的な内容を有している。更に言えば音楽経験は，音楽理論の枠内にとどまるものではなく，言語よりも深い次元における人の実存に根ざし，言語では表現しえない世界観を表現している。

　このような総合的で複合的な性格を有する音楽経験の創造と研究における理論と実践の関係は，「過程—産出」モデルが立脚している「科学的技術の合理的適用（technical rationality）」の原理では不適切であることは明瞭だろう。

　この難問解決の一つの手がかりとして，かつて美術教育のカリキュラム研究者，エリオット・アイズナーが提示した「教育的鑑識（educational connoisseurship）」と「教育的批評（educational criticism）」の二つのアプローチが示唆的である。アイズナーは芸術教育の質的評価の方法として，深い経験や勘によって評価する「教育的鑑識」と学問的な基礎をもつ理論によって評価する「教育的批評」の二つを統合することを主張していた。この二つの方法のうち，「教育的鑑識」は芸術教育の研究と評価において特に重要だろう。「教育的鑑識」は，例えばワインの味利きや骨とう品の鑑定のように，学問的見識に支えられていないが，

作品の質の特性や価値を経験によって培われた確かな勘と感覚によって評価する鑑識眼を意味している。音楽教育の実践と研究における音楽性（芸術性）は，アイズナーの提唱した「教育的鑑識」に基礎づけられる必要がある。

しかし，「教育的鑑識」だけでは，音楽教育の実践の創造と研究を共有し伝承し洗練させることは不可能である。「教育的鑑識」は，いわば職人の経験知と暗黙知として個人内に秘匿されており，理論として共有され精緻化され明示化されているわけではない。「教育的鑑識」と並行して学問的知見にもとづく「教育的批評」が同時に求められる。

3. 専門家の省察と判断

教育研究における理論と実践の関係は，1980年代以降，「反省的実践家（reflective practitioner）」という新しい専門家像のもとで探究されてきた。この専門家像によって新しい実践的認識論を提示したのは，ドナルド・ショーンである。ショーンは『専門家の知恵―反省的実践家は行為しながら考える―』（1983年，邦訳2001年）において，近代の専門家が「科学的技術の合理的適用」による実践を行っていたのに対して，現代の専門家は「行為の中の省察（reflection in action）」で実践を遂行していると述べている。

ショーンが指摘しているように，近代の専門職（医師や弁護士や建築家）は，科学的で実証的な研究を基礎とする専門的技術を適用することで専門家としての実践を遂行してきた。そして，専門的技術が分化することによって「技術的（専門的）熟達者」として実践を遂行してきた。この専門家実践においては，基礎科学―応用科学（技術）―実践という知識のヒエラルキーと権力関係を構成していた。

しかし，現代の専門家は，その枠を超えて，現実の複合的で複雑な問題の解決を諸領域の知識を総合し暗黙知を活用しつつ，クライエントと対等の立場で「行為の中の省察」によって実践を遂行

していると，ショーンは指摘した。

このショーンの主張は，医学教育，法曹教育，建築教育，教師教育のパラダイム転換を促進し，「反省的実践」の概念による新しい理論と実践の関係を研究対象とすることとなった。

教育研究においても，1990年代以降，教師教育の求める専門家像が「反省的教師（reflective teacher）」に求められ，教師の思考（省察と判断）における理論と実践の関係が探究されている。

「反省的実践」における理論は，実践者の思考の枠組み（frame）であり，「実践の中の理論」を意味している。ショーンは，その枠組みを問題解決において問題を構成し問題を考察する「修辞学的枠組み（rhetorical frame）」と解決を行う「行為の枠組み（action frame）」の二つで提示しており，この二つの枠組みを実践において「再構成（reframing）」するプロセスを実践的探究として性格づけている。こうして，「反省的実践」における理論と実践の関係は，教師の実践的探究のスタイルとして定位されている。

4. 音楽教育研究における理論と見識と実践

音楽教育研究における理論と実践の関係は，カリキュラムの開発と授業実践の創造，及びその評価において多元的に問われている。その関係は，教育研究の目的と対象と内容によって多様であり，一義的に提示することはできない。しかし，音楽教育が，認識と感情と情動を統合したアートの教育であることを考慮すると，理論と実践との関係のみならず音楽性とその見識に支えられることが不可欠である。この音楽性とその見識が音楽教育の理論と実践を豊穣にする基盤であることを忘れてはならないだろう。　　　　（佐藤　学）

【引用・参考文献】

Eisner, E. W. (1985). *The Art of Educational Evaluation: A Personal View.* Falmer Press.

Schön, D. A. (1983). *The Reflective Practitioner: How Professionals Think in Action.* Basic Books. （佐藤学・秋田喜代美訳（2001）『専門家の知恵―反省的実践家は行為しながら考える―』ゆみる出版.）

（2-1）　音楽教育研究の学的基盤　3

音楽教育研究における事実認識と価値判断の実証性をめぐって

1．音楽教育学における事実認識と価値判断

　学術的研究における事実認識と価値判断の問題は古くて新しい問題である。事実認識を価値判断から切り離すべきか否かをめぐっては，1900年代初頭におこなわれたM. ウェーバーとG. シュモラーの間で交わされた論争がよく知られている。しかし，同じような論争は近年の日本でも展開されていた（鯵坂 2014）。日本音楽教育学会では，学会が発足して間もない1973年，「音楽教育学とは何か」が問われたシンポジウムにおいてこの価値判断の問題が議論された。議論はフロアから柿木吾郎が次のように発言したことに端を発した[1]。

　「次代を担う人にどのような音楽を教えてゆくか，これは音楽学の各分野も手をそめられない重要な価値判断の問題であり，音楽教育学が宿命的に担ってゆかねばならないのである。」

　この発言に対し，パネリストをつとめていた徳丸吉彦は次のように反論した。

　「音楽教育学は価値判断まではできないし，無縁というか，そこまで扱う能力はない。どういう音楽を教えるべきかを決定するのが音楽教育学ではなく，人々はどういう音楽を教えたいのか，ということを分析するのが音楽教育学の任務である」（村尾 1973, pp. 131-132）

　振り返ってみると，柿木も音楽学は価値判断に踏み込めない，と断言している。音楽学の本流は音楽史であり，作品や様式の分析である。音楽教育では，作品の分析よりも，その作品をどうすれば上手に演奏できるようになるか，ということの方に関心が注がれている。演奏の良し悪しは，イントネーション，リズム，音質等のデータ分析によって事実認識として実証され，それによって評価（価値判断）される。また，機械による測定が難しい場合でも，洗練された音楽家の耳による評

価データを基にして実証することも可能である（Madsen ほか 1992）。その意味では事実認識は価値判断に連なると言えよう。問題は，教材選択の有力な根拠となる楽曲の価値判断である。たしかに，価値判断に踏み込もうとするのは評論家であり，音楽学者の仕事ではないのかもしれない。しかし，そういう価値判断を避けようとする音楽学者を批判し，これに正面から切り込んだ音楽学者がいた。Leonard Meyer と Janet Levy である。

2．蓋然性による音楽の価値判断

　Meyer の *Music, the Arts and Ideas*（1967）には，音楽の価値と偉大さについて論じた "Some Remarks on Value and Greatness in Music" が掲載されている。筆者も含め，1970年代にこの論文を読み，感動した人は少なくないだろう。この論文は音楽の価値から人生の意義，生きることの価値にまで踏みこんで論じていたからである。従前のMeyer の理論では，傾向からの遅延，逸脱，そして実現のプロセスが情動を生起させる，としていた。これに情報理論の蓋然性（probability）の見地を兼ね合わせることによって傑作と凡作を見極めることができるのではないか，Meyer はそう考えたのである。具体的には，F. ジェミニアーニ（op. 3, no. 3）と J. S. バッハの《オルガンのためのプレリュードとフーガ》の主題を例示して比較した。同じ基本構造（deep structure）をもちながら，前者はギャップを埋めようとして生ずる傾向が何の抵抗もなく実現してゆくのに対し，バッハのテーマは様々な，逸脱，遅延を受けながら Gap-fill が行われている。Meyer はそれを人生の意義にまで発展させ，目標に向かって歩みながら途上で受ける苦難や抵抗についてまで論じるのである。人生論はともかく，筆者は蓋然性の高さによる価値

判断に次第に疑問をいだくようになった。その
きっかけは，加藤周一の詩「さくら横ちょう」で
ある。「春の宵」と言えば，「さくら」，その「さ
くらが咲くと」「花ばかり」だろう。その桜の花
ばかりは「さくら横ちょう」である。蓋然性とい
う点から言えば，これはもう凡作という他ない。
しかし，理屈抜きにしてこれは筆者の大好きな傑
作の一つなのである。Meyer（1973）はその後，
蓋然性の見地からの価値判断を止め，あらたに批
評分析（Critical Analysis）を提唱するようになっ
た（pp. 3-26）。この批評分析を応用すれば，学校
の歌唱教材等についても音楽としての価値判断が
できるのではないだろうか。

3．教材選択における音楽としての価値判断

唱歌《故郷》は同じ岡野貞一作曲とされる《冬
景色》，《朧月夜》よりも，ましてや《とんび》や《虫
の声》等とは比較にならぬほどの傑作である。何
となく，そうは思っていても，なぜそれほどの傑
作と言えるのか，その理由を実証（proof, verify）
するのは容易ではない。実証できるのは，人がど
う思っているか，ということであり，これならば
アンケート調査等の方法によって事実認識できる
ことになる。しかし，児童・生徒や教師がどのよう
な教材曲をよいと思っているか，というデータに
基づいて教材選択が行われるとすれば，これはポ
ピュリズムに陥る危険がある。現に，教科書教材
にはその兆候が見られ，顕著になりつつある。そ
れだけに，教材が教えるに値する価値があるかど
うかを客観的に判断，説明（explaining）するこ
とが重要となってくる。筆者は《故郷》や《夏は
来ぬ》について批評分析による価値判断を行って
きた。詳細は村尾（2011, 2014）を参考にしてい
ただくことにして，最後に価値判断の研究結果を
踏まえて筆者が強く思うことを述べておきたい。

4．結語

筆者は《夏は来ぬ》が唱歌の中でも傑作中の傑
作であることを立証した。しかし，共通教材から

外されたままになっている。《海》[2)]も傑作だが，
やはり共通教材から外され，他愛のない《うみ》
や《虫の声》，《とんび》が残っている。《夏は来ぬ》
も《海》も歌詞が分かりづらく，子どもにとって
飛びつきやすい曲ではない。しかし，（伝統邦楽
も含めて）飛びつきやすくはなくとも傑作にいか
に興味をいだかせるか，教師の本領はそこにある
のではないか。《夏は来ぬ》の6番までの歌詞を
すべて暗唱し，軽やかに楽しそうに歌っている
——そういう授業を見たいものである。

（村尾忠廣）

【注】
1）このシンポジウムの報告，考察は村尾（1973）による
　ものである。
2）《海》は『尋常小学唱歌』第5学年用に掲載された曲で，
　歌い出しは「松原遠く　消ゆるところ」。『新訂尋常小学
　唱歌』（昭和7年）以降，様々な伴奏譜が教科書の指導書
　等に掲載されている。しかし，その多くは歌のよさを損
　ねている。秀逸は，『日本唱歌童謡全集』（ドレミ出版，
　昭和59年）に掲載された伴奏である。残念ながら編曲者
　が不明。詳細は村尾（2011, pp.165-170）を参照されたい。

【引用・参考文献】
Levy, M. J. (1987). "Covert and Casual Values in Recent
　Writings about Music." *The Journal of Musicology*, vol. 5,
　no. 1, pp. 3-27.
Madsen, C., Garinger, J. & Heller, J. (1992). "Comparison of
　Good Versus Bad Tone Quality of Accompanied and
　Unaccompanied Vocal and String Performances." *CRME*,
　no. 119, pp. 93-100.
Meyer, L. (1967). "Some Remarks on Value and Greatness
　in Music." *Music, the Arts and Ideas*, pp. 22-41, University
　of Chicago Press.
Meyer, L. (1973). "Critical Analysis and Performance: The
　Theme of Mozart's A Major Piano Sonata." *Explaining
　Music*, pp. 26-43.
鯵坂真（2014）「事実認識と価値判断の問題」『日本の科学者』
　vol. 49，no. 7，pp. 42-47.
村尾忠廣（1973）「シンポジウム〈音楽教育学へのアプロー
　チ〉へのアプローチをふりかえって」『音楽教育研究』no.
　81，pp. 130-139.
村尾忠廣（2011）「ふるさと　比類無き名曲の音楽構造を分
　析する」『唱歌・童謡・わらべ唄の伴奏和声—問題の分析
　と解決の為の補正・改作事例集—』帝塚山大学出版会，
　pp. 139-142.
村尾忠廣（2014）「《夏は来ぬ》はなぜ傑作か？—批評分析
　による楽曲の価値判断と教材選択をめぐって—」『音楽教
　育学』第44巻第2号，pp. 13-20.

2-1 音楽教育研究の学的基盤 4

音楽教育理念と実践の史的展開

1．学校音楽教育への批判的回顧

1872年に学制が頒布され，我が国では欧米からの音楽教育理念の受容と実践構築の試行錯誤が続けられた。しかし，現在に至る史的展開において，その50年後には「模倣は融和の階程で，必ずしも否認すべきものでない。けれども小学教育が欧米を模倣した過去は，想ひ出すだけでも大苦痛」（高野 1930, p. 11）とされ，100年後には「今日わが国の音楽指導は，行政的要求の内外を問わず，世界各地の様々な方法論に示唆を求めながら多くの努力が重ねられ，一定の成果も生み出されている。だが，目的と方法の関連という点では，多くの議論が残っているのではないだろうか」と問われている（山本 1980, p. 1）。更に，本ハンドブックにおいて佐藤は，これまでの音楽教育で「多様な理論による実践が展開されてきた」ことに触れつつも，今後は，音楽性とその見識によって，多元的な理論と実践の関係を支えていくことの重要性を指摘している（2019, pp. 52-53）。

2．「ある一定の考え方と方向づけ」の受容

ここでいう「理論」（佐藤），「方法論」（山本）は，他にも「イデー（理念）」「教育論」「コンセプト」「アプローチ」「メソッド」「システム」「特色」「主義」等，体系性や成立経緯，実践との関係に応じて異なる位置付けがなされてきたが，本項では，実践を既定する原則を含む「ある一定の考え方と方向づけ」（河口 1996, p. 7）を「音楽教育理念」とし，研究の切り口を探ることにしたい。

東京芸術大学音楽取調掛研究班（1976）から大角（2013）に至る史料調査，河口（1996）のペスタロッツィ主義唱歌教育論，杉田（2005）のヘルバルト主義に関する研究をはじめとして，欧米から受容した思想や理念の国内的解釈と実践化は，

歴史研究を中心に重要な研究課題となっている。

他方，ダルクローズ，オルフ，コダーイ等，海外からの音楽教育理念は「考え方と方向づけ」とともに実践のモデルをもたらした。国際的な研究交流や留学，研修機会の拡大により，現地で学ぶ日本人も増え，卓越した海外の実践の模倣を行いつつ，真正性の追究と独自の実践的応用とが交錯する中で，その解釈と実践が継続的に行われている[1]。また，学習指導要領に反映されることにより，多数の実践開発や研究がなされている。

更に，ナショナル・カリキュラムについて ISME（1996）のセッション，日本音楽教育学会第29回大会（1998）のプロジェクト研究等で検討され，諸外国の教育課程に関する研究や紹介が進められてきた。21世紀になると，中央教育審議会答申（2016. 12. 21）で汎用的な能力の育成を重視する世界的な潮流を踏まえることが示されたように，グローバルな資質能力観に基づく「考え方と方向づけ」の参照は避けて通れなくなっている。

3．日本の音楽文化史上の音楽教育理念と実践

しかしながら，今井が，「明治初年の状況が，構図においては現代と重なる部分が多いことに驚かされる」と述べ（2019, p. 26），柴田が，19世紀の音楽取調掛と8世紀の雅楽寮との間にはきわめて類似した顕著な繰り返し現象がある，と指摘するように（1988, p. 23），より俯瞰的な捉え方も必要であろう。柴田は，音楽理論と実践の関係に触れる中で，「われわれの場合は，楽も学も，つまり感性も思考も，感覚も論理も，すでに日本と西欧の二重の文化に属していることが大きな特徴」（蒲生ほか 1989, p. 345）としているが，西洋音楽との関係に関する研究の蓄積に比べると，音楽教育史を日本の伝統音楽との関係まで含めて捉えた

研究は少ない（権藤 2015, p. 20）。

　井口は，「文化というものは，ちょうど大きな木が大地に根をはっているように，根元から育つもので，決して輸入できるものではない」というオルフの言葉を引用しつつ，「その方法や方向性に，我が国の現在の巨大な音楽教育の実情などを併わせて考えることになり，気も遠くなる思いである。それだけわれわれの音楽教育が，根元から遠いところに，寄生木のような姿で形成されてきたと言い得るのかもしれない」（1982.7, p. 86）と言う。また，谷本が，「いわゆるコダーイ・システムとかコダーイ・メソードとか言われて普及している音楽教育の体系が，単に音楽教育上の抽象的な方法論としてあるのではなく，一民族の歴史と課題に深くかかわったものである」（1981.10, p. 55）と警鐘を鳴らし，髙橋（2013）がコダーイの音楽教育哲学の根本理念の重要性を指摘するように，音楽文化と子どもの学びとのつながりを踏まえた本質的な理念の理解と考察が期待される。

　更に，徳丸（2016）によれば，「明治以降の日本の学校教育における音楽学習も，民族音楽学の対象」であると同時に，「音楽性に限らず，音楽様式，音楽美などの概念も，複数の文化に対して使う時には注意が必要」であり，安易な比較研究は無意味である（2016, p. 185, p. 233）。海外から日本，あるいは，日本から諸外国へと「ある一定の考え方と方向づけ」が伝えられ，「理念の実践化」が行われてきた展開の過程についても，そうした視点で検証を続けていくことが求められる。

4．実践を築き上げる教師の見識と音楽教育理念

　最後に，斎藤公子におけるリトミック（1987, pp. 195-204），柳生力（2006）におけるオルフ，星野圭朗（1993）におけるオルフ，シェーファー等のように，理念の本質と価値を見極めようとするそれぞれの見識に支えられ，子どもと向き合った実践も多く存在する。また，国内で開発された実践と理念の展開，議論も活発に行われている。子どもの学びの事実と，実践における教師の見識を

通して，音楽教育実践の中から教育理念を明らかにしていくことも重要な課題となる。（権藤敦子）

【注】
1）例えば，IKS（International Kodály Society）のような国際的な組織と連携した支部として日本コダーイ協会が活動している。また，日本オルフ音楽教育研究会，日本ダルクローズ音楽教育学会等，理念に照らして日本における研究と実践を推進することを目的とし，『オルフ・シュールヴェルクの研究と実践』（2015），『リトミック研究の現在』（2003）等の蓄積もなされてきた。

【引用・参考文献】
井口太（1982.7）「わが国の音楽教育に及ぼしたもの（特集 オルフの遺した課題―理念は生かされたか―）」『教育音楽・小学版』第 37 巻第 7 号，pp. 86-90.
今井康雄（2019）「学校教育と音楽―なぜ学校で音楽を教えるのか―」日本音楽教育学会編『音楽教育研究ハンドブック』音楽之友社，pp. 26-27.
大角欣矢研究代表（2013）『東京音楽学校の諸活動を通してみる日本近代音楽文化の成立―東アジアの視点を交えて―平成 20 ～ 23 年度科学研究費所補助金研究成果報告書．
蒲生郷昭ほか（1989）「対談 研究の方法と問題点」『岩波講座 日本の音楽・アジアの音楽』第 7 巻，岩波書店，pp. 339-357.
河口道朗（1996）『近代音楽教育論成立史研究』音楽之友社．
権藤敦子（2015）『高野辰之と唱歌の時代―日本の音楽文化と教育の接点をもとめて―』東京堂出版．
斎藤公子（1987）『保育とはなにか―対談―』創風社．
佐藤学（2019）「教育の実践と理論の往還」，日本音楽教育学会編『音楽教育研究ハンドブック』音楽之友社，pp. 52-53.
柴田南雄（1988）『改訂版 音楽史と音楽論』放送大学教育振興会．
杉田政夫（2005）『学校音楽教育とヘルバルト主義―明治期における唱歌教材の構成理念にみる影響を中心に―』風間書房．
高野辰之（1930.5）「音楽教育の礎石」『教育音楽』第 8 巻第 5 号，pp. 2-11.
髙橋美智子（2013）「コダーイ・ゾルターンの音楽教育哲学の根本理念（共同企画 幼児教育・初等教育における子どもと音楽の関係を問い直す）」『音楽教育学』第 43 巻第 2 号，pp. 75-77.
谷本一之（1981.10）「第 5 回国際コダーイ・シンポジウムを振り返って」『教育音楽・小学版』第 36 巻第 10 号，pp. 54-57.
東京芸術大学音楽取調掛研究班編（1976）『音楽教育成立への軌跡―音楽取調掛資料研究―』音楽之友社．
徳丸吉彦（2016）『ミュージックスとの付き合い方―民族音楽学の拡がり―』（放送大学叢書）左右社．
星野圭朗（1993）『創って表現する音楽学習―音の環境教育の視点から―』音楽之友社．
柳生力（2006）『仕組まれた学習の罠』アガサス．
山本文茂（1980.10）「巻頭言（特集 指導の方法をめぐって）」『季刊音楽教育研究』第 23 巻第 4 号，p. 1.
劉麟玉（2005）『植民地下の台湾における学校唱歌教育の成立と展開』雄山閣．

2-2　研究のスタンス　1

実践の開発

1．実践の開発とは

　音楽教育研究は，人・音楽・教育との関係性において成立しており，最終的に求める姿は，実践の中にある。

　ここで対象とする「実践」とは，音楽教育実践であり，学校の音楽授業等がその典型例として挙げられる。また「開発」とは「新しいものを考え出し，実用化すること」（『大辞林』第三版）であり，したがって「実践の開発」とは，音楽教育上の課題に正対し，その解決を目途として，理論的な背景を明確にしつつ，新たな視点や構想，方法論等を伴って実践場面に実用化していく行為であり，その過程や結果の提案である。

　この意味を広く捉えるならば，例えば，明治期の唱歌教育や大正期の童謡運動等，史的展開上の数多くのできごとから日々の音楽授業における発問の工夫や教材研究に至るまで，あらゆるレベルがその対象となる。

　しかしながら，そうした広範囲に及ぶ解釈は，本項の意図を見失うだろう。ここでは，明治以降近代教育制度の成立の中で培われ，自明とされる傾向にある現代の音楽教育を対象として，そのあり方を問いつつ課題を明らかにし，理論的根拠を伴い新たな実践として提案することと捉えたい。したがって，実践例の紹介や授業改善とは性格や内容が異なる。しかし，教材開発や題材・単元開発等は，実践の開発の視点による取組みである限りにおいては，その範疇に入り込んでこよう。

　以上のことを鑑みると，「実践の開発」は，現代的な課題として浮上する音楽教育研究上の重要な概念とも言える。

2．実践の開発における理論と実践

　音楽教育研究は究極的には理論と実践の統一の上に成立する。「実践の開発」は，理論と実践の相互作用の中で行われ，その結果は最終的に音楽教育の現場に提案され，生きるものである。この際，理論と実践あるいは研究者と実践者の間の関係について，「基底科学の厳密な方法論や客観的根拠に欠ける理論研究者と，教育的価値の実現にむけて現実的，具体的な学習者の変容を成しとげ得ない実践研究者とが手を結ぶということは，理論と実践の統一ではなく，妥協である」といった山本（1992, p. 242）の指摘を咀嚼しておきたい。

3．理論と実践の関係性

　「実践の開発」における理論と実践の関係性の特徴は，両者が常に相手に対するベクトルをもっていることにある。このことは，研究者と実践者が相補的であることを意味する。開発が一人の人間によってなされる場合は，開発者が自身の中に研究的視点と実践的視点の両義性をもつことが期待される。しかしこれが必ずしもたやすいことではないことは，例えば，生田（1987）の「わざ」理論を教室の音楽授業に直接的につなげたり，日々の授業に理論的根拠を見いだし新たな提案へと結び付けたりする作業の困難さを推測すれば理解されるだろう。「明日の音楽授業に直接役立つような理論は存在しない」（山本 1992, p. 241）と言われる所以である。

　また，開発は当事者の強い問題意識がなくては進まない。これは，現状に対する鋭い洞察や理論研究の成果を実践に照射しようとする不断の努力を通して生まれ，はぐくまれ，明確化される。

　以下，これらの視点を念頭に置きつつ，具体的な内容について事例とともに考察する。

4. 内容と事例

所与の理論を実践につなぐためには，実践を想定してその理論を解釈し，現場で実現させるための具体的な視点や構想に結び付ける必要がある。

竹井（1995）は，中学校における「即興表現・創作」の学習において，キース・スワニックの「音楽的発達モデル」をもとに「応用・改変図」を作成し，到達目標と評価の目安にして効果を上げた。

作品演奏の背景にある手法や論理に着目，分析，解釈し，教材の実践と開発に結び付ける試みも見られる。

寺内（2015）は，ジョン・ゾーンの《コブラ》の特質に教材としての可能性を感じ，その構造を活用しつつアマチュア版を制作するとともに，小学校における即興的表現活動の実践に結び付けた。更にこの実践を通して，児童の多様な表現を引き出す《コブラ》の教材性と教育的意義について考察している。

実践からのベクトルの例として山内（2011）は，長唄の専門家と長唄の経験がない指導者の小学生に対する授業実践の比較検討を通して，授業実践に必要とされる具体的な手順と内容を導き出し，一般的な音楽教師が可能な長唄の指導法を提案している。

現状を鋭角的に分析し，問題点を浮上させ，研究的視点と実践的視点の双方から解決を試みた例として内田（2000）の論考が挙げられる。そこでは異文化理解の本質を問いつつ，それを「『思考法』としての『異文化理解』」として整理した。次にその考えを学校現場において，「同質性への強化」として働く「隠れたカリキュラム」を突き崩しつつ進むべく，年間指導計画の中に基盤として組み込んでいる。

研究者と実践者のコラボレーションにより成果を上げている事例もある。

加藤（2015）は，新たな視点から交響詩《ブルタバ》の鑑賞授業を提案しているが，これは音楽学者の野本（2015）の主張と助言をもとに授業の再構成を重ねた結果である。

多様な専門をもつ人々の協働により，現代的な課題に迫る事例も見られる。

奥（2015）は，能楽関係者，能楽研究者，「音楽」「美術」「国語」等を担当する小・中・高・大学教員及び行政の文化振興担当者を含む総勢20名による「能」の学校教育への導入を意図したプロジェクトを組織した。そして，《船弁慶》を中心に能の表現学習教材を映像も交えて作成し，学校で授業担当者自身が指導できる学習システムとして開発している。

5. 実践の開発にあたって

以上の取組みから見えてくるのは，「実践の開発」における視点や方法論の多様性である。開発者においては，個々の課題に応じた最も適切なやり方を選択，決定し，研究推進することが期待される。一方でこれらは，実践を繰り返しながら検証し，理論に照射するという，実践の理論化，理論の実践化の弛まない往還の中で成立しているという点において共通性をもつ。　　　　（伊野義博）

【引用・参考文献】
生田久美子（1987）『「わざ」から知る（認知科学選書11）』東京大学出版会.
内田素子（2000）「『思考法』としての『異文化理解』―中学校音楽科カリキュラムの再構築のために―」『音楽教育学研究』2，日本音楽教育学会，pp. 175-184.
奥忍（2015）「能楽師と共に創り上げる能の表現学習―《船弁慶》を中心に―」『音楽教育実践ジャーナル』vol. 12, no. 2, pp. 88-99.
加藤穂高（2015）「《ブルタバ》の鑑賞を通して何を伝えるか，何を学ばせるか―専門的解釈からのアプローチ―」『音楽教育実践ジャーナル』vol. 12, no. 2, pp. 32-42.
竹井成美（1995）「音楽科教育における即興表現・創作の試み― Keith Swanwick の『音楽的発達の螺旋モデル』図を生かした，中学校における即興表現・創作を中心として―」『音楽教育学』第25巻第3号, pp. 1-16.
寺内大輔（2015）「児童の多様な表現を引き出す即興的表現活動の可能性―ジョン・ゾーン《コブラ》（アマチュア版）の制作と小学校音楽科における実践―」『音楽教育実践ジャーナル』vol. 13, no. 1. pp. 92-103.
野本由起夫（2015）「鑑賞授業をクリエイトするために―交響詩《ブルタバ》の誤解を解く―」『音楽教育実践ジャーナル』vol. 12, no. 2, pp. 20-31.
山内雅子（2011）「小学校における日本の伝統的な歌唱の指導に関する研究―一般的な音楽教師が可能な長唄の指導法―」『音楽教育学』第41巻第1号, pp. 11-23.
山本文茂（1992）『音楽教育研究の方法と分野』音楽之友社.

実践者による研究

1. 実践者とは

　一般的に実践者とは，研究者との対比において使われる用語である。音楽教育の実践者には，学校教育における音楽科の授業実践者，そして保育の実践者，生涯教育や特別支援教育における音楽の実践者，高等教育や教員養成課程における実践者など様々であり，対象とするフィールドや対象者も多岐にわたっている。

　実践者が研究を進めるということは，実践者自身が研究の視点を自分の中にもち，先行研究を参考に実践をし，それについて整理・考察した結果，新たな知見を見いだす行為である。研究を進める際，決して忘れてはならない点は，「子どもは『研究の対象』や『調査の対象』とされてはならない。子どもはあくまで『教育の対象』とされなくてはならない」（吉本 1985, p. 191）ということであり，実践者が研究を進める上で肝に銘じておくべき姿勢である。

2. 現代における実践者の課題

　実践者は現場で継続して実践に取り組む間に，自分のフィールドの常識や枠組みにとらわれて本質を見失うことがある。例えば学校の音楽教師が自分の専門分野で完結してしまい，子どもの長期的な音楽的成長をあたたかく支援する余裕が無くなることや，音楽のもつ広い視野や世界観を通した教育を忘れてしまうことである。そのような時こそ自分の実践は社会にどのように役立っているのかと立ち止まって考え，客観的に自分の実践に向き合うことが重要である。実践者がそれぞれのフィールドで実践する意義と役割を振り返り，本質に立ち返るきっかけと今後の実践への自信を取り戻すためにも「実践者による研究」は有効である。

　また，実践者は日々の実践で実に多忙である。一つ一つの実践を省察し研究としてまとめていく時間的な余裕はほとんどない。しかし，実践者が実践を研究としてまとめて公表し，意見や批判をあおぐことが，実践がただの自己充足的行為に終わらず，研究として社会の役に立つこと（関口 2013, p. 74）につながることも忘れてはならない。

3. 研究の方法と研究の場

　研究を大きく量的研究と質的研究に分けた場合，両者は「対立するものではなく互いに補完するものであり」「両者の相互理解と協同こそがこれからの音楽教育学を実りあるものに導きうる」（坪能 2009, p. 51）。すなわち，「量的」「質的」それぞれの研究の方法の特性と限界性を理解し，実践者は適切な方法を選ぶ必要があるが，ここでは，学校教育で活用される質的研究の一つ「アクション・リサーチ」に絞って解説する。

　学校教育の実践者，つまり教師にとって「研究」という言葉は，「授業研究」に代表されるように，実は非常に身近な言葉である。山口（2017, p. 52）は，「授業研究はアクション・リサーチの一つ」と述べ，「実践者である教師自身が自らの実践課題の解決を目的として行う研究活動」と定義する。

　アクション・リサーチの背景には，教師を「反省的実践家」という新たな専門家像として位置付ける概念がある（ショーン 2001）。教師は，授業中，子どもとの関係の中で常に臨機応変に「状況との対話」をしながら「行為の中の省察」をしている。それは「行為の中の知」として，自分自身の行為から学ぶということである。これを自覚できる場が授業研究であり，教師たちは授業研究を通して，今そこで見た授業中の授業者の行為や子どもの変容の具体を協議して，自分の授業を振り返る。更

に，実践の事実を対象化して検討し，専門家としての「行為についての省察」を行うのである。

　また，「学校は専門家としての教師が成長し，研修できる組織として捉え直すことが求められている」（権藤 2008, p. 19）と言われるように，所属する学校現場で「研究」をすることは，授業者や子どもの普段の姿を熟知している同僚だからこそ，発言の意図や表情までも含めて検証できる。そのような同僚と自律性を有した校内での授業「研究」を通して「実践者」は自分自身の実践を，振り返り，他者（同僚）からの厳しくあたたかい示唆に耳を傾け省察し，新たな自分の実践に磨きをかけていく。実践者自身が研究をする気になればそれは自身の指導技術の向上につながり，それは常に実践者自身の成長につながるからである。ここに，教師という実践者が研究を進める意義がある。

　しかし，音楽科という教科は学校現場において組織的な研究教科に設定される機会が少ないのが現実である。また，小学校で言えば音楽専科は各校に1名程度，教科の専門性に関する研究の深まりや専科教員としての悩みの共有をしたり，問題の解決に向けて話し合ったりできる機会は限られている。したがって，各学区や市町単位の教科研究組織としての音楽専科部会の中で互いの授業研究を通して音楽科教師同士が学び合う場を積極的にもつこと，更に，民間教育研究グループや自主サークル，学会等で学びながら研究を重ねていくことが重要である。音楽科教師は他の教科に比べて，特に貪欲に学び，研究し続ける場を主体的に確保する必要がある。

　教科研究という点では，授業研究の場には音楽科教育としての専門性を有した研究者，指導主事等を共同研究者とし，複数の視点からの検討を継続して進めていくことも重要である。実践と研究（理論）の往還を，無意識的でなく，意識的に行っているのが授業研究である。授業研究会の中で，実践を多角的・多面的に検討する時，そこには研究の視点や座標となるものがある。それが理論で

あり，実践という行為を概念化し，より効果的な実践を他の実践者と共有することを可能とする。

4．学び続ける実践者

　秋田は，「学び続ける教師像」や「学びの専門家としての教師」のように，「教師は教職に就いてからも，教えるだけではなく，学ぶことが現在社会的に求められている」（2017, p. 71）と述べる。これは教師という実践者に限らず，すべての音楽教育の実践者に当てはまる。

　実践者が研究する意義は，実践者自身の自己成長でもある。質の高い音楽教育実践を生み出す実践者は，知性・品性・見識を自ら高める時間をもつ必要もある。演奏会へ足を運ぶこと，自分が音楽をすること，専門書を読むこと，常にアンテナをはって自らの生活を豊かにすること，これらは，豊かな実践と確かな研究を進めるベースとなる。

　学ぶことは，わくわくすることであり，楽しいことである。人は学べば学ぶほど自分の無知に気付き，更に学びたくなるものである。そういう実践者に学ぶ人もまた，学んだ知識では対応できない場面に遭遇しても何とか自分で解決していこうとする姿そのものから学ぶことができるであろう。

（重森栄理）

【引用・参考文献】
秋田喜代美（2017）「授業づくりにおける教師の学び」『岩波講座 教育 変革への展望5 学びとカリキュラム』岩波書店，pp. 71-104.
小川容子・今川恭子（2008）『音楽する子どもをつかまえたい―実験研究者とフィールドワーカーの対話―』ふくろう出版.
権藤敦子（2008）「学校づくりと音楽科―協働を通して成長する教師力」『音楽教育実践ジャーナル』vol. 5, no. 2, pp. 19-26.
ショーン，D.（2001）『専門家の知恵―反省的実践家は行為しながら考える―』佐藤学・秋田喜代美訳，ゆみる出版.
関口靖広（2013）『教育研究のための質的研究法講座』北大路書房.
坪能由紀子（2009）「書評：小川容子・今川恭子編著『音楽する子どもをつかまえたい―実験研究者とフィールドワーカーの対話―』」『音楽教育学』第39巻第1号，pp. 50-51.
山口武志（2017）「質的研究としての教科教育研究」日本教科教育学会編『教科教育研究ハンドブック』pp. 50-55.
吉本均（1985）『授業成立入門』明治図書.

研究と社会の関係

1．社会と音楽

社会の音楽に対するニーズは年々高くなっている。これまでも，生涯にわたり音楽文化に親しむ態度を育成することに重点が置かれてはきたが，中央教育審議会答申（2016. 12）の指摘を踏まえ，新学習指導要領では，音楽科で育成を目指す資質・能力について，「生活や社会の中の音や音楽，音楽文化と豊かに関わる資質・能力」と規定された。このように，社会と音楽の結び付きをより深める学習が求められている。

社会の音楽へのニーズは，個人に生活の潤いや癒しを与えるだけでなく，社会の課題解決のアイテムとなっていくと思われる。町おこしのイベント，コミュニティのための地域の交流，様々なボランティア，健康長寿のための音楽活動等，例を挙げれば数えきれない。ここでは，筆者の関わった実践事例を通して研究に向かう視点と方法論を紹介し，研究と社会の関係を探ることにする。

2．社会と音楽を結び付けた事例

平成14年，ある町で創作オペラが上演された。地元の合唱団，地元の人材を活用し，演奏や衣装，道具等の製作を行う，文字通り手づくりであった。筆者は音楽監督として，この上演のキャスト選定，合唱団の練習や舞台づくり，マネジメントに携わった。町民はこの上演を温かく見守り，寄付やチケット販売を手伝ってくれた。舞台セットや衣装等の製作では，地元のシルバー人材センターの協力で，見事なものができ上がった。高齢の合唱団員も細かな注文にこたえた。1年半の準備の後，2日間の3回公演を実施した。町の人口の1割に当たる1,500人の入場者があり，町を挙げたオペラの上演を楽しみ，喜んでくれた。この成果が認められ，県の文化事業として，県都で2公演3,000人を動員，町の大きなPRとなった。

平成23年3月11日発生の東日本大震災の7か月後，福島県のある小学校で「ドラムジカ」という手法による創作ミュージカルが上演された。震災の影響で，計画中止も検討されたが，原発事故の影響下，野外活動ができない小学校の現状，心に不安を抱えた児童に自己表現の場を与えたい等の理由から学校の強い要望により，実行された。

「ドラムジカ」とは，児童が好きな歌を選び，それらをストーリーでつなげてミュージカルをつくる手法により伊藤嘉子らが幼児の音楽表現のために考案したもので，この手法を応用して，音楽科の学びを生かした総合的な学習が実現した。

震災2か月後の5月に5年生の担任と実施計画を立て，6月から学年を挙げて取組みが開始された。途中2度，経過を観察しつつ筆者から担任への助言を行った。そして，10月には，保護者や地域住民を招いて上演が実現した。震災後，初の学校行事となり，児童の生き生きとした姿に，教員，保護者，地域の方々は涙を浮かべ，震災直後には考えられなかった喜びを取り戻すことができた。

現在，筆者は「50歳以上，平均年齢60歳以上の団員で構成される合唱団」だけが参加できる，国際シニア合唱祭への参加を3年間続けている。この合唱団は，新聞や放送等の呼び掛けに反応した約30名から始まった。経験者は少なく，団員の最高年齢は85歳となる。音を取ることや発声の仕方が分からず，無理な発声をしていること等が課題であったが，地元の様々なよさを歌うオリジナル曲に取り組み，音や音楽を聴き取る指導やそのための協同学習の手法の導入により，響きのある演奏，共感的な集団づくりを行い，高齢者一人一人の生きがいとなっている。また，毎年1回，国際シニア合唱祭に参加することにより，健康で

あり続けようという姿勢や，他県との交流も生まれてきた。

　以上3事例を「町の活性化」「心の復興」「超高齢化社会」とし，音楽との関わりを整理したい。

3．研究の視点と方法論

3.1 町の活性化と音楽

　「町の活性化と音楽」の点では，地元の地の利や人材を活用したことが特徴である。オペラの台本は地元の自然を情景に，そこに生きる人々の心情が表され，登場する村人たちは，地元の合唱団員，衣装や道具も地元のシルバー人材センターの職員の手づくりで，どちらも素晴らしい出来であった。ともに活動し，観察をした結果，彼らの充実感は大きく，中山間の町の閉塞感が消え，町の人口の1割に当たる1,500人を集客したことからも，町の活性化が促されたと考えられる。

3.2 心の復興と音楽

　「心の復興と音楽」の点では，創作と発表を通して，不安を抱えた児童，途方に暮れた大人たちの心を癒し，復興を進める活力につながったことが成果である。

　児童に対して取組みの前後にQ-U調査を行うとともに，終了後，活動の振り返りとしてキャリア形成調査を行った。Q-U調査の結果，各クラスの大半が学級生活満足群に移行し，震災で動揺していた「荒れ始めの学級」から「親和的なまとまりのある学級集団」へと変化した。キャリア形成調査では，練習の過程で，児童は満足感を高めたことが分かり，それぞれ有効性が認められた。教員は，初めて取り組むドラムジカについて戸惑いつつも，児童の取り組む姿や生み出そうとする表現に勇気づけられたとのことだった。

3.3 超高齢化社会と音楽

　「超高齢化社会と音楽」の点では，音楽を質的に捉える合唱活動によって，高次な脳のトレーニングや高齢者同士のコミュニケーションが図られ，個々の生きがいにつながったと思われる。

　音楽を使うエクササイズは認知症に有効であ

る。音楽体操プログラムを用いた共同研究「御浜・紀宝プロジェクト」でも音楽が脳に大きく影響を与えている（佐藤ほか2014）。佐藤らは65歳以上の高齢者に対し，音楽と運動を組み合わせたエクササイズを行う群，運動のみを行う群，脳検査のみを行う群のグループに分け，1年間の前後で検査を行った。結果，視空間認知や全般性知能，精神運動速度など複数の項目で，音楽と運動を組み合わせた音楽体操群の方が，体操群あるいは脳検査群よりも，健常高齢者の認知機能の維持・改善に有効であったと結論付けている。

　このような音楽からのアプローチは，内閣府がまとめた超高齢化社会の課題，「世代間格差・世代内格差の存在」，「高齢者の満たされない活動意欲」，「地域力・仲間力の弱さと高齢者等の孤立化」，「不便や不安を感じる高齢者の生活環境」，「『人生65年時代』のままの仕組みや対応の限界」等の解決にもつながると考えられる。

3.4 これからの社会と音楽の関係

　各実践に関わることで，音楽の限りない可能性に触れたことが何よりも嬉しいと感じる。社会のニーズに対する音楽実践は，「実践の学」，「応用の学」として，これまでの音楽教育研究の価値を高めていくであろう。

　最近，若い演奏家が積極的にボランティアとしての演奏を行うような場面をよく見かけるようになった。今後，ますます社会のニーズとマッチし，社会と音楽が結び付き，かけがえのない存在となることを期待したい。また，これから，音楽教育に関心をもつ若い研究者には，こういった取組みを研究対象として，社会と音楽が結び付く価値を見いだしてもらいたいと考える。　　（川田弘人）

【引用・参考文献】

佐藤正之・三重大学・ヤマハ音楽振興会・御浜町・紀宝町共同研究（2014）「健常高齢者対象の音楽体操活用研究『御浜・紀宝プロジェクト』」http://www.yamaha-mf.or.jp/pr-release/2014/2014-8.html（2018/9/24にアクセス）

内閣府（2012）「高齢者社会対策会議」における報告書「高齢社会対策の基本的在り方等に関する検討会報告書―尊厳ある自立と支え合いを目指して―」http://www8.cao.go.jp/kourei/kihon-kentoukai/（2018/9/24にアクセス）

2-2 研究のスタンス　4

研究倫理と科学者の責任

1．研究倫理と科学者共同体

　日本学術会議が策定した声明「科学者の行動規範」（平成 18 年 10 月制定，平成 25 年 1 月改訂）では，「知的活動を担う科学者は，学問の自由の下に，特定の権威や組織の利害から独立して自らの専門的な判断により真理を探究するという権利を享受すると共に，専門家として社会の負託に応える重大な責務を有する」と記されている。ここで科学者とは，所属する機関を問わずすべての学術分野で新たな知識の創出・知識の利活用に従事する研究者・専門職業者を意味する。

　科学者共同体が学問の自由を享受するためには，自律的に研究倫理に取り組むことにより，社会から信頼を得なければならない（藤垣 2016, pp. 91-93）。研究活動が法律により規制されている場合，当該法律に違反した者には刑事責任や不法行為責任が問われる可能性があるのはもちろんのこと，所属組織の懲戒処分等の対象にもなりうる。研究活動は違法でなければよいというものではない。科学が社会の信頼を失えば，特定の利害・組織に貢献する科学のみが跋扈し，あるいは自浄能力のない科学者共同体への規制の必要性が説かれるかもしれない。それでは憲法が定める学問の自由はますます限定されてしまう。

　同声明では，「科学活動とその成果が広大で深遠な影響を人類に与える現代において，社会は科学者が常に倫理的な判断と行動を為すことを求めている」と述べられている。確かに，特定の権威や組織のためにではなく，公共の利益に資する成果が期待できるのであれば，社会は科学を支えたいと考えるに違いない。社会の負託にこたえるため，あるいは研究の自律性を確保するために，科学者共同体は研究倫理に反する活動に自ら対処する必要がある。

　日本学術会議は，上記声明の策定を通して研究者や研究機関に対して遵守すべき行動規範を示し，これを受けて今日では，大学等の多くの研究機関や学協会は研究者の行動規範を定めている[1]。日本学術会議は，内閣府に置かれた「特別の機関」と呼ばれる行政機関の一種であるが，国の科学者の内外に対する代表機関であり，「科学者の国会」と呼ばれている。同会議は，科学の向上発達を図り，行政，産業及び国民生活に科学を反映浸透させることを目的とし（日本学術会議法 2 条），職権行使の独立性が保障され（同法 3 条柱書），学術政策に関して，政府の諮問に応じて意見を述べる権限や政府に対して勧告する権限を有する（同法 4・5 条）。

　前述した声明は，全 16 規定からなる。例えば，科学者は自らが生み出す専門知識や技術の質を担保し，それらを活かして，人類の健康と福祉，社会の安全と安寧等に貢献する責任を有すること（1 科学者の基本的責任），常に正直・誠実に判断・行動し，自らの専門知識・能力・技芸の維持向上に努め，知の正確さや正当性を科学的に示す最善の努力を払うこと（2 科学者の姿勢），研究の立案・計画・申請・実施・報告等の過程で，データの記録保存や厳正な取扱いを徹底し，ねつ造，改ざん，盗用等の不正行為の実行・加担をしないこと（7 研究活動），公正な環境の確立・維持も自らの重要な責務であることを自覚し，科学者コミュニティや所属組織の研究環境の質的向上，不正行為抑止の教育啓発に継続的に取り組み，社会の理解と協力が得られるよう努めること（8 研究環境の整備及び教育啓発の徹底），研究協力者の人格・人権を尊重し，動物等に対しては，真摯な態度でこれを扱うこと（9 研究対象への配慮）といった規定がある。

これら行動規範は，国の政策に影響を与えていくことになる。研究公正の確保に関しては，科学技術基本法に基づき，2016（平成28）年1月に閣議決定された第5期科学技術基本計画の第6章（2）において，研究機関の倫理教育体制及び研究不正に関する調査体制の整備，研究不正に関するガイドラインの必要に応じた改正等の施策の方向性が示されている。同計画には，研究者に過度な法的責任の追及が起こらないよう留意すること，との記載もある。

2．研究不正に関する国の取組み

文部科学省は，研究不正対応の強化等をねらいとして従来のガイドラインを改め，2014（平成26）年8月に「研究活動における不正行為への対応等に関するガイドライン」（文部科学大臣決定）を策定した。ガイドラインは，研究活動における不正行為を，研究者倫理に背馳し，研究活動や研究成果の発表の本質を歪め，正常な科学的コミュニケーションを妨げる行為と定義する。具体的には，①存在しないデータ・研究結果等の作成を意味する「データの捏造」，②研究活動によって得られたデータ・結果等を真正でないものに加工することを意味する「データの改ざん」，③他の研究者のアイディア・データ・研究結果等を当該研究者の了解または適切な表示なく流用することを意味する「研究成果等の盗用」，④学術誌等に既発表の論文または投稿中の論文と本質的に同じ論文を投稿する「二重投稿」，⑤論文著作者が適正に公表されない「不適切なオーサーシップ」が研究不正に当たるとされている。ガイドラインでは，故意または研究者としてわきまえるべき基本的な注意義務を著しく怠ったことによる①〜③は，「特定不正行為」と位置付けられている。特定不正行為は，各研究機関において調査手続の対象となるが，古典文献や外国文献の再解釈と，改ざん・捏造の違いを判別することは容易ではなく，また，複数研究者間でアイディアを交換しながら進展する学問の性質からアイディアの流用とみなされる

態様を見極めることも容易ではない（米村 2015, p. 171）。研究不正の有無の判断については，研究分野ごとに科学者コミュニティが適切に判断する必要がある。また，ガイドラインは，告発者及び被告発者の秘密を守るための措置を講じることも求めている。

平成26年改訂ガイドラインでは，研究機関や研究代表者による研究不正防止の取組みや環境整備の必要性が強調されている。不正行為防止に関する研究代表者の責任は，裁判でも問われている。東京地判平成27年7月10日［平成25年（行ウ）第540号］は，国立大学法人に所属するプロジェクトリーダー（PL）が，研究不正防止義務違反を理由に3か月間の停職処分を受けたため，当該処分の無効確認を求めた事案である。本判決は，データのねつ造等をはたらいた研究員に対する指導・助言の懈怠やデータチェック体制の不備等が大学の行動規範に抵触するとし，また，適切な措置を講じなかった点にPLの重過失を認めた。結果として本判決は，当該不正行為により論文の取り下げ，補助金の返還等の事態に至ったことが就業規則上の懲戒要件たる「大学の名誉又は信用を傷つけた場合」に該当するとし，処分を適法なものと判示している。本件事案では，PLが研究不正に関して刑事責任や不法行為責任を問われたわけではないが，PLの研究不正防止義務違反が懲戒処分につながることを示す例として参考になろう。

（徳本広孝）

【注】
1）日本音楽教育学会では次頁に示した倫理綱領を制定，『音楽教育にかかわる人の倫理ガイドブック―研究と実践に向き合うために―』（2014）を作成し，全会員に配布している。併せて参照されたい。

【引用・参考文献】
徳本広孝（2018）「研究不正に対する国の取組―研究不正対策に関する行政過程の行政法学的な説明の試み―」『白門』第70巻第10号，pp. 9-15.
藤垣裕子（2016）「研究公正と科学者の社会的責任論をめぐって―科学者集団の自律性とは―」『哲学』no. 67, pp. 80-95.
米村滋人（2015）「研究不正と法の考え方―科学研究に対する法規制の基本思想」『科学』第85巻第2号，pp. 169-174.

日本音楽教育学会倫理綱領

平成 25 年 10 月 12 日制定

〈前文〉

　本学会は，音楽教育に関する会員相互の研究協議をとおして，音楽教育研究の振興と音楽教育活動の発展に貢献することを目的とする。この目的の実現に向けた諸活動を支え，人間の幸福と社会・文化の発展に寄与することをめざして，ここに本綱領を制定する。

〈基本原則〉

第 1 条　会員は，音楽教育の研究と実践において，そこにかかわるすべての人の基本的人権と尊厳を最大限に尊重し，誠実・公正に行動する。

〈研究・実践の諸活動実施における配慮〉

第 2 条　会員は，自らの研究・実践への参加者・協力者および社会に与える影響に十分配慮する。

第 3 条　会員は，研究・実践への参加者・協力者の人権を尊重し，誠実な説明を行い，同意・了解を得ることを原則とする。

第 4 条　会員は，研究・実践への参加者・協力者のプライバシーの保護に努め，諸活動をとおして知り得た情報を適切に管理する。

第 5 条　会員は，他者によるこれまでの諸成果に敬意を払い，正当に評価し，その知的財産権に配慮する。同時に，自らの成果も含めた知識・技術の公共性を自覚し，社会・文化の発展に寄与するよう努める。

第 6 条　会員は，研究・実践の諸活動において，人種，国籍，民族，性，地位，思想，宗教等によって差別をすることなく，個人の自由と人格を尊重する。

〈研究成果の公表にともなう責任〉

第 7 条　会員は，音楽教育の研究と実践に対する社会からの信頼と負託に応え，研究成果の積極的な公表に努める。

第 8 条　会員は，成果の公表に際し，あらかじめ活動への参加者・協力者の同意・了解を得ることを原則とする。また，共同研究者がいる場合には，その権利に配慮する。

第 9 条　会員は，成果の公表に際し，虚偽や誇張，剽窃等のないよう十分留意し，引用・参照のルールを守るとともに，自らの成果が広く吟味・検証されるよう努める。

〈自律的な行動規範への努力〉

第 10 条　会員は，本綱領の趣旨を理解し，自律した行動をとるために自己研鑽に努める。

第 11 条　学会は，本綱領の周知に努め，理解と実行へ向けた研鑽の機会を設ける。

〈抵触疑義への対応〉

第 12 条　会員および学会は，本綱領に則り諸活動を行う。万一本綱領に抵触する疑義がもたれる事態が生じ，申し立てがなされた場合には，会長は常任理事会に諮り，必要に応じ常任理事会のもとに調査委員会を設置して事態に対応することができる。調査委員会の規定は別に定める。

附記　本綱領は平成 25 年 10 月 12 日より施行する。

音楽教育研究の
方法

第 **1** 章

音楽教育研究の計画の立て方

introduction

第2部では，実際の研究に取りかかるための具体について扱う。なぜ研究をするのか，何を研究するのか，どのように研究を進めるのかといった，研究に対峙する際の基本的な姿勢に関して様々な角度から概観する。

ここで述べている研究方法や手法は，研究計画書の提出の有無にかかわらず，研究を深める上での重要な道標になると思われる。理論や実践から導かれる多種多様な問題に意識を向けること，頭の中で漠然と思い描いているテーマやリサーチ・クエスチョンの整理をすること，アプローチ法とデータ収集の間に離齬がないか考えること，こうした一歩一歩を丁寧に積み重ねることは論理的な研究への一助となるだろう。論理的な研究は細部にわたって注意深く，厳密で強固で説得力があり，何より論理的な思考に支えられている。

第1章では，研究方法，データとの対峙，研究の手法という3側面について述べる。[1-1] では，リサーチ・クエスチョンの定義，研究計画の立て方や研究方法の選択等について取り上げる。[1-2] では，具体的なデータと向き合い，それらを収集したり整理したりする際の留意点や分析する過程での諸注意を取り上げる。[1-3] では，「心理学の実験研究」「情報技術による音楽研究の手法」「調査研究」「事例研究」「観察研究」「面接・インタビュー研究」を取り上げる。諸科学の進歩・発展に伴って研究方法は多様化の一途をたどっている。単一の研究方法に限定されることなく，よりふさわしい研究方法を求めて試行錯誤を続けたい。 （小川容子）

研究の視点とリサーチ・クエスチョン

1．はじめに

リサーチ・クエスチョンとは，研究によって明らかにしたいことを検証可能な学術的な問いにすることである。そのためには，自身が調べようとしていることや明らかにしたいことを構造化し，先行研究との関連を明確にし，それとともに，研究の手法や方法を選択し，どのようにデータを収集していかに検証するのか，といった諸側面を立体的に可視化しなければならない。

音楽教育の研究分野は，教育現場を対象とした実践研究から，哲学，美学，社会学，情報工学，脳神経科学，人工知能の理論研究まで日々拡大しており，それに伴って多様なリサーチ・クエスチョンが設定されるようになった。本来リサーチ・クエスチョンは，研究対象や分野，手法や方法と密接に関わっているものであり，対象者は何（誰）か，どのような分野・領域なのか，どのような研究方法を採ればよいか，どのような手法を用いるべきかといった総合的な判断のもとで考えなければならない。とはいえ，続々と発表される様々な理論やモデル，観察データ，研究成果といった膨大な情報と向き合いながら，自分の素朴な疑問を研究としての学術的な問いへと昇華させるのは，なかなか厄介な課題である。ここでは音楽の授業を例にあげて，四つの段階について，まとめる。

2．音楽の授業におけるリサーチ・クエスチョン

2.1 問いを見つける

まず，自分自身が面白いと思えるテーマを探すことから始める。「音楽の授業が上手な先生というのはどのような先生なのか」「ベテランの先生と比べて自分の指導はどこがよくないのか」「同じ授業内容なのにＡクラスとＢクラスで差があるのはなぜか」等の疑問文を書き出してみる。その際，キーワードを考える，期間を区切って関連する疑問文をたくさん書き出す，友達と意見交換する，仮説を想像するといった方法が効果的である。

2.2 問いを明確にする

次に，問いを複数の項目に分けたり主と従に分けたりして，問いそのものを立体的に捉えることが必要である。大きな問いに答えるためには，より下位の具体的な疑問に答えなければならず，こうした作業を通して問いが整理され，問いを形づくっている側面が浮上する。「授業が上手な先生は導入部分でどのような発問を行っているのか。題材による違いはあるのか」「ベテランの先生は読譜が苦手な児童にどのような指示を与えているのか。自分の指示とどのように違うのか」「生徒の音楽成績は，音楽嗜好・性差・向社会性・家庭環境・他教科の成績等と何か関連があるのか。クラスの違いはこれらに起因するのではないだろうか」等，音楽の授業に関する問いが少しずつ明確化してくる。

2.3 問いを深める

徐々に形づくられてきた問いを深化させる段階では，先行研究をレビューすることが大事である。関連する学会の学会誌（雑誌論文，電子ジャーナル等）を中心に日本語だけでなく英語文献も探索する。定期的に研究・出版動向を分析しているジャーナルの場合は，それらも参考にしたい。余力があれば，隣接諸科学の動向にもアンテナを張っておいた方がよい。

先行研究を探していると，自分が考えていた問いと関連が深い，または同種のリサーチ・クエスチョンに遭遇する場合がある。この時，その文献（群）を詳細に読むことが重要である。筆者のリサーチ・クエスチョンが方法とどのように結び付いているか，どのようなデータに基づいているか，

どのような結論が提出されているか等について批判的な視点で熟読したい。その上で，自分の問いがすでに解決済みの問いなのか，これから掘り下げる価値のある問いなのかを，慎重に見極めることが大切である。提出されている答えが理に適っていたり，納得できるものであったりした場合は，別の問いを検討した方が効率的であろう。そうでない場合は，先行研究の単なる追試にならないよう，一連の先行研究との違いを明確にした上でリサーチ・クエスチョンを確定する最終段階に進む。「授業が上手な教師の○○に関しては，長年にわたり議論されてきた。しかし△△についての議論は依然として不十分である」「○○の研究では，読譜に苦手意識をもつ原因として△△ではないかと言われてきた。しかし□□学で提案された知見をもとに，新たな仮説を検討する必要が生じてきた」「従来の先行研究では音楽の成績と○○の間に相関関係はないとされてきた。しかし○○と□□の関連についてはほとんど議論されておらず，□□□の観点を取り入れた方法を検討すべきではないか」このように先行研究との関係性を明らかにすることで，自らの立ち位置が顕在化され，より焦点化された問いへと進むことができる。

2.4 問いを確定する

問いを確定する最終段階では，研究を通して自身の主張をするための「証明<ruby>プルーフ</ruby>」や「証拠<ruby>エビデンス</ruby>」をいかに集めるか考えなければならない。いわゆる，データの客観性・妥当性・信頼性を担保するためである。したがって仮説，データ収集の方法，分析，最終的な結論に至るまでのすべての手続きを勘案して，リサーチ・クエスチョンを確定することが求められる。場合によっては「方法論的な呪縛から解き放され，方法に対象を合わせるのではなく，対象に合った方法を創意工夫して利用する」（木下 2006）ことも必要になるだろう。被験者層をどのように設定するか，質問紙調査の項目数をいくつにするのか，仮説検証型なのか仮説提案型なのか，何パーセントの有意水準にすべきかといった細部に気を配りつつ，全体像を俯瞰することを忘

れてはならない。

以上，リサーチ・クエスチョンを設定するための四つの段階を示した。実際には，これらの段階を順にステップアップすると言うよりは，何度か行き来を繰り返してリサーチ・クエスチョンと対峙することになるだろう。検討を重ねる過程で，リサーチ・クエスチョンを見直す必要がある場合は，柔軟に調整したい。

3．リサーチ・クエスチョンの独創性

最後に，リサーチ・クエスチョンの独創性についてまとめる。独創性は，創造性や新規性，有用性と同義とされることも多く，論文審査の際に研究の意義とともに問われる重要な観点となっている。判断基準は個々の査読者に委ねられているが，相対的で複数の視点をもつこと（島岡 2014），批判的な視点で諸現象を検討すること（山田・林 2011），ぼんやりしている時のふとした瞬間のひらめきを大事にすること（虫明 2018）等は，共通して推奨されている。無から有をつくり出すというよりも，これまであまり検討されてこなかった問題や敬遠されてきた課題に目を向けたり，従来の視点や既存の枠組みを変えてみたり，自明視されている前提を問い直したりすることで斬新なアイデアが生まれることもある。提示された問題だけでなく「存在していることさえわからない」（チクセントミハイ 2016）問題を発見できるよう，アンテナを張っておきたい。独創的な研究は，独創的なリサーチ・クエスチョンに支えられている。

（小川容子）

【引用文献】
木下孝司（2006）「わが国の最近1年間における教育心理学の研究動向と展望　発達部門（乳・幼児）―認知発達研究からみた乳幼児研究の動向と今後の課題―」『教育心理学年報』45，pp. 33-42.
島岡要（2014）『研究者のための思考法10のヒント』羊土社.
チクセントミハイ, M.（2016）『クリエイティヴィティー―フロー体験と創造性の心理学―』浅川希洋志監訳，須藤祐二・石村郁夫訳，世界思想社.
虫明元（2018）『学ぶ脳―ぼんやりにこそ意味がある―』岩波書店.
山田剛史・林創（2011）『大学生のためのリサーチリテラシー入門―研究のための8つの力―』ミネルヴァ書房.

研究計画とアプローチ

1．はじめに

研究計画の第一歩は，既にすべて計画された研究プロジェクトに携わらない限り，おそらく自分が興味をもっている研究テーマを見つけることから始まる。そこから，研究の目的を明確にすることや，適切な研究方法を選択することを通して研究の計画を立てていくことになる。本項では，研究計画について三つのプロセスから考えてみたい。

2．研究テーマを見つける

多くの社会調査研究に関する文献において，研究の問いを慎重に決めることがいかに重要であるか繰り返し述べられているが，Robson & McCarten (2016) は，比較的広い研究テーマをはじめに設定することを提案している。具体的には，自分が興味をもっている研究領域について知り，そしてその領域の中で更に焦点を当てたい部分は何か，その中には自分が興味をもっているテーマが複数存在するのか，それらのテーマの中により詳細な研究の問いがあるのか，というプロセスである。

研究テーマを見つけるに当たって，自分が興味をもっている部分と，自分がそれほど興味をもっていない部分についてノートにできるだけ書き出してみることも役に立つ。例えば，子どもの音楽づくりに興味がある場合，完成した子どもの作品の評価方法よりは，音楽づくりのプロセスについてより興味があるといったように，焦点を当てたい部分を徐々に絞って明確にしていくのである。

また，自分が興味あるキーワードを通して先行研究を検索することも必要である。研究計画の初期において，多くの論文を最初から最後まですべて読む必要はないが，自分が興味ある研究テーマに関してどのような先行研究や文献があるのか

ざっと目を通して，国内外にはどのような研究者がいるのか，国内外においてどのような学術誌があるのか，先行研究ではどこまで明らかになっているのか，先行研究では量的研究が多いのか，それとも質的研究が多いのか，複合的研究もあるのか，等と研究動向と研究方法について広く理解しておくことが大切である (Bryman 2016)。

3．研究の目的を設定する

それでは，自分の研究テーマを通して知りたいことや到達したいことは何であるのか？　ある研究では，新しい知識を見つけることかもしれないし，他の研究では，新たなコンテクストに基づいて異なる研究被験者を対象に先行研究を再考し，その信頼性について考察することもある。一方で，新しい研究方法を提案しその有効性を確かめようとする場合もあれば，非常に膨大な量の文献研究を行うこともある (Cohen, Manion & Morrison 2017)。音楽教育研究は，実践研究が数多くなされていることから，音楽教育実践のどういった部分に役立つのか，より能率的で効果的な実践へつなげるためにはどのようにすべきなのかといった点から研究の目的が検討されることも多い。しかし，それと同時に，多角的で客観的，そして理論的な研究であることも求められる。現在既に行われている実践を「どのように」能率的で効果的な実践へ発展させることができるのか，といった部分ばかりに焦点を当て，現在の実践を「なぜ」発展させることが大切なのか，について十分な考察がなされていないと，現在の教育的アプローチを単に確かめることに終始してしまい，私たちが既にもっている価値や習慣，態度をそのまま維持するだけになってしまうのである。例えば，音楽づくりにおいて鑑賞活動を導入した効果的な指導方

法について考察したい時，音楽づくりの学習において鑑賞はどのような役割をもっているのか，音楽づくりと鑑賞活動の関わりをどのように評価するのか，なぜ鑑賞活動を取り入れることが音楽づくりを効果的に教えることへ役立つのか，というように，自分が「どのように」問い，「なぜ」問うのかについて深く考えながら研究の目的を設定していくことが大切である。

4．研究の方法を選択する

　次に，研究方法はどのように選択するべきなのだろうか？　研究テーマに基づいて適切な研究方法を検討することは大変重要であり，なおかつ慎重に選択していかなければならない。自分が得意とする研究方法や，自分が既にもっているスキルをうまく活用できる研究方法を選ぶ場合もあれば，新しい研究方法に挑戦し研究のスキルを向上させる場合もある。また，様々な研究方法に対する向き不向きにも少なからず左右されるため，量的に研究することが好きな人もいれば，質的に研究した方が楽しくて心地よいと感じる人もいる。統計においてもナラティブにおいても両方の専門家になる必要は必ずしもないが，量的・質的なアプローチを楽しみながら使えるように両者のパラダイムを理解することはとても大切である。しかし，インタビュー調査が好きだからインタビューを使える研究テーマを選ぶといった研究方法に左右されながら研究テーマを見つけようとすることは必ずしもよい研究計画とは言えない。研究テーマが最初に存在し，そのテーマに対して最も適した研究方法とは何かを考えるべきである。

　そして，研究方法を選ぶ際には事務的な点についても考慮が必要である。研究をする上で，どのようなリソースへアクセスが可能なのかリストとしてまとめておくことも役に立つ。十分な文献や資料が無い場合，研究対象者が全く見つからない場合，データ分析におけるサポートが受けられない場合では，どんなに素晴らしい研究計画を立てたとしても計画が流れてしまうことがある。例え

ば，自分が勤務する学校で比較的大多数の子どもたちを対象に調査を実施できる場合，質問紙調査や実験など量的研究が可能かもしれない。更には様々な年齢の子どもたちに焦点を当て，発達研究を計画することも可能である。一方で，子どもや教師，保護者から研究協力の許可を得たとしても，その対象数が小さい場合は，インタビューやフォーカスグループなど質的な方法を選択し，物事や現象の価値や捉え方，感情や態度等について深い考察をする質的研究が可能である。

　最後に，研究を計画する上で，研究のはじめから終わりまでのタイムラインを描き，それに沿って事務的な点を考慮することも大切である。新しい研究をすぐに始めようと計画しても，例えばインタビューの対象者が数週間先にならないと時間がとれない場合もある。また，質問紙調査の実施許可から配布までに数か月かかることもあれば，回答用紙が返信されるまでそれと同じくらいの時間がかかることもある。いったん研究対象者が自分の研究に関わるようになると，研究のタイムラインは研究対象者のタイムラインに左右されることが多いのである。

　はじめから大きな規模の研究を計画すると，ストレスを感じたり，表面的なものにとどまってしまったり，満足できなかったり，予定通りに進まなかったりすることがあるため，比較的小さくシンプルな研究を計画することから始めて，自分がその研究を遂行できるのか，そして楽しむことができるのかを十分に考慮し，研究計画のプロセスにおいて常に現実的であることが最も大切である。
　　　　　　　　　　　　　　　　（柴崎かがり）

【参考文献】
Bryman, A. (2016). *Social Research Methods (5th ed.)*, Oxford: Oxford University Press.
Cohen, L., Manion, L. & Morrison, K. (2017). *Research Methods in Education (8th ed.)*, London and New York: Routledge.
Robson, C. & McCarten, K. (2016). *Real World Research (4th ed.)*, Chichester: John Wiley & Sons.

データが物語る限界と広がり

1．音楽教育研究のデータ収集

　音楽教育研究の特質をデータへの向き合い方という視点から見る時，音楽教育研究が「教育」と「音楽」という，科学的に説明することがきわめて難しい事象を扱っているということを，まずは踏まえておく必要がある。教育は，人間の成長を，個人，社会，文化等の複雑な関わりの中で説明しようとするものであり，こうした営みを明確な因果関係に基づいて説明するのは容易ではない。また，音楽教育では音楽という，きわめて複雑で曖昧な対象が教育に関わってくる。音楽とは，綿密に構造化された理論構造をもっている場合が多いが，その構造を，例えば，数学や物理学等のレベルまで明確に示すことは難しく，ある音楽のもつ特徴をその音構造から100％明確に説明することはできない。更に，音楽教育の教育内容となる音楽の構造をかなりの程度明確に示し得たとしても，その音楽をどのように聴いたり，演奏したりするのかといった，音楽行動のメカニズムを説明することは難しい。音楽教育研究では，このようにきわめて複雑な二つの事象が組み合わさった現象を，明確な科学的データで説明しなくてはならないのである。

2．データのもつ限界

　音楽教育研究に限らず，科学的研究においてデータに向き合っていく時に重要なことは，それぞれの種類のデータの強みと弱みを知ることである。本稿では，実験的研究を例にして音楽教育の図式の中でその限界と可能性を考えてみたい。

　実験的研究の重要な点は，その研究手続きの精度である。研究手続きの精度は，測定器具，実験での教示，参加者や刺激の統制等様々な側面から決まる。そしてこの精度の良し悪しが，研究全体の信頼性を大きく左右するのである。

　データの精度からくる研究の信頼性は，どのような分野の研究を行う上でも基本的なことである。しかし，音楽教育研究の場合，研究の手続きを綿密に行うことによって，収集したデータ自身の信頼性が高まる一方，そのデータによって説明できることが，きわめて「限定的」にならざるを得ず，ともすれば，実際の教育現場でおこっていることとはかけ離れたことしか分からない場合があるのである。

　例えば，異なる構造の音楽の学習や経験が，様々な音楽行動の変化にどのような影響をあたえるのかという，ごく単純な図式でこれを考えてみると，音楽を特徴付ける要因は，音高，リズム，和声，音色，テンポ等様々であり，それらが相互に関わりながら音楽の特徴を形づくっている。これらの要因と音楽行動との因果関係を調べるために，一つの要因を変数として，他のすべての要因を統制して異なる音楽をつくろうとしたら，これらの音楽はとても奇妙なものになってしまうか，または，音楽とは呼べない短い音列になってしまう場合が多い。一方，音楽的な材料を研究に使おうとすればするほど，今度は逆に明確な基準で音楽の中の要因の影響をはかることができなくなり，研究の精度は落ちてくるのである。

　更に，こうした実験を綿密に行おうとする場合，参加者の音楽行動に影響をあたえる様々な要因は可能なかぎり統制されなくてはならない。しかし，音楽活動には，例えば，数学や物理学等他の分野の活動にくらべると，嗜好，感情といった側面が大きく関わっており，これらのものをすべて統制してしまうと，通常とはかけ離れた音楽行動の文脈での実験となり，音楽行動を調べたことにはならない。

刺激の条件統制や，実験室のような切り取られた文脈での課題遂行が，実際の活動の特徴を表さないということは，すべての実験的研究が抱える限界である。しかし，音楽教育研究の場合，冒頭で説明したように，教育と音楽という複雑な事象を扱うという特有の課題から，こうした限界が特に顕著なのである。

3．分野を超えたデータが語るもの

本稿では実験的研究を例として，音楽教育研究のデータの限界について考察した。こうした限界に対して，異なる種類のデータが補完的に研究の知見を提供し合えることを，生物学者プロサンタ・チャクラバーティの興味深い研究をもとに考えてみたい。チャクラバーティは，新種の洞窟魚の研究者であり，世界の秘境に棲む洞窟魚の遺伝子等を調べている。彼の研究は，直接的には洞窟魚の生態を調べることであるが，研究成果はまったく異なる分野へも重要な知見をもたらしているのである。チャクラバーティは，異なる大陸の暗闇に棲む盲目の洞窟魚の遺伝子を調査し，はるかに離れた大陸に生息する洞窟魚に共通性があることを発見した。この事実は，何百万年も前に大陸がどのように分裂したのかという地質学的な大イベントの根拠となり，彼の研究は洞窟魚の盲目に関する生物学的な知見をはるかに超えた分野に対し貴重なデータを提供しているのである。

チャクラバーティの研究ほど壮大なテーマではないが，音楽教育研究においても，一見，関連のないような研究分野のデータが興味深い知見をもたらす可能性を見ることができる。例えば，音楽の知覚やリズム感覚に関する研究と言えば，音刺激に対する被験者の反応を調べる実験的研究が真っ先に思い浮かぶだろう。しかし，嶋田ら（2010）によって始められた《ぴょんこ節》のリズムに関する歴史的研究は，日本人の音感覚に関するきわめて興味深い知見をもたらしてくれる。嶋田らの研究は，明確に原典が分かっている歌のリズムパターンが，歌い継がれていくうちに一定のパターンに変容していくという日本人のリズム感覚を歴史的な資料から描き出している。

特定の民族の音感覚といったものは，ある程度長い期間の行動様式を追うことによって顕在化させることができるもので，短時間の課題遂行によって調査する実験的研究によってその実態を明らかにするには，どうしても限界がある。前項で述べたように，実験的研究は，その精度を上げるために，様々な条件を統制しなくてはならず，実際の音楽活動の中で実験を遂行することが難しい。人工的に切り離された文脈でのデータ収集であるため，実際の音楽活動の中に潜んでいる様々な傾向を取り出しきれないことが多いのである。もちろん，歴史的資料によって明らかにされたリズム感覚に関する結果は仮説の域を出ず，更なる実証的な精査が必要である。しかし，嶋田らの研究は，一つの種類のデータでは明らかにできないことを他の研究分野のデータが補うということのよい例であろう。

繰り返し述べたように，音楽教育研究はその明らかにしようとする事象の特質から，データに語らせることの難しい分野であると言える。しかし，最後に説明したように，データの読み方，組み合わせ方によって，データの物語る幅は広がっていく。こういった意味でも，音楽教育研究は，データへの向き合い方そのものへの独創性が必要であり，また，そこに音楽教育研究のアイデンティティを見つけることもできるのである。　（水戸博道）

【引用・参考文献】
Chakrabarty, P. (2016) Clues to Prehistoric Times, Found in Blind Cavefish. TED, インターネット, https://www.ted.com/talks/prosanta_chakrabarty_clues_to_prehistoric_times_found_in_blind_cavefish.（2018/8/31にアクセス）
嶋田由美・小川容子・水戸博道（2010）「『唱え』から『ぴょんこ節』・『ぴょんこ止め』へ—日本人のリズム感覚に関する歴史的・認知的思索—」『音楽教育学』第40巻第2号，pp. 57-62.

1-2 データと向き合う 2

質的研究における記述

1. はじめに

音楽教育研究に用いられるデータは，質問紙調査，構造的面接法，実験室実験や現場実験等によって収集される量的データと非構造化・半構造化面接法，観察，フィールドワーク等によって収集される質的データに大きく分けられる。一般的に質的データとは，インタビューの音声データ，逐語録をはじめとするフィールドワークの記録，質問紙法における自由記述，VTRや写真，手記や報告書，書簡等の定量化プロセスを経ていないデータがすべて含まれる。南風原ほか(2001)によると，質的データとは，対象となっている現象それ自体の理解を指向する問い(「何が起こっているのか」，「それはどのように起こるのか」)に対応するものであり，出来事を言語的・概念的に把握する「記述」によって構成されるデータである (p. 48)。

2. 質的データの特性

質的研究は，その場に生きる人々にとっての事象や行為の意味を解釈し，その場その時のローカルな状況の意味を具体的に解釈し構成していくことを目指している (秋田ほか2007)。そして，個々の人間あるいは人間集団の営みに共通する本質的要因を抽出し，抽象化するという作業によって，すでに学問の領域の中に存在している概念との関連性や関係性を見いだし，位置付ける (萱間2007)。

データを得るに当たっては，研究対象者や研究対象の場と研究者はいかなる関係をつくり出すかが重要となる。その当事者との関係は優れたデータを得るために信頼関係をつくるということを超えて，データが何らかの「共同生成の過程」(無藤2008, p. 51) によって生み出されるからだ。フィールドにおいては，観察者・参与者である研究者自身も環境であり，要因となりうるため，自分の立ち位置，介入の程度を細やかに自覚すると同時に，それを読み手にも説明する必要がある。また，複数の可能な解釈から妥当な解釈を選択する行為には，研究者自身による実践への位置取りも含めた省察を伴う。更に，論文は，読み手にも実践の理解や意味付け，再解釈や確認を促す。このような記述と解釈の過程には，反省性や発見性を含むのである (藤江2015)。

3. データの収集と分析

質的研究では，あらかじめ定めたデータの収集方法や分析手続きのプランを遂行するだけでなく，実践に参与する中で研究者の世界の見方が変わり，問いそのものを問い直す必要性に迫られ，問いを修正していくプロセスが生じることもある。その際，現象を書き連ねるだけでは，データは洗練されていかない。質的研究では，フィールドとデータの間の省察を重ね，得られたデータと問いの間を何度も往還して，データに記すべき中身や研究の問いを洗練させていくことが分析の土台をつくるために必要である。そして，そのようなプロセスを辿って得た「分厚い記述」は，「絶え間ない解釈と再解釈の運動の出発点を提供するもの」(佐藤2006, p. 116) となるのである。データそのものの質を見極め向上させていくことが，研究者の姿勢として求められる。

質的分析は，質的データや資料をもとにして，その内容の解釈 (意味を読み取ること)，分類 (似たものを集めること)，類型化 (タイプ・様式に分けること)，概念化 (共通の性質を取り出して名付けること) 等の作業から構成される。そして，このようにしてデータから取り出された概念を関連付けた一まとまりのアイデア―仮説―をつくり

出すことまでを含めて質的分析と呼ぶことができる（南風原ほか 2001）。これらの一連の手続きは，順を追って直線的に進むものではなく，データ収集と分析が同時進行し，各分析段階が行きつ戻りつしながら進行していく。更に，理論化を指向する段階においては，自分の知見を先行研究と比較検討し，フィールドから得た知見をもう少し大きな理論枠組みの中で解釈することが必要となる。

佐藤（2006）は，すぐれた事例研究の多くは，特定の事例について詳しく調べながら同時にそれが全体の中にどのように位置付けられるかを吟味し，それによってより一般的な問題について明らかにしていこうという発想に裏付けられていると述べる（p.123）。

個別の事例を深く分析解釈し物語ることの重要性と同時に，事例から距離を置いてその中の概念を抽象化できる様々な方法も学んで使用し，整理していくことで事例を意味付けていくことも大切である。例えば，菅（2009）は，吹奏楽指導者の資質という視点のもと，演奏指導方法と指導観について，指導内容のカテゴリー分析やインタビューデータのPAC分析から実証的に明らかにした。また，桂（2010）は，アイスナーの「教育的鑑識眼と教育批評」の方法によりながら記述・解釈することによって，アンサンブルの授業における表現主体としての生徒の「学び」のあり方を示した。そして，横山（2014）は，音楽科の「図形楽譜づくり」の授業において，授業の逐語記録の解釈から，個のイメージがどのような社会的相互作用の影響を受けながら構成されていくのかを明らかにした。

4．データの信頼性・妥当性・客観性

質的研究においては，研究者のデータ収集に関する度合いが大きければ，その記述が客観的なものとは言い難くなる。そのため，データの解釈や考察が適切か，クリティカルかといったことに関して，何度も吟味し，その事例の特徴と限界を自覚することが重要である。そして，データ収集の

対象や方法はもちろん，どのデータからどう解釈したのかというプロセスも詳細に説明する必要がある。また，妥当性の高い研究を実現するためにトライアンギュレーションを試み，データ収集において複数の種類の手続きを併用することも必要である。音楽教育研究のフィールドにおいては，音・音楽やそこに生まれる感情性情報をいかにデータとして記述し，分析の範疇に収めていくかという問題が付きまとう。記述データを補完するために音声分析等の定量的分析手法を組み合わせていくことでより信頼性の高い強固なデータとなっていく。例えば，今川ほか（2018）では，母親と赤ちゃんの声でのやり取りを音声データから文字化し事例として示した上で，音声分析を試みている。
 （市川 恵）

【引用・参考文献】
Bresler, L. & Stake, R. (2006) "Qualitive Research Methodology in Music Education." In Colwell, R (ed.), *Menc Handbook of Research Methodologies*, Oxford University Press, pp. 270-311.
秋田喜代美・藤江康彦（2007）『事例から学ぶはじめての質的研究法 教育・学習編』東京図書.
今川恭子・市川恵・小佐川心子・伊原小百合・志村洋子（2018）「乳児と養育者の音声相互作用にみる音楽性―音響分析を通して見るその特徴と発達―」『聖心女子大学論叢』第 131 集，pp. 114-128.
小川容子・今川恭子（2008）『音楽する子どもをつかまえたい―実験研究者とフィールドワーカーの対話―』ふくろう出版.
桂直美（2010）「教室空間における文化的実践の創成―アンサンブルの授業における教師と子どもの音楽の生成―」『質的心理学研究』第 9 号，pp. 153-170.
萓間真美（2007）『質的研究実践ノート―研究プロセスを進める clue とポイント―』医学書院.
佐藤郁哉（2006）『フィールドワーク―書を持って街へ出よう―増訂版』新曜社.
菅裕（2009）「経験年数の異なる5名の吹奏楽指導者の演奏指導方法と指導観の比較」『音楽教育学』第 39 巻第 1 号，pp. 13-24.
南風原朝和・市川伸一・下山晴彦（2001）『心理学研究法入門―調査・実験から実践まで―』東京大学出版会.
藤江康彦（2015）「教育実践の質的研究の動向」日本教育方法学会編『教育方法 44 教育のグローバル化と道徳の「特別の教科」化』図書文化社，pp. 134-145.
無藤隆（2008）「質的研究の動向」『日本家政学会誌』第 59 巻第 1 号，pp. 47-51.
横山真理（2014）「社会的相互作用の影響の観点からみた個のイメージの構成課程―『図形楽譜づくり』を教材とした音楽科鑑賞領域の授業の分析―」『教育方法学研究』第 39 巻，pp. 13-24.

文献研究の基本

1．文献の収集

1.1 インターネットで検索する

　一般に，文献とは「何かを知るために役立つ，書いたものや印刷したもの」と定義される（『三省堂国語辞典』第七版）。研究は「何かを知るために」取り組むのだから，研究で扱われるすべての「紙に書かれたもの」は文献である。先行研究のレビュー等も広い意味で文献研究である。したがって文献研究の方法は，すべての研究の基礎をなすと言える。

　現在の研究において，文献検索の第一歩は，インターネット（以下，ネット）による検索である。国立国会図書館のオンラインサービスやCiNiiが活用できる。また国立公文書館や各地域の図書館，歴史資料館，教科書図書館等の所蔵資料もネット上で検索できる。これらのシステムで見つけた文献は，ネットから直接，もしくは大学図書館等を通じて入手できる。具体的方法は小笠原（2009）等論文執筆指南書を参考にするとよい。近年は海外の文献も国内から検索可能になりつつある。図書館にない古い文献の検索には全国900軒以上の古書店の在庫を一括検索できるサイト「日本の古本屋」が活用できる。楽譜については国際楽譜図書館プロジェクト（IMSLP）のサイトが活用できる。

1.2「足を使って」探す

　ネットで見付からないものはこの世に存在しない，と考えてはならない。情報がネットに結び付いていない重要な文献が大量に存在する。例えば学校所蔵資料である。音楽教育学研究にとって，学校現場の授業実践が記録された各校の研究紀要等は貴重な資料である。学校沿革史等も含め学校資料は校外に出ることが少なく，各校で保存されているので，学校長の協力を得て閲覧する。

　ライフ・ヒストリー研究に必須の，個人所蔵の文献もネット検索できない。ある教育実践家や音楽家が特定の出版物を所蔵していたという事実が重要な意味をもつ場合もある。著書や講演会の草稿，書簡等は，著名人であれ無名の人のものであれ，研究者の見極め次第で重要な資料となる。調査対象が故人の場合は遺族との交渉になる。

　研究対象と関わりのある地域の図書館や資料館に，書誌情報にはない文献が所蔵されている場合がある。継続的に通って司書の方との信頼関係を築くことでそういった文献に出会える場合がある。

　総じて，ネットでは検索不可能な文献とは，人と人との出会いの中で，その人々との信頼関係を構築する中で出会えるのである。「足を使う」資料の探索については花井（2000）が参考になる。

2．文献の整理と考察

2.1 収集した文献の整理

　文献の収集は文献研究のかなり重要なプロセスではあるが，収集して満足してはならない。研究者が読み込み，その内容を整理した時に初めて文献に書かれた情報は研究上の「データ」となる。

　収集したものを片端から読むのも方法ではあるが，並行して整理し，目的をもって読み直すことも必要である。整理の第一はその文献が誰によって，いつ書かれたものか，現在の所蔵場所はどこかを明確にすることである。論文としてまとめる時に必要なので，著者，出版年，文献のタイトル，発行元，雑誌記事であれば所収誌名等を表計算ソフトでデータベース化するとよい。次に，文献の複写物は特定のテーマや著者ごとにファイルやフォルダを使って整理する。テーマ分けは文献の中身が分からなければできないので読むことと並行して行う。

文献研究で扱う文献は，一次資料[1] かどうかを慎重に判断する必要がある。学校所蔵資料，個人の書簡や著書の草稿，楽譜，教科書類，行政文書，新聞記事，論文ではない雑誌記事等，川喜田（1967）が言うところの「何ら学問的体系をつくろうという意図でなしに書かれた文献」（p. 7）は一次資料と呼びうるだろう。一方，先行研究によって「加工済み」の資料は一次資料ではない。文献研究のうち，特に歴史研究では一次資料を主な研究対象として扱うことを基本とする。

2.2 書かれていることの整理

文献を読み進める中で「引っかかり」や「更に調べたいこと」が出てくる。あるいは知りたかったことに対する「答え」に出会う。それらを書き留めて整理しなければ研究としてまとまらない。メモ帳に書き留めてもよいが，情報カードを用いると整理しやすい。1枚のカードにメモや引用文とその文献名を明記し，テーマごとにファイルする。カードならば机に広げながら情報同士の関連性等を考察しやすい。異なる文献に書かれた情報同士の関連性の発見が研究上の発見になり得る。情報カードの活用や考え方については梅棹（1969）や川喜田（1967）が参考になる。この二つは1960年代に示された方法論だが，コンピュータ上でデータを扱う現在でも情報整理の基礎的な考え方として身に付けたい。これらの方法論を応用し，表計算ソフトで情報を管理，整理できる。

3．文献データ活用の実際：先行研究から

ここでは文献の収集やそのデータ活用の具体を知ることができる近年の研究を紹介する。

（1）これまで編纂過程が不明だった『尋常小学唱歌』の教材（歌詞）作成過程を明らかにした鈴木（2017）は，一次資料との出会い（発見）から，その資料考察への流れが分かりやすい研究である。

（2）ライフ・ヒストリー研究としては，音楽教育家田村虎蔵の遺族の協力による初公開の資料群を活用し彼の生涯を描出した丸山（1998）がある。

（3）楽譜を対象とした文献研究で面白く読めるものとしては安田（2012）及び小野ら（2016）がある。日本のピアノ教育で教則本として用いられる『バイエル』の原典を求める研究者たちが，その初版と自筆譜を発見し，同定する過程が分かる。

近年は文献以外のメディアも並行して使い，より立体的な歴史的事象の描出を試みる研究も増えている。例えば，（4）菅（2012）は大阪府の幼稚園に所蔵されている記録映画の映像を文献研究と並行して分析しながら戦前期の和音感教育の実態を描出した。

（5）本多ら（2015）は国民学校の音楽教育実践の具体像を，当時子どもだった人々への聞き取りと学校所蔵資料の併用によって丹念に描出している。

ここに挙げた研究は筆者の専門性から歴史研究に偏っているが，これ以外の様々なタイプの研究も読み，それぞれの中で文献がどのように扱われているかを実際的に学ぶことが何より大切である。

（樫下達也）

【注】
1）歴史学では「一次史料」とも表記する。本稿では「一次資料」と表記する。一次資（史）料の考え方は渓内（1995）に詳しい。

【引用・参考文献】
梅棹忠夫（1969）『知的生産の技術』岩波新書.
小笠原喜康（2009）『新版　大学生のためのレポート・論文術』講談社新書.
小野亮祐ほか（2016）『バイエル原典探訪』音楽之友社.
川喜田二郎（1967）『発想法』中公新書.
菅道子（2012）「昭和戦前期の大阪府堺市における和音感教育2」『和歌山大学教育学部紀要：教育科学』第62集，pp. 119-126.
鈴木治（2017）「『尋常小学唱歌』歌詞編纂についての一考察」『音楽教育史研究』第20号，pp. 1-12.
渓内謙（1995）『現代史を学ぶ』岩波新書.
花井信（2000）『論文の手法』川島書店.
本多佐保美ほか編著（2015）『戦時下の子ども・音楽・学校―国民学校の音楽教育―』開成出版.
丸山忠璋（1998）『言文一致唱歌の創始者田村虎蔵の生涯』音楽之友社.
安田寛（2012）『バイエルの謎』音楽之友社.

1-2　データと向き合う　4

質的情報と量的情報をともに扱うこと

1.「質的／量的」なデータ・情報・研究

　調査や実験により得られるデータや情報には実に様々なものがあるが，それらをどう整理していったらよいのだろうか。データや情報には大きく分けて「質的（qualitative）」なもの，「量的（quantitative）」なものがある。「質的」なデータや情報は，記述しようとするものが「何か」を指し，言語的に記述される。一方「量的」なデータや情報は，あるものの「度合い」や量を指し，数量で表される。音楽教育学を含む様々な領域の研究は，どちらのデータを主に扱うかにより「質的（定性的）研究」・「量的（定量的）研究」に分類できるが，いずれもバランスの差はあれ質的・量的情報を両方扱って成り立つ。次のセクションで述べるように，研究の意義を確かなものにし，信頼性と妥当性を高める上で，両面からアプローチすることは重要で，意義がある。

2.　質的・量的情報をともに扱うということ

　例えば，練習場面の観察時に，「学習者はフレーズPを1回目より2回目に，より大きな抑揚を付けて演奏した」と観察者が判断したとする。この場合，「観察者がそう感じた」事実はゆるぎないものであり，まずその質的情報の記述に意義がある。その上で，例えば同じ映像を見た複数の評価者に，その抑揚の大きさを9段階で評価してもらい，その平均やばらつきの情報を添えて量的に記述することで，「より大きな」の度合いを詳細に表すことができ，あるいは他の箇所や他の学習者と比較することができる。一貫した形で録音できていれば，音圧の差や比率等の物理的なデータを記述することでも同様の比較ができ，更に情報の詳細さと客観性が加わることで信頼性が高まるだろう。

　質的・量的情報をともに記述することで，得られた知見について，より広い分野の研究者を納得させ，意義や面白さを共有できる可能性も出てくる。それにより様々な分野にインパクトを与え，音楽教育にとどまらない大きな研究対象，例えば文化や社会や人間についての理解に貢献するような，大きな研究にも発展させられる可能性も高まる。

　では，実際の研究をどのように進めていったらよいのだろうか。質的・量的研究法を組み合わせた教育学の混合研究法については川口（2011）が総合的に解説しているが，その定義や手順に関しては様々な見解があるところだと言う。実のところ，研究の目的や関心事によって，適したアプローチは異なってくる。質的・量的研究において方法論上問題となる事柄，各種アプローチの可能性と課題等については，甲斐ら（2018），高見ら（2017）が具体的な研究例を挙げながら議論しており参照されたいが，これから新たに研究に着手される方には，各々の先行研究において質的・量的情報がどのような手順やバランスで扱われているかを参考に，自身の研究の手順をより効果的で適切なものになるよう考えていただく必要があるだろう。

　参考として，質・量の両情報を統合したことが，特にその研究の信頼性や，結果・結論の意義を高めることにつながっていると考えられる研究を挙げておく。音楽教育やその関連分野では，菅（2009）が，指導内容・方法という質的情報に，それらの頻度という量的情報も併せて提示することで，吹奏楽指導者の知をクリアに記述している。また平山（2017）は，因子分析により演奏の「あがり」経験の特徴という質的情報を豊富に取り出した上でそれら相互の関連性を統計学的に検証し，あがり現象のモデルを示している。教育学の分野では，前述の川口（2011）の論文で紹介されている「教

育と不平等」に関する研究が，まずは参考になるだろう。従来，必要な情報の入手が困難であったこのテーマの研究が，参与観察（質的調査）・質問紙（量的調査）の組合せで可能となり，新たな可能性が拓かれたことが示されている。

さて，ものごとを量的データで示す際，測る対象を明確に定義した上で，その定義に従ってデータ化する必要があるため，その定義や分類によると一旦捨象される（視野から外される）事象や性質が生じる。このことは，先に挙げた議論（甲斐ほか 2018, 高見ほか 2017）でも注意点や課題として挙げられているが，一般的な傾向として，このことを危惧するあまり，情報の定量化を必要以上に回避することがしばしばあるのではないだろうか。一方で，量的データが伴わなくては本当の意味での検証ができない命題は多い。焦点を絞ることや情報を数値という一見無味乾燥なものに変換することを安易に「過度な単純化」として避けるのではなく，何にこそ注目するのかという質的側面への吟味を改めて行いつつ量的情報を適切に提示し，緻密に検討していくことが必要だろう。

3．質的・量的データを扱うためのツール

質的データと量的データを意図して統合的に扱おうとする場合，整理すべき情報の種類が多く，分析作業は骨の折れるものとなるかもしれない。その作業を効率化しつつ正確性を高めるために役立つと思われるツールをいくつか紹介しておく。

ELAN：映像，音声ファイルの各箇所に対してメモや発言，歌詞等の注釈を付け，それらをトランスクリプトとして出力できる。

Praat：音声に対し音響分析をしたり注釈を付けたりすることができる。

MIDI 関連のツール：MIDI とは，電子楽器の演奏データで，音データよりも演奏に関する分析や解釈が容易である。MIDI を扱うソフトには，DAWや MIDI シーケンサ等有償無償併せ色々なものがある。MIDI をテキスト情報に書き出すツールもWeb 上で入手可能である。

統計的データ分析ツール：“R”は統計解析向けのプログラミング言語である。ここでは，R に読み込ませるコマンドを出力してくれる Web ツール“js-STAR”と組み合わせる方法をお薦めしたい。

これらは数多のツールのうちのほんの一部であり，他の有用なツールも併せ必要に応じ導入されたい。また，Web 上に使用法や解説が公開されているので検索し参照してほしい。更に，様々なデータを適切に解釈するためには，統計学の知識も必要である。統計学を学ぶための書籍や解説文等は様々なものが入手可能であり，各自に合ったものを選んで学習されたい。複数の研究方法を組み合わせるために，多様な統計検定の方法を俯瞰して検討する必要が出てきた際には，例えば栗原ら（2017）の書籍等が有力な助けになるだろう。

（大澤智恵）

【引用・参考文献】

Boersma, P. & Weenink, D. (2018). "Praat (Ver. 6.0.43)"［ソフトウェア］. Phonetic Sciences, University of Amsterdam. http://www.fon.hum.uva.nl/praat/

Max Planck Institute for Psycholinguistics. (2018) "ELAN (Ver. 5.4)"［ソフトウェア］. https://tla.mpi.nl/tools/tla-tools/elan/

R Core Team. (2018). "R: A Language and Environment for Statistical Computing (Ver.3.5.2)"［ソフトウェア］. R Foundation for Statistical Computing, https://www.R-project.org/

甲斐万里子・髙橋潤子・千葉修平・塚原健太・今田匡彦（2018）「常任理事会企画 プロジェクト研究 若手研究者が考える音楽教育学の今後（第 2 年次）—研究方法論の追求から学と学会の在り方を見通す—（第 48 回大会報告）」『音楽教育学』第 47 巻第 2 号，pp. 82-89.

川口俊明（2011）「教育学における混合研究法の可能性（〈特集〉教育学における新たな研究方法論の構築と創造）」『教育学研究』78(4)，pp. 386-397.

栗原伸一・丸山敦史・ジーグレイブ（2017）『統計学図鑑』オーム社.

菅裕（2009）「経験年数の異なる 5 名の吹奏楽指導者の演奏指導方法と指導観の比較」『音楽教育学』第 39 巻第 1 号，pp. 13-24.

髙見仁志・森薫・大澤智恵・仙北瑞帆・菅裕（2017）「音楽に関する実践知研究の展望—『即時の知』と『信念・価値観としての知』に着目して—」『音楽学習研究』13，pp. 69-78.

田中敏・Nappa (2018) "js-STAR (Ver. 9.1.2j)"［Web ツール］http://www.kisnet.or.jp/nappa/software/star/

平山裕基（2017）「演奏者の"あがり"経験の特徴に関する因子構造モデルの検討」『音楽知覚認知研究』22(2)，p. 89-102.

（すべての Web 情報のアクセス日：2018/12/31）

1-2　データと向き合う　5
思想を媒介として

1．考え方を考える

1.1「データ」の意味

　はじめに，本節のタイトルにある「データ」の意味について断っておきたい。本項では人文領域において音楽教育の研究方法を考えることを念頭に置いている。このことから，データを，観察や実験によって得られる情報・資料といった狭義ではなく，あらかじめ与えられた事実，事象としての課題という意味で捉えている。

1.2 考察の起点

　課題と向き合うに当たって起点となるのは，どのような考え方に基づいて，どのような視座に立って考察を進めていくかの判断である。思考する基盤をどのように構築するかを考えることに論述の出発点がある。「考え方を考える」とは，論考には，論考それ自体に対するメタの視点が含まれなければならないことを示すものである。

1.3 思想の助けを借りる

　タイトル「思想を媒介として」は，「ある思想の助けを借りて」と言い換えてもよい。研究は，研究者の内部でのみ完結するものではなく，必ず外部に参照する考え方をもち，それによって自説は相対化され結論に至る。本項において参照例と考えているのは，歴史的にこれまで我々に提示されてきている様々な思想である。音楽教育の課題となる事象や事実はもとより多面的であり，また，歴史の中でその捉え方には多様な変化がある。今日的な課題を論ずるに当たっても，過去から蓄積された思想のフィルターを通すことによって，それが普遍的な課題であるのか，現代日本に固有の課題であるのかが判断でき，更に，課題を克服する考え方や方途を援用することができる。ただし，思想の文脈を間違いなく理解し，適切な作法をもって論述の中に生かすのは容易ではない。

2．文脈の中の言葉[1]

2.1 文脈

　言葉は，それぞれの文脈の中で意味を与えられる。言葉は，文脈によって規定されるから，文脈を読み解かなければ，言葉の解釈は成り立たない。つまり，言葉だけが孤立してあることはなく，文脈を背負わない言葉はない。反対に，言葉の解釈によって文脈の読み方が決まるとも言える。言葉の解釈は，時代により思想により変更されていく。

2.2 言葉

　美学者佐々木健一は，「実践的論文作法」の中で，論文を書くには，「『考えの符丁となる単語』を思いつくことが大前提である」（2013, p. 138）と述べる。それはなぜかというと，単語（＝キーワード）は「背後に或るまとまった思想や思考法をはらんでおり，それを呼び出すための『符丁』」（2013, p. 139）であるという理由からである。言葉は，生み出された時，すでにある状況の中に規定されている。状況は，文脈と言い換えてもよいであろう。そして言葉は，佐々木の言うように，あるまとまった思想や思考法を呼び出す符丁としての役目を負っているのであるから，ある文脈を離れて，別の文脈に移し替えられた時には，一つの言葉を，同じ意味をもつものと解釈することはできない。また，ほぼ同一の意味をもつものであったとしても，時代や背景となる思想及び理念が異なれば，別の言葉で表現されることが少なくない。思想と思想，思考と思考との関連を探ろうとするならば，顕在している言葉ではなく潜在する概念に当たる必要がある。

3．概念を整理する

3.1 語義と概念

　語義とは辞書で調べられる言葉の意味のことで

あり，概念とは，その言葉で表される考え方のことを言う。例として，情操という言葉を取り上げ，その語義と概念を検討してみたい。この言葉は昭和22年の学習指導要領（試案）以来，平成29年の改訂まで，小学校・中学校の目標文すべてに盛り込まれており，音楽科教育の重要な契機と考えてもよいのだが，その意味を明快に説明することは難しい。そもそも情操は，英語の sentiment の訳語として明治になって採用された言葉である。原語に遡れば語義は了解されるが，それだけでは，情操が戦後一貫して音楽科教育の目標に組み込まれたのは何故か，という根拠を解明することにはつながらない。理由を明らかにするためには，情操，あるいは音楽や芸術と関連付けられる美的情操の概念史を検討することが必要なのである。

3.2 概念史をたどる

情操概念を追う道筋は日本にとどまることはない。音楽を教育するという考え方がそもそも明治以前の日本にはなく，西洋の教育体制を模して始められた近代日本の教育思想の根拠は，西洋の思想にその淵源をもつと考えられるからである。西洋における美的情操の概念史を遡ってみると，18世紀末ドイツの，「美しき魂」（Schöne Seele）に象徴され調和を理想とする「美的教育思想」，更には古典古代の「カロカガティア」（kalokagathia, 善美の合一）にまで行き着くのである。特に18世紀ドイツの美的教育思想は，日本の情操教育の理論的な根拠として，すでに明治期，徳育とは異なる美育の思想を理論的に支えている。

情操のように現代ではほとんど使われなくなった言葉であっても，その背後にある概念をたぐっていけば，思想と思想は関連付けられて，現代の課題を浮かび上がらせる。西洋近代の芸術教育思想を牽引した概念が，日本の音楽教育の考え方の中にいまだにひっそりと遺されているのである。

4．現代の文脈の中で音楽教育を考える

論考で依拠する思想のほとんどは，すでに一定の価値付けがなされたものである。相対化される以前の思想は，一過性のものか，確かな思潮として定着するものなのかの判断が保留されているからであろう。しかし，音楽教育を考える時，現代と近代のタイムラグは大きい。現代においては，音楽の事象もそれを捉える音楽の概念も多様化しており，また子どもが生きていく社会や環境は，予測を上回る速さで急激な変化を遂げている。このような状況にあっては，近代の枠組みにおいて可能であったかもしれない普遍的な音楽教育の思想を構築することは難しいし，その必要性は要再考である。

最後に，これからの音楽教育の考え方を考える契機として，教育学思想の研究の場に提示された一つの見解を参照例として取り上げたい。その見解の意図するところは，教育の論理と経済・政治等の社会の論理とを二元的な構図に置いて，一方の教育の価値を主張するのではなく，互いの目指す理想像を重ね合わせて，それぞれをそれぞれの思想の中に内包させながら現実の教育問題の解決を導出しようとするものである（下司 2016，広田・宮寺 2017）。この見解には，閉ざされた文脈の中での研究態度に変更を促すことと，人間に関わるあらゆる事柄はすべからく社会との連関をもつことの確認が含まれているようにも思う。

音楽教育においても，互いに親和的な意識を前提にもつ音楽，芸術，文化の領域を超え出るところに，初めて見えてくる音楽教育の今日的な価値があるかもしれない。多様な思想の助けを借りながら音楽教育の課題と向き合うことの意義は，確かにある。

（木間英子）

【注】

1）特定の思想，学術理論での意味付けを想起させるような単語—「言語」，「コンテクスト」等—は避け，あえて普通名詞として「言葉」「文脈」を用いた。

【引用・参考文献】

下司晶（2016）『教育思想のポストモダン』（教育思想双書 II-1）勁草書房.

佐々木健一（2013）「実践的論文作法」宮原琢磨編著『21世紀の学問方法論』日本大学文理学部叢書9，冨山房インターナショナル，pp. 133-153.

佐々木健一（2014）『論文ゼミナール』東京大学出版会.

広田照幸・宮寺章夫編著（2017）『教育システムと社会—その理論的検討』世織書房.

心理学の実験研究

1．心理学の実験研究とは

　心理学とは心についての科学である。心は目には見えないので，それが関与するところの観察可能な「行動」を研究することで心について推論する。あるいは，その行動を生み出す内的過程やメカニズムを探る方策として，観察された事象から推測的につくり出した「構成概念」を用いて説明や理論が構築される。例えば，知覚，性格，知能等は構成概念である。心理学ではこうした直接観測できない「心」（行動と内的過程）を科学的に研究して客観的認識を得るための研究法が熱心に開発されてきた。その結果，観察，調査，実験，検査，面接等の研究法，対象者から収集した情報をなんらかの〈ものさし（尺度）〉で測って数値化し，データとする心理測定法，またそのデータを分析して結果を導き出すための統計法が整備された。

　実験法は「研究者が意図的・計画的に諸条件を統制して変数を操作し，変数間の因果関係についてより明確な結論を得ようとする」（南風原ほか2001, p. 93）。実験が操作的研究とも呼ばれるのは，研究者が人為的に与えた操作（例，音楽的刺激）が原因になって生まれた結果（例，聴取者がもつ知覚，記憶，印象）をデータとして得ることができるからであり，両者の因果関係に言及できる。研究者が操作する変数を独立変数，その操作の結果が表れたとされる変数を従属変数と言い，変数の特性に応じて，名義尺度，順序尺度，間隔尺度，比率尺度の区別がある[1]。また，実験ではあらかじめの予測や仮説のもとに条件や変数の操作が行われ，それを検証する。例えば，同一メロディーをフルート音で提示した時とオーボエ音で提示した時では聴き手の側のメロディー印象が異なるであろうとの予測で実験を行った場合，楽器の音色の違い（名義尺度）が独立変数，実験参加者から

得られた印象評定値の結果（間隔尺度）が従属変数である。従属変数には客観的な指標（測度）が用いられ，上述の評定値の他に課題に対する困難度を測るものとして正答率や反応時間がある。生理的指標（心拍数，呼吸数，脳波，脳画像等）は音楽と感情の実験でよく用いられる。

　独立変数以外の他の変数が従属変数に影響を与えることを干渉と言う。複数の変数が連動して従属変数に影響することを「変数が交絡する」と言い，音楽を扱う実験では参加者の要因（例，音楽訓練経験の有無や音楽嗜好）の影響を受けることもある。こうした干渉変数をできる限り排除するために，一定化，バランス化，無作為化等様々な方法が用いられる（南風原ほか2001）。実験計画，データの分析，統計的検定については各種手引書を参照してほしい（e.g. 利島・生和1993）。

2．音楽心理学と実験研究

　音楽心理学は，音楽行動（聴取・演奏・作曲・即興）とそれに付随する精神活動（知覚・認知・感情等）について，その心的過程とメカニズムの解明を目指す実証的な科学である。以下では，音楽聴取の研究対象と実験手法を解説する。

(1) 音楽知覚の研究：音響を音楽として聴き取ること，つまり物理的刺激である音響が音楽において基本的な心理的特性になる次元が調べられる。研究対象としては音の高さ（ピッチ），音の長さ，音の大きさ等の弁別，協和・不協和感，音調性，音色，メロディー，リズムの知覚等が含まれる。実験では概して短めの刺激が使われ，防音室等厳密に統制された環境において，音の知覚に関する精神物理学的測定法（極限法，恒常法，調整法），あるいは標準化されたテスト（例，音楽能力テスト）や評定尺度も用いられる。

(2) 音楽認知の研究：認知とは，記憶，注意，思考，運動制御，問題解決等の幅広い心的過程を含み，一般に知覚よりも高次で複雑な対象を扱う。音楽で言えば，音楽構造の理解，記憶，演奏制御，調性認知，音楽的統語論や音楽の意味（Cross & Tolbert 2016）の理解等が含まれる。刺激には，音楽的「構造」が認知的に把握され得る長さのメロディーやフレーズ，リズムや和音進行のパターン，実際の楽曲やその編曲版等が使用される。実験手法は遂行成績をみるものとして，対になった刺激の異同判断を求める直後再認テスト，先行刺激の提示によって後続刺激の認知処理が促進されるプライミング法，音列の分節化処理について探るプローブ法等がある。調性感を下支えする認知構造（スキーマ）の実在を示すために考案された終止音導出法等，個別の目的に応じて工夫されたものもある（星野・阿部 1984）。

(3)音楽と感情の研究：音楽が様々な感情を表現・伝達することは経験的に知られているが，その内的機序を学問的に解明することは容易ではない。本格的な実験研究は知覚や認知に比べて遅く始まった（ジュスリン・スロボダ 2008）が，研究数は増加の一歩をたどる。Eerola & Vuoskoski（2013）は 1988 年から 2009 年まで 21 年間の音楽と感情の心理学研究 251 件を分析し，理論的[28]，自己報告[193]，生物学的[64]，臨床的[16]，発達的[14]，音楽分析的[61]，個人差・文化差[16]の7種類の研究アプローチを分類した（[　]内は該当件数）。言語を用いた自由記述や形容詞選択，評定法等を指す「自己報告」が最多で，次に「生物学的」（生理・神経学的）な方法が多い。今後は，多様な方法を組み合わせた複合的アプローチが進むものと思われる。

3．音楽教育と実験研究

音楽教育において実験研究は重要な研究方法の一つとされる。例えば，田中（1985）は科学的手続きを重視した客観的・普遍的な音楽教育の研究を目指して，多くの実験研究を行った。近年，音楽心理学と音楽教育をつなぐ実験研究として，音楽の学習転移効果が注目される。ある種の音楽を聴くことや楽器演奏を学習することで，子どもの言語，空間認知，数学等の認知的能力が促進されるという現象である。10 分間の音楽聴取後に大学生の空間知能得点が上昇した研究が発端となり，長時間の背景音楽下や長期（3 年間）の楽器訓練の追跡研究等膨大な追試が行われた（Schellenberg & Weiss 2013）。約 25 年にわたる転移研究をドイツ語圏中心に展望したリッテルマイヤー（2015）は，音楽だけでなく広く芸術体験が知的・感情的な人間形成作用に影響を及ぼすと結論付けた。音楽教育の実験研究は柔軟な工夫を重ねて今後も発展するであろう。　　　　　　　　　　（星野悦子）

【注】
1）変数には4種類が区別され，どのような計算ができるかが異なっている。名義尺度は対象が異なっているかどうかの違いに相当し，大小関係を問うことはできない。順序尺度は対象のもつ属性に対して順序付けが行われる場合を指し，大小関係のみを問う。間隔尺度は数値間の間隔が等しいもので数値間の差の大きさを扱うことができる。比率尺度は絶対0点をもち，数値の差とともにその比率にも意味がある。

【引用・参考文献】

Cross, I. & Tolbert, E. (2016). "Music and Meaning." *Oxford Handbook of Music Psychology, Second Edition*. Hallam, S., Cross, I., & Thaut, M., eds. Oxford University Press: pp. 33-46.

Eerola, T. & Vuoskoski, J. K. (2013). "A Review of Music and Emotion Studies: Approaches, Emotion Models, and Stimuli." *Music Perception, 30 (3)*. pp. 307-340.

Schellenberg, G. E. & Weiss, M. W. (2013). "Music and Cognitive Abilities." *Psychology of Music, Third Edition*, Deutsch, D ed. Academic Press: pp. 499-550.

ジュスリン，パトリック＆スロボダ，ジョン編（2008）『音楽と感情の心理学』大串健吾・星野悦子・山田真司監訳，誠信書房.

田中正（1985）『新しい音楽教育研究法─心理学・統計学に基づく』音楽之友社.

利島保・生和秀敏（1993）『心理学のための実験マニュアル─入門から基礎・発展へ』北大路書房.

南風原朝和・市川伸一・下山晴彦編（2001）『心理学研究法入門─調査・実験から実践まで』東京大学出版会.

星野悦子・阿部純一（1984）「メロディ認知における"調性感"と終止音導出」『心理学研究』第 54 巻，pp. 344-350.

リッテルマイヤー，クリスチャン（2015）『芸術体験の転移効果』遠藤孝夫訳，東進堂.

1-3　研究の手法を知る　2

情報技術による音楽研究の手法

1．概要

1940 年代に世界最初のコンピュータ ENIAC が登場して以来，計算機が世界中に普及し，小型化・パーソナル化が進み，近年の音楽研究では，コンピュータを用いた様々な研究手法が利用できる。

2．演奏の研究

2.1 演奏音

音楽を演奏する方法として，その演奏音を記録し分析することがある。録音時にはマイクロフォンや録音機材等の特性が重要であり，特に周波数特性を考える必要がある。周波数特性が異なると，例えばある周波数帯域のみもち上がって録音されてしまう。よって録音時の環境を正確に記録したことにはならない。最も大切なのはマイクロフォンであろう。大きな音に強いダイナミック型と小さな音でも録音可能なコンデンサー型の使い分けだけでなく，周波数特性図を確認する必要がある。

録音と分析について考える。専用機器としてスペクトルアナライザーがある。数万円から数十万円のものまである。ただし利用においては，利用の度に校正と呼ばれる厳密な調整が必要となる。スペクトルアナライザーをスマートフォン上で動作させたプログラムもあるが，その精度は厳密に検証し，必要に応じて校正する。

次にパソコン上で動作するソフトウェアもある。例えばディジタル波形として記録された波形を分析するには，University of London, Queen Mary 校が開発した「Sonic Visualiser」が便利である。フリーソフトであり，また記録した波形は様々に分析可能である。例えば波形やパワースペクトルの表示も可能である。また，同ソフトではパワースペクトルよりも複雑な分析が可能であり，例えば拍の位置やテンポ等の分析も可能であ

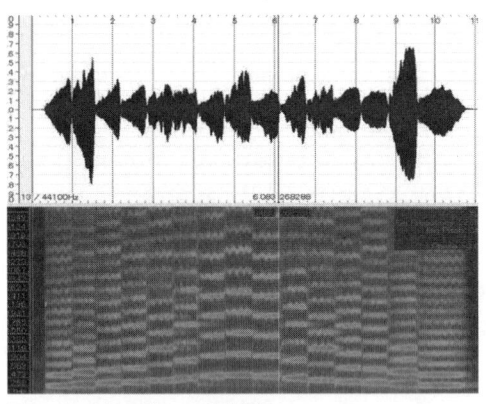

図 1　Sonic Visualiser の出力例

る。図 1 にヴァイオリン演奏の分析例を示す。

2.2 演奏情報

演奏者による楽器演奏を分析する上で，最も利用が容易なのは 1980 年代初頭に現れた MIDI（Musical Instruments Digital Interface）規格に準じた MIDI 楽器であろう。例えば MIDI 規格に対応した電子ピアノであれば，打鍵時刻，打鍵強度，押鍵時間長を個々の音に対して独立に記録することができ，MIDI シーケンサと呼ばれる MIDI 記録装置を用いれば分析が可能である。MIDI シーケンサは，従来はハードウェアのものもあったが，近年ではパソコン上で動作するソフトウェアとして稼働しているものが多い（例えば Avid 社の Pro Tools）。MIDI に対応した楽器であれば，MIDI シーケンサで扱うことができる。図 2 に MIDI 情報の例を示す。図 2 はピアノロール形式という表現で，横軸が時間，縦軸が音の高さを表す。記録した演奏情報は分析をする必要があるが，大量のデータを扱うには手作業では限界があるため，プログラミングによる方法で解決する。例えば MATLAB 上で動作する Midi Toolbox がある。他のプログラミング言語上で動作するライブラリも多数存在し，自らの環境に併せて便利なものを選択すればよい。

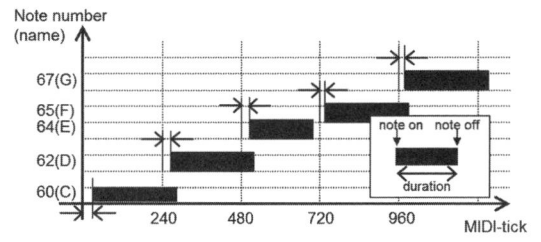

図2　MIDI情報の例

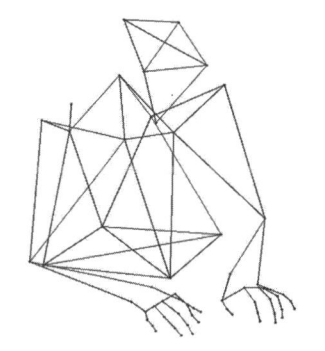

図3　ピアニストのワイヤーフレームの例

2.3 モーションキャプチャ

　演奏者の身体動作を分析するためには，従来はビデオカメラが用いられていたが，近年では安価になってきたモーションキャプチャシステムがある。身体動作を記録するための装置であり，例えば光学式システムであれば，身体に取り付けた反射マーカーを複数のカメラで認識し，各マーカーの空間位置を3次元座標として表すことができる。その座標の間を直線で結ぶことにより，ワイヤーフレームと呼ばれる画像を得ることができ，動画を作成することができる。図3にピアノ演奏におけるワイヤーフレームの例を示す。モーションデータを分析するには，数値データを直接分析するか，それに適したツールを使うのがよい。例えばMATLAB上で動作するmocaptoolboxがある。

3．聴取者の研究

3.1 質問紙

　質問紙を用いて音楽聴取者から回答を得る手段は，従来の紙ベースだけではなく，パソコンベースも利用可能である。更に近年ではウェッブ上からの回答による大規模アンケート実験も実施されるようになり，情報技術が音楽研究の多様性を実

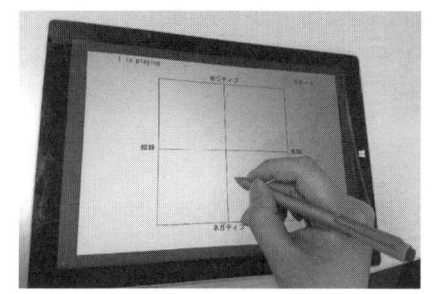

図4　感情を連続評価するシステムの例

現している。また，SD（Semantic Differential）法による実験の結果を分析するには，主成分分析や因子分析等の多変量解析を行うことが多い。パソコン上のソフトウェアを用いて実施されることが多い。例えば，有償ソフトウェアのSPSSや，フリーソフトのR等が用いられる。Rを使う場合には簡単なプログラミングが必要となる。その他にも，Excelという表計算ソフト上で動作するマクロというプログラムを用いて分析する場合もある。

3.2 連続評定

　音楽刺激に対して回答する手法に連続表現がある。例えば，Valence/Activity軸による感情2次元モデルを用いて，その2次元平面上をパソコンのマウスやタッチペンを用いて連続的に入力することができる装置も近年では多数用いられる。連続評定システムの場合には，時間分解能と空間分解能，及び同期性能が重要となる。時間分解能とは，2次元平面上の記録を秒間に何回の記録を行うことができるかであり，理想的には高速であればあるほどよいが，記録対象の性質を考慮して考える必要がある。空間分解能とは，ユーザが指定する座標の位置情報に関する分解能であり，x軸方向とy軸方向それぞれの解像度で表される。同期性能とは呈示する刺激との時間同期性能であり，記録結果の品質を保証するために高い精度が求められる。　　　　　　　　　（三浦雅展）

【参考文献】

難波精一郎・桑野園子著，音響学会編（1998）『音の評価のための心理学的測定法』コロナ社.

吉川茂・鈴木英男編著，音響学会編（2007）『音楽と楽器の音響測定』（音響テクノロジーシリーズ13）コロナ社.

　研究の手法を知る　3

調査研究

１．社会調査とは

　調査研究という幅広い概念の中で，ここでは，心理学実験等に基づくデータの分析を除いた，いわゆる社会調査について述べる。社会調査（social research）とは，一定の社会・社会集団における社会的諸事実の問題性を明確にして，新たな理論的含意を導き出すために，現地（field）において，データを蒐集し，処理し，記述・分析する過程である（原・海野 2004, 盛山 2004）。それゆえ，社会調査は，単なるデータ蒐集や統計的分析にとどまるものではなく，「経験的データを用いて意味世界としての社会的世界を探求し，新しい知見を提示すること」（盛山 2004, p. 7）を目的とする。すなわち，アウトプットを出すことがゴールではなく，そこから我々自身の力で生み出される解釈を提示することまでが含まれる。

２．社会調査の分類

　社会調査については，しばしば統計的研究と事例研究，量的研究と質的研究，調査と観察，あるいは統計的方法と記述的方法といった分類がなされる。しかし，これらは必ずしも相反するものではなく，対立概念でもない。

2.1 統計的研究と事例研究

　統計的研究には統計データを用いる。統計データは個体（case）の集合により構成される。集合における諸個体の分布の仕方（比率,平均,分散等）に注目することにより，集合の特性を捉えようとするのが統計的研究である。一方,事例研究は,「何らかの個体として切り取られた現象についての研究」（盛山, p. 33）である。

　しかし，統計的研究すなわち量的研究ではなく，事例研究すなわち質的研究でもない。統計的研究において質的（カテゴリカル）データの分析はし

ばしば含まれるし，一方，事例研究で用いられることの多いテキストはコード化して量的に分析されることも多い。では，統計的研究と事例研究の根本的な違いは何かと言うと，「統計的研究が複数の個体からなる個体群に関心をもっているのに対して，事例研究は一個の個体に関心をもっている」（同上, p. 22）ということである。その際,「個体」をどう設定するか，どのまとまりを「個体」と見做すかによって，同一の研究が統計的研究であり，かつ事例研究でもあるということは当然ありうる。

　社会調査の中で，事例研究，観察研究，面接・インタビューについては本書の別項目で扱われるので，以下には統計的研究に焦点を絞り記述する。

2.2 量的データと質的データ

　統計的研究において扱われるデータは量的データと質的データに大別される。量的データは数量で表されることに意味をもち，連続データと離散データがある。質的データは分類や種別のためのデータであり，名義尺度と順序尺度に分かれ，いずれも数値の大小に本来的な意味はない。順序尺度は，合意・非合意の度合や評価の度合を何段階かに数値化し，量的変数に近い性格を擬似的に与えて分析するものである。

３．音楽教育研究における統計的研究

3.1 統計的研究（数量的方法）の意義

　統計的研究では，人間の行動や社会事象を「数と量と尺度」を用いて，比較，変化，全体と部分，部分と部分の関係から捉えようとする。A 先生の実践，B くんの表現，C さんの音楽的成長の丹念な記録から紡ぎ出された事例研究をより価値あるものとするためには，A 先生，B くん，C さんの背後の不特定多数の教師や子どもの存在を捉え，

「見ているものは何か」「どこに位置しているのか」を明らかにしなければならない。社会調査において自戒すべきことは，経験的な観測データから見いだされる傾向（個別言明）を一般化して普遍言明にもっていこうとする過ちである（盛山 p. 26）。この過ちを避けるためには，木だけでなく森を見て，その木がどこに生えているか，全体に分布しているのか，片寄って生えているのかを明確にする必要がある。統計的研究はこうした位置付けや分布を捉えることに寄与する。サンプリング（標本抽出）が重要な意味をもつのもそれ故である。

3.2 既存統計データの活用

新たに調査研究を企画する際には，国や自治体による公的統計等をマクロデータとして活用し，研究対象の社会的位置付けを整理しておくことが意味をもつ。例えば，1985年以降ほぼ5年毎に実施されてきた「現代青年の芸術意識と芸術活動調査」の第1回調査に際しては，「現代青年」とは誰かを明確にすることが必要との認識から，「学校基本調査」「国勢調査」「社会生活基本調査」等を用いて，調査時点における青年層の構成と社会的位置付けが人口構造における就学・就労や生活時間の観点等から明らかにされた[1]。こうした政府統計は，現在では e-Stat（https://www.e-stat.go.jp/）で入手できる。その他，官庁統計以外の既存調査についても，データアーカイブを利用することができる。「社会階層と社会移動全国調査（SSM）」「日本版総合的社会調査（JGSS）」「全国家族調査（NFRJ）」等の代表的な社会調査をはじめ，様々な調査データが公開されている。

更に既存統計ではないが，スマートフォン等の普及により近年急激に蓄積され始めたビッグデータは，音楽教育研究の分野においても，例えば音楽嗜好調査等に極めて有効に活用できるであろう。今後，ビッグデータの処理・分析能力は音楽の統計的研究においても必須となると予想される。

3.3 社会調査による統計データの蒐集と分析

社会認識における数量的方法は，数量化されたものから人間の行動や社会事象を想定する場合

と，人間の行動や社会事象に新しい尺度を設けて数量化する場合がある。後者においては，認識する側で特定の物差しをつくって対象の質的な特性の中から測定値を得ることになる。こうした方法的数量化のタイプとして，竹内（1971）は，①仮説的な抽象モデルを構成して数量的関係を想定し，現実理解の手がかりとする，②非数量観測データを数量に変換し，事象と事象の関係を数字を用いて理解・表現する，③異質の数量データもしくは異質の非数量データを数量に変換したものを一定の形にまとめていくつかの指標を導く，という3タイプを挙げている。①や②に属する調査研究として，杉江（2007, 2008），有本ほか（2010）等が挙げられる。また③のタイプに該当する例として，古くは法岡（1983）の小学生の音楽行動についての「林の数量化III類」を用いた分析，最近では，笹野（2013, 2015ほか）の児童生徒の学校音楽経験に関する調査の因子分析等の多変量解析を用いた実証研究が挙げられる。　　　　　　　　（杉江淑子）

【注】
1）第1回：三善晃編（1985）『わが国の芸術活動の動向予測に関する基礎研究』。以来，第2回：永山貞則編，第3回：杉江淑子編，第4回：周防節雄編の各科研費報告書に調査結果を報告。

【引用・参考文献】
有本真紀・根本愛子・小島千か（2010）「義務教育段階の器楽教育に関する調査」『音楽教育実践ジャーナル』vol. 7, no. 2, pp. 48-62.

笹野恵理子（2013）「学校音楽文化とジェンダー分化」『音楽教育実践ジャーナル』vol. 11, no. 1, pp. 90-97.

笹野恵理子（2015）「中学生の学校音楽カリキュラム経験に関する予備的研究」『関西楽理研究』32, pp. 53-70.

杉江淑子（2007）『教科「音楽」の授業内容と学力に関する調査』科研費研究「音楽科における教育内容の縮減と学力低下の様相」報告書（18330190 研究代表：小川容子）.

杉江淑子（2008）『音楽科の教材と学習指導方法に関する調査』科研費研究報告書（18530700）.

盛山和夫（2004）『社会調査法入門』有斐閣.

高見仁志・長井（大沼）覚子・杉江淑子・寺田貴雄（2013）「音楽教育学における『記録』」『音楽教育学』第43巻第2号, pp. 29-36.

竹内啓（1971）『社会科学における数と量』UP選書.

法岡淑子（1983）「小学生の音楽環境―質問紙調査の分析を通して―」『音楽教育学』第13巻第1号, pp. 26-37.

原純輔・海野道郎（2004）『社会調査演習〔第2版〕』東京大学出版会.

(1-3)　研究の手法を知る　4

事例研究

1．事例研究とは何か

　事例研究は，実証科学的に多くのデータを統計的に分析することによって一般的な法則性を導き出すものとは本質的に異なり，一つあるいは少数の事例を深く考察することによってその事象の本質を明らかにしようとするものである。この用語は，教育関係の諸学問（臨床教育学等）あるいは諸領域，社会学，心理学，看護学，福祉学等の諸分野において多用されており，その定義は目的や研究手法によって極めて様々である。音楽教育研究という観点から言えば，事例研究とは，音楽教育的実践場面（学校教育における音楽科の授業場面，課外活動，就学前施設や家庭における音楽的活動場面等）において生起する具体的事象を，現場に立ち会っている研究者がある視点から切り取って記述し，事象が生起する文脈から切り離さずに，一定の視点から解釈することによって，新しい知見や理論的アイディアを導き出すものである。

　研究者が現場に立ち会うのは，データ採取の方法が原則としてフィールドワークによるからである。研究者がある程度の長期にわたって現場に通い，事象の生起する現場に身を置き，事象を実際に自分の目で見ること，またその場の雰囲気を肌で感じるという「生の体験」が必要だということであり，そのような体験も研究の対象にするという点で，実証科学とは異なる。

　事例として記述するにはある視点から切り取ることが必要だが，それは恣意的に視点を設定するということではない。対象となる事象は，家庭や諸教育施設という制度的な文脈の中で起きている以上，その構成員の築いている集団文化の文脈の中で事象を捉える視点を持ち，文脈全体を考察の対象とする必要があり，それが事象が生起する文脈から切り離さないということである。

2．音楽教育における事例研究

2.1 乳幼児教育研究

　教育研究において事例研究が早くから行われているのは，保育研究である。1970年代に，それまでの実証科学的な発達心理学による子どもの捉え方に違和感を覚えた心理学者津守真は，子ども独自の世界を理解するには，研究者が保育現場で子どもとともに動き心情を共有することが必要だと主張し，それを記録して解釈することを「事例研究」と呼んだ（津守 1974）。これが我が国の保育研究において，参与観察（フィールドワーク）の方法論的自覚をもった最初の事例研究と言えるだろう。

　乳幼児の音楽教育研究は，その影響を少なからず受け，子どもの音楽世界を理解するために，子どもの自発的音楽行動を観察し，歌唱行動の音響的側面を採取して記録し，音組織やリズムといった視点から分析する研究が行われるようになった。藤田（1998）は，就学前施設におけるフィールドワークによって，乳幼児の自発的な歌唱行動やリズミカルな動きを，その状況を含めて書き起こし，乳幼児が周囲の音響を呼吸や身体の動きによって組織化していくことを発達的視点から考察した。藤田の一連の研究や，当時多く行われたそれと類似した研究（細田 1998 ほか）は，乳幼児音楽教育研究分野における事例研究の萌芽であり，個の音組織やリズムが関心の中心にはあるものの，声の質や周囲の影響（保育者や他の幼児との関わり）をも考察に含めようとした点で注目される。

　以後，英米から紹介された質的研究法の影響もあり，我が国の乳幼児の音楽教育研究はそれらの方法論的自覚の有無は別として，フィールドワークによる事例研究が多く行われるようになった。

研究の対象と文脈は拡がりを見せており，保育環境における幼児と音との関わりを考察した研究（今川 2006），一人の子どもだけでなく保育者と子ども同士の関わりを対象とする研究（乙部 2016），文化財を媒介とする保育者との交渉過程という文脈の中で一人の子どもの変容を捉える研究（和田2008 ほか）等がある。

2.2 学校教育・社会教育における事例研究

授業実践という文脈の中で，教師と児童・生徒たちとの相互交渉過程を記述し考察する授業研究は，事例研究の一つである。英米の民族誌的方法をはじめとする質的研究法は，それまで実証科学的な方法が中心だった日本の授業研究にも影響を及ぼし，質的方法による授業内の子ども理解の重要性が認識された。具体的な研究法として，参与観察，インタビュー，会話分析，映像分析等の方法が紹介され，「ストップモーション方式」も提唱された（藤岡 1991）。音楽科授業研究においても授業における子ども理解として民族誌的研究の必要性と意義が説かれ（笹野 1992），また創造的音楽学習の登場も関連して，民族誌的方法への関心が高まり，「ストップモーション方式」が導入される等（八木 1991 ほか），様々な授業研究が行われ，アクション・リサーチ，教育批評による授業分析（桂 2010）や，学級の集団過程の授業分析（岩田 2018）による研究が産み出されている。

子ども理解にとって民族誌的方法が有意義であるならば，学校内におけるサブカルチャーとして，課外活動も俎上に載せられる必要がある。野垣内・笹野（2012）は，高校の軽音楽部の音楽活動維持過程を参与観察とインタビューによって描き出しているが，他にはこの分野の研究はほとんど見当たらず，今後の展開が望まれる。また，近年盛んなアウトリーチ活動については，ねらいと効果という観点からの実践例の報告は多いものの，専門家と子どもたちとの交流における学習過程を分析したものはごく僅か（城間・茂呂 2007）であり，今後の展開が期待される。

3．今後の展望

学校教育において授業は，他の活動と切り離されているのではない。授業内における子どもたちの表現行動は，学校における授業外の生活と連続しており，それは学級集団文化や課外活動と連続的に捉えられる必要がある。同様に乳幼児のある場面での音楽行動は，保育者を含めた学級集団文化に規定されており，そのような社会的文脈を含めた考察が必要である。今後の研究に期待したい。

（岩田遵子）

【引用・参考文献】

今川恭子（2006）「表現を育む保育環境―音を介した表現の芽生えの地図―」『保育学研究』第 44 巻第 2 号，pp. 60-70

岩田遵子（2018）「第 3 章第 2 節　役割の分有を介して表現の総合性を獲得する喜び―学級全員による分担奏を通して―」小川博久・岩田遵子・本庄冨美子『授業実践の限界を超えて―ある教師の表現者としての教育実践―』ななみ書房，pp. 172-191.

乙部はるひ（2016）「5 歳児の協同的な合奏づくりの検討―幼保小接続の視点から―」『音楽教育学』第 41 巻第 1 号，pp. 1-12.

桂直美（2010）「教室空間における文化的実践の創成―アンサンブルの授業における教師と子どもの音楽の生成―」『質的心理学研究』第 9 号，pp. 153-170.

笹野恵理子（1992）「音楽教育研究における『授業研究』論のパラダイム転換の必要性―『規範的パラダイム』から『解釈的パラダイム』へ―」『音楽教育学』第 21 巻第 2 号，pp. 23-34.

城間祥子・茂呂雄二（2007）「中学校における専門家とのコラボレーションにおける和楽器授業の展開過程―『参加としての学習』の観点から―」『教育心理学研究』第 55 巻第 1 号，pp. 120-134.

津守真（1974）「保育研究転回の過程」『人間現象としての保育研究』光生館，pp. 1-28.

野垣内菜穂・笹野恵理子（2012）「高校生の部活動にみる音楽活動の形成過程―高等学校における軽音楽部のエスノグラフィーを通して―」『学校音楽教育研究』16，pp. 25-36.

藤岡信勝（1991）『ストップモーション方式による授業研究の方法』学事出版.

藤田芙美子（1998）「子どもたちの生活と音楽（1）―数数えのバリエーション―」『幼児の教育』お茶の水女子大学，pp. 6-15.

細田淳子（1998）「音楽表現の原点としてのつぶやき歌」『保育学研究』第 36 巻第 1 号，pp. 12-19.

八木正一（1991）「音楽教育研究の抽象から具体へ」日本音楽教育学会『音楽教育学の展望Ⅱ』音楽之友社，pp. 84-93.

和田幸子（2008）「わらべうたを用いた障害児保育実践―『遊びの構造分析』による事例の一考察―」『保育学研究』第 46 巻第 2 号，pp. 89-98.

観察研究
人と音楽

1．はじめに

　人やそこに起きている出来事をまず観察して知ろうとすることは，研究の最も基本的な姿勢である。本稿では，フィールドに入って人を見る（フィールドワーク）質的技法としての観察を取り上げる。

2．フィールドに入る

　質的技法としての観察は，主に文化人類学の分野ではぐくまれてきた。解釈的アプローチの認識論に立ち，対象とする人の意味世界の理解を目指すこうした観察では，文脈依存的に発現する1回きりの人の経験をありのままに捉え，人の行為やその文化を理解しながら事象を読み解くことが志向される。こうした立場から音楽教育研究に向き合う時，フィールドにいる人に対して「このような育ちがあってほしい」というような研究者自身の願いがはぐくまれる点で，文化人類学とは一線を画している。観察者には，自身の拠りどころとなる理論や信念と，それに捉われすぎない緩やかな思考，場に溶け込むような柔軟な態度を併せもつことだけでなく，そこにいる人に共感しながら音や音楽との関わりを感じ取る姿勢が求められる。

3．記述する

　観察研究における記述の質は，研究そのものの質であると言って差し支えない。記録の方法は，研究内容や目的，フィールドの状況や関与度によって異なるものの，対象の様子を網羅的に記述することは重要である。関連のなさそうな事柄もすべて記述してみることで，行為と行為の関連性が浮かび上がり，関心の向きにくいところへ目が向く機会となるだけでなく，「厚い記述」が研究の質を担保する。また記録と省察を繰り返す行為

は，事象に対する解釈を深めていくプロセスそのものである。観察研究では，主観と客観の問題が常に議論の俎上に上がるものの，記述に際しては現象そのものの「客観的」事実と観察者の解釈・考察との書き分けに自覚的になる必要がある。

　一方で，音や音楽に関する人の経験は，モノやコトとの複雑な関係の中で生起し，瞬間的に発現する。一瞬にして消えゆく音や音楽の様子を書きとめ，そこに立ち現れる人の身振りや表情を一体に捉えて記述することは容易ではない。しかし，人の感情を伝える仕草やその場の雰囲気にこそ，音や音楽に関わる経験の本質があり，根拠を示しながら「主観的」で情緒的な表現を用いた記述をしなければ経験の実態は見えてこない。音楽科の授業研究においても，「感じること」の大切さとそれを裏付けるための丁寧な記録の重要性が確認されてきた（日本音楽教育学会 2013）。観察者がフィールドに溶け込み，相互主観的な関係性の中で他者の経験を感じ取り記述できること，これこそ人が人を見ることの意義である。

4．分析する

　この10年間の『音楽教育学』[1] に掲載された論文のうち，観察を研究手法の一つに取り入れているものは全体の2割に満たなかった。一方『音楽教育実践ジャーナル』[2] では，保育現場における実践，小学校・中学校・高等学校・大学・特別支援学校での音楽に関する授業，他教科と連携した指導実践の省察等多様な報告が見られ，広義には多くの場で観察が行われている。こうした研究論文と実践報告の数との乖離は，観察研究をまとめ上げることの難しさを物語っていると言えよう。

　観察研究では，ある特定の状況下における秩序を見つけ，その文脈を超えて適用可能な理論知の

創造が目指される（箕浦 2009）。よって観察データの分析では，解釈の妥当性を保持した上で結論を導き出すことが求められる。

　質的分析方法としてよく知られるものには，エピソード記述やエスノグラフィー等があり，音楽教育研究では，音に関する幼児のエピソードを幼稚園の地図上に示したもの（今川 2006）や，高校生の学校における音楽活動の形成過程をエスノグラフィーとして分析したもの（野垣内・笹野 2012）等がある。こうした方法では，読み手には対象の様子が順序立てて分かり易く記される一方，書き手には行為やエピソードの文脈を丁寧に且つ説得力をもって描き出す表現力が求められ，解釈の妥当性を図ることが最大の課題となる。

　観察データから理論や仮説の創出を目指す場合，グラウンデッド・セオリー・アプローチやKJ法が用いられることもあり，結論を導出するプロセスを厳密に示すことで，論の妥当性と信頼性が図られる。しかし，対象の様子が文脈から切り離されることでその背景や意味が見えにくくなるだけでなく，方法が手堅く手順が多いために分析が形骸化してしまうこともある（灘光ほか2014）。

　定量的手法を併用することで解釈の妥当性を図るものもある。例えば音声解析や行動分析等は，可視化を通じて論の妥当性を高めるものであり，こうした分析が観察と併せて用いられることもある（志村 2016 ほか）。また近年では隣接諸科学から音楽教育への関心も高まっており，乳児と母親の音声コミュニケーションを分析したり，数学的理論を用いて演奏者の行為を明らかにしたりする試みも行われている（Malloch & Trevarthen 2009）。一方，定量的手法は客観性を担保できるものと考えられがちだが，数値化の過程に潜む恣意性の問題も指摘されており（大野 2014），論の導出のために短絡的に用いられるべきではない。こうした手法を役立てるためには，研究内容に合致する分析方法をよく吟味し，明らかにできることとできないこととを識別できる眼をもたなければならない。

　分析において，結論の信頼性と妥当性を担保するために理論や手法が重要であることは自明である。しかしそこに捉われすぎると，フィールドで見た生き生きとした人の空気感を伝えることはできない。どのような分析手法を採るかにかかわらず，観察した事象を解釈するのは観察研究者自身である。とすれば，冒頭で述べた研究者が抱くフィールドの人への「願い」のようなものは，人の経験の本質を見抜き，意味付けをする上で最も重要となるのではないだろうか。音楽教育学において「観察眼を養う」とは，人の育ちについて考えるところから始まるのである。　（伊原小百合）

【注】
1）『音楽教育学』第38巻第1号（2008）から第48巻第1号（2018）を参照した。
2）『音楽教育実践ジャーナル』vol. 5 no. 1（2008）からvol. 15（2017）を参照した。

【引用・参考文献】
Malloch, S. & Trevarthen, C. (eds.) (2009). *Communicative Musicality: Exploring the Basis of Human Companionship*, NY: Oxford University Press Inc.［邦訳：マロック，S. & トレヴァーセン，C. 編著（2018）『絆の音楽性―つながりの基盤を求めて』根ケ山光一・今川恭子・蒲谷慎介・志村洋子・羽石英里・丸山慎監訳，音楽之友社］.
今川恭子（2006）「表現を育む保育環境―音を介した表現の芽ばえの地図―」『保育学研究』第44巻第2号，pp. 156-166.
大野久（2014）「青年心理学研究における方法論的問題」日本青年心理学会企画『新・青年心理学ハンドブック』pp. 26-37.
志村洋子（2016）「保育活動と保育室内の音環境―音声コミュニケーションを育む空間をめざして―」『日本音響学会誌』第72巻第3号，pp. 144-151.
灘光洋子・浅井亜紀子・小柳志津（2014）「質的研究方法について考える―グラウンデッド・セオリー・アプローチ，ナラティブ分析，アクションリサーチを中心として―」『異文化コミュニケーション論集』第12巻，pp. 67-84.
日本音楽教育学会（2013）『第12回音楽教育ゼミナール（立教ゼミナール）報告書』.
野垣内菜穂・笹野恵理子（2012）「高校生の部活動にみる音楽活動の形成過程―高等学校における軽音楽部のエスノグラフィーを通して―」，『学校音楽教育研究』16, pp. 25-36.
箕浦康子（2009）『フィールドワークの技法と実際II―分析・解釈編―』ミネルヴァ書房.

(1-3) 研究の手法を知る 6

面接・インタビュー研究

面接・インタビュー法は，人間の経験や意識をすくい上げようとするデータ収集法であり，心理学，社会学，人類学，歴史学，教育学など様々な領域で用いられている。質問紙法のように一度に大量のデータがとれるわけではないが，年齢や対象者の特性によって質問紙法が適切ではない場合，問題関心について質的に掘り下げたい場合や，文字に残されない／残りにくいデータを収集したい場合等に適している。なお，心理学の領域では「調査面接」と「臨床面接」を区別しているが，ここではインタビューとほぼ同義である「調査面接」を「面接」として扱う。

1. 面接・インタビューの方法と課題

計画段階では，研究に面接・インタビュー法を使用することの妥当性を確認するとともに，目的に沿った対象者の選定が必要となる。研究協力の依頼と実施に当たっては，倫理的配慮が欠かせず，調査の目的，手続き（回数，時間，場所等），結果公表を含めたデータの取扱い，協力者の基本的権利等を説明し，同意を得る必要がある（インフォームドコンセント）。次に，目的に沿ったインタビュー形式の選択とインタビューガイドを作成する。その際には例えば，質問の構造化の程度（構造化，半構造，非構造化），状況設定（フォーマル，インフォーマル），面接時の人数（個別インタビュー，グループ・インタビュー）等について検討する必要がある[1]。幼児や高齢者，障害者等を対象とする場合には，対象の特性に応じて具体的な質問の仕方等も工夫しなければならない。

実施に際しては，調査者と協力者の信頼関係の構築（ラポール）が必要である。また，かつてはデータへの影響を考慮して，調査者は不可視性，中立性を保つことが目指された（川島 2013, 徳田

2013）。しかし，インタビューが「研究者と協力者の相互交渉による達成であり，そこで社会的に構成される知に迫ることが重視される」（川島 2013, p. 303）とするならば，調査者が語りの生成に参与する役割に自覚的になり，自らの振る舞いや相互作用のあり方を批判的に振り返ることが要求される（徳田 2013, p. 309）。

当日は同意が得られれば，ビデオカメラ，ICレコーダー，メモ等によって記録をとる。実施後はそれらの記録の文字起こしをし，トランスクリプトを作成する。分析法としては，例えばテキストマイニング，グラウンデッド・セオリー・アプローチ，KJ法，ナラティヴ分析等が知られるが（川野 2017, pp. 123-124），データの切り取りや解釈に当たっては，自身の立ち位置や目的等とデータ，分析結果を何度も往還させながら進めていく必要がある。

2. 研究への具体的展開

面接・インタビュー法を用いた研究として，近年特に質的（心理学）研究，ライフヒストリー研究，ライフストーリー研究，オーラルヒストリー研究等に注目が集まっている。

ライフストーリーとは「語り手が人生における経験をどのように意味づけているのかに迫る方法」（川島 2013, p. 301）であり，用語としては2000年前後からライフヒストリー研究の一部として用いられるようになった（桜井 2012, p. 6）。ライフヒストリーには研究者の「テーマや枠組みによる編集あるいは構成作業が含まれ」（同前, pp. 9-10）ており，資料として自伝，日記，手紙も利用する点でもライフストーリーと異なっている。

オーラルヒストリーは，民衆史や社会史，生活史研究の影響を受けて1970～80年代から主に近

現代史研究において盛んになり，当事者の語りが「文字に残りにくい歴史」（大門 2017, p. iv）や「下からの歴史」を明らかにするための資料として用いられている。ここでの語りの位置付けは，文字資料の補完的役割から歴史叙述の主たる資料としてまで様々である[2]。

3．音楽教育学研究と面接・インタビュー法

ここでは，過去 20 年間の『音楽教育学』及び『音楽教育実践ジャーナル』掲載論文等のタイトルに「面接」「インタビュー」のキーワードが含まれるものを中心にいくつかの研究を紹介する。なお，タイトルには明示化されていないが，多くの授業研究，実践研究においては観察等と組み合わされて補完的に面接・インタビュー法が使用されていると推測されることも断っておきたい。

武知・森永（2010）は職業音楽家を志してきた若い成人を対象に，その過程にどのような困難や葛藤，課題があったのかをインタビューを通して質的に検討した。武知（2013）はジェンダーが子どもの音楽活動に与える影響をインタビュー調査によって明らかにした。桐原（2018）は，多文化化が進行しているスペイン・ムルシア州において児童間の関係性における課題や課題解決に向けた試みについて，一定の経験年数をもつ音楽教員へのインタビューに基づいてその詳細を明らかにした。

歴史研究においてインタビュー法を用いた本多らによる一連の研究（1999・2015 等）は，国民学校期の芸能科音楽を対象とし，文書資料と，当時の子どもや教師へのアンケート及びインタビュー・データを照合する作業を通して，教育制度と実態との乖離や，学校音楽が子どもたちにどのように受容されたのか等について明らかにしている。これらはいずれも「文字に残りにくい（残しにくい）」「下からの」あるいは現場の当事者意識を面接・インタビュー法によってすくい上げようとした事例と言える。また，木村（1986a, 1986b）では，戦前から戦後にかけて音楽教育界を牽引してきた，上下巻合わせて 24 名の先達への聞き取

りを行っており，大正期以降の音楽教育の史的展開を検討する上での貴重な一次資料となっている。　　　　　　　　　　　　　　　　　（長井覚子）

【注】

1）手続き，方法論的課題の詳細は本項で引用した桜井（2012），川島（2013），徳田（2013），川野（2017），大門（2017）等を参照されたい。その他，スターンが用いたような，乳幼児とその養育者の相互作用の録画記録を養育者に見せてその時の主観的体験を語ってもらうような方法もある（スターン 2000）。

2）かつては歴史研究における口述資料の信憑性が問題視されたが，文字資料にも資料批判が必要な点では同じである。我が国においても 2003 年に日本オーラルヒストリー学会が設立される等，歴史的出来事についての主観的な語りの意義が認められるようになった（大門 2017, 桜井 2012）。

【引用・参考文献】

大門正克（2017）『語る歴史，聞く歴史―オーラル・ヒストリーの現場から―』岩波書店.

川島大輔（2013）「インタビューの概念」やまだようこ・麻生武・サトウタツヤ・能智正博・秋田喜代美・矢守克也編『質的心理学ハンドブック』新曜社，pp. 294-306.

川野健治（2017）「面接」サトウタツヤ・鈴木直人編『心理調査の基礎』有斐閣，pp. 107-124.

木村信之編（1986a）『音楽教育の証言者たち 上：戦前を中心に』音楽之友社.

木村信之編（1986b）『音楽教育の証言者たち 下：戦後を中心に』音楽之友社.

桐原礼（2018）「多文化状況下における児童間の関係構築に向けた音楽教員の対応に関する考察―スペイン・ムルシア州におけるインタビュー調査を通して―」『音楽教育学』第 47 巻第 2 号，pp. 25-36.

桜井厚（2012）『ライフストーリー論　現代社会学ライブラリー 7』弘文堂.

スターン，ダニエル N.（2000）『親―乳幼児心理療法：母性のコンステレーション―』馬場禮子・青木紀久代訳，岩崎学術出版社.

武知優子・森永康子（2010）「職業的音楽家に向けての課題―音楽家を目指してきた若者の語りから―」『音楽教育学』第 40 巻第 2 号，pp. 13-24.

武知優子（2013）「小学校における音楽教育と小学生の音楽活動にみるジェンダー―先行研究とインタビュー事例からの問題提起―」『音楽教育実践ジャーナル』vol. 11, no. 1, pp. 98-105.

徳田治子（2013）「インタビューの方法」やまだようこ・麻生武・サトウタツヤ・能智正博・秋田喜代美・矢守克也編『質的心理学ハンドブック』新曜社，pp. 307-323.

本多佐保美・藤井康之・今川恭子（1999）「東京女子高等師範学校附属国民学校の音楽教育―文献資料と当時の子どもたちへのインタビューに基づく音楽授業―」『音楽教育史研究』第 2 号，pp. 37-47.

本多佐保美・西島央・藤井康之・今川恭子編（2015）『戦時下の子ども・音楽・学校―国民学校の音楽教育―』開成出版.

第**2**章

音楽教育研究の組み立て方

introduction

　第2章では　2-1「研究の対象を明らかにする」ことと，2-2「研究の場を決める」ことについて概観する。「研究の対象を明らかにする」では，歌う，聴く，奏でる，つくる，学ぶといった音楽活動の諸場面を取り上げるとともに，そうした活動を，音楽に関わる人間の行動として捉える視点と，音楽文化の継承として捉える視点を紹介する。「研究の場を決める」では，乳幼児，教育現場，家庭，地域社会を対象とした6本を取り上げる。

　近年，音楽教育学では，諸現象が立ち現れる文脈に焦点を当てつつ，音楽と人間の間で紡がれる多層的な関係や様々な関連を通して事象の科学的な解明を試みる研究が多くなっている。ここで紹介している研究の対象や研究の場はどれも興味深く，個性的な研究事例ばかりである。研究者たちが，それぞれの場で見つけたボトムアップ的な問題意識とどのように向き合い，どのように客観性・妥当性・信頼性を追求しているのかというのは重要な点である。引用文献や参考文献を一つずつ紐解きながら，研究者たちの思考の変遷を追体験し，対象者・モノ・コト・場面がなぜ選ばれたのか，自分ならどうするか，批判的（クリティカル）に対峙したい。

　なお，第2部の第1章と第2章は密接に関わっているので，章の順番を気にしたり，順序立てて読んだりする必要はない。気になる項を読み比べたり，自身の研究に引き寄せたり，他の研究論文や著作物と比較したりすることで，独自の研究対象や場を見付ける際の参考にしたい。　　　　　　　　　　　　　　　　　　　　（小川容子）

歌うこと

1．ピッチマッチ能力及び調子外れに関する研究

　「歌うこと」は音楽の原初的な表現だと言えるが，それゆえ「歌うこと」に関する研究の対象となることは多岐にわたる。その中でもピッチマッチや声域についての研究は，最も蓄積の多いジャンルであろう。これらは発達と不可分の内容であり，乳児や幼児，児童・生徒，大人等，研究対象の発達段階との関わりに応じて，その研究の目的や方法も異なる部分が多い。これらピッチマッチの動向については重野（2009）やウエルチ（2009），また，乳幼児に焦点化した研究の動向については山根・志村（2009）に詳しい。

　ピッチマッチとも深い関わりがあるのが，調子外れ（いわゆる音痴）に関する研究である。小畑（2005）や村尾（2006）等，そのメカニズムにアプローチしながらも，実際に問題解決のために実践的な研究を積み重ね，その検証まで行うものが増えてきている。ウエルチ（2009）が指摘するように，「ピッチマッチング能力は（1）加齢とともに上達し，（2）適切な教育環境であれば，さらに飛躍的に発達する」（p. 44）ことが期待されることを考慮すれば，いかに適切な教育環境を用意するか，実践的な検討が今後重要な課題となるだろう。

2．声域と歌う技能の発達に関わる研究

　ピッチマッチの研究と同様に，子どもの歌唱可能な声域（テッシトゥーラ）がどう発達していくかということについても，多くの研究が積み重ねられてきた。その調査方法等については多くの議論がなされてきた（日本音楽教育学会 2002年くらしきゼミナール・ラウンドテーブル「歌唱教材の音域は高すぎるのか，低すぎるのか!?」等）。特に幼児を対象とした声域調査では，様々な調査方法が試みられてきている（水﨑 2013）。

　小川ら（1995）は，幼児や児童の歌唱教材における音域分布の調査研究を実施するとともに，子どもの声域との比較を行った。声域調査においては，異なる提示音を用いる等，調査方法によって結果に差異が現れたことを示し，声域調査の課題を浮き彫りにしたと言えよう。

　声域等子どもの声の能力に関しては，日常生活の中で周囲からの影響をいかに受けているかという視点で捉える必要性があることが課題として挙げられてきた（日本音楽教育学会 2005年妙高ゼミナール・ラウンドテーブル「子どもの声は『本当に』低くなっているのか」等）。それに関連して小川・今川（2008）は，実験研究とフィールドワーク等の質的研究が，それぞれの課題を踏まえながらも補完し合うことの意義を示唆している。今後，歌うことの研究の対象を考える上では，個々の研究方法の特色を踏まえるとともに，それらの視点を交差させることも意義をもってくるだろう。

3．歌うことの研究の広がり

3.1 歌うことへの様々なアプローチ

　先述したような，歌うことの文脈へ関心が高まりつつあり，様々な手法による質的な研究の試みが見られるようになってきている。具体的な手法としては，三橋（2014）のグラウンデッド・セオリーや，田村（2012）の聞き取り調査や参与観察等のフィールドワーク等が挙げられる。

　また，歴史的な研究の視点は，歌うことのみならず現代における課題に重要な示唆を与えるものである。嶋田ら（2006）は，洋楽導入期から現在に至る日本人の異文化適応について歴史的観点から検討しているが，心理評価実験や音響分析等の検証方法を組み合わせている点が参考となろう。

3.2 他分野の研究成果を取り入れた研究

　呼吸や発声等声の基礎的な技能（例えば声区等，それらを検討する上で不可欠な用語の検討も含む）や，ビブラート，コブシ等歌唱に伴う技能，またソルミゼーション等歌唱指導法に関すること等，歌唱の技能や指導法に関しては，量はもちろん内容についても多種多様な研究が行われてきた。ここでは最新の研究方法について触れたい。

　音響学の分野では歌声の特徴に関する基礎研究が数多く行われてきたが，歌声合成や歌声評価等の研究は，音楽教育研究においても，今後幅広い応用が期待される。また，齊藤（2011）等，歌唱表現時における脳活動を対象とした研究も見られるようになってきており，これら他分野の最新の研究成果を，歌うことのメカニズムの解明等に生かした研究も，これから急激に進むことが見込まれよう。

　更に，人と人のつながりの基盤に音楽性を見いだしたマロックとトレヴァーセン（2009＝2018）による学際的な取組み等は，「歌う」ことの研究の枠組みを一挙に広げる示唆をもっていると言える。

3.3 日本の伝統的な歌唱の指導に関する研究

　発声等歌唱技能においては，ベルカント唱法など西洋的な発声以外にも，長唄や民謡など日本の伝統的な歌唱に関する研究も，近年目にする機会が増えてきた（中山 2008, 山内 2009, 志民 2016 ほか）。これらは，いずれも 3.2 で触れた音響学の知見を取り入れたものであり，またアクション・リサーチ的な質的研究のアプローチを取り入れたものもあり，歌うことに関する研究の広がりの方向性を見いだすことができよう。　　　（志民一成）

【引用・参考文献】

ウエルチ，グラム著，小川容子・畴地希美訳（2009）「子どものヴォーカル・ピッチマッチ能力の発達に関する研究動向」『音楽教育学』第 39 巻第 1 号，pp. 38-47.

小川容子・今川恭子編著（2008）『音楽する子どもをつかまえたい―実験研究者とフィールドワーカーの対話―』ふくろう出版.

小川容子・北山敦康・村尾忠廣・高田俊治（1995）「幼児・児童の歌唱教材における音域分布の調査研究―子どもの声域との比較を通して―」『音楽知覚認知研究』第 1 巻，pp. 53-60.

小畑千尋（2005）「『音痴』克服のための指導に関する実践的研究」東京学芸大学大学院連合学校教育学研究科博士学位論文.

齊藤忠彦（2011）「歌唱表現におけるカラオケ使用時の大脳皮質前頭部・側頭部の活動の特徴―無伴奏・カラピアノ使用時と比較して―」『音楽教育学』第 41 巻第 1 号，pp. 1-10.

重野純（2009）「ピッチマッチ研究の動向―認知心理学の観点から」『音楽教育学』第 39 巻第 1 号，pp. 33-37.

志民一成（2016）「民謡の歌唱活動前後に中学生が歌った合唱の歌声の変化―歌手のフォルマントと整数次倍音に着目した声質の分析を通して―」『音楽表現学』14，pp. 29-36.

嶋田由美・村尾忠廣・北山敦康・小川容子・安田寛・菅道子（2006）『洋楽導入期から現在に至る異文化適応の歴史的体系的研究―日本人の身体と音感の変遷―』（平成 15 ～ 17 年度科学研究費補助金研究成果報告書）

田村にしき（2012）「宮城県北部における謡の伝承の実態―個の追求と学び合いによる「自己変容」の過程の分析から―」『音楽教育学』第 42 巻第 2 号，pp. 1-12.

中山一郎（2008）『日本語を歌・唄・謡う』アド・ポポロ.

マロック，S. & トレヴァーセン，C. 編著／根ケ山光一・今川恭子・蒲谷槙介・志村洋子・羽石英里・丸山慎監訳（2018）『絆の音楽性―つながりの基盤を求めて―』音楽之友社.（原書 Malloch, S., Trevarthen, C. (eds.) (2009). *Communicative Musicality: Exploring the basis of human companionship*, NY: Oxford University Press Inc.）

水﨑誠（2013）「幼児の声域研究の動向」『全国大学音楽教育学会研究紀要』第 24 号，pp. 31-37.

三橋さゆり（2014）「児童の歌唱表現における問題の発見と共有―グラウンデッド・セオリー・アプローチに基づく歌唱活動の分析を通して―」『音楽教育学』第 44 巻第 2 号，pp. 1-12.

村尾忠廣・小川容子・新山王政和（2006）『視覚フィードバックによるフラットシンギングの測定と治療法の研究』（平成 15 ～ 17 年度科学研究費補助金研究成果報告書）

山内雅子（2009）「児童の発声における『地声』と『頭声』の音響的差異」日本音楽教育学会編『音楽教育学の未来』音楽之友社，pp. 225-237.

山根直人・志村洋子（2009）「乳幼児期のおける楽音のピッチマッチと音高識別」『音楽教育学』第 39 巻第 1 号，pp. 26-32.

2-1 研究の対象を明らかにする　2

聴くこと

1. 聴くことを研究する難しさ

人の聴覚器官は，妊娠8か月までには完全な形で機能するようになり，生後は養育者の言語に倣い，見事に母国語を習得していく。ここに，聴覚情報と結び付いた認知過程があることは論を俟たない。しかし，空気の弾性波が鼓膜を振動させ，聴覚情報として脳に伝わり認識されるメカニズムまでは明らかになっても，情緒や身体反応と一体化した，聴取を通した音楽的リアクションのメカニズムはブラックボックス状態であった。音楽の学習の基礎に聴く行為があるのは自明でありながら，聴く行為自体の質を測ることは困難で，各種の音楽能力テスト等は聴いたことが何らかの形で表現されたものを測定してきた。20世紀半ば以降の学際的アプローチにより人間の音楽的な情報処理の多様な側面の解明が試みられ，2018年現在，脳の画像診断技術の進歩により，ブラックボックス内の解明は格段に進んでいる。脳の「言語野」が特定されるのに対し，音楽的な情報処理は低次の末梢神経から高次の中枢神経にわたるきわめて複雑なメカニズムによるもので，音楽活動は脳の様々な活動の連携で実現している。いわゆる鑑賞は音楽の構造を理解して聴き取り，それを意味付ける行為であるが，知覚・生理・認知・記憶・思考判断・感情，それらを成り立たせる文化的コンテクストに埋め込まれた学習経験等，重層的に絡み合った要因が働いている。

音楽教育研究の対象として「聴くこと」を扱う場合，従来は教育効果が高いと考えられる実践に関する記述的研究や，鑑賞力や鑑賞への取組み姿勢をめぐる様々の比較研究等が中心であった。21世紀はそこから脱却し，医学系や教育工学系の専門家とのコラボレーションによる学際的研究が進むことは確実である。しかし音楽教育の問題とし

て肝要なのは，何を・なぜ明らかにしたいのか，という視点の立て方である。

2. 鑑賞への疑念

2018年現在，日本の音楽科教育は「A表現　B鑑賞」という二つの領域区分によって指導内容を構成し，座して音楽を聴き味わうというニュアンスの強い「鑑賞」は堅持されている。しかし，このような聴き方が現在の小中学生にはそぐわないのではないかという疑念はあって当然だろう。ある音響を「音楽」として聴く場合，聴き手はそれを音楽として成り立たせる要因になるものを，多少なりとも連想している。もし予備知識が少なく自らの経験と関連付けもできにくい音響なら，2〜3分であれ聴くのは努力を要する。あるいはいつもマルチモーダルな様態で音楽を享受している層が，純粋に鑑賞ということができるだろうか。増田・谷口（2005）や井手口（2009）が論じているように，音楽のありがたみ（アウラ）が消失し，ネットワークを介すればいつでも情報として参照できる現在，鑑賞という聴き方は何のためなのか。このような疑念を踏まえて授業担当者の意識やその変遷に注目すると，教科教育内部からの問題提起が浮き彫りになりそうである。

ワープロによって作文の方法が，したがって思考法が変容したように，今後はデジタルデータとしての音楽を操作して聴くのが，むしろ自然なミュージッキング[1] かもしれない。断片化や順序の入れ替え等を通じて音楽的な論理を探る，等の実践研究の可能性もあるだろう。

3. 基礎・基本としての聴くこと

テクノロジーの発展とその速度は教育界全般を当惑させてはいるが，それだけに「基礎・基本」

がいずれの教科教育でも重要な課題である。聴き方の基礎・基本という点で注目すべきはCampbell（2004）で，聴くことは常に演奏とともにあるというスタンスからの教科書と言える。音楽をグローバルに捉えるため，聴き方を四つの側面から示した。第一は，① Sound awareness のための聴き方で，文化的に既に概ね固まっている耳を開かせ，多様な音楽の音響に気付かせ，学習の間口を広げる活動である。② Attentive-listening は，多様な音楽をその要素に着目して注意深く聴く聴き方である。ただし聴く音楽の文化的なコンテクストを学びながら聴く。また音の動きを線で描いてみたり，シラブル化して発音したり，全体の響きから一部を分離して聴いたり等，一定の課題を遂行しながら聴く。③ Engaged-listening は，旋律を歌う，リズムを打つ，ステップを踏んで踊る，等アクティブな参加をしながら聴く聴き方である。そして④ Enactive-listening は，多様な音楽をほぼ再現することにチャレンジするための聴き方である。基礎・基本を教えるという観点からは，このうち①②③についての，日本版のカリキュラム開発，学習成果の検証等は大切な課題で，有意義な研究テーマの源泉だろう。

4．身体感覚，意識・無意識

阪井（2007）は，「きく」ということには媒質の振動としての音を身体に感じるという段階から，聴覚器官を通して傾聴し意味付けるという段階までの広がりがあり，音を対象化して認識する度合いのグラデーションがあることを論じた。音響を対象化して聴き，音楽として成り立たせている要素や仕組みを適切に聴けるようになった場合でも，意識に上ってはこない無意識の領域にも音楽は作用している。同論考は聴覚器官の発生史にも触れながら，小学生が全身感覚を用いて音を受け止める様子を報告した。また小畑（2012）は一連の「音痴克服」のための研究において，指導者側が相手に音を合わせていくことから始まる，「音が合う」感覚の獲得過程を記述している。阪井，

小畑とも「聴く」ことに伴う身体感覚を問題にしているが，この感覚は通常は無意識下で感得されるものである。小畑は，これを改めて意識化することが歌唱におけるつまずきの克服につながる，ということを示唆しており，このことは器楽学習にも敷衍できるだろう。

意識・無意識の問題に絡んで，音楽に関する言語化の問題が興味深い。石出（2011）が指摘するように「実際の聴覚体験を，『音』について語る言葉へと圧縮する時，そこでは音本来の持つ響きの豊かさや方向感，混沌，複雑さなどが捨象され」（p. 96）る。21 世紀初頭からの教育改革では言語運用力の育成が強調され，音楽科でも感じ考えたことを言語化させる実践が定着している。脳科学者の池谷（2016）は根拠論文も紹介しながら「言語化とは，言葉にできそうな容易な部分に焦点をしぼり，その一部を切り取って強調する歪曲化」（p. 68）と述べる。音楽科の場合，どの範囲と方法の言語化が，どのような功罪をもたらすのか。言語運用の適切な範囲と方法に着目することは，興味深く有益な研究になるだろう。　　　　　（阪井 恵）

【注】
1）音楽学者スモールの提案した語で，音楽に接するために人々が取る様々な行動を包括する概念。

【引用・参考文献】
Campbell, P. S. (2004). *Teaching Music Globally*. Oxford University Press.
池谷裕二（2016）『自分では気づかない，ココロの盲点 完全版』講談社.
石出和也（2011）「『聴くことの場』を語るための言葉」『音楽教育研究ジャーナル』9-1, pp. 90-97.
井手口彰典（2009）『ネットワーク・ミュージッキング「参照」の時代の音楽文化』勁草書房.
小畑千尋（2012）「内的フィードバックができるための歌唱指導におけるピアサポーターの成長」『宮城教育大学紀要』第 47 巻, pp. 123-133.
阪井恵（2007）「研究ノート『音のききかた』から考える『音』と『音楽』の境界」『明星大学教育学研究紀要』22 号, pp. 62-69.
増田聡・谷口文和（2005）『音楽未来形　デジタル時代の音楽文化のゆくえ』洋泉社.

2-1 研究の対象を明らかにする 3

奏でること

1．奏でることとは

「奏でること」は，身体を用いて楽器から音を生み出すということであるが，単に音を出すことではなく，音を出すと同時にそれを聴いて味わうということを含んでいる。また，「奏でること」は，完成している楽曲を演奏する，あるいは即興的に楽器から音を出しながら楽曲をつくる行為そのものを指す。本項では「奏でること」について，「楽器」と「演奏行為」の二つに着目して述べていく。

2．「楽器」

楽器は「民族の文化や音楽を理解する貴重な素材であるとともに，その文化におけるシンボルであり，あるいは文化的，社会的な意識や思考を解きほぐす糸口のひとつ」（藤井 1988, p. 13）であり，「その土地の音楽文化に深く根差しているが，同時に（音楽家，旅行者，収集家，博物館の学芸員等により）さまざまに伝播し再配置されるグローバルな文化流通の一部」（ダウ 2011, p. 315）でもある。各時代や文化圏における人々の生活の営みの中で，楽器は音を発する「道具」という機能だけでなく，何かを意味する役割を担っていたり，何らかの情報を伝えるために用いられたりしてきた。また，多くの楽器は，時流の中で変化する音楽様式とともに，その形状や構造を変化させてきた。この背景には，各時代の人々の生活や文化からの要望があった。したがって，楽器は文化や時代の特徴を反映しているものであり，時代の変遷に沿って楽器を眺めた時には，各時代の楽器に対する存在価値に関する認識とその変化を併せて見ることができる。

子どもたちに身近な楽器も，この例外ではない。日本の学校教育で広く用いられているリコーダーを例にとると，その形状はルネサンス期からバロック期に変化し，それ以降は現在までほぼ同じ形状のまま演奏されてきた。バロック期まで非常に流行したが，その後規模が大きくなったオーケストラにリコーダーの特性が合わなかったこともあり，一時期忘れ去られた。再度姿を現せたのは，19世紀後半の古楽復興運動以降である。そして，戦時中に西洋から日本に持ち込まれ，戦後以降日本の学校教育では，児童生徒が手にする楽器として定着した。それとともに，リコーダー演奏時の「作音」[1] する行為が子どもの育ちに有効であるという教育的な価値付けが，新たになされた。この「作音」にはリコーダーの発音原理と構造が密接に関係している。

学校教育に限らず，音楽教育的視点から楽器に着目するならば，その背景にある文化や人々の生活との関係性，歴史的経緯，構造や形状の特徴，そして実際に奏でた時に生み出される音量や音質，音域，更に全体的な音色の特徴を把握することが求められる。

3．「演奏行為」

演奏行為には，楽器の音を鳴らす発音行為と，独奏や合奏によって楽曲を演奏したり即興的に音楽をつくり出したりする行為が挙げられる。

楽器の演奏では，聴覚や視覚等の身体感覚による知覚と楽器の特性に即した筋肉操作が行われることによって，音が創出される。更に，基礎的な技能の向上や音楽表現の質的な深まりを目指す際には，演奏者の中で内的なフィードバックが行われる。例えば，管楽器の演奏時には，演奏者は発音した音を聴き，理想としている音や音楽表現と自分の演奏とを内的に比較して良し悪しを判断すると同時に，身体の状態を自己省察する。その際，指や唇等で管体の振動を感じ，適宜指の位置や楽

器の角度等を視覚的に把握し，息量の増減や筋肉の具合を意識するといった諸感覚を活動させる。その上で，どこをどのように変えればよいのかを考慮しながら再度発音し，同時にそれを聴取する。この探求的なサイクルは，適切な奏法や表現したい音や音楽表現をつくり出す時の身体操作を意識せずに行うことができるまで続けられる。楽器演奏の技能向上の面白さは，表現内容の質的な深まりを目指しながら，楽器を通して自身の身体と向き合うことにあるのである。

　このような楽器演奏と身体との関係については，哲学，社会学，心理学，文化人類学，民族音楽学分野等の研究に見ることができる。また，実技の技能向上及びその指導に着目した研究では，「身体知」を軸にした研究が，主にスポーツの場面を対象として多くなされてきた[2]。加えて，人工知能分野では，スポーツだけでなく，主に弦楽器の演奏の「身体知」「身体スキル」の獲得過程と効果的な指導法の解明をねらった研究も行われている[3]。

　とはいえ，楽器と演奏者との関係は，その楽器から最も響きの豊かな音を引き出したり，楽曲に適した音色をつくり出したりするための「正しい」奏法の練習や教授・学習の場面だけにあるのではない。乳幼児の育ちに着目した研究では，様々な方法で探求的に楽器に関わることが「環境を知り自己を知ることにつながる」（村上ほか 2016, p. 47）と指摘されている。子どもが楽器と関わる場面では，大人が「一般的な奏法から離れて多様な視点で楽器を捉えること」（同，p. 46）も，彼らの育ちを支えるために重要となるのである。

　他者との合奏による楽器演奏は，協同的表現行為である。佐藤（2012）は，合奏について，各自が自発的に演奏しつつ「自己が集団の中に溶け込んでいき一つの集団としての主体的な活動が起きている場」（p. 63）であると述べている。合奏時の個人的かつ集団的な出来事を扱った研究には，前述した佐藤の他にジャズの即興演奏に着目した研究（ソーヤー 2012）等の，哲学，心理学分野で

の研究が見られる。

　合奏では，演奏者が自分や他者の音を聴いて響かせ合うとともに，眼差しや身振り，言葉を用いて共感したり意図を伝達したりしつつ，各自の表現が調和した一つの音楽表現へと結実するように，全体的なバランスを聴きながら演奏している。合奏時には，身体に支えられた他者との音楽的なコミュニケーションが行われているのである。

　「奏でること」とは，感覚を研ぎ澄ませて楽器に向き合い，自身の身体と楽器とを内的に対話させて音や音楽表現をつくり出す創造的な行為であり，自己をとりまく環境や文化と関わる行為である。また，楽器の響きの共鳴を介してメッセージを伝達し感情を共有する他者とのコミュニケーションの方法でもある。「奏でること」の根源には「身体」があり，これは音楽教育研究において非常に重要な着目点となるのである。

　　　　　　　　　　　　　　　　（山中和佳子）

【注】
1）主に日本の学校音楽教育において，リコーダー演奏に関して用いられる文言であり，息で音程や音色等を操作することを指している。
2）体系的な研究では，金子明友による現象学的運動感覚論を主軸とした「身体知」（2005）の研究が例に挙げられる。
3）人工知能学会が編集した『知の科学シリーズ』の中に，「技巧的な技（身体スキル）」の解明を目指した研究がまとめられている。

【引用・参考文献】
金子明友（2005）『身体知の形成　上・下』明和出版.
佐藤公治（2012）『音を創る，音を聴く』新曜社.
人工知能学会編（2009）『知の科学　スキルサイエンス入門——身体知へのアプローチ』オーム社.
ソーヤー，R. K.（2012）「音楽と会話」『音楽的コミュニケーション——心理・教育・文化・脳と診療からのアプローチ——』星野悦子監訳，誠信書房，pp. 51-70.
ダウ，ケヴィン（2011）「楽器のカルチュラル・スタディー」『音楽のカルチュラル・スタディーズ』若尾裕監訳，アルテスパブリッシング，pp. 315-325.
藤井知昭（1988）「楽器と文化」『楽の器』弘文堂，pp. 2-14.
村上康子・石川眞佐江（2016）「楽器を転がして遊ぶ子どもに出会ったら」『音楽を学ぶということ』教育芸術社，pp. 42-48.

(2-1)　研究の対象を明らかにする　4

音楽をつくること

1．研究の対象

　「音楽をつくる」という言葉は，様々な解釈ができそうである。そのため，ここでは，「音楽をつくること」を，即興演奏や作曲と呼ばれているような「（既成の音楽ではなく）自分で音楽を生み出す行為」としておきたい。遊びや鼻歌のような気軽な営みから演奏会用の作品の作曲のようなものまで含むこととしよう。

2．研究目的の可能性

　音楽をつくることに関する研究，という時，その目的としてどのようなものが考えられるだろうか。例えば，音楽がどのようにつくられるのかを明らかにしたい，音楽をつくるということがそもそもどのような行為なのかを考察したい，音楽をつくるための教材を開発したい，等，様々なものが考えられるだろう。表1は，その可能性の一端をまとめたものである。

　これらの目的は，最終的な目的として設定される場合もあれば，研究の過程に位置付く目的として設定される場合もある。例えば，指導法の適切性を検証するために（最終的な目的），児童・生

徒がつくった音楽の特質を明らかにする（最終的な目的に至る過程に位置付く目的）という場合である。

3．研究方法の可能性

　研究の方法は，実に多種多様であるが，ここでは，その中から性格の異なる数例を紹介する。

　まずは，概念や意義に関する研究目的に対するアプローチを挙げてみよう。曽田（2011）は，幼児の音遊びと，アメリカ実験音楽の背景にある美学との関連を考察するために，両者の共通性を指摘しながら論じている。Muhonen（2016）は，歌づくりの活動が子どもたちの中でどのように意味付けられているかを探るために，半構造化インタビューを行っている。清水（2017）は，音楽をつくることの教育的意義を考察するために，音楽をつくる行為自体を哲学者 J. ラカンの視点で捉えなおすことを試みている。

　次に，音楽をつくる方法に関する研究目的に対するアプローチを挙げてみよう。Biasutti（2012）は，ロックバンドにおいて音楽がどのようにつくられるかを考察するため，セッション中のメンバーの言動をグラウンデッド・セオリー・アプローチによって分析している。

　続いて，音楽をつくる力の育成に関する研究目的に対するアプローチを挙げてみよう。Hickey（2009）は，「即興演奏を教わることは可能か」という問いを掲げ，学校における即興演奏実践の動向を手がかりに考察している。島崎（2010）は，1970 年代後半以降の出版物や教育実践をもとに，日本における創造的音楽学習の動向を論じている。味府・駒（2011）は，小学校音楽科における音楽づくり活動の動向を明らかにするために，雑誌『教育音楽・小学版』に紹介されている小学校

表1　研究目的の可能性

何に関する 研究目的か	具体例
概念や意義に関する研究目的	・音楽をつくる行為そのものの特質を明らかにする。 ・音楽をつくる行為の意義を考察する。
音楽をつくる方法に関する研究目的	・音楽をつくる方法を明らかにする。 ・音楽をつくる環境を考察する。
音楽をつくる力の育成に関する研究目的	・教育実践の動向を明らかにする。 ・創造性とは何かを考察する。 ・カリキュラム（あるいは指導法や評価方法等）の適切性を検証する。 ・教材を開発する。
つくられた音楽に関する研究目的	・つくられた音楽の特質を考察する。 ・つくられた音楽の評価方法を考察する。

の実践事例22年分を分析している。寺内(2016)は，音楽をつくる活動のための教材を開発するために，作曲家 J. ゾーンの作曲法を参照している。

　音楽をつくる力の育成に関する研究では，研究者自身（または研究協力者）が実践を行うことも多い。岡（2015）の研究では，自らの授業実践における生徒の様子を分析することによって，楽器の特徴と生徒の発達的特徴を関連させた考察を展開している。木下・中山（2017）は，木下が作成した中学校における創作活動モデルの有用性を検証するため，中山が授業実践を行い，生徒がつくった旋律や，授業後のアンケートを分析している。

　前述の木下・中山の研究に見られるように，つくられた音楽の特質を検討することは，それ自体が研究の主たる目的でない場合でも，研究の重要なステップになることが少なくない。スワンウィック＆ティルマン（1989-1990）や小島（1997）による，子どもの音楽的発達を考察する研究では，いずれも，子どもがつくった音楽の分析が非常に重要な役割を果たしている。また，木石（2018）は，20世紀の様々な音楽様式による音楽をつくるための方法を単純化して示すことを試みているが，こうした成果も，取り上げているそれぞれの音楽様式に属する音楽の分析に支えられている。なお，音楽の分析には様々な方法があるが，例えば，『ニューグローヴ世界音楽大事典』の「分析」の項（ベント 1996）は，分析の方法を考える上で助けになるだろう。

4．他の学術分野の知見の参照・援用の可能性

　音楽をつくることに関する研究では，検討や考察に当たり，音楽や教育以外の学術分野における知見がしばしば参照・援用されている（例えば，前述の清水 2017）。他の分野の知見を参照・援用することは，研究に独自の視点を取り入れるための有効な手立てになる。ちょっとした頭の体操として，様々な学術分野を思い浮かべながら表1に例示した研究目的に関係付ける可能性を考えてみよう。哲学，心理学，脳科学等，比較的連想しや

すい分野のみならず，一見まったく関連がなさそうな分野について考えてみるのも面白い。

　ここでは，「音楽をつくること」に関わる研究目的と研究方法の設定の可能性を述べた。だが，ここに紹介したものはそのごく一部である。各研究者の問題意識に照らして，ふさわしい目的と方法を設定していただきたい。　　　　（寺内大輔）

【引用・参考文献】

Biasutti, M. (2012). "Group Music Composing Strategies: A Case Study Within a Rock Band." *British Journal of Music Education*, 29 (3), pp. 343-357.

Hickey, M. (2009). "Can Improvisation be 'Taught'?: A Call for Free Improvisation in Our Schools." *International Journal of Music Education*, 27 (4), pp. 285-299.

Muhonen, S. (2016). "Students' Experiences of Collaborative Creation through Songcrafting in Primary School: Supporting Creative Agency in 'School Music' Programmes." *British Journal of Music Education* 33 (3), pp. 263-281.

味府美香・駒久美子（2011）「雑誌『教育音楽』に見る音楽づくりとサウンド・エデュケーションの広がりと変容—1989年度からの小学版を俯瞰して—」『音楽教育実践ジャーナル』vol. 9, no. 1, pp. 98-109.

岡ひろみ（2015）「特別支援学校における音楽づくり—楽器の特徴と生徒の発達的特徴との関連—」『音楽教育実践ジャーナル』vol. 12, no. 2, pp. 108-119.

木石岳（2018）『はじめての〈脱〉音楽 やさしい現代音楽の作曲法』，川島素晴監修，自由現代社.

木下和彦・中山由美（2017）「中学校音楽科における J-POP を用いた旋律創作の実践」『音楽教育実践ジャーナル』vol. 13, no. 2, pp. 66-77.

小島律子（1997）『構成活動を中心とした音楽授業の分析による児童の音楽的発達の考察』風間書房.

島崎篤子（2010）「日本の音楽教育における創造的音楽学習の導入とその展開」『文教大学教育学部紀要』44, pp. 77-91.

清水稔（2017）「学校教育で音楽をつくることの再認識—音楽は自己のイメージから生成しない—」『音楽教育学』第46巻第2号, pp. 25-36.

スワンウィック, K. & ティルマン, J.（1989-1990）「音楽的発達の系統性—子どもの作品の研究1-3」坪能由紀子訳『季刊音楽教育研究』音楽之友社, 61, pp. 143-156, 62, pp. 171-180, 63, pp. 143-159.

曽田裕司（2011）「音そのものをとらえる—幼児教育における音遊びの美学」『音楽表現学』vol. 9, pp. 31-44.

寺内大輔（2016）「児童の得意な表現を手がかりとした創作活動のための学習材の開発—ジョン・ゾーンの作曲手法を参照して」『初等教育カリキュラム研究』第4号, pp. 53-64.

ベント, イアン D.（1996）「分析」角倉一朗訳『ニューグローヴ世界音楽大事典』第16巻, 講談社, pp. 9-37.

2-1　研究の対象を明らかにする　5

音楽を学ぶこと

1.「音楽を学ぶこと」

　「音楽を学ぶこと」を研究対象とする場合，音楽の何に焦点を当てるのかによって研究方法は異なってくる。どのような音楽を学ぶのか（音楽の分野・領域），音楽の何を学ぶのか（音楽の内容），どうやって音楽を学ぶのか（学習法・指導法），音楽を学ぶ実際のプロセス（実践）等に関して，質的研究，量的研究等，様々な研究方法がある。研究の目的・方法に沿って内容を明らかにし，目的を結論付けることは必須であるが，それだけでは不十分である。その研究をする意義そのものが明確にされなければならない。

2．音楽を学ぶことの意義

　音楽教育学において，「音楽を学ぶこと」にはいかなる意義があるのだろうか。それを明らかにすることが音楽教育研究の最も重要なことである。

　まず，自分と音楽はどのような関わりがあるのか，自分にとって音楽はどのような意味をもっているのかを，自分が学んだ経験や音楽活動の体験等から見つめ直す必要がある。それをもとに，子どもと音楽との関連や，人と音楽との関連について深く洞察することによって，「音楽を学ぶこと」の意義を語ることができるようになるだろう。「音楽を学ぶこと」の意義を根幹に位置付けながら研究をすることは，音楽教育学の存在意義に繋がることである。

3.「音楽を学ぶこと」に関する研究の在り方

　「音楽を学ぶこと」に関する研究は，音楽そのものを研究するということではない。音楽と人との関わりの研究と言ってもいいだろう。狭い意味の音楽教育ではなく，音楽教育を客観的に俯瞰す

る視点も必要なのである。教育界の方向性，教科横断的な目的や課題等を認識することによって，音楽科及び音楽教育の本質を見つめ直すことが可能となり，「音楽を学ぶこと」に関する研究の意義がより一層明確になるであろう。

　具体的な先行研究として以下を例に挙げる。

　菅（1998）は，1950年前後におけるコア・カリキュラム運動に着目した研究を行った。研究の背景として，教科目ごとの固有性を踏まえながらそれらがカリキュラム全体の中でどのような位置を占めたのかが明らかにされていないことを課題として掲げ，コア・カリキュラム編成と音楽教育との関連性を明らかにすることを研究目的として設定している（p. 96）。結論として，音楽活動の固有性を追求することと音楽科の教科枠に固執することが常に連動するわけではないということ，むしろ創作表現の全体的な繋がりの中でその固有性が生かされ，またその固有性を踏まえてこそ創作表現活動が成立するという原理が示されている（p. 112）としている。これは，教科横断的な視点から音楽科の位置付けを再考した研究と言えよう。

　長谷川（2015）は，1950年代から1960年代にかけてのアメリカの教育界における進歩主義教育思想からの脱却と学問中心主義の台頭に着目した研究を行った。研究の背景として，学問中心主義における音楽教育は，音楽を構造的に理解することの必要性を説きながらも，そのような学習スタイルに教育としての必然的な意義が存在するのかを明確に説明することができなかったことを課題として掲げ，音楽学習の価値を人間にとって不可欠な美的経験という観点から論じることで音楽科教育の必然性を説いたベネット・リーマーに焦点を当て，リーマーのカリキュラムの構造的特質とその史的意義を明示することを研究目的とした

（pp. 57-58）。結論として，リーマーが美的経験と
それに必要な美的感受性の特性を規定し，カリ
キュラムの最初期において音楽との美的な関わり
方を示し，徹底して合目的的に一貫した美学的な
カリキュラムを構築したことを史的意義として掲
げている（p. 65）。更に，「について」の知識では
なく，その構造が生む表現性を理解することが
リーマーのカリキュラムの骨子であると捉えるこ
とによって，エリオットのプラクシス思想による
「手続き的知識」やコンテクスチュアルな音楽理
解の素地となる能力を培い得ることが，リーマー
のカリキュラムの今日的意義としている（p. 67）。
これは，音楽の美的価値をどのようにしてはぐく
むのかという音楽教育の根幹となる研究と言えよ
う。

　三村ほか（2015）は，昭和40年代の岐阜県古
川小学校における「ふしづくりの教育」に着目し
た研究を行った。研究の背景として，それまでの
研究によって「ふしづくりの教育」の理念や指導
法が明らかとなったが，実際の授業の中でどのよ
うな音楽活動が行われてきたのかは明確ではない
ことを掲げ，当時の実際の音楽科授業の録音内容・
録画映像を分析することによって，「ふしづくり
の教育」が，音楽教育及び人間教育としての意義
をなぜ有することができたのか，その要因を明ら
かにすることを目的とした（pp. 61-62）。結論と
して，誰にでも指導することが可能な段階的・系
統的カリキュラムとふしづくりの指導法を確立し
たこと，ふしづくりと教科書教材の学習という二
つの活動を有機的に組み合わせた二本立て方式を
用いたこと，子どもの音楽的感覚や音楽能力の基
盤形成に有益な活動を数多く生み出したことを，
音楽教育としての意義として位置付けた（p. 70）。
一方，児童が自分たちで責任をもって授業を運営
することによって授業に対する集中力が保持さ
れ，学習意欲が向上し，主体的に活動することが
「自ら気付く」「自ら解決する」ことを可能にし，
音楽学習の成果を挙げることにも繋がったこと，
子どもたち一人一人に歌唱・演奏・発言の機会が

保障され自尊感情を高めることができたこと，日
常的にグループ活動が行われることによって，音
楽でしか味わえない独自の自己存在感・自己有能
感，他者受容感，自己決定感が生じたこと，これ
らの実践を通して，子どもたちの社会的な自己実
現が図られ，自己指導能力が育成されていたとい
う点で，「ふしづくりの教育」が人間教育として
の意義を有していたと結論付けている（p. 71）。
これは，人間形成としての音楽教育に必要な要件
を明らかにした研究と言えよう。

　以上のように，序章（はじめに）のところで，
現代の音楽教育が抱えている課題，及び可能であ
れば教育全体としての課題に関して触れ，それを
研究の背景とする。例えば，「我が国の音楽科授
業の一般的な課題として，基礎的な音楽能力を系
統的にはぐくむことが達成できていないことが古
くから指摘されてきた」（音楽教育の課題），ある
いは「現代の教育界で求められている社会的な資
質・能力を音楽科としてどのようにはぐくめばよ
いのかが課題となっている」（教育全体としての
課題）というような課題を掲げた上で，何を明ら
かにするのかという研究の目的と方法を明示す
る。そして，「本研究によって，……に関して示
唆を得たい」等と本研究の意義を述べる。

　研究の目的は，「音楽を学ぶこと」そのものを
明らかにすることであり，その答えを結論のとこ
ろで明確に述べることは必須であるが，これに加
えて最後に，研究の背景となった現代が抱える課
題に対して，この研究によって示唆を得ることが
できたことを具体的に述べると完成となる。

（三村真弓）

【引用文献】
菅道子（1998）「戦後改革期におけるコア・カリキュラム編
　　成と音楽教育」『日本の教育史学』vol. 41，pp. 96-114.
長谷川諒（2015）「ベネット・リーマーの一般音楽カリキュ
　　ラム―その史的意義と今日的意義―」『日本教科教育学会
　　誌』第38巻第2号，pp. 57-68.
三村真弓・吉富功修・伊藤真・井本美穂（2015）「岐阜県古
　　川小学校における「ふしづくりの教育」の音楽教育及び
　　人間教育としての意義―昭和40年代後半の音楽科授業の
　　実際に注目して―」『音楽学習研究』第10巻，pp. 61-72.

音楽行動を捉え，その特徴を明らかにすること

1．音楽行動を定義する

　音楽は，ただそれだけで存在しているのではなく，例えばC. スモール（2011）の「どんな立場からであれ音楽的なパフォーマンスに参加することであり，これには演奏することも聞くことも，リハーサルや練習も，パフォーマンスのための素材を提供すること（つまり作曲）も，ダンスも含まれる。私たちはこれに，チケットのもぎり……を含めることすらできる」(pp. 30-31)というミュージッキングの定義のように，人間が何かを行うことによって初めて成り立つ。つまり，音楽について考えることは，それに関わって人間が何かを行うことについて考えることと言えよう。

　「行う」に類する学術的概念としては，「行動」と「行為」がある。心理学で「行動」と言うと，外部からの刺激への反応として捉える傾向が強く，社会学で「行為」と言うと，その人の意思が反映されているものとして捉える傾向が強いというように，少し違いがあるが，本項では，両方の特徴を含めて，「音楽に関わって人間が何かを行うこと」を「音楽行動」と概念定義することにしたい。

2．研究対象としての音楽行動を捉える

　音楽行動を研究するには，研究の対象として，「〈誰が〉音楽行動をしているのか」という音楽行動の主体を捉えて，その特徴を明らかにすることや，「〈どういう〉音楽行動をしているのか」という音楽行動の客体／種類／場／頻度等を捉えて，その特徴を明らかにすること等が考えられる。

　では，どうやったら特徴を明らかにすることができるだろうか。例えば「小学校3年生の女子児童がピアノを弾いている」としよう。この音楽行動が普通のことなのか特別のことなのかは，〈誰が〉については，2年生や4年生，中学生，男子等と比べたり，〈どういう〉については，バイオリンを弾くこと，コンサートを聴きに行くこと，絵を描くこと，スポーツをすること等と比べたりしなければ分からない。

　つまり，音楽行動を捉え，その特徴を明らかにすることとは，その特徴を際立たせられる対象の範囲を設定し，分類軸を立て，比較する「蒐集・分類・比較」という手続きを踏むことである。調査や実験等によって実証的に特徴を明らかにする研究の成否は，適切にこの手続きを踏んでデータを得られるかどうかにかかっている。そこで，以下では，〈誰が〉と〈どういう〉を取り上げて，どのような蒐集範囲や分類軸があるかを整理する。

2.1 音楽行動の主体を捉える

　研究の対象として「〈誰が〉音楽行動をしているのか」という音楽行動の主体を捉えるためには，研究者が誰の音楽行動に関心をもっているのかを明確にもち，その特徴を際立たせることができる分類軸を適切に立てる必要がある。例えば，以下のような蒐集範囲や分類軸が考えられる。

　ⅰ．発達段階やライフステージの異なる3才児と5才児や30才代と60才代といった「年齢」。

　ⅱ．身体的・社会的成熟度や自立の程度が異なる子どもと大人といった「年齢層区分」。

　ⅲ．声楽の女声と男声や習いごとへの参加率の男女差といった「性別」。

　ⅳ．教育目標や内容が異なる小学生と中学生や3年生と6年生といった「学校段階」や「学年」。

　ⅴ．職業として携わる音楽家と趣味や生涯学習として関わる一般人といった「専門性」の違い。

　ⅵ．一人または非常に少数の人々なのか大人数なのかといった「個人」と「集団」の違い。

vii. ある特定の地理的・歴史的・文化的特徴をもつ「地域社会」「民族」「国」とその「構成員」。

viii. その他，例えば吹奏楽部等の，ある目的をもって組織された「社会集団」とその「構成員」。

2.2 音楽行動の客体／種類／場／頻度等を捉える

研究の対象として「〈どういう〉音楽行動をしているのか」という音楽行動の客体等を捉えるためには，研究者がどういう音楽行動に関心をもっているのかを明確にもち，その特徴を際立たせることができる分類軸を適切に立てる必要がある。

その際，「歌う」「聴く」等の音楽固有の行動がまず思い付く。これは，例えば美術固有の行動の「描く」「見る」等とは異なるが，スポーツも含めた文化への参与（involvement）の形態に当てはめると，「する・鑑賞する・支える」として共通に分類することができよう。この分類軸の括りによって，音楽行動の中での比較や他の文化行動との比較が容易になる。なお，共通の分類項に，音楽行動は以下のように含まれる。

ⅰ. 音楽行動としての「する」には，「歌う」「奏でる」「つくる」等が含まれる。

ⅱ. 音楽行動としての「鑑賞する」は，主に，コンサート会場やテレビや CD 等で「聴く」だが，ダンスや演奏者を「見る」も含まれる。

ⅲ. 音楽行動としての「支える」は，音楽団体の運営やコンサート会場の経営，楽器や楽譜や記録媒体の製作・販売等が該当するだろう。

３．音楽行動を実証研究の俎上に載せる

3.1 調査や実験の方法選択の留意点

音楽行動を捉え，その特徴を明らかにするには，問題関心に基づき，リサーチ・クエスチョンを立てて，得られたデータをどういう学術的な視点から考察するのかという研究枠組みを設定して，適切な調査や実験の方法を選択する必要がある。方法選択の際に次の 2 点に留意すべきであろう。

ⅰ. 個体か群か：音楽行動の主体を，1 個の個体として捉えてその代表的な特徴を明らかにしたいのか，群として捉えて，諸個体の分布の特徴を明らかにしたいのか。前者には事例研究が，後者には統計的研究がよりふさわしい。

ⅱ. 数量的な把握に馴染むか否か：音楽行動の客体をデータで把握するに当たって，その行動にある程度代表性と普遍性をもった 1 単位幅を設定できるかどうか。できるなら量的データが，できないなら質的データがよりふさわしい。

3.2 事例

以上を踏まえて，音楽行動を捉えてその特徴を明らかにするに当たって，どのような研究方法を採用しているか，最後に事例を二つ紹介する。

事例 1 ：西島（2004）は，どのような音楽学習歴をもつ一般成人が，クラシックコンサートを聴きに行くのかということに関心をもった。そこで，一般成人を音楽学習歴の違う群として捉えて，コンサートに行く頻度の違いを数量的に把握しようとした。コンサート会場の成人聴衆を対象にアンケート調査を実施して，音楽学習歴とコンサートに行く頻度の関係を量的データで分析・考察した。

事例 2 ：萩原（2018）は，アマチュア合唱団の活動を生涯学習と位置付け，団員の音楽の学びが活動を通してどのように変容したかを捉えようとした。関心は団員間の学びの違いよりも合唱団での活動を通した生涯学習としての学びにあり，その学びは一定基準で数量化できるものではない。そこで，少人数の団員へのインタビュー調査を実施して，学びの変容を質的データで分析・考察した。

（西島　央）

【引用・参考文献】

スモール，クリストファー（2011）『ミュージッキング―音楽は〈行為〉である―』野沢豊一・西島千尋訳，水声社.

西島央（2004）「誰がクラシックコンサートに行くのか―東京・新潟・鹿児島のコンサート会場におけるアンケート調査をもとに―」『東京大学大学院教育学研究科紀要』第 43 巻，pp. 57-76.

萩原史織（2018）「音楽の生涯学習における学びの質的変容―《第九》を歌うアマチュア合唱団の事例研究を通して―」『平成 29 年度全日本音楽教育研究会 大学部会 会誌』pp. 42-49.

音楽文化を継承すること

1．はじめに

　音楽は，それが生まれた国や地域の言語・宗教・生活様式・習慣等，人々の営みによって生まれた文化の中で生成され，伝承され，受け継がれていくものである。

　本項では，日本の伝統音楽を具体例として音楽文化の継承に関する研究を二つの視座から取り上げる。第一には，特に伝統音楽の担い手として伝統的な場においてその師匠や先輩等から正統的継承者となるべく，「わざ」等を習得・修得する場合である。第二には，学校教育で子どもたちが伝統音楽・芸能を学ぶ場合である。前者では音楽文化そのものの次世代への継承，後者では音楽文化の体験と理解・学習という側面が強く，それらの研究方法も同一ではない。

2．伝統的な場における継承に関する研究

　澤田（2013）によれば，日本の伝統音楽の継承・伝承については 1970 年代後半から学習という観点から研究が行われるようになったと指摘している。そして 1990 年代までの様相について能あるいはその他の伝統音楽・芸能における学習の過程や方法の研究を概観している。以下では能を例として二つの研究を紹介する。

　中西（2007）では，能の学習プログラムを提案している。そこでは，「わざ」の修得過程の理論的な説明を試みた生田（1987）に依拠して解明された，能の仕舞における「わざ」の習得過程に基づいて学習プログラムを設計している。田村（2012）では，地域で伝承されている謡の学習過程について，学習者の個の追求と学び合いによる「自己変容」の過程を明らかにしている。個のレベルでは，「形」の模倣段階，「形」から「型」への移行段階，「型」の習熟段階の 3 段階を経て進

むことを明らかにしている。更に集団のレベルでは，文化的な営みへの参入段階，地域文化の担い手意識の生成段階，地域文化の担い手として意識が高まる段階の 3 段階に分けて考察している。

　一般に伝統的な場における学びの過程は外部からは分かりにくいものであるが，文献調査や聞き取り調査，参与観察を通して，そのプロセスを解明しようとする研究は，今後の音楽文化の継承過程を考える上でも，更には伝統に根差した学びを学校教育に取り入れる際にも，大きなヒントを与えてくれる。

3．学校教育における伝統音楽の学習の研究

　伝統に根差した音楽文化の学びを学校教育に取り入れ，文化を伝承していくことは子どもに内在する音楽性を引き出す上で意義深く，そのための以下の研究を紹介する。

　日本学校音楽教育実践学会編（2017）は日本伝統音楽のカリキュラムの理論と実践の研究である。まず，日本の伝統音楽は，音楽そのものを切り離して捉えるのではなく，包括的に捉える必要があると指摘した上で，「人と地域と音楽」，「音楽の仕組みと技能」，「音楽と他媒体」という三つの柱を関係付けながらカリキュラム構築の理論が説明されている。次いで，幼稚園・小学校・中学校・高等学校・特別支援学校を対象として理論に基づいた 10 の授業例が紹介されている。歌唱・器楽・音楽づくり，鑑賞の幅広い活動が取り扱われている。本研究は，学校音楽教育において日本の伝統音楽を扱うことの意味からその方法までを，理論と実証に基づいて示したという点で意義深い。

　日本音楽の教育と研究をつなぐ会編（2019）では，日本の伝統音楽の本質に根差した学習をデザ

インするために「唱歌」あるいは「口唱歌[1]」を切り口としてDVD教材の開発をしている。まず「唱歌を知る」として，日本の伝統音楽を学習する際の唱歌の重要性や授業への生かし方が説明されている。次に「唱歌をいかす」として，雅楽・能・箏曲・長唄・祭囃子について教育現場に楽器がない場合でも練習できるように実演家の模範演奏や子どもが唱歌を学んでいる様子の映像が収録されている。更に解説として，それぞれの種目の魅力や，唱歌を取り入れた授業実践例や譜例集等，学校の授業ですぐに実践できるようにするための情報が収載されている。そして，和楽器を演奏するだけでなく，日本の伝統音楽を教材とした音楽づくり・創作や鑑賞の学習を一層充実させることを目指している。唱歌という観点から，様々な種目の教材を，音楽学及び音楽教育学の研究者と教員が協働してつくり上げ，実際に子どもの学びの姿がイメージできる教材の研究を行った意義は大きい。

　個々の実践研究をみてみると，山内（2014）は，伝統的な歌唱を生かした歌唱指導の教育的意義を，小学校における実証的研究を通して明らかにしている。小学校における民謡，長唄，謡等の具体的な授業実践を専門家でなくとも一般化しうる方法を提示している。伝統的な歌唱の声質について，音声生理学や音響学の視点からも考察しており研究に厚みを加えている。また，伝統的な歌唱を生かした歌唱指導が子どもにもたらした音楽的あるいは人間的成長を示していることは興味深い。また，2009年から2018年3月までの『音楽教育学』及び『音楽教育実践ジャーナル』を参照すると，能楽師と「能の表現学習」に主軸を置いて教材開発及び授業実践を行っている奥（2015）や，実演家と連携して小学校で長唄《小鍛冶》を題材とする教材開発及び授業実践を行っている本多・山田（2013）等，伝統に根差した教え方を重視し，実演家・教員・研究者が協働して教材開発や授業実践に取り組んでいる研究もいくつかみられる。

4．おわりに

　音楽文化を継承することを研究対象とする場合，音楽を，それを取り巻く文化的・社会的要素との関わりの中で包括的に捉え，継承のプロセスを考察していくことが重要である。そして，伝統的な学びの場における継承者の学びの過程や変容を考察したり，学校教育において伝統の本質に根差した学びを取り入れた教材を開発して長期的実践をし，子どもたちの学びの過程を分析したりすることで，その継承プロセスの本質に迫ることができるのではないか。更に，受け継いでいく子どもたちが学びを深めていくうちに新たなものが生まれ，発信され，継承されていくこともあると思われる。

（田村にしき）

【注】
1）中学校学習指導要領（2018）では「我が国の伝統的な歌唱や和楽器の指導に当たっては，言葉と音楽との関係，姿勢や身体の使い方についても配慮するとともに，適宜，口唱歌を用いること」とされ，伝統的な学びにおいて重視されてきた「口唱歌」を用いた学習について記載されている。

【引用・参考文献】
生田久美子（1987）『「わざ」から知る』東京大学出版会.
奥忍（2015）「能楽師と共に創り上げる能の表現学習―《船弁慶》を中心に」『音楽教育実践ジャーナル』vol. 12, no. 2, pp. 78-88.
澤田篤子（2013）「日本の伝統音楽の学習にかかわるカリキュラムの研究動向―学校教育と伝統的な場における学び―」『音楽教育学』第43巻第1号, pp. 34-41.
田村にしき（2012）「宮城県北部における謡の伝承の実態―個の追求と学び合いによる『自己変容』の過程の分析から―」『音楽教育学』第42巻第2号, pp. 1-12.
中西紗織（2007）「能における『わざ』の習得に関する研究―事例分析からの学習プログラムの開発を通して―」東京藝術大学大学院博士論文.
日本音楽の教育と研究をつなぐ会編（2019）『唱歌で学ぶ日本音楽』音楽之友社.
日本学校音楽教育実践学会編（2017）『日本伝統音楽カリキュラムと授業実践―生成の原理による音楽の授業―』音楽之友社.
本多佐保美・山田美由紀（2013）「実演家との連携をめざした日本伝統音楽のアウトリーチ授業―長唄《小鍛冶》を題材とする小学校での授業を例に―」『音楽教育実践ジャーナル』vol. 10, no. 2, pp. 56-62.
山内雅子（2014）「伝統的な歌唱を生かした歌唱指導の教育的意義―小学校における実証的研究を通して―」東京学芸大学博士学位論文.
文部科学省編（2018）『中学校学習指導要領（平成29年告示）解説 音楽編』教育芸術社.

2-2　研究の場を決める　1

乳幼児の世界

1．乳幼児研究の場

　乳幼児の音・音楽に関連する研究としては，乳幼児の歌唱の発達，乳幼児音声と乳幼児の歌唱様音声の関係について，対乳児音声・歌唱，乳幼児の音楽的行動，乳幼児の音・音楽環境，乳幼児の音・音楽知覚等，多様な研究が行われている。これらの研究の場としては，①家庭，②保育・教育現場，③研究機関がある。家庭や保育・教育現場での観察（録音・録画を含む）による研究では，個々の子どもや母子，複数児のコミュニケーション等について，日常の自然なデータを得ることによる研究やできる限り日常に近い状態での実験的研究が行われている。研究機関では後述する科学的な研究が主に行われている。

　紙幅の都合により本稿では，日本での研究の場における主に基礎研究の成果や利用することができるデータについて挙げ，諸外国の研究については『子どもと音楽』[1]『絆の音楽性』[2]を紹介するのみとする。なお本稿末尾に，乳幼児の世界について研究する際に気を付けたいことを述べ，新しい研究の動向を述べる。

1.1 家庭での乳幼児研究

　家庭で乳幼児の音声や行動を継続的に観察・録音・録画しデータ化したものを分析する研究は少なくない。永田（1981）は 4 児の観察記録から声による音楽表現を分類した。伊藤（1978），志村（1991），坂井（2015）らは乳幼児の音声を音響的に分析し，歌唱様の音声に関する研究を行っている。家庭での継続的な録画データに基づく岡林（2010）の音楽的行動に関する研究も表現領域に繋がる研究と言える。

1.2 保育・教育現場での乳幼児研究

　保育・教育現場でデータを取る研究としては，まず，梅本・新名（1971）のメロディー感の発達

に関する先駆的研究がある。また，藤田（1990）は音楽行動に関する一連の研究を残している。谷村（2012）は，幼稚園での自閉症児の音楽的発達を促す研究をもとに，音楽活動による支援の方向性を示している。志村（2016）は保育室の音環境について，保育室の残響時間の測定と時系列の室内音量の測定解析を行い，現状がもたらす聴力や言語獲得への問題点の指摘を行っている。

1.3 研究機関での乳幼児研究

　研究機関で行われる乳幼児研究，特にことばの理解・表出ができない乳児の研究については，選好振り向き法，吸啜反応，脳血流量を測定する光トポグラフィー，視線計測（トビー等）等の機器を駆使した研究が行われている。同志社大学赤ちゃん学研究センター[3]，玉川大学赤ちゃんラボ[4]等の大学や企業の研究機関で乳幼児研究が行われており，音楽に関しても各研究機関で順次成果の発表が行われている。ここまで乳幼児研究の場を分けて解説したが，実際には複数の場で行われる研究や，次項で述べる既存データ（ベース）を利用する研究も少なくない。

2．乳幼児研究のデータ

　データの収集は，時間・費用・労力において困難な点が多い。そこで本項では，公開されているデータについていくつか挙げておく。まず音声に関しては「NTT 乳幼児音声データベース」があり，家庭での 5 児のおよそ 5 歳までの音声をことばや母音で検索することができ，これには歌と聞き取られる音声も含まれる。他言語に関してはダウンロードにより入手することができる「CHILDES」があり，利用方法を説明した書籍[5]も刊行されている。また，同志社大学赤ちゃん学研究センターは「共同利用・共同研究拠点」として，収集・分

譲事業を推進しており，無償で分譲情報が提供されている。乳幼児音声・音楽研究者によるDVD-ROM「動く赤ちゃん事典」も検索機能があり，書籍[6]の付録として購入することができる。またヤマハでは楽器等に対する乳幼児の行動をデータベース化しているということである（丸山ほか2014）。その他，姉妹の0歳から5歳までの音楽的な遊びを収録したDVD（解説付き）も刊行されている[7]。こうしたデータ（ベース）の更なる整備と簡便な利用が待たれる。

3．乳幼児研究のこれから

　家庭，あるいは保育現場での研究において重要な点は，自然な音声・音楽表現を収録すること，たまたま1回だけ起こったことでないことを確認できること，端的に言うと複数の状況，複数の被験者が必須である。また，発語前の乳幼児を対象とした研究は特に，統計的・科学的研究であることが必要であろう。

　近年，乳幼児の世界を研究したものとして『音楽教育実践ジャーナル』[8]の特集「0．1．2歳児と音楽教育」，日本赤ちゃん学会音楽部会による『乳幼児の音楽表現』[9]があり，乳幼児の実際に基づく最先端の研究が掲載されている。

　また，日本音響学会編の音響サイエンスシリーズには音響や音声に関する科学的な事実や研究が網羅されているが，最新刊の麦谷綾子編著『こどもの音声』[10]では，子どもの音声発達に関する研究手法，音声知覚・音声生成のみならず，感情音声，そして音楽についても科学的手法による研究成果が示されている。このうち音楽に関する章は梶川祥世によるもので，「対乳児歌唱」や「知覚と認知」「生成」，更には「音楽と言語の関わり」や「音楽行動と社会性の発達」について，自身の研究を含めた様々な場での研究を紹介していて明解である。

　本稿では，研究を組み立てるための土台である「場」を中心に述べたが，それぞれの場における困難な点は今後，同様な研究の連携によって解消

され得るのではないだろうか。　　　（坂井康子）

【注】
1）梅本堯夫（1999）『子どもと音楽』東京大学出版会.
2）Malloch, S. & Trevarthen, C. (eds.) (2009). *Communicative Musicality: Exploring the Basis of Human Companionship*, NY: Oxford University Press Inc.（根ケ山光一・今川恭子・蒲谷槇介・志村洋子・羽石英里・丸山慎監訳（2018）『絆の音楽性―つながりの基盤を求めて―』音楽之友社.）
3）同志社大学赤ちゃん学研究センター「BABLABはじまりは赤ちゃんから」
4）梶川祥世ほか（2014）『なるほど！赤ちゃん学―ここまでわかった赤ちゃんの不思議―』玉川大学赤ちゃんラボ,新潮社.
5）宮田Susanne, Brian MacWhinneyほか（2004）『今日から使える発話データベースCHILDES入門』ひつじ書房.
6）佐々木正人編著（2008）『アフォーダンスの視点から乳幼児の育ちを考察』小学館.
7）平井恭子（2016）『音楽的な遊びに見る乳幼児の発達』第1巻～第4巻, 新宿スタジオ.
8）日本音楽教育学会（2017）「特集 0．1．2歳児と音楽教育」『音楽教育実践ジャーナル』vol. 15, pp. 4-5, pp. 76-132.
9）小西行郎, 志村洋子, 今川恭子, 坂井康子編著（2016）『乳幼児の音楽表現―赤ちゃんから始まる音環境の創造―』中央法規出版.
10）麦谷綾子編著（2019）『こどもの音声』日本音響学会編,音響サイエンスシリーズ21, コロナ社.

【引用・参考文献】
伊藤勝志（1978）「幼児初期の歌唱行動について」『北海道教育大学紀要』教育科学編, 第28巻第2号, pp. 157-170.
梅本堯夫・新名和子（1971）「メロディー感の発達研究」『音楽教育研究』no. 62, pp. 20-31.
岡林典子（2010）『乳幼児の音楽的成長の過程―話し言葉・運動動作の発達との関わりを中心に―』風間書房.
坂井康子（2015）「乳幼児の歌唱様音声の韻律的・音響的特徴」『ベビーサイエンス』vol. 15, pp. 46-63.
志村洋子（1991）「一歳児の歌―歌唱様発声の音響分析的研究―」日本音楽教育学会編『音楽教育学の展望Ⅱ下』音楽之友社, pp. 152-165.
志村洋子（2016）「保育活動と保育室内の音環境―音声コミュニケーションを育む空間をめざして―」『日本音響学会誌』72(3), pp. 144-151.
谷村宏子（2012）『音楽療法の視点に立った保育支援の試み―実践記録の分析と新たな提案―』関西学院大学出版会.
永田栄一（1981）「子どもの音楽表現の形成と学習（1）～（終）」『季刊音楽教育研究』no. 26, pp. 160-167; no. 27, pp. 154-163; no. 28, pp. 158-166; no. 29, pp. 156-163.
藤田美子（1990）「保育園2才児クラスで観察された話し言葉と歌の中間形式」『日本保育学会大会研究論文集』第43巻, pp. 148-149.
丸山慎・山崎寛恵・森内秀夫（2014）「乳幼児期における音楽的行動の発達研究データベース―機能の解説と研究への利用可能性の検討―」JCSS Japanese Congnitive Science Society, pp. 511-514.

2-2 研究の場を決める 2

音楽科授業における教師研究
教師の実践知

1．研究対象と調査範囲

　学校教育現場で行われる授業は，様々な研究対象を内包している。例を挙げると，教材，教育内容，学習形態，指導方法，カリキュラム，教師，学習者等々，枚挙にいとまがないほどである。すなわち授業とは，多くの研究対象が複雑に絡み合いながら混在する多角的で重層的な研究フィールドといえよう。そのため授業研究では，対象を明確にして調査範囲の焦点化を図ることが極めて重要となる。この点に従い本項では，音楽科授業を行う時の教師の実践知（practical knowledge）に焦点を当て，論を展開する。音楽科における教師研究の方向性を，教師の実践知解明により期待される成果と方法論上の課題，の2点から検討する。

2．実践知とは

　1980年代前半，ドナルド・ショーン（Donald Schön）は，ジャズ・ミュージシャンの例を挙げながら，行為と思考に関して次のように説明した。

　集団でつくり上げている音楽に対して，個人が寄与できる音楽について行為の中で省察している。そして自分が今していることをその過程で考え，自分のやり方を変化させていく（ショーン 2001, pp. 90-91）。

　この言葉からも理解できるように，ある状況における実践者の行為は同時に思考を伴う。この行為と思考は不可分な関係にあり，実践者本人さえも気付かないうちに生起するといった暗黙性をも具備している。このような「個別具体的な状況で発揮され，更新される実践者独自の知識や思考様式，方略の総体」を「実践知」として定義する[1]。また，その特徴としては，①個人の実践経験によって獲得されること，②実践において目標指向的であること，③実践の手順や手続きに関わること，④実践場面で役立つこと，の4点が挙げられる[2]。

3．実践知解明の方法

　教師の実践知を解明する方法として，再生刺激法（stimulated recall method）を取り上げる。この方法の有効性は，多くの研究者に認められている（秋田 1992）。手順の概要は次のとおりである。

　①授業の様子をビデオにおさめる。授業者と学習者の相互作用の様子を撮影。→②授業後，できるだけ時間が経過しない早い時期に授業者に録画を見せる。→③教授行為が生じる度にビデオを一時停止し，なぜそのような教授行為をとったのか問いかけ，授業者の思考を探る。→④問いかけに対し，授業者が発話したことを記録し文章化（調査記述）する。

　調査記述の例（授業の一場面）を表1として示す。このような記述の全場面分を1命題1単位にカテゴライズし，様々な視点から数的，質的な分析を行う。

4．実践知解明により期待される成果

　筆者の研究では（高見 2014），再生刺激法を用

表1　授業の一場面における調査記述例

働きかけ場面 No.	教師の具体的な発言・行為（教授行為）	児童の発言及び行動	教師の思考1	教師の思考2
29	歌い出したら止めて「先生。今，H君歌う構えができたよ。すごいことです」という	聞く	歌い出しの構えを見つけ（みんなにそれを）紹介することで全員の構えをよくしよう	歌い出しの構えを5月いっぱいでつくり上げたい。今その訓練をしておけば6月以降はそのことを言わなくてもよくなる（みんなの歌い出しがそろうだろう）

いて，音楽科授業における優秀な熟練教師の実践
知の特徴が以下のように分析された。

①多元的な視点から，瞬間的かつ具体的に状況を
　捉える熟考性を有すること。

②授業中の出来事に主体的に関与し，音楽科の教
　育内容に関する視点を基盤とした文脈化された
　思考を伴うこと。

③刻々と変化する児童（生徒）の関心・意欲・態
　度に対して鋭敏であること。

④児童（生徒）に対して，音楽的視点と人間関係
　的視点を優先させて状況把握すること。

⑤焦点化された推論に基づいて判断すること。

⑥長期的な見通しを備えていること。

⑦「状況把握」「判断」「教授行為の選択」に緊密
　性と一貫性があること。

　この分析結果は「音楽科授業における教師の力
量を高めるプログラムの提言」へと結実した。こ
うした実例から考えても，実践知研究が教師教育
の促進という音楽科における緊要な課題に対し
て，有益な示唆を与えることは明らかである。

5．実践知解明の課題

　実践知解明による成果が期待される一方で，課
題も残されている。再生刺激法は，時間をあけず
に授業を省察するとはいうものの，事後検討の範
疇を出てはいない。つまり授業中の教師の思考と
して処理される発話は，すでに事後の知見と化し
た内容で構成されているのである。換言すれば，
その状況下でしか具現化し得ない実践知があると
すれば，それは収集されていないのではないか，
という指摘が成り立つ。すなわち，瞬間的にその
場で生起する「音楽に対する〈感じ〉」（ショーン
2001, p. 90）といった直感が鍵を握る音楽科にこ
そ，状況に埋め込まれた認知に基づく教師研究が
希求されるのである。

　他方，実践知解明の別の方法としては，オンラ
イン・モニタリング法，VTR中断法，シミュレー
ション法，ポリシー把握法，シンク・アラウド法
等が挙げられる。しかしながらこれらの方法にも，

他者の授業または想定された授業場面が対象とな
る，思考分析法としての性格が弱い等，方法論上
の課題が残る。

6．実践知研究の今後

　前述の課題をクリアし，その状況下でしか具現
化し得ない実践知を解明するため，今後は行為中
の認知をその場で発話しそれを記録する「オン・
ゴーイング法（on-going method: 生田 1998）」の
導入を模索したい。ただし，授業者自身がその時
の認知を語りながら授業を展開することは不可能
なだけに，この方法は授業観察者の認知を抽出す
るものとなる。この方法を用いれば，音楽科授業
を観察する教師間の実践知の差異を描写する等，
教師研究の新たな扉も開かれよう。

　また方法論だけではなく，調査者の分析能力の
向上にもつとめる必要がある。授業の文脈に即し
状況と対話（conversation with the situation）し
ながら分析する能力は，授業実践者だけでなく研
究者にも求められている。更には，教師研究を援
用し，演奏家，指導者といった専門職の熟達化や
音楽学習者の自己実現，あるいは学校音楽文化の
創造に及ぶまで，実践知解明による成果の裾野を
拡げることも視野に入れたい。　　　　（高見仁志）

【注】
1）砂上ら（2015, pp. 8-9）の理論を援用した。
2）楠見（2012, pp. 11-12）の理論を援用した。

【引用・参考文献】
秋田喜代美（1992）「教師の知識と思考に関する研究動向」『東
　京大学教育学部紀要』第32巻，pp. 221-232.
生田孝至（1998）「授業を展開する力」浅田匡・生田孝至・
　藤岡完治 編『成長する教師 教師学への誘い』金子書房，
　pp. 42-54.
楠見孝（2012）「実践知と熟達者とは」金井壽宏・楠見孝
　編『実践知―エキスパートの知性―』有斐閣，pp. 3-31.
ショーン，D.（2001）『専門家の知恵―反省的実践家は行為
　しながら考える―』佐藤学・秋田喜代美訳，ゆみる出版.
砂上史子・秋田喜代美・増田時枝・箕輪潤子・中坪史典・
　安見克夫（2015）「幼稚園4歳児クラスの片付けにおける
　保育者の実践知―時期の異なる映像記録に対する保育者
　の語りの分析―」『日本家政学会誌』66巻1号，pp. 8-18.
高見仁志（2014）『音楽科における教師の力量形成』ミネル
　ヴァ書房.

教育現場
教室の出来事を捉える

1．教室の特徴と研究の志向

1.1 学習の現場としての教室

　教室では，固有の学習経験や生活経験をもつ子どもや教師が集い，教科の学習を中心とした学校教育における実践に従事する。学校教育における実践を対象にする研究者は，教室に入り，子どもや教師と同じ時空間に身をおき，子どもや教師の思考や発話，行為，授業参加のあり方等に目を向け，それらが相互作用をしながら授業が展開する様子を捉えてきた。授業の展開や雰囲気，子どもの学習や生活を包括的に捉える研究は，教育方法学や教科教育諸学を中心に進められてきた。その後，心理学における質的研究法の広がりとともに，分析の妥当性や信頼性をめぐって，データ収集方法や事例の選び方等が議論されることで研究対象の選び方や研究手法がより洗練，精緻化されている。

1.2 制度的状況としての教室

　教室は，マクロには，教育法規を実体化する各種の制度の下で教育実践がなされているという点で，ミクロには，教育の場への参加者の行為や身体がある一定のパターンをなしうるという点で制度的であると言える。例えば，日本の教室においては，教科学習は学習指導要領という制度に基づいてその内容が選択されている。また，教室において成功裏に振る舞うためには，「学校」という場，「学級」という組織において適切とみなされている行動をうまくとることが必要となる。制度的状況を生きる当事者を捉える研究は，教育社会学や教育人類学を中心に進められてきた。参加者の行為は制度や規範に規定されつつ，これらを資源として円滑に営まれるものとして捉えられている。

1.3 制度と個人

　ここで問題となるのは，制度と個人との関係である。個人の行為は制度の制約を受けるが，それは一方向的なものではなく，個人の行為が集積することで制度が再構築される。制度は社会文化的文脈からの影響を大きく受ける。それゆえ，制度—社会文化的文脈—個人は相互に影響を及ぼし合い，これら三項の関係のあり方によって，実践のあり方は変わっていくと言える。そのような状況下での認知過程に関心をもっていたのは，ワーチ（2004）ら，ポストヴィゴツキアンによる種々のアプローチである。例えば，学校教育においては科学的なことばによる思考や探究といった学校教育制度に特有の様式で教科の内容を学ぶ。子どもは科学的なことばや探究の手続きを用いて教材に働きかける。ことばや手続きを用意したのは教師であり，その背景には科学的なことばや思考や探究の様式を用いて学ぶことをよしとする制度的な学校の文化がある。科学的概念や特定の学習様式の使用は，制度的に科学的内容を習得させるという公教育の論理に基づく。子どもはこのようにして制度的なカリキュラムにかなった知識や学習の型を身に付けていくというのである。子どもの側も制度にうまく適応し活用することで自らの発話を特権化できることをも学び，自らの学習環境を整える。

1.4 目的的営為の場としての教室

　教室で行われる諸活動は，極めて目的的な営みである。教師も子どもも，それぞれが活動主体として教室の「ひと・もの・こと」といった環境を自らの活動に応じてデザインする。研究には，その目的の実現がよりよく図られているかを検証し，必要に応じた改善策を提出することが求められる。実践現場を内側から理解し，教育的価値と向き合い，教師や子どもと協働してよりよい実践を創出することを目指す「実践を通しての研究」は，実践上生じた課題を研究者が教師とともに探

究していく点がその基盤となる。「実践を通しての研究」としては，「アクション・リサーチ」や「コンサルテーション」が挙げられる。更に，学習を促進するための認知的・社会的条件についての知見をもとに学習環境デザインを志向する学習科学の動き（例えば，ソーヤー編 2016-18）もある。

2．教室への参与と倫理

2.1 教室への参与

　教室をフィールドとする場合，校内研修の講師や授業支援員等の関わりが日常的にある学校にエントリーすることが多い。その場合，箕浦（2009）が指摘するように，観察者であるとともに当事者に直接的に関わる支援者でもあるというダブルロールをとることとなる。子どもや教師の授業参加や熟達の過程に分析的な目を向けながら，他方でその成就を支援し，共感的に受容する。その際の自己のありようは，当事者を対象化すべき自己と，支援すべき自己といった輻輳する自己間の葛藤が生ずる。そのような経験をどのように扱うのかは，研究方法上の課題である。

　また，教育研究の場合，優れた実践や先進的な実践を選んで取り上げることもしばしばある。モデルとなる授業を探してその特徴を描き出すことから敷衍して，優れた授業の要件等を明らかにしていく。このことは，教育を対象とする研究が価値中立的ではその役割を果たすことができない場合があることに起因する。つまり，教室の実態を探る研究だけではなく，教室のあるべき姿を探る研究も志向されうるのである。

2.2 分析と記述

　教室における営みを理解するためのフィールドワークは，他文化に赴いて行われることが多い人類学や社会学のフィールドワークとは異なり，調査者自らが慣れ親しんだ文化内において行われる場合が多い（箕浦 2009）。このことは，フィールドになじむという点では有利であるが，調査者の個人的経験の質が研究のあり方に大きく影響しうる点で，留意する必要がある。我々は学習や教育の営みを自らの被教育経験を手がかりとして理解しようとし，子どもや教師の経験に自身の経験を投影し「実践を理解した」とみなしてしまいがちである。研究者が自らの被教育経験を超えて，授業や学校という文脈と新たに出合い直す。そのためにも観察対象となった状況についての「厚い記述」（ギアーツ 1987）が必要なのである。

2.3 当事者との関係性

　教師にとって教室は，子どもと日中のほとんどの時間をともに生活しつつ，その子どもの特徴をみながら一人一人と関係性を形成し，学習や発達の支援を行う場である。調査者が入ることで，関係性形成や関係性のありように影響が出ることに留意し，子どもはもちろんのこと教師へのケアについて細心の注意を払う必要がある。

　教師の仕事の成果は，即時的に判断することが難しく，子どもたちのその後の人生に見いだすしかない。他方で，調査者が捉えようとするのは，「いま，ここ」の実践である。実践を丸ごと捉えようとする際に，調査者側にそのつもりはなくても，教師は自らの仕事が的確に捉えられていないと感じたり，「暴かれた」と感じうることに留意したい。教師には，集団の成員でありつつ，個々が自立した専門家であることが求められる。校内での立場，信念の微妙な差異に敏感になり，配慮することが調査者には求められるであろう。　　　（藤江康彦）

【引用・参考文献】

ギアーツ，C.（1987）『文化の解釈学 I』吉田禎吾ほか訳，岩波書店。〔Geertz, C. (1973). *The Interpretation of Cultures*: selected essays. New York: Basic Books.〕

ソーヤー，R. K. 編（2016-2018）『学習科学ハンドブック第二版（第1巻～第3巻）』森敏昭・秋田喜代美ほか監訳，北大路書房。〔Sawyer, R. K. (eds.) (2014). *The Cambridge Handbook of the Learning Sciences* (2nd ed.), New York: Cambridge University Press.〕

箕浦康子（2009）『フィールドワークの理論と実際 II—分析・解釈編—』ミネルヴァ書房。

ワーチ，J. V.（2004）『心の声—媒介された行為への社会文化的アプローチ—』田島信元・佐藤公治・茂呂雄二・上村佳世子訳，福村出版。〔Wertsch, J. V. (1991). *Voices of the Mind: Sociocultural Approach to Mediated Action*. Cambridge, Mass: Harvard University Press.〕

稽古場
能の「わざ」から学ぶ

はじめに

「稽古始めは六歳の六月六日から」[1] に従い，私も6歳で能の師匠のもとに入門した。3歳でピアノを習い始めたので，謡のふしをドレミで聴き取ろうとしたが，西洋音楽とは違う。最初の稽古場は，画家だった大伯母宅の画室で通い慣れた空間だった。板の間の床を拭き清め，礼に始まり礼に終わる。そこで起こることすべて「『なくてはならぬもの』として身体全体を通して納得し」（生田 2007, p. 80）つつ年月を経るうちに，立ち尽くしているだけで美しい能の身体はどのように獲得されるのか，「わざ」[2] の習得はどのように捉えることができるのかといった疑問が次々生まれた。

1．能の稽古：「わざ」の習得

疑問を少しでも解いてみたいという思いが研究につながった。「伝統芸道」の「わざ」から新たな「知識」観や教育のあり方について追究した生田（2007），世阿弥の稽古哲学を論じた西平（2009），日本の古典芸能の稽古に着目しその教育観について検討している玉村（2012）らの研究，世阿弥と能楽師の言説などに基づき試行錯誤を重ねている。本稿では一部を引きながら，能の稽古とは，能を習うとはどういうことなのか述べてみる。

1.1 模倣と繰り返し

能の稽古は一般的に1対1で行われ，師匠の謡や舞を弟子が模倣することから始まる。模倣可能な「形」を真似ぶことを繰り返し，演技全体の中で「型」を理解し，「わざ」の習得につながるという段階を踏んで学びが進むと私は捉えている。生田はこのプロセスを次のように図式化している（生田 2007, p. 18）。

| 模倣 ── 繰り返し …… 習熟 |

生田は，「わざ」の習得における「評価の非透

明性」を指摘し，弟子は師匠から「ダメだ」と叱責のように評価されることがほとんどで，なぜダメなのか教えられることはまれだと述べる（同pp. 17-18）。伝統芸能の稽古がしばしば「教えない教育」と言われる所以である。能の稽古も，学校教育カリキュラムのような教授・学習とは異なる。

西平（2009）は，近代学校教育の「教育」は原則として「すべての子ども」を対象にするのに対して，稽古はその道の入門者だけを対象にしており，稽古において後継者たる弟子たちは師匠と同じ芸境を目指すと述べている（p. ii）。素人弟子・玄人弟子の区別なく，師匠のやることなすことすべてを模倣することは，究極的には同じ芸境を目指すことも含んでいるのではないだろうか。

1.2 世界への潜入

稽古場に足を踏み入れた瞬間から稽古は始まっている。弟子は「わざ」伝承の真っ只中に身を置き本物の中で学び続ける。生田はこれを「世界への潜入」と呼ぶ。多くの場合師匠の生活空間でもある稽古場では，日常生活と稽古の境界が不明瞭であるからこそ師匠の生活のリズムと「わざ」固有の呼吸のリズムが連続しており，「世界への潜入」によって学ぶべきものは「文化遺産」としての「わざ」であり，「技能」としての「わざ」ではないのだと言う（生田 2007, pp. 70-84）。西平（2009）が「能を学び・身に付け・習熟し・研鑽を積み・芸を極めてゆく一連の出来事，さらにはそれを後継者に伝えてゆく営みも含めた出来事」（p. 237）と「稽古」を規定していることと重なる。

2．世阿弥の言葉

2.1 せぬ隙（『花鏡』表・加藤 1974, p. 100）

稽古と深く関わる世阿弥の言葉は数々あるが，ここでは「せぬ隙」をあげる。観世寿夫（1980）

は「せぬひま」と題した文章の中で「何もしないで立っているシテの姿が，さながら目に見えない光を放って，私の心に訴えかけて来た」(p. 63) と述べている。世阿弥は，自分の意識を自分自身に対してでさえ隠すようにして，舞や謡が止むところの「せぬ隙」を充実させなくてはならないと言う。何も起こっていないかのように見えながら，内面劇的なものが無心の境地から訴えかけてくる。これは能の大きな魅力だが，無心に舞うのは長い年月を要することである。「果てあるべからず」とひたすら稽古し，学び続けることをしなければ近づくことのできない境地。このようなことは，能本来の「教える・学ぶ」が学校教育の場になじまない理由でもあろう。世阿弥の言説は今も生きて通用することに溢れている。

3．身体から身体への学びと伝承
3.1 眼差し，生きざま，存在感
　観世銕之丞（2000）は，子方として祖父華雪と共演した能《仲光》で，華雪の目の光のリアリティーや華雪自身の生きざまと重なり合った役の絶対的存在感について語っている (p. 246)。「眼差し」「生きざま」「存在感」が，稽古や実際の演技の中で身体を通して伝わる。銕之丞はまた「いわく言い難いところ」を稽古を通して体得する重要性についても説いている（同，p. 221）。
3.2 能の声のコミュニケーション
　子どもの謡の稽古において，師匠は子どもと向かい合い高いトーンの強い声によって一句謡う。子どもも負けじと師匠の謡を真似る。「蝉が鳴くような」イメージで，師匠が身体ごと声を出していることを実感させ，声や身体への素早い反応を誘うことを繰り返し積み重ねる。能の声の身体感覚を身に付けさせるための仕掛けの一つと言えよう。
　観世銕之丞（2012）は，子どもの声の効果や，自分の声がきちんと聴かれていることを子ども自身が認識できることの重要性を説いている (pp. 98-99)。以上のことは，声と身体性，声とコミュ

ニケーション（中西 2017）ということにも新たな示唆を与えてくれるだろう。

まとめにかえて
　以上述べてきたように，長い年月の中で培われてきた大いなる工夫や知が能の稽古の根底を支えている。そのような稽古の捉え方は，能の「わざ」習得の根底を支える精神性とも深く関わっている。「祈りの芸能」とも言われ，神事との関連も深い歴史をもつ能の精神性を一言で言うなら，畏れ，つまり畏怖や畏敬の念だと私は考えている。見えない世界，700 年近く伝承されてきたこと，そこに関わってきた数えきれない人たちへの畏れ。能は演劇なので，人間としてどう生きるかというテーマも深い。能を習うということは，文化・歴史や能の伝承を支える本質のようなものも含めて習うことになり，その道の後継者たる自覚や誇り，覚悟のようなものも含んでいるのかもしれない。
　　　　　　　　　　　　　　　　（中西紗織）

【注】
1）「此芸に於ひて，大方七歳（数え歳）を以て初とす」（『風姿花伝』表・加藤 1974, p. 15）によるという説がある。
2）私の研究では，守・破・離（江戸千家川上不白の言葉）で示す方法原理と，「形」「型」「わざ」という段階で示す習得内容の対応関係を見いだし，能の「わざ」習得プロセスの図式化を試みた。

【引用・参考文献】
生田久美子（2007）『「わざ」から知る』（コレクション認知科学 6）東京大学出版会.
表章・加藤周一校注（1974）『世阿弥　禅竹』（日本思想大系第 24 巻）岩波書店.
観世銕之丞（2000）『ようこそ能の世界へ―観世銕之丞能がたり―』暮しの手帖社.
観世銕之丞（2012）『能のちから―生と死を見つめる祈りの芸能―』青草書房.
観世寿夫（1980）『観世寿夫著作集 1 ―世阿弥の世界―』平凡社.
玉村恭（2012）「〈稽古〉の現象学―能楽仕舞の習得過程の微視的分析―」『上越教育大学研究紀要』第 31 巻，pp. 351-361.
中西紗織（2017）「『間』『あわい』のコミュニケーション―能から学ぶ『声』のコミュニケーション―」川島裕子編著『〈教師〉になる劇場―演劇的手法による学びとコミュニケーションのデザイン―』フィルムアート社，pp. 181-200.
西平直（2009）『世阿弥の稽古哲学』東京大学出版会.

地域社会
社会とつながる学び

1．地域社会と音楽教育研究

　地域社会をフィールドとした音楽教育の研究には，学校と地域との連携，生涯学習，アウトリーチ活動，地域の文化や音楽活動，伝統芸能等，様々な領域がある。いずれも社会とつながる学びである。本項は，こういった地域社会をフィールドとした音楽教育の研究方法について，事例を挙げながら考えてみたい。

　まず大切なのは，地域社会というフィールドとの向き合い方とスタンスである。研究を始める際に，すでに地域の中に指導者，演奏者，コーディネーター，参加者として入り込んでいる場合もあるだろうし，第三者として観察する場合もあるだろう。いずれにしても，対象となるフィールドに興味・関心をもち，実態をよく観察し，そこから考えることが必要である。

2．地域社会をフィールドとした研究の方法

　地域社会をフィールドとした研究の種類について見ていくことにしよう。量的な研究を統計的な調査で行うこともできるし，質的な研究を聞き取り調査や実験・観察などの分析や考察で行うこともできる。更に，そういった研究成果をもとに実践したり，新たな方法を提案したりすることもできるであろう。また，音楽教育に関わる政策や施策，社会システム等を考える際には，文化政策，アートマネジメントの研究手法も有効である。

　研究方法についていくつか事例を挙げながら見ていくことにしよう。社会とつながる学びについて考える時，生涯学習や地域での音楽活動等に焦点を当てることも多いと考えられる。観察者の立場からインフォーマルな音楽学習の過程を分析・考察した事例として，杉江淑子の研究を紹介したい。杉江は，音楽的趣味・嗜好の形成，若者文化

やポピュラー音楽等について，社会的・文化的視点から研究し，統計的な調査による一連の研究群を有する一方で，インフォーマルな音楽学習を聞き取りや観察から分析する研究も行っている。「ポピュラー音楽活動者のインフォーマルな音楽学習—アマチュア・バンドのケース・スタディー—」(2006) では，若者のポピュラー音楽の習得の仕方について研究しているのだが，大学生のアマチュア・ポピュラー音楽バンドのケース・スタディーから，聴取によって音楽を捉える学習方法を観察・分析している。杉江は，まず大学生の練習場面をビデオ録画し，再生記録し，再度バンドメンバーと記録ビデオを視聴しながら，疑問点等をインタビューする形式をとっている。研究では，インタビューや練習場面の記録から，聴取によって音楽を捉えていく過程が分かる部分を抜き出し，分析と考察を加えている。観察者として，バンドメンバーの大学生の素の発言を丁寧に分析しながら，学習者の実態から徹底的に学ぼうとする姿勢を貫いた研究である。

　地域社会での音楽活動の実践者から発した研究の事例として，西野桂子の地域における音楽ボランティアの研究を紹介したい。西野は音楽ボランティアを福祉施設等に派遣するNPO法人の代表であり，自らの活動の社会における意味を考えてみたいと研究を始めた。西野の修士論文「地域における音楽ボランティア活動に関する研究—福祉施設での活動を中心として—」(2013) は，まず地域の多様な音楽活動の種類と意義について整理した上で，音楽ボランティア活動の定義をし，更に全国の社会福祉協議会へ福祉現場における音楽ボランティア活動の質問紙調査を行って全国的な傾向を描き出し，調査を通して集まってきた全国の先進事例についても個別に紹介し，その特長を

分析した。更に，自らのNPO法人の事例を詳細に考察し，地域における音楽ボランティア活動の意義を受け手と送り手の側面からまとめている。西野は研究の過程で，常に実践者としての視点を忘れず，全国調査の結果や先進事例の分析も自らのNPO法人の活動に生かそうとしていた。

　まだ社会に浸透していない概念を提案するために，実践もしつつ，実践のための方策等を提案した研究の事例として，筆者のアウトリーチに関する論文を挙げたい。博士論文「音楽のアウトリーチ活動に関する研究―音楽家と学校の連携を中心に―」（林2003）は，まだ日本に音楽のアウトリーチ活動という概念が導入されていない時期に，その概念規定をし，実践例，実践のための方策等を提案した論文である。筆者は1998年にアメリカで音楽のアウトリーチ活動と出会い，その考え方や実践方法を日本に紹介したいと考えた。研究では，まずアウトリーチ活動の概念を定義した上で，アメリカで見聞きしてきた事例を紹介し，音楽のアウトリーチ活動がどのようなものなのか，日本にある従来の芸術鑑賞教室等とはどこがちがうのかについて論じた。アウトリーチについての興味の中心は，音楽家と学校との連携であったので，全国の公立学校に質問紙調査を行い，学校にどのくらいの割合で，どのように音楽家がゲストティーチャー等として入り込んでいるのかについて調査した。当時はまだ国内で十分な事例がなかったため，二つの小学校の音楽専科の先生方の協力を得て，年間指導計画の中に地域の音楽家と教師，子どもがコラボする授業を2年間にわたって導入し，子どもたちの反応を研究するというプロジェクトを実施し，研究の根幹とした。この研究の中では，概念を規定する，調査を実施し分析するといった理論的な部分だけでなく，アウトリーチの事例を取材に行って聞き取り調査をする，学校のカリキュラムの中に地域の音楽家とコラボする授業を導入してもらえるよう交渉する，音楽家と学校とのコーディネート等，企画や制作といった部分も多分に含まれていた。

3．地域社会とつながる学び

　このように，地域社会をフィールドとする研究は，まずはフィールドと真摯に向き合い，社会の現実や実態から考えていく研究領域だと言えよう。そのため，地域と人をつなぐ，人と人とをつなぐ，企画し，実践してみる等，考えることのみならず，積極的に行動することが必要となってくる領域だとも言えるだろう。

　2017（平成29）年に告示された新しい小中学校の学習指導要領において，「第3　指導計画の作成と内容の取扱い」では「生徒（児童）が学校内及び公共施設などの学校外における音楽活動とのつながりを意識できるようにするなど，生徒（児童）や学校，地域の実態に応じ，生活や社会の中の音や音楽，音楽文化と主体的に関わっていくことができるよう配慮すること[1]」と，音楽教育と地域社会との連携について明示された。学校音楽教育と地域がつながることで文化が創造されるということが意識される時代の中で，地域社会とつながる学びはますます重要になっていくと考えられる。
　　　　　　　　　　　　　　　　　　（林　睦）

【注】
1）小学校学習指導要領では2（1）ウ，中学校学習指導要領では2（1）のオに示されている。

【参考文献】
杉江淑子（2006）「ポピュラー音楽活動者のインフォーマルな音楽学習―アマチュア・バンドのケース・スタディー―」『関西楽理研究』vol. 23, pp. 69-87.
西野桂子（2013）「地域における音楽ボランティア活動に関する研究―福祉施設での活動を中心として―」平成24年度滋賀大学修士論文.
林睦（2003）「音楽のアウトリーチ活動に関する研究―音楽家と学校の連携を中心に―」平成14年度大阪大学博士論文.
林睦（2009）「音楽のアウトリーチ活動に関する一考察―日本における導入の10年と今後の課題―」日本音楽教育学会編『音楽教育学の未来：日本音楽教育学会設立40周年記念論文集』音楽之友社, pp. 280-290.
林睦（2013）「音楽教育におけるアウトリーチを考える―基本的な考え方，歴史的経緯，最近の動向―」『音楽教育実践ジャーナル』vol. 10, no. 2, pp. 6-13.
文部科学省（平成29年告示）「小学校学習指導要領」第2章 第6節 音楽.
文部科学省（平成29年告示）「中学校学習指導要領」第2章 第5節 音楽.

2-2 研究の場を決める 6

外国につながりのある人々や
多様なエスニック・グループの文化を探る

1．外国につながりのある人々と日本のエスニック・グループ

　わたしたちの周りには，多くの外国につながりのある人々が暮らしている。2018（平成30）年6月における在留外国人数は，263万7,251人で日本の総人口の約2％を占めている。外国人人口の中で最も多いのが中国人（28.1％），続いて韓国人（18.3％），ベトナム人（11％），フィリピン人（10.1％），ブラジル人（7.4％）となる[1]。一方で，日本には，アイヌ，琉球，在日コリアンといったエスニック・グループに属する人々がいる。

　近年増加している日本で暮らす外国につながりのある人々の中心は，1980年代以降，外国から日本に渡ってきた人々である。それらの外国につながりのある人々に対して，わたしたちは，アイヌ，琉球，在日コリアンの人々を一般的にエスニック・グループとして捉えている。

　それでは，エスニック・グループとはどのような集団なのだろうか。キャッシュモアは，エスニック・グループについて，「単なる人々の集合体または全住民の一部ではなく，共有された経験によって結合され，あるいは密接に関連づけられた自意識の強い人々の集まり」であり，「共有された経験は，必ずとはいえないが，たいてい剥奪（deprivation）の経験」（2003, p. 147）であると論じている。この定義は，アイヌ，琉球，在日コリアンも当てはまる。アイヌ，琉球，在日コリアンの人々は，ことばをはじめとする様々な文化を奪われ，日本社会への同化を余儀なくされてきた。キャッシュモアの考え方に基づけば，エスニック・グループは，抑圧されながらも自らの文化や歴史を守ろうとする特に意識の強い人々の集まりである。

　外国につながりのある人々，エスニック・グループに属する人々の双方とも地域社会に点在して生活していることもある。一方で，同じ国やエスニック・グループの人々とともに集住地域を形成して生活することも多い。したがって，それらの人たちの音楽について調査したいテーマに従って彼らの集住地域に出向き研究を進めることができる。

2．外国につながりのある人々の集住地域

　日本には，外国人人口の比率が5％を超える自治体が約50ある[2]。外国につながりのある人々やエスニック・グループに関する音楽や音楽教育についての課題を設定したら，こういった集住地域を調査の対象とすることができる。それでは，具体的に，集住地域の中のどういったところを対象に，フィールドワークを行えばよいのだろうか。在日コリアンの人々が多く暮らす大阪市生野区を取り上げて具体例を挙げる。

　生野区で暮らす人々の多くは，韓国併合以降日本で暮らすようになった韓国朝鮮人の人々とその子孫である。これらの人々は，在日コリアンと呼ばれており，現在，4世，5世と世代を積み重ねている。在日コリアンは，日本の植民地支配により様々な抑圧を受けながらも，自らの文化や伝統を保持してきた。したがって，単に外国につながりのある人々ではなく，在日コリアンというエスニック・グループとして捉えることができる。

　在日コリアンが多く暮らす生野区には，コリアタウンがある。そこでは，彼らの食や衣装といった様々な文化が受け継がれてきた。それに加えて，教育や行事も他の地域と異なっている。その一つが朝鮮学校の存在である。朝鮮学校は，朝鮮語によって授業を行っていることが特徴といえる。舞踊等の芸能も伝承されている。

　他方で，生野区のコリアタウンにある公立小学

校では，教育課程に在日コリアンの文化や歴史が位置付けられている。例えば，音楽の授業では韓国朝鮮の歌を歌うことや，総合的な学習の時間では，民族衣装を着て韓国朝鮮の伝統芸能を体験する学習を行っている。

　一方で，生野区では，1983年から2002年まで在日コリアンのまつりである「生野民族文化祭」を行ってきた。こうしたまつりは，その他の地域にもある。その一例として挙げられるのが京都市南区東九条のまつり「東九条マダン」である。「東九条マダン」も在日コリアン集住地域のまつりである。「東九条マダン」は，今日も継続して開催されている。飯田（2002）によると，こうした民族まつりは，宗教的儀式として行われる日本のまつりとは異なり，彼らの文化を伝承しつつも創造的であるのが特徴である（p.309）。

3．伝統芸能の新たな意味を探る

　それでは，外国人やエスニック・グループの集住地域の学校やまつりといった場で何を探求することができるのか，ここでは学校と人々が集まり文化を継承する場としてまつりを取り上げる。

　まず，地域で暮らす外国につながりのある子どもたち，そしてエスニック・グループに属する子どもたちが通う学校である。特に，集住地域であれば，それらの子どもたちに関わる様々な課題が学校の中で顕在化する。その一つが，子どものアイデンティティに関する課題である。集住地域の学校の音楽の授業では，教科書を中心とした教材を通して知識や技能の育成を目指すだけではなく，外国につながりのある子どもやエスニック・グループに属する子どもがルーツを探る目的が含まれている場合もある。そして，そういった学校に通う日本人の子どもは，彼らのアイデンティティを尊重できるように，外国につながりのある人々やエスニック・グループの人々に関連する音楽を学び，理解を深めるといった目的が付け加わる。

　それは，例えば，まつりのように，人々が集まっ

て民俗芸能を演じる場合も同様である。外国につながりのある人々やエスニック・グループの人々にとって，そこで継承されている音楽がどのように学習され，彼らの伝統を表現することにどのような意味があるのかを探求することは，これからの研究における重要なテーマである。

　グローバル化の進展に伴って，様々な国に移り住む人々がいる。こうした人々とともに文化も移動し，その移動した先で音楽も新たな意味を付け加えることになる。例えば，在日コリアンの人々がしばしば演奏するプンムルという韓国朝鮮の伝統芸能は，そもそも韓国朝鮮では豊作を祈って演じられている。しかし，在日コリアンがプンムルを演奏する時，その意味は大きく異なってくる。同様に，人や情報が国境を越えることによって，エスニック・グループの伝統に影響を与え，音楽も変容することもある。

　このように，音楽そのもの，そして音楽を演奏することの意味は，グローバル化の影響によって変化を避けることができない。それは，学校における音楽も同じである。それらの子どもたちにとって音楽にはどういった意味があるのか，そして，学校の中で，外国につながりのある人々の音楽やエスニック・グループの音楽がどのように学習され，どういった目的で演奏されているのか，集住地域に向かい，その意味を探ることが必要である。

（磯田三津子）

【注】
1）法務省ホームページ「平成29年末現在における在留外国人数について（確定値）」，インターネット，http://www.moj.go.jp/nyuukokukanri/kouhou/nyuukokukanri04_00073.html（2018/8/29にアクセス）
2）『週刊東洋経済』2018年2月号，p.25.

【引用・参考文献】
飯田剛史（2002）『在日コリアンの宗教と祭り』世界思想社.
キャッシュモア，エリス（2003）「Ethnicity エスニシティ」『世界の民族・人種関係事典』エリス・キャッシュモア編著，今野敏彦監訳・渡辺通弘・芝垣茂・野入直美訳，明石書店.
塩原良和（2012）『共に生きる―多民族・多文化社会における対話―』弘文堂.
志水宏吉編著，広田照幸監修（2009）『リーディングス　日本の教育と社会17　エスニシティと教育』日本図書センター.

第3部

音楽教育研究の
フィールドと実際

第1章

乳幼児と音楽

introduction

　音楽との関わりは生まれた時から，見方によっては生まれる以前から始まっている。人との相互作用，環境との相互作用，多様な事象との相互作用が人を育てるのであれば，音楽の学びと教えは，それが音楽教育という概念を冠さずとも，人生のスタートとともに始まる。

　第3部第1章は音楽教育研究のフィールドとして，最初に乳幼児の生きる場を取り上げる。音楽と関わること，音楽を介して人同士関わり合うことの始まりから，そこに起こる子どもたちの育ちと学びを探求する。そしてその育ちと学びを支えて生きる大人の役割を見つめていく。

　1-1 では，近年急速な進展を見せる乳児科学の知見が示される。近接諸科学を巻き込んだ「乳幼児と音楽」研究最前線は，大人が「習得させる」「学ばせる」と思い込んでいることを時には覆し，生涯をカバーする音楽教育研究の思考枠組みにインパクトを与えうるだろう。1-2 では，保育者，演奏家，教育者，研究者たちがそれぞれの立場からそれぞれの方法論で，乳幼児が生きる様々なフィールドを捉える。取り上げる実践は多岐にわたり，多様な文脈での音楽の学びと教えを包括する。

　読者は本章を通して，人生の土台の時期における音楽教育の可能性と未来を考えることができるだろう。

（今川恭子）

乳幼児の音楽知覚認知研究最前線

1．乳幼児の音楽知覚認知研究の展開

　1970年代後半までは，乳児は時間上展開するタイミングやピッチパターンを包括的に理解することはできないとの考えが主流であり，知覚心理学者たちは，乳児の単音節や単音の理解について研究を行っていた。最初の実験的な手法による乳児の音楽知覚認知研究は，のちに乳幼児の音楽知覚認知研究を牽引することとなるトレハブが，トロント大学で教鞭をとって初めて研究室に迎え入れた，当時大学院生であったチャングと行った研究である（Chang & Trehub 1977）。この乳児の音楽知覚に関する初めての論文では，心拍の減衰の程度を乳児の関心の指標とすることで，生後５か月児は旋律を弁別できることを示した。その後，当時開発されたばかりの首振り弁別法を取り入れた実験によって，乳児は旋律を構成する音の高さを個別に処理しているのではなく，時間上変化する音高パターンとして包括的に理解していることが明らかになってきたのである。

2．乳児の音楽知覚能力

　乳児は音楽レッスンを受けなくても驚くほど早い時期から音楽を理解する能力を示す。乳児は音楽的不協和音よりも協和音を好み（Trainor, Tsang & Cheung 2002），単純な旋律を記憶し，その変化を検出でき（Plantinga & Trainor 2009），旋律の記憶は何週間にもわたって保持される（Saffran, Loman & Robertson 2000）。また生後４か月ですでにハーモニクス情報を統合してピッチを知覚できる（He & Trainor 2009）。

　西洋音楽を含む多くの音楽システムでは，主旋律を高音域で奏でることが多いが，この音楽的慣習は神経生理学的にも理にかなっている。高音域と低音域の音を重ねて構成した音列の中に，まれに１半音のピッチのずれを挟むと，３か月児の脳波からは，ピッチのずれが低音域で起こった場合よりも高音域で起こった場合で，より強い反応が確認できる（Marie & Trainor 2014）。

3．音楽経験と音楽知覚

　発達早期の音楽の理解には音楽環境や経験も影響を与える。音楽の拍子構造は西洋音楽においては単純であって，２拍子，３拍子を基本とする等分の構造という特徴をもつが，ブルガリアやマセドニア等では３：２：２や２：２：３等の非等分の拍子構造をもつ民謡が親しまれている。西洋音楽文化圏のカナダで育った成人は非等分の拍子の変化を弁別できないが，同国の６か月児はブルガリアやマセドニアで育った成人と同様に弁別でき，生後12か月になると文化化によって非等分拍子の変化に気付かなくなる（Hannon & Trehub 2005）。

4．乳幼児期の音楽レッスンの効果

　近年，実験的手法による音楽レッスンの効果が報告されるようになってきた。音楽訓練によって，幼稚園児の音韻認識の向上（Degé & Schwarzer 2011）が確認されている。

　木琴やその他の打楽器等で親と乳児が一緒に音楽を生成する音楽教室に参加した乳児は，同期間，自宅で音楽を聴いた乳児よりも，ピアノ音に対する脳反応の活性化と前言語的ジェスチャー表出の増加を示す（Gerry, Unrau & Trainor 2012）。

5．聴覚システムと運動システムの相互作用の影響として理解する乳幼児期の音楽情報処理

　乳児は２拍子でも３拍子でも捉えることができるリズムパターンを聴きながら，どちらかの拍子

で上下運動を体験すると，その上下運動のパターンにマッチした拍子をより長く聴こうとする（Phillips-Silver & Trainor 2005）。つまり，乳児は運動と聴覚情報を統合することで曖昧なリズムから拍子を抽出することができる。人の脳内にはよく発達した聴覚野と運動野の間の神経経路が確認されている。この脳内神経経路によって，人は音楽に対して動きを同期することができるようになり，結果として社会的結束の高まりにつながったと考えることができる（Trainor 2015）。

6．音楽が乳幼児に与える情動的・社会的な効果

　他者とタイミングを同期した行動を促進する音楽行動には，社会的結束や協調性等を高める効果のあることが，近年の実験で明らかになってきた。4歳の子どもは他の子どもとテンポを合わせて歩き打楽器をたたきながら歌うといったテンポ同期を経験すると，より協力して行動するようになる（Kirschner & Tomasello 2010）。更に，テンポ同期による援助行動の増加は14か月児でも確認されている（Cirelli, Einarson & Trainor 2014）。

　音楽は乳児の覚醒と行動を調節する効果があり（Nakata & Trehub 2004），実験室で母親が無表情で黙っている不自然な状況では，録音された対乳児歌唱を聴くと対乳児発話を聴くよりも，ネガティブな表情を示したり泣き始める行動をより長く抑えることができる（Corbeil, Trehub & Peretz 2016）。臨床の場面でも，歌いかけること，乳児の呼吸のテンポに合わせて発声することで乳児の回復が促進する（Loewy, et al. 2013）。

7．今後の展望

　これからも乳幼児の音楽知覚認知研究は，音楽の枠組みを超えて，時間的パターン知覚の成熟が言語発達や認知発達全般に与える影響について，そして人が美しさを環境から認知する仕組みを理解するために重要な知見を与えるだろう。

（中田隆行）

【引用・参考文献】

Chang, H. W. & Trehub, S. E. (1977). "Infants' Perception of Temporal Grouping in Auditory Patterns." *Child Development, 48*, 1666-1670.

Cirelli, L. K., Einarson, K. M. & Trainor, L. J. (2014). "Interpersonal Synchrony Increases Prosocial Behavior in Infants." *Developmental Science, 17*, pp. 1003-1011. doi: 10.1111/desc.12193.

Corbeil, M., Trehub, S. E. & Peretz, I. (2016). "Singing Delays the Onset of Infant Distress." *Infancy, 21*, pp. 373-391.

Degé, F. & Schwarzer, G. (2011). "The Effect of a Music Program on Phonological Awareness in Preschoolers." *Frontiers in Psychology, 2*, p. 124. doi: 10.3389/fpsyg.2011.00124.

Gerry, D., Unrau, A. & Trainor, L. J. (2012). "Active Music Classes in Infancy Enhance Musical, Communicative and Social Development." *Developmental Science, 15*, pp. 398-407.

Hannon, E. E. & Trehub, S. E. (2005). "Tuning in to Musical Rhythms: Infants Learn More Readily Than Adults." *Proceedings of the National Academy of Sciences, 102*, pp. 12639-12643.

He, C. & Trainor, L. J. (2009). "Finding the Pitch of the Missing Fundamental in Infants." *Journal of Neuroscience, 29*, pp. 7718-7722.

Kirschner, S. & Tomasello, M. (2010). "Joint Music Making Promotes Prosocial Behavior in 4-Year-Old Children." *Evolution and Human Behavior, 31*, pp. 354-364.

Loewy, J., Stewart, K., Dassler, A.-M., Telsey, A. & Homel, P. (2013). "The Effects of Music Therapy on Vital Signs, Feeding, and Sleep in Premature Infants." *Pediatrics, 131*, pp. 902-918.

Marie, C. & Trainor, L. J. (2014). "Early Development of Polyphonic Sound Encoding and the High Voice Superiority Effect." *Neuropsychologia, 57*, pp. 50-58.

Nakata, T. & Trehub, S. E. (2004). "Infants' Responsiveness to Maternal Speech and Singing." *Infant Behavior and Development, 27*, pp. 455-464.

Phillips-Silver, J. & Trainor, L. J. (2005). "Feeling the Beat: Movement Influences Infant Rhythm Perception." *Science, 308*, p. 1430.

Plantinga, J. & Trainor, L. J. (2009). "Melody Recognition by Two-Month-Old Infants." *Journal of the Acoustical Society of America, 125*, pp. EL58-62.

Saffran, J. R., Loman, M. M. & Robertson, R. R. W. (2000). "Infant Memory for Musical Experiences." *Cognition, 77*, pp. 15-23.

Trainor, L. J. (2015). "The Origins of Music in Auditory Scene Analysis and the Roles of Evolution and Culture in Musical Creation." *Philosophical Transactions of the Royal Society B., 370*, 20140089. doi: 10.1098/rstb.2014.0089.

Trainor, L. J., Tsang, C. D. & Cheung, V. H. W. (2002). "Preference for Sensory Consonance in 2- and 4-Month-Old Infants." *Music Perception, 20*, pp. 187-194.

Wiltermuth, S. S. & Heath, C. (2009). "Synchrony and Cooperation." *Psychological Science, 20*, pp. 1-5.

1-1　フィールドに生きる理論　2

乳幼児の音楽性をめぐる研究最前線

1.「音楽性」とは何か

一般に，私たちの生活の中では「音楽性」という言葉を使う場面は多くはない。しかし，メディアから流れる歌声を聴いたり，オーケストラ演奏を評価する時，あるいは子どもの音楽に関わる活動を褒める際に「音楽性に富んだ演奏」とか「あの子には音楽性がある」等と使うことがある。

こうした場合の「音楽性」という語の定義はまちまちで，その解釈も単純ではない。例えば身近なウィキペディアの記載では，「音楽性は音楽に対する才能，理解，感受性を示す名詞」として，「ピッチ」「リズム」「ハーモニー」のそれぞれが包含する相違を区別可能であることを「音楽才能」と規定し，音楽の3要素を区別する力も音楽性に該当するとしている（日本発達心理学会編 2013）。

では，乳幼児期の子どもが音楽を聴取，受容し，自ら表現，表出する際の「音楽性」はどのようなもので，どのようにはぐくまれるのか。最近，新たな視点で進められてきた研究を紹介し，「音楽性」が現在の音楽教育にもたらすものを考えたい。

2.乳幼児の「音楽性」に関する新しい概念

2.1 乳児の感覚に関する研究の経緯

2006年にMcDermottとHauserが「霊長類（タマリン，マーモセット）は訓練によって音楽刺激を弁別できるものの，音楽のない状況（静けさ）をより選好する傾向がある」と明らかにしたことは，ヒト乳児が「静けさ」よりマターナルスピーチや歌いかけを選好するのは生得的なものと理解された（Nakata & Trehub 2004）。つまり，我々ヒトは音楽をそれぞれの民族の文化としてはぐくみながら，日々の生活や子育ての中で継承していることを示唆している。

また1960年代から始まった乳児行動学研究の進展により，乳児は自らが持つ聴覚や視覚等の感覚能力を早期から総動員し，母親を中心とした周囲の人と社会的な関係を結んでいくという視点が示されるようになった。Schaffer（1977）による感覚能力に関する研究手法では，1）社会的な行動については母児を一対とした枠組みで捉える，2）乳児は社会関係を結ぶ生得的な能力を備えている，3）相互作用では時系列を重視する，4）微視的分析手法の技術を導入する，等が視点として挙げられ，音楽分野を含む現在の心理学的研究のアプローチに大きな影響を与えた。

乳幼児が親や養育してくれる人の声や表情，動きに敏感に反応しながら，親密なコミュニケーションをする様子は，関係性を構築することとも大きく関わっている。これは胎児期から母親の声や体動に親しんできたことや，出生後からの親密な関わりが基盤になっていると考えてよい。

新生児や乳幼児が生まれ育つ環境にある音や声による「音楽」を受容し，また乳幼児が自ら表出する音や声がコミュニケーションに有用であることを理解することは，乳幼児にとってそのもてる力を培う基盤であるとともに，「コミュニカティヴな音楽」と位置付ける新しい概念が生まれたのである。

2.2「音楽性」の概念

2009年に刊行された *Communicative Musicality*（Malloch & Trevarthen：日本語訳『絆の音楽性―つながりの基盤を求めて―』）では，乳児と親や養育者の相互作用の中で生起する，感覚（触覚，視覚，聴覚）を通したマルチモーダルな相互交渉は「音楽」と理解するにふさわしい要素から成り立っているとした。それらを明らかにするため行動科学・人類学・発達心理学，また最新の脳科学，認知神経学，更には音楽療法分野までの幅広い

データに基づく「音楽性」の知見を示した。

　乳児と母親（身近な他者）との密接な関係が音楽性の概念とどのように関連するか，研究例を紹介しよう。マゾコパキとクジュムザキス（2008）は乳児と母親との「音楽的」関わり合いを多角度から検討し，母親が歌いかけるインタラクションとナラティヴに関する生後1年間の観察を通して，乳児が共感をもって感情や意志を声と動きで表現し，自らコミュニケーションしようとする積極性を持つこと，発声と手によるジェスチャー表現と身体の動き・顔の表情変化を通して「音楽的特徴」を的確に，かつリズミカルに表現しうることを明らかにした。

　また，グラティエとアプター＝ダノン（2008）は，乳児が出生後自分と関わり世話をする母親は「行為や動き方」を教えていると解釈していること，乳児が母親に示す応答と嬉しそうな様子は，初めて親になった母親にも日々に自信をもたらすことから，母親が乳児に安心できる心的空間（ホールディング環境[1]）を提供することが関係性構築の基盤になると解釈した。両者の関わり合いには音楽的な行動が多く見られ，「リズミカルなパターンや親しみのある表現のダイナミックス」や，慣れ親しんでいる語りかけのイントネーションやリズムの「反復と変奏」，声に包含される「音楽性」は，相互の信頼をつなぎとめる重要な基盤となっていることを実験データから示した。

　今川ら（2018）は，「人が本来持っている能力による人対人の間主観的な関係の中で，動的に発現する」ものと音楽性を捉え，母児間の相互交渉に見られる何気ない身体のゆすりや声かけの変化は，両者が時間経過の中で生起するリズムやメロディーを共有し，その相互交渉そのものが音楽性に富んだ行為であると見る。

3．「音楽性」の新しい概念と音楽教育

　乳幼児期の音声表現はいろいろな場面に応じて実に多様な変化を見せ，また，手にしたモノでテーブルをたたき音を楽しむ様子等は，あたかも音色を吟味しているかのようにも見える。

　こうした乳児期の子どもの声やモノによる音楽的な行動は，幼児期にかけて一層周囲の人との関わりの中で広がりをもち，多様な関わりをつくり出す中で音楽性を発展させていく。こうした基盤があってこそ，保育の場等での音楽活動へ参加するいわば「文化」としての新しい音楽世界への参入（デビュー）も難なく乗り越え，楽しむことができるようになると言えよう。

　翻って，児童期の音楽学習に用意されている音楽教育の内容は真に音楽の楽しみを享受できうる土壌となり，乳幼児期からの持ち前の音楽性を発揮できるものとなっているだろうか。音楽性に関する新しい概念を基盤とした，音楽学習方法の検討が必要になってくるだろう。　　　　（志村洋子）

【注】
1）この用語は心理学者ウィニコットが提案し，子どもが内面世界から現実の世界へと移行できる場となる「抱える空間」を提供することが，乳児を支えることにつながるとした。

【引用文献】
Malloch, S. & Trevarthen, C. (eds.) (2009). *Communicative Musicality: Exploring the Basis of Human Companionship*. Oxford University Press. ［邦訳：根ケ山光一・今川恭子・蒲谷槇介・志村洋子・羽石英里・丸山慎監訳（2018）『絆の音楽性―つながりの基盤を求めて―』音楽之友社］

McDermott, J. & Hauser, M. (2006). "Are consonant intervals music to their ears? Spontaneous acoustic preferences in a nonhuman primate." *Cognition*, 94, B11-B21.

Nakata, T. & Trehub, S. (2004). "Infants' responsiveness to maternal speech and singing." *Infant Behavior and Development*, 27 (4), pp. 455-464.

Schaffer, R. (1977). *Mothering*. Cambridge, MA. Harvard University Press.

今川恭子・市川恵ほか（2018）「乳児と養育者の音声相互作用にみる音楽性―音響分析を通して見るその特徴と発達―」『聖心女子大学論叢』vol. 131, pp. 114-128.

グラティエ，マヤ＆アプター＝ダノン，ジゼル（2018）「帰属の即興的音楽性―母子音声相互作用における反復と変奏」嶋田容子訳『絆の音楽性―つながりの基盤を求めて―』音楽之友社，pp. 287-312.

日本発達心理学会編（2013）「5．生きる「音楽性」」『発達心理学事典』pp. 106-107.

マゾコパキ，カタリナ＆クジュムザキス，ジャニス（2018）「乳児のリズム―音楽的コンパニオンシップの表現―」坂井康子訳，『絆の音楽性―つながりの基盤を求めて―』音楽之友社，pp. 178-199.

（1-2）　乳幼児と音楽との多様な関わり　1

環境を通しての教育

1．音楽教育に何を求めるのか

　保育者あるいは園長として長年保育に携わる中で，音楽指導と称し，特定のメソッドの名のもとでの一方的な指導や訓練に取り組んでいる園を少なからず見てきた。表現活動でありながら，保育者の指示どおりの身体表現を強要する，静かに待つ，きれいに整列して歌うような指導の中での子どもたちは，決して伸びやかではない。そうした現状を見るたびに，園における音楽教育の意義とは何か，音楽教育に何を求めているのかと疑問を呈さざるを得ない。園における音楽教育の第一義とは，表現することが楽しいものであることを知ること，そして何よりも豊かな感性をはぐくみ，アイデンティティ（自分らしさ）を形成していくことではないだろうか。本稿では，米子市で筆者が園長をしていた時の事例を紹介し，乳幼児期の「環境を通して」の音楽教育について言及する。

2．環境を通した教育としての音楽表現

2.1 体の中の音

　感性を豊かにするという意味では，音楽だけでなく「音」そのものへの取組みが大切である。

写真1　体内の音を描画で表現した子どもの作品
（子どもは，「体の中にきれいな花が咲いたみたい」と表現した）

　かつて，子どもたちと胎児ドップラーで体内の音を聞いてみたことがある。この時一人一人の言葉で表現された心臓の音は，「ガッタン・ガッタ

ン」「ダンダンダン」「ジュー・プシュー・シュー」等，同じ擬音は一つとしてなかった。更に子どもたちはその音を，言葉や絵，粘土，身体等の，様々な方法で表現した（写真1，2）。音から始まる活動であっても，多様な方法で自分を自由に表現することが感性の豊かさにつながっていくと考える。

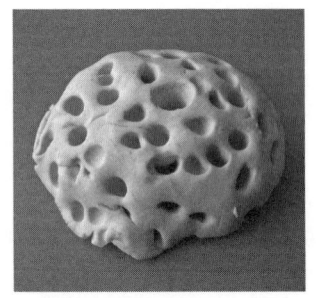

写真2　心臓の音を粘土で表現した子どもの作品

2.2 自然の音からの広がり

　6月，雨の日に散歩に出かけた子どもたちは，レインコートに当たる雨音から，音に関心を向けるようになった。夏になると，セミの声を録音したり絵に描いたりする姿があった。ギザギザで描かれたセミの声は，うっとうしい感情の表現であると言う。

　この気付きは竹の風鈴づくりへと発展したのだが，竹と竹がぶつかり合う音が「気持ちいい」と感じたり，竹を打ち合わせ，それに合わせて歌ったり踊ったりして楽しむ姿もあった。

　秋になると，鈴虫の声に耳をすませたり風の音や落ち葉の音を楽しんだりした子どもたちは，自分たちで音をつくり，遊びは音付きの劇へと発展していったのである。

写真3　「心地よい音」を表現するための風鈴づくり

2.3「神楽」の感動を再現する

　家族と神楽を見物に行ったTちゃんは，その感動の再現遊びに一人興じていた。興奮して神楽の話をするTちゃんであったが，クラスの子どもたちには，神楽をイメージすることができない。なんとか伝えたいと踊って見せるのであるが，うまくいかない。太鼓の音が必要だったのである。

　そこで，Tちゃんと相談して段ボールの太鼓をつくった。太鼓をたたいて録音し，周囲の子を誘って，それに合わせて踊ることを楽しんでいた。そのうち神楽らしく見えるように小道具を製作し，みんなの前で踊りを披露することができた。

写真4　手づくりの太鼓をたたくTちゃん

　人前に出ることが苦手だったTちゃんであったが，神楽の踊りと和太鼓の表現を通して，どんどん積極性を身に付けていった。最終的には，DVDから音楽を録音し，手づくりの衣装を身に纏い，友だちのたたく太鼓に合わせて本格的な神楽を披露したのである。

写真5　新聞紙で衣装と小道具を作り，みんなの前で神楽を演じるTちゃん

　その後Tちゃんは，『やまたのおろち』の物語や，歴史にも興味を広げていった。周囲の子どもたちもまた「Tちゃんのように踊ってみたい」と，神楽や和太鼓へと興味を広げていった。

写真6　神楽のDVDを見る（Tちゃんにインスパイアされ，神楽に興味をもった子どもたち）

3．環境を通して学びが広がる

　園での学びは，環境を通して遊び込むことにある。ここに挙げた事例のように，自然の音や神楽に子どもが興味をもった時，子どものイメージをすぐに具現化できる物的環境が欠かせない。それは，子どもを理解して，子どもの思いを丁寧に捉え，物的環境を構成する保育者という人的環境の存在によって成立する。

　乳幼児期においては，子どもを主体とした保育を展開することによって，音や音楽を楽しみ，豊かな感性をはぐくむことができる。幼児教育において，「音楽の技術を教えなくてもよいのか」という声もある。しかし，全員に同じように技術を伝えることは必要ない。子どもを中心に据えた保育の中では，子どもの「やりたい」という思いを大切にすることで，必要な技術は子どものほうからどんどん吸収していく。

　ロンドンオリンピックの年のことである。開会式でのロックミュージシャンのドラムに興味をもった子どもが，ドラムを手づくりし，みんなの前で演奏したいと練習に励んでいた。それを見たドラム演奏経験のある保護者が，たたき方を教えてくれた。小学生になった彼はドラム教室に通うようになり，中学生になった今も演奏を楽しんでいる。

　子どもにとって，環境や人との出会いの中に，これからの人生の糧となる素材が埋まっている。だからこそ，豊かな環境構成が必要なのである。豊かさとは多様性である。環境による教育は，子どもの感性，更には人生に大きく影響を与える。

（妹尾正教）

1-2 乳幼児と音楽との多様な関わり　2

実践研究事例

きょうだい間に見られる音楽的コミュニケーションの変容

1．はじめに

　近年の研究から，乳児は親や養育者と交流する中で大人の語り掛けに対して無意識に身体のリズムを同調させ，親と子がリズムやタイミングを含む音楽パフォーマンスのルールをつくり上げていくことが明らかになっている。更に，Cirelli らの研究から身振りや音声を同調させることが，人と人との関係を築く上で重要な意味をもつことが分かってきた（Cirelli, Einarson & Trainor 2014）。このように，大人−乳児間のコミュニケーションにおける音楽性に注目が集まる中，子ども同士のコミュニケーションでは声や身体の動きが音楽性の育ちといかに関連しているのだろうか。本稿では実例からその関連性について考える。

　研究対象として，筆者は一組のきょうだいに着目し，日常生活で見られる声や身体の動きを伴うコミュニケーションの様子を長期間観察する中で，声や身体の動きを用いた音楽的表現がいかに発現するのか，その過程を探ることとした。きょうだい（A 子，B 子）は筆者の実子で，観察開始時の月齢は A 子が 2 歳 5 か月，B 子が 0 歳 8 か月

である。約 2 年間で，きょうだいが声や身体の動きを媒体に相互に関わっている場面は 238 場面であり，その中で声または身体の動きの関わりが質的に変化したと考えられる時期を検討したところ，大きな変化を三つの時期に分けることができた。

　以下，それぞれの時期に見られた特徴的なエピソードを挙げながら，声や身体の動きを使ったコミュニケーションの特徴を明らかにする。特に本稿は各時期に共通して見られた「交互に発声する」という行為を取り上げ，音楽的変容を探る。

2．コミュニケーションの変容過程

2.1 第 1 期「模倣や同調のはじまり」（A 子：2 歳 5 か月〜，B 子：0 歳 8 か月〜）約 8 か月間

　この時期には相手の声や動きに興味をもち，声を重ねたり同じ動きで同調したりしてつながろうとする様子が多く見られる。エピソード 1 では，B 子の声に A 子がすぐに応答することで，B 子が A 子の存在をしっかり意識し目を合わせ，笑い合うという関係ができている。同様のやりとりは母

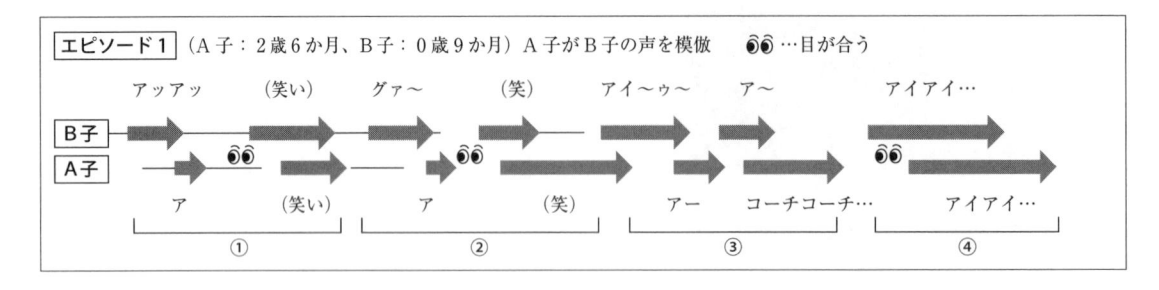

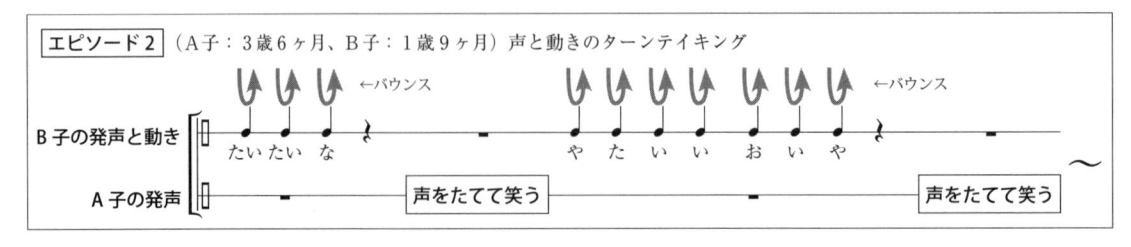

子間でもよく見られるが，エピソード後半でB子が棒をくわえたのを見て，すかさずA子も棒をくわえ，両者が見つめ合って「アイアイアイ……」と同様な声質で声を重ね合わせる様子からは，声の重なりを遊び化する様子も見られる。つまりB子による偶発的なげかけからA子の模倣，という流れを繰り返しつつ声を用いた共感関係構築の兆しを読み取ることができる。

2.2 第2期「意識的なやりとりのはじまり」（A子：3歳1か月〜，B子：1歳4か月〜）約9か月間

この時期になると，やりとりを続けようという意志が両者の行動により明確に現れる。エピソード2ではB子が発した非言語的音声に対して，A子が笑い転げるという反応をし，その姿を見て喜んだB子が更に長いフレーズで非言語的音声を発声し，再びA子が笑い転げる，という一連の型ができ，この型が計4回繰り返された。注目すべきは，A子が笑い転げた後にすぐ起き上がって体勢を立て直しB子を注視して次の発声を待ち，B子もA子が体勢を整えるのを見届けてから発声し始める点である。まさに両者の共通意志のもとで一連の型を繰り返す面白さを味わっている様子を読み取ることができる。ただし，この段階では，持ち出されるモチーフの長さが毎回異なり相手が応答のタイミングを計る上で困難が認められる。

2.3 第3期「双方向的なやりとりの成立」（A子：3歳10か月〜，B子：2歳2か月〜）約8か月間

この時期には第2期で認められた困難が解消され，両者がテンポを保ちつつシンプルなモチーフを用いて音楽的やりとりを長く成立させるようになる。エピソード3では一方が「ちょんちょんちょん……」と発声と動作を始めたらそれに合わせて相槌を打ちながらビートを感じ，次の「ちょんちょんちょん……」に入るタイミングを計っている。A子が明確でシンプルな動きと音声で，B子に模倣しやすいモチーフを提示しB子がそれを模倣することでやりとりが成立し，「繰り返し楽しみた

い」という意志がはたらいた結果，①相手の動きをよく観察し，②同じビートにのり，③タイミングよく応答する，等の音楽上の約束事が生まれ，安定したやりとりの成立につながった。

3．まとめ

第1期から第3期までのコミュニケーションの特徴を概観することにより，興味や憧れを感じるところから模倣が始まり，模倣し合う中で音楽的な型が創出され，表現の繰り返しを生むという過程が見いだされた。

このような子ども同士の音楽的コミュニケーションの生成はきょうだい以外の関係性においても，人生の非常に早い段階で見られることが最近の研究から明らかになっている（Selby & Bradley 2003）。一方，音楽行動に限らず，人生初期に見られる向社会的行動は，親やきょうだいを含む家族はもちろん，よく遊ぶ仲間にも向けられる（Howes & Fraver 1987）と言われている。これらのことから，情緒的な関係を基盤に，声や身体の動きを使ったコミュニケーションが子ども同士の間でいかにはぐくまれていくのか，幼稚園や保育所等の教育現場においても，社会性の育ちと音楽との関連性が引き続き研究されていくことを期待する。　　　　　　　　　　　　　（平井恭子）

【引用・参考文献】

Cirelli, L. K., Einarson, K. M. & Trainor, L. J. (2014). "Interpersonal Synchrony Increases Prosocial Behavior in Infants." *Developmental Science* 17, pp. 1003-1011.

Howes, C. & Fraver, J. (1987). "Toddler's Responses to the Distress of Their Peers." *Journal of Applied Developmental Psychology*, 8, pp. 441-452.

Selby, JM. & Bradley, BS. (2003). "Infants in Groups: A Program for the Study of Early Social Experience." *Human Development*, 46, pp. 197-221.

実践研究事例
わらべ歌遊びがもたらす音楽的コミュニケーション

1. はじめに

いま，わらべ歌は人育ての歌として，保育現場や子育て支援において，その価値が見直されている。わらべ歌は，言葉と動きと音楽が一体となった遊びであり，音楽的発達のみならず，身体的，言語的，社会的な発達等多面的な教育力をもつ（尾見 2001）。母語の音楽性を継承するわらべ歌が音楽教育の出発点になることは，コダーイもオルフも指摘するところだが，ここでは，わらべ歌遊びが，いかに音楽的なコミュニケーションを生起し，人と人とのつながりを豊かにしているかについて，具体的な場面から考察したい。

2. 乳児期のわらべ歌遊び（遊ばせ歌）

子育て支援施設Xでは，年に数回，0・1・2歳の親子を対象にわらべ歌遊びの講座を開催し，毎回20組前後の親子が集まる。ここでは，「遊ばせ歌」と呼ばれる子どもをあやすためのわらべ歌で遊ぶ。遊ばせ歌は，身体の一部を触る，くすぐる，膝に乗せて揺らす等，スキンシップをはぐくむ遊びが多く，遊びを通して子どもとの愛着や信頼関係の形成が期待できる。

講座は《いもむしごろごろ》から始まる。母親はゆったりと「いもむしごろごろ　ひょうたんぽっくりこ」と歌いながら，0歳児は腕の中で，1・2歳児は膝の上でゆらゆらと揺らす。母親からのまなざしと，愛情が込められた歌いかけに，子どもは能動的に「聴く」という行為で反応する。歌いかけは声によるスキンシップであり，母親の温かい肉声は，子どもに安心感を与えている。慣れてきた頃「ぽっくりこ」で子どもを高く持ち上げる。すると子どもは声を上げて喜び，子どもの喜ぶ姿を見て母親からは満面の笑みがこぼれる。《いっぽんばし　こちょこちょ》では，最初は無反

応だった1歳A子も，繰り返して遊ぶうちに，表情や笑いが生まれた。このように，触れ合いのある遊びを応答的に繰り返す中で，親子の情動的なコミュニケーションが生まれている。

子どもが喜ぶ遊ばせ歌の一つに，膝乗せ遊びがある。母親は子どもを膝に乗せ，「どっちん　かっちん　かじやの　こ…」と韻律のある言葉に合わせて，膝を上下に動かす。膝上の子どもは，上下動に伴い規則的に揺らされる心地よさを感じている。子どもと母親が拍を共有し，歌に動作を同期させることにより，親子の一体感が生まれ，情動的なコミュニケーションが更に深まっていく。2歳B子は，「どぼーん」と床に降ろされるところを待ち構えていて，大きな笑い声をたてて喜ぶ。「もう1回」というB子のリクエストに母親は何度も応えていた。

2歳になると日本語の響きや語呂の面白さにも敏感に反応して，部分的に一緒に歌い，動作を真似し始める。例えば《にぎり　ぱっちり》では，母親が布を手の中に隠し，両手をゆっくりと上下に振りながら「にーぎり　ぱっちり　たてよこ　ひよこ」と歌うと，C男は拍を感じてしぐさを歌に同期させる。子どもは動作を模倣しながら母親と心を通わせ，音楽の喜びと楽しさを感じている。

遊ばせ歌は，肉声による歌いかけ，スキンシップ，応答的な関わり等，乳幼児の成長に欠かせない要素が含まれており，それはまさに子育ての知恵と言える。忙しい子育ての中，母親が遊ばせ歌でゆったりと子どもと関わる時間は，我が子への愛おしさを感じる貴重な機会になっている。

3. 幼児期のわらべ歌遊び

異年齢保育のY保育園では，月に2回，わらべ歌の活動を行っている。Zクラスは年少8名，年

中8名，年長6名である。子どもたちはわらべ歌の活動が楽しみで，保育者が活動の準備を始めると保育者の周りに集まり，自然に活動が始まる。

「こんこんちきちき　こんちきち…」の歌に合わせてペアの子どもが門をくぐる遊びでは，「おやまのおちごさん」（歌の終わり）で門が閉まり，引っかかったペアが次の門を担当する。保育者は，年上と年下の子どもがペアになるように声をかけた。遊びが始まると，年下の子ども（特に年少）は歩いているものの何となく前に進んでいる様子で，歌と動きが合っていなかった。しかし年上の子どもは，「こんこんちきちき…」と元気よくリズミカルな歌声で，拍に合わせて楽しそうに歩いている。すると，年下の子どももそれにつられて，次第に歌いながら拍に合わせて歩けるようになった。歌と動きがそろうと，子どもたちの楽しい気持ちが高まり，満足そうな表情になった。

「うちのうらの黒猫が…」と唱えながらしぐさをする遊びでは，輪の中を歩いているオニが「人に見られてちょいと隠す」と歌い終わったところで立ち止まり，向かいの子どもと交代する。輪の子どもたちとオニを担当して歩く子どもは，それぞれの担当で歌に合わせて動くことで，拍を感じることを共有し，楽しむことができる。また，子どもたちはオニが自分に回ってくるのを期待して待っていることを互いに理解しているので，誰がオニを担当していないのか，気を配っている。繰り返し遊んでいくと，オニは歌の終わりにまだオニを担当していない子どもの前で止まるようにしたいが，年中D子はうまくできず，歌の最後の方で走ってしまった。一方，年長E男は，空間認知力と拍感をうまく調整し，最後に残っていたF男にオニの役を渡すことができた。遊びをやり切った満足感で，子どもたちは笑顔になった。

楽しくなってくると，遊びを繰り返す過程で気持ちがはやり，集団が乱れることがある。子どもたちは，いつものように「おらうちの　どてかぼちゃ…」の歌に合わせ，鍋役のペアの間でかぼちゃ役の子どもを揺らしていた。しかし，「ひにやけて

くわれない」で次の鍋役にかぼちゃ役が移動した後，早く準備ができた組が他を待たずに歌い出したり，歌のテンポが速い組があったりして，歌声がそろわなくなってきた。すると，年中G子が不服そうに「歌がばらばら」と訴えた。この一言で，子どもたちは動きがそろわず，がなりのような歌声が美しくないことに気が付いた。そこで，保育者は年長H子に「さん，し」と合図を取らせ，そろって歌い出すように促した。G子の発言がきっかけで遊びが充実し，歌声が綺麗になっていった。

幼児期のわらべ歌の活動は，単に遊び（動き）を楽しむだけでなく，互いの歌声を聴き，その響きを楽しんでいる。集団遊びでコミュニケーションを取る中で，〈拍感―歌声―動き〉の融合を楽しみ，充実感を味わうことが，子どもの満足感につながるのである。このような経験をすることで，子どもは自由遊びの時間にも気に入ったわらべ歌で繰り返し遊ぶようになるのである。

4. まとめ

わらべ歌遊びでは，声を合わせ，動作を模倣し，リズムの流れを共有する過程において，親子または仲間の中で応答的関係や一体感が生起し，音楽的なコミュニケーションが生まれている。手をつなぐ，手を合わせる，身体に触れる等，スキンシップを含むわらべ歌遊びは，更に人と人とのつながりを深めてくれる。わらべ歌遊びには，子どもたちが面白がる遊びの要素が含まれ，それぞれの発達段階にふさわしいレパートリーや遊び方が豊富にあることも魅力である。わらべ歌遊びは声による日本文化の伝承という役割も担っている。子どもたちは，わらべ歌という音楽的な遊びを通して，豊かに成長していくのである。

（西海聡子・長谷川恭子）

【引用・参考文献】

尾見敦子（2001）「幼児教育におけるわらべうたの教育的意義」『川村学園女子大学研究紀要』12(2)，pp. 69-89.

コダーイ芸術教育研究所（2008）『わらべうた　わたしたちの音楽―保育園・幼稚園の実践―』明治図書.

(1-2)　乳幼児と音楽との多様な関わり　4

実践研究事例

囃子の口唱歌を用いた子どもと伝統音楽との出会い

1．実践の目的

　本実践は，保育現場において，子どもたちが囃子の口唱歌を用いて，遊びや生活と結び付けながら伝統音楽を経験することを目指して実施したものである。

　題材とした三番叟は，五穀豊穣・天下泰平を祈念する役で，「三番叟物」と総称されるほど様々な日本の伝統芸能に題材として用いられている。五穀豊穣を祈念する題材は，種まきが行われる5月に実践するのにふさわしいと考えた。子どもたちには，三番叟のテーマの一つである〈鈴の手〉という拍子（楽譜1：能管の口唱歌，及び楽譜2：小鼓の掛け声）を体験してもらうこととした。また，三番叟の踊りでは，小道具として鈴を用いる部分があり，地を踏み鳴らすような振りも含まれているため，この動きをもとに，足踏みをしながら能管の口唱歌を言うグループと，園にある鈴を鳴らしながら小鼓の掛け声を言うグループをつくった。このように，保育現場で行われている栽培活動と五穀豊穣の意味を持つ三番叟を結び付けることで，伝統芸能が本来持つ意味合いを失うことなく日常生活の遊びへと応用できると考えた。

　なお，本実践は，囃子方・笛方として演奏活動を行っている筆者ら演奏家により行われたものである。

2．実践の内容と方法

　B保育園の年長児（5歳児）クラス44名を対象とし，2018年5月14日に実践を行った。実践の概要は以下のとおりである。

①導入に筆者が作成したオリジナルの紙芝居を使用する。紙芝居の中で，作物がよく育つためのアイテムとして楽器を登場させ，それと一緒に唱える「おまじない」として口唱歌（楽譜1：能管の

口唱歌）を言う。

②全員で足踏みをしながら能管の口唱歌を言う。

楽譜1　能管の口唱歌と足踏み

③全員で手拍子をしながら小鼓の掛け声を言う。

楽譜2　小鼓の掛け声と手拍子（鈴）

④クラス内を能管チーム（楽譜1）と小鼓チーム（楽譜2）に分け，練習する。小鼓チームの子どもは手拍子の代わりに鈴を鳴らす。

⑤庭に出て，自分たちの作物におまじないをかける。保育者は手づくりの「おまじないバロメーター」（図1）の紙を手に持ち，子どもたちがおまじないをかけるにつれて徐々にゲージが溜まっていく様子をバロメーターの紙で示す。おまじないをかけ続け，ゲージが満タンになったところで終了とする。

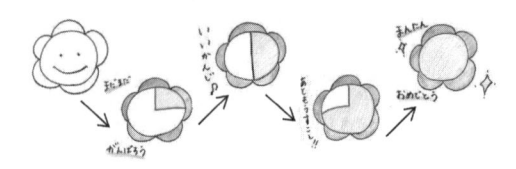

図1　おまじないバロメーター

⑥能管と小鼓による〈鈴の手〉の演奏を聴く。

3．結果と考察

3.1 楽器の音を口唱歌で聴き取る

　能管と小鼓による〈鈴の手〉の演奏を聴く場面（2．⑥）で，子どもたちが次々と能管の節に合

わせて口唱歌をなぞり始めた。自ら口唱歌を唱える経験により，音を口唱歌として聴き取る耳が培われたことが感じ取れた（写真1）。

写真1　節に合わせて口唱歌をなぞる子どもたち

3.2 口唱歌（おまじない）から植物観察へ

　庭での実践が終わると，どのクラスの子どもたちも自ら他の花壇の植物に向かっておまじないを唱え始めた（写真2）。その後，葉っぱの形や実の付き方等を観察する子どもの姿が見受けられた。おまじないの実践が日常生活の活動へと繋がった瞬間である。

写真2　花壇を囲みおまじないする子どもたち

3.3 本実践の経験から遊び・生活へ

　実践後の子どもたちの様子について，保育者から以下のような報告がなされた。

・屋上菜園での水やりや，園庭で自由に遊んでいる時に，おまじない（口唱歌）が聞かれた。5歳児たちが唱えているおまじないを耳にした3歳児4歳児も水やりをたくさん行ってくれた。

・「お家で犬がよく育つように（おまじないを）言ったよ！」と言う男児や，「お家で苗木を植えた時におまじないしたよ！」と言う女児もいた。

・秋から春に向けての栽培活動にて，「植物がよく育つおまじないって何だったかな？」と投げ

かけたところ，子どもたちは覚えていて，数名が「知ってる‼ホンホヒトウロ」とあちこちで唱え始めた。それから，みんなが同じように大きな声で唱えて水やりが始まった。

　口唱歌をおまじないとして教えることで，本実践が終わった後も遊びや生活の中に取り入れられている様子が分かる。囃子の稽古においても，何度も繰り返すことで徐々に口唱歌が言えるようになり，リズムが打てるようになる。本実践の中で完璧な口唱歌を言えるようになることが目標なのではなく，遊びの中に取り込まれ，子どもたちの中で何度もおまじないとして口唱歌が繰り返されることが重要であると考える。

4．まとめ

　石塚（2001），渡邊（2003），金井（2018）らは，教育現場において口唱歌が用いられた事例を提示し，口唱歌の教材性，有効性について述べている。これらの先行研究では，主に児童または生徒を対象としており，幼児を対象とした保育現場での実践の報告はまだ多くない。保育現場では，季節ごとの行事が日常の保育に取り入れられている。子どもたちは，このような保育現場の環境の中で，伝統芸能で用いられる役柄や演目を行事と関連付けながら，遊びを通して伝統芸能，伝統音楽に触れることができるのではないだろうか。筆者は，子どもの遊びを文化的実践の入り口と捉え，子どもが遊びや生活と結び付けながら伝統音楽と出会う実践を継続していくことで日本文化の継承・保存の一助となるものと考えている。

　　　　　　　　　（小川実加子・藤田和也）

【引用・参考文献】
石塚真子（2001）「お囃子の教材化に向けて―日本の太鼓を中心とした取り組みについて―」『教材学研究』12，pp. 63-65.
金井公美子（2018）「小学校音楽科における篠笛の学習（4）―伝統音楽における『口唱歌』の意義と教育的効果について―」『洗足論叢』第46号，pp. 177-191.
渡邊亞紀人（2003）「伝統音楽における唱歌（しょうが）の表現力を見直そう―篠笛の「口唱歌」の教材性に学ぶ―」『教材学研究』14，pp. 63-66.

1-2　乳幼児と音楽との多様な関わり　5

実践研究事例
保育の場で「音楽」との出会いをデザインする

1. はじめに

　保育の場において，子どもが音や音楽に触れることの重要性は誰もが認めるところであろう。では，「遊びを中心とした教育」，そして，「環境を通した教育」という理念の下，いかに子どもと音楽の出会い，そして音楽活動をデザインしていけばよいのだろうか，本稿では一つの実践を取り上げ「モノとの関わり」そして，「演奏の聴き方」という二つの視点から考えてみたい。

2. 実践の内容と考察

　ここで取り上げる実践は20XX年11月15日，23日の2日間，東京都内の私立幼稚園で行ったものである[1]。

2.1 実践の様子①：11月15日

　この日の活動は，身近なモノから生じる音を意識することに焦点を当てて行った。一人の打楽器奏者が子どもの集まっている保育室に入り，子どもたちの目の前で，普段子どもが使っている玩具や生活用具を探し出し，それらを使って即興演奏を行った。

写真1　ままごと道具で即興演奏する打楽器奏者と子ども(11/15)

　即興演奏中，子どもたちは，楽器ではないモノで音を鳴らす打楽器奏者に「それはじょうろ，たたいちゃダメ！」等と声を上げながらも，打楽器奏者の後をついて歩いていた。活動直後は，たらいやバケツ，植木鉢等を持ってきて，近くにあった小枝でそれらをたたいたり，ままごと道具を並べ，それらを別のままごと道具でたたいたりする等，音を鳴らすことに興じる子どもたちの姿が多数見られた。また，後日，保育者から「着替えの最中に自分の着ている服のファスナーで音を鳴らして，『これも音がするの』と話してくれた」という子どもの姿も語られている。

2.2 実践の考察①：モノとの関わりに着目して

　この活動は，普段音を聴く対象としては意識されないモノから生じる音に着目するよう促している。あらゆるモノから音は生じるが，本活動を通して，普段ままごとに使ったり，栽培に使ったりする道具が，「音が鳴るモノ」として意識された。子どもたちが意図的に音と関わることとなり，普段使っているモノに対して音という新たな側面からアプローチすることにもつながっている。それは普段以上に様々な感覚を使ってモノを捉え，モノの特性を音という面から知ることにもつながる。このように，環境を通した教育という視点に立った時にも音は一つの重要な視点になる。

　更に，音を介してモノと関わり，モノから生じる音を探索することは，自分がモノに働きかけることで生じた音をフィードバックするということである。楽器の演奏を念頭に置いた場合にも，最も根源的なモノとの関わりがここにあると言えるだろう。

2.3 実践の様子②：11月23日

　初回の活動から1週間，子どもたちは「いい音の出るモノ」を探すよう促されている。23日は子どもたち一人一人が探した「いい音の出るモノ」をクラスごとに発表した。多くの子どもたちは植木鉢やままごと道具等，楽器ではないモノを持参していたが，ドラムセットのような形をした手づ

くり楽器を持参する子どももいた。クラスごとに自分たちが決めた曲を歌いながら，自分の見つけたモノで音を鳴らすという表現が行われ，各クラスの発表直後には，子どもたちが持参した「いい音が出るモノ」を使って打楽器奏者が即興演奏を行った。

写真2　子どもの探した「いい音が出るモノ」を使って即興演奏する打楽器奏者と，それを見る子ども（11/23）

2.4 実践の考察②：演奏の聴き方に着目して

　11月15日も23日も打楽器奏者は即興演奏を行っているのだが，子どもたちの聴き方は大きく異なる。15日は，打楽器奏者に話しかけたり，打楽器奏者の後をついて歩いたりする子どもが多く，音を聴いていたというより，打楽器奏者の行為に着目していたと考えられる。他方，23日は打楽器奏者の様子を前のめりになりながら目を見開いて見ている子どもが多く見られた。自分が使った同じモノを使って行われる専門家の表現に触れ，演奏家が長年かけて培ってきた技術を身をもって実感した瞬間となったのではないだろうか。演奏という音楽文化との貴重な出会いの場であったと言える。子ども自身が「モノ」と「音」の関係を十分に認識するだけの経験を積み重ねてきたからこそ，自分の鳴らした音と他者（この場合は打楽器奏者）の鳴らした音との違いを実感するに至った。他者が鳴らしている音をなんとなく聞くのではなく，自身がモノを操作した経験や，自分の身体感覚を重ね合わせながら聴いている。非常に能動的な音楽鑑賞の仕方を経験したと言えるだろう。

3．まとめにかえて

　普段，音を意識しないモノを使い，音に着目してそれらとの関わりを促すことは，モノがもつアフォーダンスの一つを開示させることにつながる。それは子どもとモノとの関わりを深め，子どもと環境との関わりも深めることであり，乳幼児期の発達において重要であることは言うまでもない。それと同時に，音に着目したモノとの関わりは楽器の演奏という視点から見ても本質的な経験になる。また，他者の奏でる音楽を子ども自身が自分の身体感覚や自己の経験と重ね合わせながら聴くということは，間主観的な他者理解と言え，これも，それ以前の充実した音とモノとの関わりがあればこそ成り立つものである。

　本実践から保育現場における子どもと音楽の出会いを考えた時，音に関わる経験が充実する保育環境を整えることの重要性が明らかであろう。楽器に限定せず子どもが音に着目し，様々な音と出会えるモノを保育環境の中で考えていくことが必要であり，子どもの日常や遊び，環境に根差した形で，音に着目した働きかけを行うことの重要性も指摘できる。更に，音楽を念頭に置きつつも，器楽・歌唱といった枠組みにとらわれることなく，音楽への興味・関心を高めるような場をデザインしていくことも求められる。生活の中で，音に関わる経験を十分に積み重ねること，そしてその経験が土台となるような音楽活動との往復を重ねることこそが，子どもたちを音楽文化の実践者として育てていくことになるのである。

（村上康子）

【注】
1）本実践は東京都杉並区の中瀬幼稚園，打楽器奏者の森本ミホ氏にご協力いただいた。

【参考文献】
佐々木正人（1994）『アフォーダンス―新しい認知の理論―』岩波書店.
テーレン，E. & スミス，L.（2018）『発達へのダイナミックシステムアプローチ―認知と行為の発生プロセスとメカニズム―』小島康次監訳，新曜社.
開一夫・長谷川寿一編（2009）『ソーシャルブレインズ―自己と他者を認知する脳―』東京大学出版会.

実践研究事例

音楽的アイデンティティの芽生えと共有

1．はじめに

　乳児は周りの世界と積極的にコミュニケーションする能力を潜在的にもっている。とりわけ母親との関わりの中で感情や意志を全身で表現しようとする時，自然で喜びに満ちた対話が生まれ，それは音楽的な要素を含み，相互に作用し合う。こうした能力は音楽的成長の種子，すなわち音楽的アイデンティティの芽生えとも考えられる。

　以下，幼児が本来もつコミュニカティヴ・ミュージカリティ（以下CM）（Malloch & Trevarthen 2009）に根ざした創造的な表現活動をとおして，幼児の音楽的アイデンティティがどのように芽生え変容していくか，観察にもとづいて考察する。

2．音楽的アイデンティティの捉え方

　身振りや表情等を介した非言語コミュニケーションは子どもと周りの大人たちの世界をつなぎ，情動的な共感が始まる。そこに周囲に認められたい自分（Who I am）のアイデンティティが芽を出す。アイデンティティとは，世の中を知っていく中で他者と関わり，行動，感情，経験を共有しながら獲得していくものであろう。

　一方，音楽は人間の本質に根ざし，他者との相互作用において意味創造し，アイデンティティ発達の基盤確立に重要な役割を果たす。CMは乳児期からの生得的間主観性を支え，身近な他者との間に音楽的なものを発現させる。人間関係形成の基盤である母子間の音楽的やりとりは将来芸術的創造が湧き上がる源泉であり（Young 2005），そこから芽生える音楽的アイデンティティは社会的関わりの中で絶えず発達し，再整理され変化する。ここでは，音楽的アイデンティティはCMを起点に周りの人や環境，音楽との関わりの中で形成され，常に変容・進化し続けるものと捉える。

3．実践事例の背景

　本稿は著者がteacher-researcherとして参与したエスノグラフィックケーススタディ（Kondo 2015）から二つの実践事例を紹介する。

対象：4〜6歳（24名4グループ）

期間：1年間（45分授業×26回）

内容：米国の大学付属幼児音楽プログラムで社会的構成主義の学習理論がベースになったクラス。

データ収集と分析：ビデオ録画，音声録音，観察記録ノートを調査し，ナラティブアプローチの手法を用いて描写・分析した。

4．実践事例

4.1 事例1【雪の音】：アイデンティティの芽生え

　「雪の音きこえる？」一面真っ白な雪で覆われた2月のミシガン。大学キャンパスの片隅に，防寒着で雪だるまのようになった先生と6人の子どもたちが立っていた。（沈黙）「えー？何もきこえん〜」ジェイクが不服そうにつぶやく。ハナは，薄ら笑いをみせ，ケンは困ったように頭をかしげた。先生は静かに問いかけた。「目を閉じてごらん？どう？何かきこえる？」（沈黙）「体ぜーんぶを耳にして。どう，雪，感じる？」（沈黙）「きこえる？」（沈黙）みんな目を閉じたままじっと雪の中に立ちつくす。

　教室にもどり，きこえた雪の音をピアノで再現してみることにした。子どもたちはピアノに向かい一人一人自分が感じた雪の音を表現しようと一生懸命だった。ジェイクは1音をゆっくり丁寧に押さえて，自分のイメージに合う雪の音を出そうとした。アレックスは，音を出さないように注意しながら鍵盤を押さえ，ハナはダンパーペダルを足で踏みこみながら響く音を出そうとしていた。ケンは，ピアノの高音域の音を探りながら雪のメロディーをつくった。それぞれが違っているが，どれも繊細でソフトな白い雪の音を表現しようとしたのである。教室には美しい雪のサウンドスケープが広がった。

4.2 事例1の考察：生きた非言語空間

　子どもたちは五感と心と全身で音を感じ取りピアノの多彩な音質を発見・表現しようと試みた。個々のアイデンティティは，教師の問いかけに対する反応（下線部参照），雪の音をきく態度に現れた。ピアノ初心者は往々にして鍵盤を無意識に押しがちだが，ここでは自己のイメージに合う音を一人一人が見つけ，自分なりの方法で音を出し表現した。音の選択，奏法や表現の工夫（下線部参照）に，個々の音楽的アイデンティティの芽生えが観察された。

　この場面での沈黙は空白ではなく，子どもたちが雪を感じ，きき，言葉では表せない音の大切な側面をより深く感じるための生きた空間であり，非言語の世界で自己や周りと対話するために必要な沈黙であった。そこで，子どもたちのイメージは広がり，比喩的遊び心をもった芸術的対話を自由に探検できたのである。それが個々の音楽的アイデンティティの芽生えに繋がったと思われる。

4.3 事例2【ジャズセッション】：音楽的な変容

> ［事例1に続いて］　6人は，それぞれ好みの打楽器を持ってピアノの周りに集まり，先生のジャズコード伴奏に合わせて演奏した。まず一人がピアノでソロ即興パートを弾き，続く16拍でソロは次の人へ交代するというルールでセッションは続いた。はじめは役割交代や即興に戸惑いトラブル続きだったが，やがて，自分のソロが終わってもピアノの前に座ったままの子に，次の子が来て，「次，あっち！木琴！」と指示を出したり，お互いの動きを助け合い，演奏を認め合いながら楽しくジャズセッションは続いた。

4.4 事例2の考察：共有アイデンティティの形成

　子どもたちはマルチモーダルにアクティブな状況であった。互いに観察し，きき，合わせようとする協働的な営みの中で子どもたちが相互に出し合うアイディアが共有の「足場かけ」となり，演奏がより音楽的に変容していった。16拍は子どもたちの間で自然に刻まれ，タイミングよくソロが入り，個々の即興に合わせた音楽対話が展開された。そこでは，一人一人が自己のCMを内包し，それを土台に音や身体の動きを通して音楽の理解と感情を共有した。その過程は同時に，ジャズの枠組みとルールという教師の意図的「足場かけ」にも支えられていた。

　ジャズのリズムに合わせた手足の動きには同調性があり，体全体を使った楽器奏法や非言語対話はとても音楽的で，音の抑揚，タイミング，リズムといった音楽的要素と，身ぶり手ぶりや顔の表情等が融合された多重性をもち，それが音楽的コミュニケーションを形づくった。この場での楽器演奏や音楽表現は個人の行為というよりコミュニケーションの手段であり，感情表現を伴った個々のアイディアの表出と交換，イメージの交換と共有，相互評価等を通して音楽的アイデンティティの共有が実現されていったと考えられる。

5．おわりに

　子どもたちにとって身体と音楽は重要な表現手段，音楽や他者とのコミュニケーション手段であり，共有のアイデンティティをはぐくむ媒体であった。本事例では，生きた非言語空間の中で音楽的アイデンティティが芽生え，他者との音楽的コミュニケーションを通して変容し，共有された。そこでの自己存在感，自ら音楽的アイデンティティを共有できたことへの自信は，自尊感情を高め，他者と関わる力を育てることにもなろうし，音楽を通した人間形成にも繋がっていくであろう。

（近藤真子）

【引用・参考文献】

Kondo, S. (2015). "Musical Communication in Scaffolding of Young Children's Musical Learning." (Doctoral dissertation). (UMI no. 10305670)

Malloch, S. & Trevarthen, C. (2009). *Communicative Musicality: Exploring The Basis of Human Companionship*. Oxford university Press. （邦訳：根ヶ山光一・今川恭子・蒲谷慎介・志村洋子・羽石英里・丸山慎監訳『絆の音楽性―つながりの基盤を求めて―』音楽之友社，2018）

Young, S. (2005) "Musical Communication Between Adults and Young Children." In D. Miell, R. McDonald & D. J. Hargreaves (eds.), *Musical communication*. Oxford, UK: Oxford University Press, pp. 281-299.

第 **2** 章

障害のある人と音楽

introduction

　特別支援教育では，初めて養護学校学習指導要領が告示された時期である 1964 年に「音楽」の教科書（文部省著作本）がつくられ（現在も「国語」「算数」「音楽」の 3 教科のみ教科書がある），音楽教育及び音楽を伴う活動は障害のある幼児・児童・生徒にとって身近で大切な活動として実践されてきた。それは学校における教科音楽の内容にとどまらず，障害児・者の療育に関わる分野や生活全般における様々な表現活動を含め幅広い分野にわたっていることも特徴の一つである。そして，2014 年の「障害者の権利に関する条約」の批准を契機に共生社会の形成に向けたインクルーシブ教育への転換の動きの中で，音楽が果たす役割が新たに注目されている。

　本章ではこうした流れを踏まえ，2-1 ではこれまで積み上げられてきた実践及び研究を障害児・者の音楽教育全般に関わる四つのテーマから概観する。1 は障害のある子どもの音楽教育の基本的な捉えについて，2 は特別支援教育の教育課程の枠組みの中で行われている実践について，3 はインクルーシブ教育の中で進められている「交流及び共同学習」の実践について，4 はそれらの基礎となる多様な表現理論についてである。

　2-2 では，実践研究事例として，2017（平成 29）年告示の特別支援学校学習指導要領に新たに加わった「音楽づくり」に関わる事例ほか，先進的な事例を取り上げる。

（工藤傑史）

2-1　フィールドに生きる理論　1

障害のある子どもへの音楽教育

1．特別支援教育の対象

　本稿が対象とする子どもには多くの障害が含まれる。文部科学省が管轄する特別支援教育の対象には①視覚障害，②聴覚障害，③知的障害，④肢体不自由，⑤病弱，⑥情緒障害，⑦発達障害，その他が含まれている。これらの中の複数の障害を併せ有する，いわゆる重複障害も含まれる。

　本稿では特定の障害を対象とせず，すべての子どもたちへの音楽教育における基本的な事柄に焦点を当てたいと考える。

　心身に様々な障害を有する子どもたちへの音楽教育について私は，対象となる子どもたちが将来にわたって豊かな生活を送ることができるように，音や音楽を通して導くことを念頭に置いて進めたいと考えてきた。そのためには，音や音楽が子どもたちに何をもたらすのかということを検討し，認識することが重要であると思っている。

　本稿では，①音や音楽が子どもたちにもたらすもの，②子どもたちに関わる際の方法，③配慮すべき事柄等について取り上げ，更には④指導者の心構え等についても触れる。

1.1 音楽教育の基本的な考え方

　教育の実践において最も重要なことは，何を目標にして指導を進めるかということである。目標が曖昧であれば，指導の方向性もいい加減なものになってしまうからである。指導目標を設定する際に重要なことは，教育の対象となる子ども一人一人の実態を的確に把握することである。その子どもが抱える問題や課題の解決・解消，諸能力の発達促進等が目標になる場合が多いからである。

　実態の把握は，①生活を送る上で必要な諸能力の発達の状況，②子どもが抱えている課題や問題点等に焦点を当てて検討を行う。

　実態把握にはいろいろな方法があるが，特に大切にしたいのは，詳細な観察を念頭に置いて子どもたちの実状を捉えることである。

1.2 音・音楽が子どもたちにもたらすもの

　さて，音や音楽は子どもたちに何をもたらすのであろうか。数ある影響の中でも私は以下の事柄を重視している。

（1）様々な感覚の活用能力を高め，それぞれの感覚への注意の集中力をはぐくむ

　音や音楽を聴く（聴覚），楽器等を見る（視覚），楽器等に触れる（触覚）等，音楽活動は様々な感覚に働きかける。多くの対象の子どもたちにはそうした感覚がうまく活用できていない状況が見られる。音や音楽が感覚に働きかけ，活用能力をはぐくむ要素をもっていること，感覚に対する注意の集中を導く力があることを重視する。

　なお，音楽活動は前庭感覚や固有感覚等の内部感覚とも関係があると言われる。

（2）運動機能の向上をもたらす

　音楽活動には，様々な運動機能が関係する。対象の多くの子どもたちには，生活に必要な運動能力の発達に課題が見られる。そのような子どもたちに対して，音楽活動を通して運動機能の向上を図ることができる。運動能力の発達は，音楽を通しての表現能力の向上に繋がる。また，自分の体を環境の中でうまく扱えるようになるために必要な〈身体意識能力〉の向上も，音楽活動の影響の一つとして期待できる。

（3）言語・コミュニケーション能力の発達を促進する

　社会の一員として生活を送る際に，言語・コミュニケーションの能力は極めて大切である。対象の子どもたちの多くは，自己の考えや気持ち等を表現し，理解し合う力が十分に育っていない状況が見られる。

音や音楽は自己表現の大切な手段の一つである。子どもたちは，歌ったり楽器を鳴らしたり，音楽にのって体を動かしたりしながら自己の内世界を表現する機会を得ることができる。

（4）音楽は，社会性をはぐくむ

　子どもが社会の一員として生活する際に，社会性を身に付けていることが必要である。音楽活動には多くの社会的な要素が含まれる。〈順番を待つこと〉，〈他者の表現を見たり聴いたりすること〉，〈ともに演ずる（表現する）こと〉等様々な要素がある。音楽活動を通してこうした基本的な社会性をはぐくむことができる。

（5）音楽は，情緒の安定をもたらす

　対象の子どもたちの多くが，十分な自己表現の力を身に付けていないこと等が影響して，情緒が不安定になりがちである。そのような状態の子どもに対して音楽は情緒の安定をもたらす。音楽活動を通して，安定した情緒の状態を多く体験させたいものである。

1.3 子どもたちに関わる際の方法

　音楽教育の進め方は，当然対象の子どもたちの実態によって異なる。ここでは，すべての子どもに共通する基本的なことのみを述べる。

（1）環境の整理を心がけること

　子どもたちが気持ちを落ち着けて授業に取り組むことができるような環境を整える必要がある。注意を集中させられるような環境への配慮も重要である（イスの配置，室温，防音，採光等）。

（2）活動内容の吟味をすること

　授業の中で扱う楽曲，楽器，その他の音楽活動の内容等についてよく吟味をして子どもたちのニーズに合ったものを選択することが求められる。

（3）上記（2）との関係で，それぞれの活動が子どもたちに対してどのような影響をもたらすのかを考えて取り組むこと

　①目標との関連で吟味すること，②歌・楽器・身体の動き等の活動のバランスを考えて組み立てることが大切である。目標は個々に違う。個に焦点を当てて考えたい。

（4）時間の配分にも気を配ること

　障害状況によっては，集中持続の時間が極めて短い子どももいるので，授業時間，活動時間にも気を配って組み立てる必要がある。

2．指導上配慮すべき事柄

　指導を展開する際に配慮しなければならない事柄は数多くある。その中でも特に重要なことについて，幾点か項目を列記する。

（1）子どもが受容できる内容・方法を準備する。音楽のテンポにも配慮をする。

（2）子どもに向けて，突然に大きな音を出さない。絶対にショックを与えてはならない。

（3）楽器を扱ったり動きを伴ったりする活動の際に，危険性を考慮する。

3．指導を進める上での心構え

　指導者としての心構えも数多くあるが，その中でも特に大切なものを考えておく。

（1）子どもは，命を持った存在であることを常に意識していたい。

（2）子どもは，一人一人がみな違う世界をもっているという考えをもって取り組むこと。

（3）小さな変化であっても，子どもの成長に繋がるものとして重視する精神をもつこと。

（4）褒めること。子どもが一生懸命に示している表現を認め，賞賛を与えること。

4．おわりに

　子どもが音楽表現を心地よく感じられるような状況へと導くことは素晴らしいことである。表現の力は弱くても，子どもは精一杯に頑張って自分の世界を表現している。私たち指導者は，そうした子どもの努力をしっかりと受け止めて応援したいものである。子どもは多くのことを教えてくれる。私は，<u>子どもから学ぶ</u>という精神を忘れてはならないと思っている。私たちは常に感謝の気持ちをもって子どもたちに向かいたい。

（遠山文吉）

フィールドに生きる理論　2

特別支援教育と音楽教育

1．特別支援教育の流れ

(1) 特殊教育から特別支援教育へ

　教育の流れは児童生徒の障害の重度重複化や障害種別の多様化が進んだことや，世界の障害児者の教育や福祉についての概念が分離，統合（ノーマライゼーション）から包括の時代（インクルージョン）に入ったこと等により，2009（平成21）年に特殊教育から特別支援教育へと大きく変わった。障害のある子ども一人一人のニーズに応じてきめ細やかな支援を行うこと，乳幼児期から学校卒業まで一貫して計画的に教育や療育を行うこと，また，従来の特殊教育の対象の障害だけでなく，LD，ADHD，高機能自閉症等，帰国子女，外国人の児童生徒等について教育的支援を行うこと等に，より適切に対応することが求められた。

(2) 特別支援学校学習指導要領の改訂

　2017（平成29）年4月に第9次学習指導要領が公示され，社会の急速な変化や卒業後を見据え，生きる力を育成することを目指して，大幅な改訂が行われた。

　指導要領の解説では次のように示されている。

　一つはインクルーシブ教育の流れを踏まえ，発達障害を含めた障害のある子どもたちに対する特別支援教育を着実に進めていくために，幼稚園，小，中，高等学校等に準じた教育課程の連続性が重視された。二つ目は，特別支援学校において，ICT機器の活用等について規定する等，障害の特性等に応じた指導上の配慮を充実させること，また，多様な障害に応じた指導を充実するため，自立活動の内容として，「障害の特性の理解と生活環境の調整に関すること」を規定する等，一人一人に応じた指導の充実が図られた。三つ目は自立と社会参加や卒業後を視野に入れ，キャリア教育や地域交流及び共同学習の充実や，生涯を通じてスポーツや文化芸術活動に親しみ，豊かな生活を営めるように配慮することが規定された。

2．知的障害の音楽教育について

　知的障害の教育現場においては，音楽は様々な場面で用いられている。本稿では，以下の三つの教科，領域での音楽の指導について述べる。

(1) 教科音楽の指導について

　音楽科の目標は，小，中学校に準じて，大幅に改訂され，各段階の目標（小学部3段階，中学部2段階）が新設され，三つの柱で整理された。また，内容構成では，従前の5分野に小・中学校にある「音楽づくり」が付け加わり，6分野になった。中でも「音楽遊び」は児童が音や音楽に出会い，得意な方法で表現できるようにする等，音楽活動の基礎を培う重要な活動である。「身体表現」は音楽の要素やイメージを手や身体の動きで表現する分野である。「音楽づくり」は，音を選んだり，つなげたりしながら，短い旋律やリズムで簡単な音楽をつくる活動である。教科音楽では児童生徒の目標に基づき，表現及び，鑑賞を通して，個々の児童生徒の障害の状態や発達段階を考慮した内容をバランスよく設定し，児童生徒の実際の活動や主体性や，表現力を引き出す指導が重視されている。

(2) 各教科等を合わせた指導

　知的障害の教育課程には，児童生徒の興味・関心を引き出し，体験的な学習を通して学習意欲を高める各教科等を合わせた指導の形態がある。

ア　日常生活の指導における音楽指導

　日常生活の指導において，特に音楽が関係する部分では，集団生活をする上で必要な内容が取り上げられた。朝や帰りの会等では，規定の曲を用いて1日の終始を知らせ，昼食時にはBGMを用

いて，楽しく食事ができるようにする等，1日の学校生活の見通しをもたせる。また，季節の歌を用いることで，年間の見通しをもたせる等，生活のリズムをつくることに音楽を役立てている。

イ　遊びの指導における音楽指導

遊び学習は遊びを学習の中心に据え，仲間との関わりを促し，意欲的活動を育てることをねらいとしている。手遊び，わらべ歌遊び，リズム遊びや楽器遊び，音楽劇遊び等，音楽を中心に行ったり，活動の一部に使ったりする。音楽は集団の緊張を和らげ，身体活動を活発にし，様々な児童と児童，児童と教師をつなぐ役目を果たしている。

ウ　生活単元学習における音楽の指導

生活単元学習は実際の生活場面から発展し，児童生徒の興味・関心に基づいて設定され，目的意識や課題意識を育て，集団全体が共同して取り組み，満足感や成就感を味わわせ，生活に生かすことを目指している。例えば，音楽発表会は，音楽，美術，国語等各教科と特別活動等の領域を合わせて，一定期間行う。児童生徒の発想を取り入れることで動機付けを高める。また，活動の成果を発表する場を設けることにより，主体性や仲間意識を高め，社会性を育てることがねらいとされる。単元全体の評価の中に音楽科の評価も含まれ，個別の指導計画が導き出された個別の目標との両面から評価される。

(3)　音楽を用いた自立活動の指導

重度重複，多様化する児童生徒が増加する中で，一人一人の学習上，生活上の困難を改善，克服することを目指す自立活動は重要な領域である。

障害が重複している児童生徒の多くは，感覚刺激の受容に問題がある。その改善には，音や音楽による様々な活動を通して，聴覚をはじめ前庭・固有感覚や触覚や視覚等の感覚を同時に刺激する。これらのことは，外界を知る手がかりになり，自発行動を促し，自分を取り巻く環境に目を向け，いろいろなことに興味の拡大を図ることができる。

児童生徒の中には特に刺激に過敏，鈍麻さをもっていることが多く，音楽活動では慎重に音や音楽を使う等，環境設定に留意する必要がある。また教材の工夫により，感覚過敏や鈍麻な状態や力のコントロールを改善することができる。例として太鼓の表面にトゲトゲした材質を張ることにより太鼓のたたき方を調整する等，工夫が見られた。

コミュニケーションにおいて，楽器を用いて，他者とのやりとり（相互交渉）に音楽を活用することは，コミュニケーション行動の基本を獲得することになる。また，音楽には色々な感情を喚起する要素があるので，感情表現を豊かにし，コミュニケーションの質を高めることに繋がる。

楽器やおもちゃを使用することは，目的に応じた手の動きを容易にし，目と手の協応動作を促し，三項関係を築き易く，他者に興味をもたない時期には有効的な関わりを促す道具でもある。

特別支援教育の対象となる児童生徒には，音楽的なスキルを学習する以上に，コミュニケーション促進に様々な活動から学習することが多い。音楽は人間が生まれた時からの発達を総合的に支援することを，教師自身が再確認できるような授業内容であることが望ましい。音楽が最もその力を発揮することの一つに集団場面がある。集団は児童生徒の社会性を養い，その学習効果は大きい。集団で運動する時に，体の動きや動作の統制を図る，楽器で演奏する時の「始まり」と「終わり」にはタイミングを合わせる，「間」を取る等，他者とのやりとりに影響する。音楽は集団で歓喜し気分が高揚する，逆に鎮静化することもできる。特に沈静化した場面に適応できることは，社会性が養われたといえる。これまで述べてきたように，音楽は人間の心理，行動面に多大な影響を与え，児童生徒の行動をも左右する要因になる。誰もが学習能力を上げるためには，音楽を使う環境に合理的配慮の視点は重要である。　　（山本久美子）

【参考文献】
土田玲子監修・柿崎次子（2016）『感覚統合を活かして子どもを伸ばす！音楽療法』明治図書.
宍戸幽香里（2018）『障害児の音楽療法—音楽を用いた発達・関係性への支援—』百年書房.

インクルーシブ教育と音楽教育

1. インクルーシブ教育と合理的配慮

　我が国は，2014年に「障害者の権利に関する条約」を批准した。同条約では，人間の多様性の尊重等を強化し，障害のある者がその能力を最大限に発達させ，社会に効果的に参加することを可能とするため，障害のある者と障害のない者がともに学ぶシステムとしての「インクルーシブ教育システム（Inclusive education system）」の理念が提唱された。学校現場では「交流及び共同学習」を中心とした実践が進められている。

　国立特別支援教育総合研究所が行った小・中学校の特別支援学級に在籍する児童生徒の「交流及び共同学習」実態調査における領域・教科別の実施状況によると，教科「音楽」は知的障害のない児童生徒においては70.5％，知的障害のある児童生徒においては88.4％と，他の教科と比較して最も高い実施率を示している。

　「交流及び共同学習」には，①学校間交流，居住地校交流のように異なる学校の児童生徒等が行う場合と，②小・中学校の通常の学級と特別支援学級のように同じ学校内の児童生徒が行う場合，③学校と地域の一般の方々が交流する場合等がある。本稿では，筆者が参加した上記の交流場面における「音楽」の授業または音楽活動の事例について，その概要及び支援のポイント，成果の項目で整理した。支援のポイントについては，障害のある子どもが他の子どもと「平等に教育を受ける権利」を行使するために，個々に必要になる適当な変更・調整（合理的配慮 Reasonable accommodation）として文部科学省が示した「学校における合理的配慮の観点」（表1）を用いた。

2.「交流及び共同学習」における実践事例

【事例1】特別支援学校小学部と小学校3年生との学校間交流における音楽交流の取組み

〈概要〉：学校間交流の一環として交流音楽会を企画し，それぞれの学校の音楽の授業で練習してきた歌唱と器楽の発表と，双方の教科書に教材で扱われていた《よろこびの歌》（岩佐東一郎作詞，ベートーベン作曲）の合同演奏を行った。

〈支援のポイント〉：合同演奏では双方の学校で共通に取り組んでいる楽曲を選曲した。特別支援学校の児童はその実態に合わせてハンドベルやグロッケンを演奏し，小学校3年生はリコーダーを演奏した。それぞれに練習しているテンポが違ったので，1番はゆったりしたテンポでハンドベル等の演奏，間奏でテンポを少し速めて2番はリコーダーの演奏，次の間奏で少しゆっくりのテンポに戻し，3番は全員で斉唱した。それぞれの児童の実態に合わせた楽器の選択と演奏の構成の工夫によって合同演奏が無理なく実現した。これは合理的配慮の「学習内容の変更・調整」に当たる。

〈成果〉：交流音楽会の最後に，互いの発表につい

表1　学校における合理的配慮の観点（独立行政法人国立特別支援教育総合研究所 2014，p. 10）

〈「合理的配慮」の観点　(1)　教育内容・方法〉
〈(1)－1　教育内容〉
(1)－1－1　学習上又は生活上の困難を改善・克服するための配慮
(1)－1－2　学習内容の変更・調整
〈(1)－2　教育方法〉
(1)－2－1　情報・コミュニケーション及び教材の配慮
(1)－2－2　学習機会や体験の確保
(1)－2－3　心理面・健康面の配慮
〈「合理的配慮」の観点　(2)　支援体制〉
(2)－1　専門性のある指導体制の整備
(2)－2　幼児児童生徒，教職員，保護者，地域の理解推進を図るための配慮
(2)－3　災害時等の支援体制の整備
〈「合理的配慮」の観点　(3)　施設・設備〉
(3)－1　校内環境のバリアフリー化
(3)－2　発達，障害の状態及び特性等に応じた指導ができる施設・設備の配慮
(3)－3　災害時等への対応に必要な施設・設備の配慮

ての感想と合同演奏についての感想を発表し合った。初めて聴く互いの演奏に対しては，「○○さんのベルの音がきれいだった」，「○○さんが上手に吹いていてびっくりした」等，それぞれの発表に寄せながらも個の表現に注目するような発言内容が多く聞かれた。また，合同演奏については，「一緒に演奏できてうれしかった」というような，ともにつくり上げた達成感やその演奏の価値（唯一無二の価値）に寄せる感想が多く聞かれた。

【事例2】小学校特別支援学級A児が通常の授業「音楽」へ参加する取組み

〈概要〉：知的障害のあるA児（6年）は3年生まで通常の学級に在籍していたが，学習の遅れが目立つようになり4年から特別支援学級に移籍した。移籍当初は自信を無くしていたが，徐々に自信を取り戻す中で，通常学級の「音楽」の授業へ参加するようになり，様々な支援を受けながら授業の中でのびのびと表現している。

〈支援のポイント〉：本事例では，「音楽」専科のB教諭が6年生の「音楽」の授業を担当するほか，A児が在籍する特別支援学級の「音楽」の授業も担当している。A児の音楽表現の実態把握をすると同時にA児との信頼関係ができ上がることで，交流授業においても，さりげない声かけや励まし等で音楽的な配慮を含め無理のない形で参加を可能にしていた。これは合理的配慮の「専門性のある指導体制の整備」に当たる。また，特別支援学級の音楽の授業では，A児に対して通常の授業での課題の予習や復習を行い，自信をもって参加できるようにサポートしていた。これは合理的配慮の「学習機会や体験の確保」「心理面の配慮」に当たる。また一方で，音程が不安定なA児に対して，面倒見がよく，正確な音程で歌っているC児をパートナーとして隣の席に配置した。その結果A児は自信をもって合唱に参加し，低音部のパートを歌うことができた。これは合理的配慮の「学習上の困難を改善・克服するための配慮」に当たる。

〈成果〉：A児はC児の支援を受けながら自信をもって合唱に参加し，共同学習としての学習の成果が上がるとともに，歌う際に全身を揺すりながら歌う傾向があったが，その動きは全体のムードを盛り上げる自然なノリとして仲間全体から好意的に受け止められるようになった。

【事例3】特別支援学校の卒業生が地域の人とつくり上げる音楽活動の取組み

〈概要〉：知的障害特別支援学校の「音楽」や「生活単元学習」で幼稚部から高等部まで音楽活動や音楽劇の発表を続けてきた生徒が，高等部卒業とともに地域の人との交流や生涯学習を目的にミュージカル活動を始め，20年にわたり第九コンサートやミュージカル作品をともにつくり上げる活動を通して相互理解や交流を深めている。

〈支援のポイント〉：本活動では，ベートーベンの交響曲第9番《歓喜の歌》やミュージカル《サウンド・オブ・ミュージック》等の作品自体が共生社会の形成に向けたテーマを有し（家族，平和，ともに生きる），参加者全員が活動することを通してそのテーマを共有できるようにしている。また，作品づくりの過程において映画の映像を一緒に見ながら意見交換する学習方法を用いる等，知的障害者と地域の方がともに学べる方法を取り入れている。これは合理的配慮の「情報・コミュニケーション及び教材の工夫」に当たる。

〈成果〉：オーケストラの一員として参加した地域の方は，「この活動には他のオーケストラにはない発見と喜びがある……」と語り，障害のある人の表現との出会い，相互理解，それまでの体験とはひと味違う音楽をつくり上げる楽しみとなっていた。一方，障害のある方にとっても多くの人と共演する喜びや社会参加の大切な機会となっている。

（工藤傑史）

【引用・参考文献】
独立行政法人国立特別支援教育総合研究所（2008）「『交流及び共同学習』の推進に関する実際的研究プロジェクト研究成果報告書：小・中学校における障害のある子どもへの『教育支援体制に関する在り方』及び『交流及び共同学習』の推進に関する実際的研究（平成16〜19年度）」．
独立行政法人国立特別支援教育総合研究所（2014）『共に学び合うインクルーシブ教育システム構築に向けた児童生徒への配慮・指導事例—小・中学校で学習している障害のある児童生徒の12事例—』ジアース教育新社．

2-1　フィールドに生きる理論　4

障害児の多様な音楽表現

1．音響レベル

梅本（1996）は，音楽の階層レベルを「音響—知覚—構造—意味」の4層に分類している。通常学級の音楽科授業では，低学年で「知覚」の学習を重視し，学年が上がるにつれ音楽の「構造・意味レベル」の学習に移行する。一方，障害児の音楽表現を解釈する上で最も重要なのは，「音響レベル」である。音そのものの「快・不快」はもちろんのこと，心身に与える生理的作用の観点は，どの発達段階でも欠かすことができない視点である。安心して過ごすことのできる「音響レベル」を保障することによって，多様で，多彩な音楽表現を引き出すことが可能になる。

2．音楽の子（music child）

music child は，Robbins, C.（1927-2011）と Nordoff, P.（1907-1976）による創造的音楽療法で最も重要な概念であり，すべての子どもの中の実体であり，各々の子どもに生まれつき備わった個性化された音楽性として研究者・実践者に共有されている[1]。数十年にわたる臨床経験を通して導かれたこの概念は，音楽的自己（music self）とも和訳され，我が国の実践者に共有され続けている。なぜ，1990年代以降，この概念が支持され続けているのであろうか。おそらく，この概念により，カクテルパーティ現象に象徴されるような情報処理や，音に対する嗜好（ネガティヴなものも含む），音過敏など「音響レベル」に課題のある対象児の理解を深めることができるからであろう。

3．創造的音楽療法（Creative Music Therapy）

同じ障害であっても一人一人その知覚・認知が異なること，また，たとえ同じ人物であっても，音楽的文脈によって反応・表現が変容することを

私たちは日々目の当たりにしている。私たちは，無自覚に「相互の表現（パフォーマンス）を認知すると同時に応答する」という深層構造（図1横矢印）を基盤としつつ，「音楽の流れ（文脈）」を即興的に生成しているのである（縦矢印）。

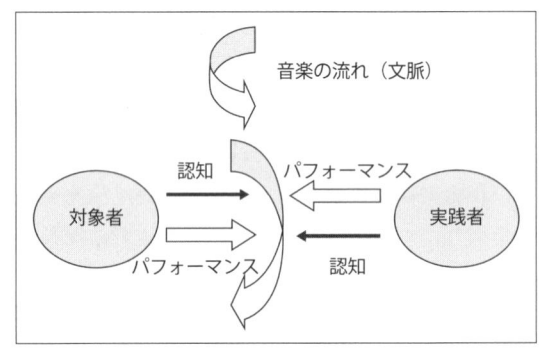

図1　やりとりの構造（根津 2002, p. 69 を修正）

このように実践者自らが音楽的文脈に関与しながら対象児理解を図る研究の始まりは，長崎ら（1990），千田ら（1992）に遡る。これらには，「イナイイナイバー遊び」に象徴される Bruner, J. S.（1915-2016）の言語獲得理論を援用していること，そして，前述した創造的音楽療法の手法を用いているという二つの共通点がある。この手法の普及と成果は，2011（平成23）年度改訂の特別支援学校音楽教科書☆～☆☆☆☆[2]に実践現場で用いられてきた楽曲が新たに掲載されたという形で実証されている。

4．同質の原理

Altshuler, I. M.（1893-1968）が対象者の気分とテンポを関連させ，同質の原理を提唱したことは，すでに我が国の音楽療法領域に浸透している。この観点は，梅本の言及するレベルとしては，「音響・知覚レベル」に相当する。

一方，村井（1995, p. 76）は，Rood, E.（1947-　）の理論を基盤とした上で，音楽が他の芸術以上に

その人のアイデンティティや人柄全般を示すもので、決して他人に通用するものではないことを強調している。これは、「意味レベル」における同質の原理と言えよう。例えば、特別支援学校の中学部・高等部では、「こうありたい自分」「あこがれ」を投影した歌唱表現が多く見られる。時には「くやしさ」「不安」等のネガティヴな感情を表現に投影することもある。これは、彼らのライフストーリーと音楽が密接に関わっていることを象徴しており、音楽表現から生活世界や内面を解釈する上で重要な視座となる。

5．情動調律

近年、Stern, D. N.（1934-2012）の情動調律（affect attunement）が再注目されている。情動調律は、母親等の養育者が子どもの情動に合わせ、対応する行動である。松山（1998）や稲田（2012）は、この母子相互作用を音楽療法における実践者と対象者との相互作用に適用している。

Schumacher, K. ら（1999）は、同様に Stern 理論に依拠し、主として自閉症スペクトラム児を対象とし、音楽を通した関係と情動の発達支援のためのアセスメントと支援ツール（Assessment of the Quality of Relationship）の開発を続けている。近年では、Esterbauer, E が、この評価方法をグループ活動に応用している[3]。

根津（2018）は、Stern 理論をウィリアムズ症候群の患児・者（以下、ウィリアムズとする）の音楽表現解釈に適用している。分析の結果、絶対音感に象徴されるような従前のウィリアムズの音楽能力研究とは異なり、音楽活動における個々の葛藤の過程（不安傾向）や助け合いながら合奏するウィリアムズの音楽表現の特性（共感性）が明らかになった。今後、この観点での評価方法の発展により、障害をもった子どもたちのグループ活動や表現活動の意味付けが深まるのではないだろうか。

6．生活年齢

以上、様々な音楽レベルにおける障害児の音楽表現の多様性は、生活経験の多様性からくるものである。あるいは、感情表現の多様性とも言い換えることができる。このように考えると、精神発達年齢（mental age）や発達段階（developmental stage）はもちろんのこと、常に、等身大の生育歴や生活年齢（chronological age）を尊重することが音楽表現の解釈の鍵となる。言うまでもなく、それは、音楽表現の多様性を保障する枠組みとしても機能する。　　　　　　　（根津知佳子）

【注】
1）根津知佳子（2002）「現代の音楽教育から見た〈music child〉の意義」『三重大学教育学部研究紀要』第53巻，pp. 51-64 に music child の理論的背景となる発達観・人間観を論述した。
2）文部科学省が編纂した特別支援学校小学部知的障害者用（☆〜☆☆☆）中学部知的障害者用（☆☆☆☆）には、創造的音楽療法に依拠した実践により創出された楽曲が取り入れられている。
3）2018年7月12日から14日にオーストリア・オルフ研究所で開催された国際音楽教育学会（ISME）Special Music Education and Music Therapy Pre-Conference Seminar において Esterbauer, E が、Assessment of the quality of relationship in music lessons: a new approach と題して、このツールの活用可能性を報告している。

【引用・参考文献】
Schumacher, K. & Calvet, Kruppa, C. (1999.7) "The "AQR": an Analysis System to Evaluate the Quality of Relationship during Music Therapy", *Nordic Journal of Music Therapy* 8 (2), pp. 188-191.
稲田雅美（2012）『音楽が創る治療空間　精神分析の関係論とミュージックセラピィ』ナカニシヤ出版．
梅本堯夫（1996）『音楽心理学の研究』ナカニシヤ書店．
千田亮子・臼井裕美子・藤井栄子・根津知佳子・太田一貴（1992）「即興活動における音楽的相互反応性に関する一考察（1）―感覚運動的段階の太鼓活動の指導―」『日本特殊教育学会第30回発表論文集』pp. 762-763.
長崎勤・小山はるみ・八重田美衣（1990）「認知・語用論的アプローチによる言語指導の試み（IV）―ダウン症幼児に対する太鼓即興の音楽活動による共同行為の形成―」『特殊教育研究施設報告』第39号，pp. 43-54.
根津知佳子（2002）「音楽的経験に内在する〈ドラマ性〉」『日本芸術療法学会誌』vol. 32, no. 2, pp. 68-76.
根津知佳子（2018）「情動調律に着目したパフォーマンス評価の意義」『日本女子大学家政学部紀要』第65号，pp. 11-18.
松山久美（1998）「音楽療法における母子相互作用関係の臨床的応用」『音楽療法』第8号，pp. 9-26.
村井靖児（1995）『音楽療法の基礎』音楽之友社．

ともに生きる・ともに音楽を学ぶ　1

実践研究事例
特別支援学校における音楽づくり

1．音楽づくりの実践研究概観

　本項では，筆者の実践を通して，特別支援学校での音楽づくりの配慮点や意義について整理する。

　発達段階が違う3人の高等部知的障害の生徒が音そのものに着目していく音楽づくりの実践において，自分の音楽表現を対象化できる段階の生徒は，発表や録音で自分の音を意識できることを示した。また選択性緘黙の生徒は，発表で自分が注目される場では動きが止まるが，録音された自分の音楽表現は対象化して楽しんで聴く様子が見られた（岡2014）。

　音楽づくりで使用する楽器の好みには，発達段階による違いがある。言葉の理解が難しい生徒が身体全体で音を楽しむ時には，大きく手を動かして鳴らすカホンや，膝の屈伸運動を使って身体でリズムを感じる長いトガトンを好む。言葉でやりとりできる生徒は，揺らしたりたたいたり指で弾いたりして奏法を工夫できる紙や，音の重ね方による響きの違いを楽しめるトーンチャイムを好む（岡2015）。

　打楽器奏者と一緒に音楽づくりを行った実践では，机を楽器にした模範演奏を見た後で，中学部知的障害の生徒が奏者を真似たりアレンジしたりして演奏していた。書き言葉を獲得しているグループの音楽づくりでは図形楽譜で自分たちの音楽が再現できる楽しさを感じていた（岡2016）。可児ら（2018）では，アウトリーチの視点から，打楽器奏者が生徒と一緒に音楽づくりを行うことで，生徒の音楽表現幅の広がりや教員の音楽的な指導力が高まることを示した。岡（2018）では，重度知的障害の中学部生徒が《机の音楽》（テリー・ドゥ・メイ作曲）の模範演奏の後で，手の形やたたき方を変え，声で合いの手を入れた机の演奏を楽しんでいた。またトガトンを使って奏者が生徒の音に同期させたり強弱の変化を付けたりすることで，生徒が奏者の出す音に気付いて，真似たり同じタイミングで打つことを期待する姿が見られた。

2．音楽づくりの意義

　以上から，音楽づくりの配慮点や意義について次の2点に整理した。

1）発達的な力に応じた楽器や活動内容を提示し，適切な支援を行うことで，どの生徒も自由な音楽表現を楽しめる。言葉でのやりとりが難しい生徒の場合は，身体全体を使った音表現や，音を使ったやりとりで楽しむことができる。言葉でやりとりできる生徒は，友達の音と響き合わせることや奏法の違いで多彩な音が出る楽器が効果的である。また自分の音楽表現を対象化できる段階の生徒は，発表だけでなく録音された自分の音に意識を向けられる。

2）プロの奏者と音楽づくりを一緒に行うことで，生徒は音楽表現の幅を拡げ，教員は生徒の音を感性豊かに受け止める指導力が向上する。

（岡　ひろみ）

【引用・参考文献】
岡ひろみ（2014）「特別支援学校における『音楽づくり』の実践的意義と可能性─高等部での授業実践を通して考える─」『人間発達研究所紀要』第27号，pp. 68-82.
岡ひろみ（2015）「特別支援学校における音楽づくり─楽器の特徴と生徒の発達的特徴との関連─」『音楽教育実践ジャーナル』vol. 12，no. 2，pp. 108-119.
岡ひろみ（2016）「特別支援学校における打楽器を使った音楽づくり─専門家派遣事業（文部科学省）の採択を受けて─」『音楽教育実践ジャーナル』vol. 14，pp. 24-33.
岡ひろみ（2018）「特別支援学校における音楽づくり」『障害者問題研究』第46巻第3号，pp. 18-25.
可児麗子・岡ひろみ・林睦（2018）「打楽器奏者と音楽をつくるアウトリーチ活動─特別支援学校での取り組みを中心に─」『滋賀大学教育学部附属教育実践総合センター紀要』第26巻，pp. 85-92.

ともに生きる・ともに音楽を学ぶ　2

実践研究事例

知的障害のある子どもの友人との関わりを広げる音楽づくり

1．はじめに

中学校の特別支援学級担任が，特別支援学級と交流学級（通常の学級）で行った音楽づくりの実践を報告する。筆者は助言者として実践研究に参加した。

2．実践の方法

本実践の対象児は，中学校の特別支援学級に在籍する2年生の生徒1名（以下，A児とする）である。A児は知的障害があり療育手帳B2を所持している。特別支援学級への所属に満足しておらず，特別支援学級の友人との交流に消極的であった。休み時間は交流学級で過ごすが，状況に応じた言動が難しく友人とトラブルになることが多い。その度に「僕は最低の人間です」と言い，自己肯定感が低い様子が見られた。音楽が好きである。

音楽づくりの活動は，特別活動の「望ましい人間関係の形成」をねらいとして学級活動の時間に7回（7時間）行った。第1回から6回は特別支援学級（6名）において，「天気の絵を楽器で表す活動」（第1回），「音楽を聴いて図形楽譜をつくる活動」（第2・3回），「物語から図形楽譜をつくり演奏する活動」（第4・5回），「個人の図形楽譜を並べ替えてグループの作品を演奏する活動」（第6回）を行った。第7回は，特別支援学級で第6回に行ったものと同様の活動を，「交流及び共同学習」として交流学級（30名＋A児）で行った。

3．実践の結果

特別支援学級での「天気の絵を楽器で表す活動」（第1回）において，A児は「雷」の絵を友人と楽器で表現した。友人がサンダーチューブで大きな音を出すと，A児もギロで一緒に大きな音を出

す等して，言語表現の苦手な友人と楽器演奏のやりとりで楽しく関わる様子が見られた。

交流学級における授業では，まず，A児が特別支援学級で友人とつくった図形楽譜の演奏を披露した。次に，担任とA児が様々な図形楽譜や楽器の説明を行った。その後，4人1グループになり，各自が自由に図形を貼った用紙を並べ替えてグループの図形楽譜をつくり，使用する楽器や奏法を話し合いながら演奏した。グループの友人から図形楽譜の演奏について尋ねられたA児は，「例えば僕みたいにちっちゃい丸がいっぱいの図形楽譜だったら，ちっちゃい音を複数回鳴らす感じ」と演奏方法を提案する等，周囲と楽しく関わりながら音楽をつくる様子が見られた。授業後には，交流学級の生徒から「音楽を通してA児の新たな一面も見られたし，同じ作品でも人によっていろいろ考え方が違うんだなと思いました。すごく楽しい授業でした！」等の感想が寄せられた。

4．おわりに

以上のように，A児は，絵や図形楽譜を用いた音楽づくりの活動において，特別支援学級や交流学級の友人と自信をもって楽しく関わることができていた。図形楽譜を用いた音楽づくりは，「音楽による非言語コミュニケーションが可能である」，「図形を媒介にすることで言語コミュニケーションが容易になる」，「正解が求められず自由度が高い活動である」という点で，知的障害のある生徒同士，知的障害のある生徒とその他の生徒の人間関係形成の土台づくりに有効であると考えられた。

（藤原志帆）

【参考文献】
文部科学省（2012）『音楽☆☆☆☆☆教科書解説』東京書籍.

2-2 ともに生きる・ともに音楽を学ぶ 3

実践研究事例
音楽×美術で楽しむユニバーサルなワークショップ

1. 美術館での音楽×美術のワークショップ

ユニバーサル・ミュージアムを目指す徳島県立近代美術館において，障がいのある人も参加した音楽・造形ワークショップ（以下，WS と略記）を 2015（平成 27）年及び 2017（平成 29）年に実施した。参加者は幼児から成人までの約 20 名で，1 回目の WS には聴覚障がいの成人男性 A さん，2 回目は A さんと視覚障がいの成人男女 3 名が参加した。WS では，①短い音楽を聴き，②音楽を聴いて生じたイメージを台紙上で造形的に表現し，③制作者がその作品を説明し，全員で音楽とともに作品を鑑賞した。

A さんは，1 回目は音楽に合わせた手話通訳者の手の動きを見て「音楽」を「聴き」，2 回目は音の振動が感じられるスピーカー（抱っこスピーカー Hug Me：ENSOUND）を用いて自身で「音楽」を感じて制作した。

2. 音楽学習としての意義

自らが選んだ色・形や手ざわりを，音楽のイメージと摺り合わせながら繰り返し音楽を聴くことは，深く音楽を味わう経験になり得る。聴覚のみではなく，視覚や触覚も感じながら鑑賞することで，音楽は身体全体で「聴いている」ことが明らかになる。また，作品を言葉で説明することで自分の感じ考えたことが整理され，他者の説明を聞くことで音楽の新しい聴き方を「発見」することができた。

A さんは，1 回目の WS で「楽しく新鮮な体験で，耳が聞こえなくても体の中でリズムを感じたり視覚や思考を通してリズムや高低をイメージすることが意外と面白く感じた」と述べている。A さんの作品（作品例 1）と説明は他の参加者に共感をもって受容されていた。

WS について A さんは「音楽を感じることによって，制作欲が刺激されて新たなアート表現が生まれてくる」，「見えない人に自分の話〔造形作品の説明〕が役立ったことにもまた喜びを感じた」と述べている。音楽と美術が結び付くことで，それぞれの特徴を生かし鑑賞活動を補完し合うだけでなく，障がいの特性の違う人が一緒に活動することで「障がい者＝支援される人」という関係性が崩れ，新しい価値を生み出す可能性がある。

作品例 1　聴覚障がい者 A さん（50 歳代男性）
＊《シンコペーテッド・クロック》の冒頭の 1 分を聴いて。「はじめはタッタッタと歩くのですが，ここ〔ウッドブロックのリズムが変化する部分〕でちょっと緊張する感じ，それが終わったらほっとして，こう，なだらかな」

作品例 2　視覚障がい者 B さん（50 歳代女性）
＊《ハンガリー舞曲第 5 番》を聴いて。「静かな音楽で，ジャンジャンジャンジャン，で，また静かなのを……表したんですが，分かりますか？」手ざわりの異なる様々な素材を用いた。

（髙木夏奈子）

【参考文献】
小島律子（2011）『子どもが活動する新しい鑑賞授業　音楽を聴いて図形で表現してみよう』音楽之友社.

2-2　ともに生きる・ともに音楽を学ぶ　4

実践研究事例

「特別な配慮を必要とする児童生徒」の学びの保障

1．児童生徒の「困難」の見極めと「適合」する手立ての導入

　授業実践する上で教師が問題とするのは，学習内容の認知や授業中の行動といった児童生徒の「困難」への対応である。教師にはこの「困難」をより早く見極め，「困難」が表れにくく「適合」する手立ての構築と効果的な導入が求められる。

2．実践事例

　以下の実践は，年度当初の4月から5月まで授業が成立せず，児童の行為の因果関係を緻密に分析したことで不適応行動が激減した事例である。

対象校：A小学校

対象児：第4学年28名の単学級（支援を必要とされている児童が4～5名），特別支援学級（情緒障害1名，全盲1名）

授業実施年度：2014年6月～12月

題材名：サンバのリズムを楽しもう

2.1 支援を要する児童の事例と見極め

【A児】（自閉症・情緒障害学級在籍／ADHD傾向）

・「音楽は大嫌い」「自分にはできない」「できなくてもいい」という発言

【B児】（通常の学級在籍／ADHD傾向）

・頻繁に喧嘩が起きる

・リコーダー等の長い物を持つと振り回す

【C児】（通常の学級在籍）

・「やりたくないから，やらない」という発言

・プリント，ワークシートは白紙で提出する

【学級全体】

・常に私語等のざわつきがある

・授業開始前に着席できない児童が複数いる

・数名のADHD傾向の児童をめぐっての喧嘩やトラブルが頻繁に起こる

2.2 「拡大した（expanded）コアカリキュラム」による改善プロセス[1]

　この学級全体の「困難」は学習内容の認知よりも立ち歩き等授業中の行動にあった。そこで，①空白の時間をつくらない授業展開，②自分に何の取組みが求められているか理解できる提示，③「自分にもできるのでは」という動機付け，の3点を反映させた授業改善を行った。

表1　「スケジュールの構造化」が為された授業展開（45分）

場面	授業展開と題材
1	音楽室に入室した児童から，《「もののけ姫」から》をリコーダーで個人練習に取り組む
2	（挨拶なしで授業が始まる）《「もののけ姫」から》を2声部に分かれて全員で演奏する
3	《札幌の空》を斉唱する
4	《宇宙戦艦ヤマト》を斉唱する
5	《おどれサンバ》のリズムの歌詞を各自が発表し，全員で歌ってみる
6	本時の学習を記録帳にまとめ，書き終えた児童から流れ解散（挨拶はなし）

　この授業は「スケジュールの構造化」と呼ばれ，展開を予想しやすいパターン化した時系列で構成されている。従来の「均質な力を持つ子どもの集団」を対象にしたコアカリキュラムに何らかの支援的要素を加味した「拡大した（expanded）」考え方の具現である。内容は「モディフィケーション」という，教えているすべての内容を理解することが難しい子どものために，カリキュラムを変えたり単純化したりする手立ての導入である。場面を単純化し繰り返したところ，全員着席して授業を受けられるよう集中力が高まり教材曲の内容について発言できるようになった。　　　（尾崎祐司）

【注】

1）齊藤由美子（2010）「通常のカリキュラムへのアクセスとそこでの向上―アメリカ合衆国における障害のある子どものカリキュラムについての概念の変遷と現在の取り組み―」『世界の特別支援教育（24）』国立特別支援教育総合研究所，p.58に詳しい。

第3章

生涯にわたる学びと音楽

introduction

　我が国は，2010年に，65歳以上が21%を超える「超高齢社会」に突入した。今後もこの傾向は続く。こうした超高齢社会において，人々は学校教育を終えたあとも，それよりはるかに長い年月を日々生きることになる。日々の生活の中で音楽活動に積極的に関わり人生を豊かなものにしていくことは，これからの社会に生きる人々にとって欠かせないことである。

　一方，学校教育の側からは，2017（平成29）年告示の学習指導要領において，「生活や社会の中の音や音楽，音楽文化と豊かに関わる資質・能力」の育成が明示された。学んだことの意味や価値を子ども自身が自覚し，学校音楽で培った音楽の資質・能力が，学校を卒業したあとも生きて働く力となるようにすることが求められている。こうした社会的動向の中で，今後ますます生涯教育における音楽教育研究の重要性は増すことが予想される。

　本章では，生涯教育の理論，地域社会と音楽，アウトリーチ活動の三つの視点から，生涯にわたる音楽の学びについて概観する。また，個別の実践研究事例としては，アマチュアと文化的創造，公共ホールの実践，学校外のお稽古ごと，部活動，高齢者と音楽など多様な実践が想定されるが，本章では高齢者のカラオケ活動，日本伝統音楽の学び，公共ホールにおける学びの三つの事例を報告する。　　（本多佐保美）

音楽の生涯教育の理論

1．生涯教育と生涯学習

　P. ラングラン（Lengrand, P.）らが，1965年に
ユネスコの成人教育推進国際委員会において，人
間の一生を通じた教育の統合的な過程としての
「生涯教育」理念を提唱して以来，生涯教育は教
育の基本原理として認識されるようになった（ラ
ングラン 1976）。「生涯学習」は，生涯教育の理念
を学習者主体の概念に置き換えたものである。近
年では，生涯教育は，「生涯学習の推進，振興，
援助，支援」といった言葉で置き換えられること
が多い。生涯教育（学習）は，生涯の様々な場に
おける教育（学習）活動すべてを包含するために，
研究のフィールドは極めて広範囲に及ぶ。

2．生涯教育の3領域—フォーマル，ノンフォーマル，インフォーマル—

2.1 フォーマル・エデュケーション

　生涯教育（学習）は，人の一生を通じ，生活の様々
な場で，意図的・無意図的に行われるすべての教
育（学習）を時間的・空間的に包含した概念であ
る。生涯教育（学習）の理念においては，学校教
育もフォーマル・エデュケーションとして，生涯
学習体系の構成要素の一つに位置付けられる。

　学校教育を生涯教育（学習）の構成要素と位置
付けると，学校音楽教育の研究の視座も時間的・
空間的に拡大されるとともに，統合化が図られる。
そこでは，学校教育期を中心に置きながらも，就
学前から学校教育後までを見通した学習の適時性
と連続性が研究課題の一つとなろう。また，学校
音楽教育が学校教育後の音楽活動や学習要求の喚
起にいかにつながるかの追跡的な研究も求められ
る。一方で，子どもを取りまく音・音楽の環境全
般を学校音楽教育と関連付けて捉える空間的（水
平的）な統合化の視点も必要となる。

2.2 ノンフォーマル・エデュケーション

　ノンフォーマル・エデュケーションは，もとも
と発展途上地域の成人教育計画プロジェクトの中
で用いられ，国際的に定着した用語だが，現在で
は，広く学校教育外の組織化・体系化された教育
（学習）活動を指して用いられる。もとより社会
の様々な集団の学習要求にこたえることを目的と
しており，学習者の状況に応じて多様で柔軟な組
織化が行われる。例えば，自治体や大学等の市民
公開講座，民間のカルチャーセンターや音楽教室
等の組織化された教育活動等は，現代日本のノン
フォーマルな音楽教育として挙げられる。

　更には，「市民参加型」の音楽活動をノンフォー
マル・エデュケーションとして捉えることもでき
る。ただし，参加型音楽活動は必ずしも教育（学習）
として意図されているわけではない。その意味で
は次のインフォーマル・エデュケーションの範疇
に位置付けることもできる。

2.3 インフォーマル・エデュケーション

　日常の遊びや家庭生活，地域社会や都市空間，
マス・メディアやインターネット等，人々の音楽
空間は多方面に広がっている。広く捉えれば，教
育として組織化・体系化されていないこうしたす
べての場がインフォーマル・エデュケーションと
して，生涯音楽教育（学習）研究のフィールドと
なりうる。狭義に捉えても，個人や集団が行う音
楽活動は，音楽の生涯教育（学習）の研究対象と
して重要な位置を占める。

　その際，人々の音楽活動を生涯学習の理論にど
う位置付けるかについては，異なった二つの方向
が示されてきた。一方は，学習者自身の「学び」
の成立を活動の中に厳密に求めようとする方向，
もう一方は，そこに「学び」が成立しているか否
かを問わず，社会における人々の音楽活動そのも

のに生涯学習につながる多様な意味を見いだしていこうとする方向である。例えば前者に近い研究例として，地域社会で謡を学び続けている保存会会員の自己変容の過程を個のレベルと集団のレベルで考察した田村（2012）が，後者には，市民による文化活動の場としての音楽祭の意義を論じた小泉（2009）や地域の伝統芸能の伝承活動を生涯学習の観点から論じた渡邊（2013）等が挙げられる。

3．リカレント教育

　社会人が教育機関に入り直し，新しい知識や技術を身に付け，社会に戻ることを生涯繰り返す（recurrent）ことのできる教育システムを指す。学校教員が高等教育機関等で学び直したり，民間の音楽教室や個人の指導者が新たな教材や指導法についての研修を受けたりすること等が該当する。現時点では，教員免許状更新講習の実践報告が各大学の紀要等に散見できる程度であるが，今後，音楽教員や音楽指導者対象のこうしたリカレント教育の教材や指導法の開発等も，生涯音楽教育研究の重要なフィールドとなるであろう。

4．成人と高齢者の音楽学習

　超高齢社会の水準を優に超えた日本社会において，中高年の音楽学習は注目すべき研究対象である。研究の理論的基盤としては，子どもを対象とする教育学（ペダゴジー）と区別された成人教育学（アンドラゴジー）理論として，M.ノールズ（Knowles, M.）の自己決定学習やJ.メジロー（Mezirow, J.）の変容的学習論が紹介されてきた。

　具体的な研究としては，成人や高齢者のピアノ学習を取り上げた研究が継続して蓄積されている（三上・堀 2014，古庵 2016，元吉 2016 ほか）。

5．アマチュア音楽活動

　音楽の生涯教育（学習）研究において，アマチュア音楽活動は特筆すべきフィールドである。アマチュア音楽活動は，前述のノンフォーマル・エデュケーションまたはインフォーマル・エデュ

ケーションとして捉えることができ，参加者の意図の有無にかかわらず，そこでは音楽の学習活動が行われている。アマチュア音楽活動の学習プロセスに注目した研究例として，杉江（2006），寺内（2013）がある。

6．生涯学習社会論の陥穽

　「生涯教育」に代わり「生涯学習」という用語が一般化するに伴い，その理念は，より学習者個人の側に向けられてきた。しかし，「自己決定性」や「自発的意志」は，学習者に要求される生涯学習の基本姿勢ではあっても，誰もがそのような姿勢で学習に向かえるわけではない。その現実矛盾を視野に含め，「学習社会論」の理想において置き去りにされがちな事実に目を配った研究が求められる。そのためには，学習者個人の発達形成理論からのアプローチと個人を取りまく社会的・文化的アプローチがバランスのとれた形で進展していくこと（杉江 2009）が望ましい。

（杉江淑子）

【引用・参考文献】
Knowles, M. (1975). *Self-Directed Learning*. Chicago: Follet.
古庵晶子（2016）「中高年世代を中心としたピアノ学習におけるつまずき」『関西楽理研究』33，pp. 70-87.
小泉元宏（2009）「市民社会との関わりから見た音楽祭研究に向けて」『音楽教育学』第39巻第2号，pp. 12-24.
杉江淑子（2006）「ポピュラー音楽活動者のインフォーマルな音楽学習」『関西楽理研究』23，pp. 69-87.
杉江淑子（2009）「10年間の研究動向―生涯学習社会における音楽教育研究―」日本音楽教育学会編『音楽教育学の未来』音楽之友社，pp. 252-265.
田村にしき（2012）「宮城県北部における謡の伝承の実態」『音楽教育学』第42巻第2号，pp. 1-12.
寺内大輔（2013）「活動プロセス自体を主目的としたアマチュアオーケストラの可能性」『音楽表現学』11，pp. 33-42.
三上香子・堀薫夫（2014）「アンドラゴジーの視点からみた成人のピアノ教育における学習指導に関する研究」『音楽学習研究』10，pp. 49-60.
メジロー，J.（2012）『大人の学びと変容―変容的学習とは何か―』金澤睦・三輪建二監訳，鳳書房.
元吉ひろみ（2016）「成人・高齢者のピアノ学習」『音楽教育実践ジャーナル』vol. 14，pp. 77-82.
ラングラン，P.（1976）『生涯教育入門 改訂版』波多野完治訳，全日本社会教育連合会.
渡邊洋子（2013）「日本における文化伝承と生涯学習」相庭和彦・渡邊洋子編著『日中韓の生涯学習―伝統文化の効用と歴史認識の共有―』明石書店，pp. 123-157.

地域社会と音楽
文化資源としての音楽と内在する学び

1．はじめに

　「地域社会と音楽」をめぐる研究の意義と課題を考察するに当たり，まず我が国の文化政策に言及する必要がある。2001年に施行，2017年に一部改正された「文化芸術基本法」に代表されるように，文化振興にとどまらず芸術活動を人々の生活や社会全体に関わるものとして位置付けていく流れが2000年以降の文化政策の傾向である。昨今では，「地方創生」の名のもと，文化芸術に可能性を見いだす等，地域社会からの期待は社会情勢と表裏一体と言える。更にこうした動向に拍車をかけたのが，2011年3月11日に発生した東日本大震災をはじめとする数多くの災害の影響であり，「地域社会と音楽」をめぐる研究テーマをより複雑に，そして必然にしている。例えば，生まれた土地の文化[1]等自分のルーツへの意識，あるいは，失われたモノやコトとその再生の狭間で様々な従来の「当たり前」を問い直す姿勢等，「地域社会と音楽」に関わる研究には，こうした軌跡が論文や活動，プロジェクトの形となって蓄積されてきたと言える。

　本稿では，「地域社会と音楽」をテーマとした研究がどのような役割を果たすのか，その意義と課題を考えていきたい。

2．全体的な傾向

　まず，「地域社会と音楽」をめぐる国内研究を概観しておこう。今回調査したのは，2009年から2018年前半までの『音楽教育学』『音楽芸術マネジメント』『音楽教育実践ジャーナル』をはじめとする学会誌に掲載された論文や研究報告である。単純に分類することは困難だが，研究の観点を大きく三つに整理することができる。

　第一に，文化芸術振興としての視点である。地域の公立文化施設や大学，演奏団体の文化拠点としての機能に着目し，それらを核とした事業（復興支援も含む）の提案や効果の検証が主な内容である。第二に，まちづくりやコミュニティ形成の契機として文化芸術を捉える視点である。アートプロジェクトをはじめとしたある種の外部刺激によって再生するつながりやプライドに着目し，そこに介入することで場やコトを創出する実践やその分析が特徴として上げられる。第三に，教育としての観点である。幼児教育や学校教育，社会教育と地域社会との接点という側面から，例えば地域の伝統芸能や祭りの教材化や，地域の芸術家と協働したアウトリーチプログラムの実践等が上げられる。

3．地域社会と音楽をめぐる研究の現在
3.1 研究の実際

　ここからは，近年国内の学会誌に掲載された原著論文の中から，「文化資源としての音楽と学び」をめぐる研究に新しい視点を提示している論文を2本，加えて地域と連携した実践を一つ取り上げて検討していく。

　「地域社会と音楽」に関する研究は，文化振興や地域活性化の観点から主にマネジメントの分野で多くの研究がなされてきた。小井塚・市川（2017）は，秋田県仙北市を拠点として活動する劇団わらび座が主催した「東北六県合唱祭」を取り上げ，地域の文化拠点が担う「経験の提供」の重要性を指摘した。この研究は，文化施設の事業評価にとどまらず，中でコトやモノをつくる人々が，多様な音楽家との交流を経て郷土の音楽を含む文化資源[2]を再評価し，芸術団体としての役割を再確認していく過程を聞き取り調査で明らかにしており，マネジメント分野に音楽教育的な視点

から提言をした研究と言える。

田村（2012）は，宮城県北部の謡の伝承における学習者の自己変容の過程を分析し，「形」から「型」への熟達の契機として「文化的な営みへ参入し，あこがれと目的をもつ」ことの重要性を指摘している。この研究は，伝承の形態や教え方に着目した研究や伝統芸能を教材化する実践とは異なり，参与観察と聞き取り調査によって学習者の学びの芽生えや意識の変容の過程を明らかにしている。伝承の文脈を分断することなく丁寧に観察し記述することの重要性が示唆された。

最後に，長野県下高井郡野沢温泉村における，音楽教育研究者有志と地元のこども園による実践を紹介する。同村は高野辰之終焉の地であることから，こども園との協働で上演する作品として，「うりひめ」に起源するオペラ《あまんじゃくとうりこひめ》（林光作曲／若林一郎台本）が選ばれた。この実践の特徴は，村の子どもたちと保育者，そして音楽の専門家が対話しながら，地域文化の中で学び育つ子どもを支える保育と専門家の在り方を軸に展開した点で，一過性のイベントとは異なり，個々の学びや変化を重視したアクションリサーチと言える。子どもが日々の生活と分断されることなく文化としての芸術に出会い，その世界に潜入していく姿が捉えられ，地域の歴史や文化を基盤とした実践を展開する上での重要な観点を提供した。

3.2「内在する学び」とは

3.1で取り上げた研究や実践に共通するのは，「憧れが学びを誘引する」というダイナミズムである。佐伯（2014）は，正統的周辺参加論の意義を踏まえた上で，単なる「参加」ではなく，「他者との二人称的な関わりに基づいた共愉的関係を生み出すことが学びの動機となる」と述べている。すなわち，内在する学びとは，「やりたくなる」共愉性の存在の有無と言い換えることができる。

こうした側面から文化資源としての音楽の営みを見つめると，伝統や文化がもっている人間に働きかける力が浮かび上がってくる。見たり聞いたり真似をしたりすることを通して，自分の中に憧れをはぐくみ，身近な人やコトの魅力に気付いていく過程こそが「学び」であり，そうした「魅力的な文化モデル」を音楽教育の専門性をもって発掘し意味付けていくことが求められている。

4．まとめと今後の課題

最後に，「地域社会と音楽」をテーマとした研究が果たしてきた役割と今後の課題に言及する。まず，地域の豊かな文化を教育学研究の諸問題として取り上げてきた功績は大きい。しかし研究の過程では常に「一般化」とのせめぎ合いが生じることを指摘したい。脱文脈化やパッケージ化することで欠落する要素に気付きつつも，構造を明らかにしたり理論モデルに当てはめたりすることが先行しては，音楽経験の連続性や学びの系統性が見えなくなっていく。こうした課題を克服するためには，文化資源としての音楽を教育素材としてのみ価値付けるのではなく，「暮らしの中にある文化的実践」という窓口から個々の事象を捉え，その在り様を丁寧に記述し意味付けていく姿勢が不可欠である。今後の研究では，この観点に立った厚い記述と誠実な解釈の積み重ね，すなわち質的研究の精度が鍵となる。　　　　　　（小井塚ななえ）

【注】
1）本稿では，「文化」を人が自然との関わりや風土の中で身に付けていく振る舞いや暮らしぶり，生活様式，価値観等人間と人間に生活に関わることの総体という広義の意味で用いる。
2）ある時代の社会と文化を知るための手がかりとなる貴重な資料の総体であり，建物や景観，伝統的な芸能や祭礼等，有形無形のものも含む。

【引用・参考文献】
菊池拓児ほか編著（2014）『アートプロジェクト芸術と共創する社会』熊倉純子監修，水曜社．
小井塚ななえ・市川恵（2017）「地域と連携した合唱フェスティバルの可能性と意義（2）」『音楽芸術マネジメント』第9号，pp. 43-55．
佐伯胖（2014）「そもそも学ぶとはどういうことか―正統的周辺参加論の前と後―」『組織科学』第48号（2）組織学会，pp. 38-49．
田村にしき（2012）「宮城県北部における謡の伝承の実態」『音楽教育学』第42巻第2号，pp. 1-12．

(3-1) フィールドに生きる理論　3

アウトリーチ活動

1．概念と活動の広がり

　「アウトリーチ（outreach）」とは，英語で「より遠くに達すること，手を伸ばすこと」を意味し，アウトリーチ活動は，福祉等の分野における地域社会への奉仕活動，様々な機関による出張サービス，芸術・教育の普及活動等を指し示す用語として幅広く用いられている。

　「受け手の立場に立った手法を取ることを特徴」（林 2013, p. 6）とするアウトリーチ活動は，欧米の教育プログラムや文化政策の中で発展し，日本には1990年代後半にその概念や事例が紹介された。導入当初，文化芸術におけるアウトリーチ活動に関しては，主に各地の公共文化施設の活性化を目的とした政策的な側面が強調されたが，その意義や可能性が広く認められるようになり，様々な芸術団体・機関，自治体やNPO法人，企業，大学等が多様なアウトリーチ活動に関わるようになった。こうした活動の普及と発展に，「一般財団法人地域創造」の果たしてきた役割は大きい。更に，2001年に「文化芸術振興基本法」（2017年に「文化芸術基本法」と改正）が施行されたことも，アウトリーチ活動の広がりに拍車をかけたと言える。この基本法によって，文化芸術の公共性という観点から，アーティストに社会と関わることが一層期待されるようになったのである。

　もちろんアウトリーチという言葉や概念が導入される以前より，多くの音楽団体や音楽家が「音楽（芸術）鑑賞教室」等の名称で類似の活動を展開していた。ただし，1990年代後半，いわゆる箱物を重視した文化政策への反省から，音楽家が既存のホールや従来のコンサート形式という枠組みにとらわれず，普段音楽に触れることの少ない人々に直接働き掛けるアウトリーチの手法が注目を浴びるようになり，様々な音楽団体が積極的に

アウトリーチを前面に打ち出すようになったのである。そうしたアウトリーチという名称とスタイルを導入すること自体が価値をもっていた時代から，「供給する側の多様化が進む中，アウトリーチの内容に目を向けていく新たな時代」（林 2013, p. 13）に入り，アウトリーチはアーティストの大切な活動の一つとして認識されるようになった。今日，大学やオーケストラ等の音楽団体には，充実した活動内容を提供する人材の開発・育成が求められている。なお，ともに音楽を楽しむという活動方針や地域性を強調する意味で，「アクティビティ」や「コミュニティ活動」，「レジデンシープログラム」等の用語も用いられ，アウトリーチ活動は，一層概念や形態が多様化していくと考えられる。

2．多様な活動の方法と内容

　音楽を提供する側と受ける側，それらをつなぐコーディネーター等異なる立場やキャリアの人々が協働するアウトリーチ活動では，様々なヴァリエーションが生まれる。形態としては，派遣型のコンサートやワークショップが最もポピュラーかもしれないが，体験や実技指導に重点を置いたり，レクチャーや教養型セミナーと音楽鑑賞を結び付けたり，施設体験を効果的に取り入れたり，地域にプロデューサーを求めたりする等，様々な要素を組み合わせた独創的な取組みが各地で展開されている。

　音楽科の授業におけるアウトリーチ活動を三つの階層に分けて分類した齊藤（2013）によれば，まず階層1では，「鑑賞系」「創造系」「技術指導系」に分けられ，続く階層2では，「鑑賞系」が「鑑賞型」と「参加型」に，「創造系」が「参加型」（単発・集中）と「協創型」（継続・長期）に，「技術

指導系」が「合唱型」「器楽型」「我が国の伝統音楽型」に分類される。更に階層３では，それらの「型」の下に様々な活動形態の「タイプ」が位置付けられる。例えば，「鑑賞型」には，「芸術鑑賞教室」「音楽学習」「総合学習」という三つのタイプが含まれる。このように学校音楽に関わるアウトリーチ活動だけでも，方法や内容は多岐にわたっている。

3．学び合いの場としてのアウトリーチ活動

　文化芸術の振興が今なおアウトリーチ活動の眼目であることは確かであるが，近年，多くの音楽系・芸術系大学や教育系大学においてアウトリーチをカリキュラムに導入する動きが活発化している。また，大学の連携によるプロジェクトも展開されている。それは，音楽に関わる人材育成において，アウトリーチ活動が教育的な意義や可能性をもっているからに他ならない。

　津上（2013）は，アウトリーチ活動によって，「学生は人間と音楽との関係を根底から考え直す機会を得る」（p. 36）と述べ，アウトリーチ教育の必要性を強調する。これは，意識改革や自己省察，学び直しという観点から，アウトリーチ活動がプロの音楽家にとっても意義あることを示している。また，音楽家，あるいは彼らをサポートする職業を目指すためには，自己管理能力やコミュニケーション力，様々な発信力が求められる。異なる専門，文化，そしてコミュニティをもつ人々が相互に交流し，協働するアウトリーチ活動は，格好の学び合いの場となる。壬生（2013）は，「アウトリーチという活動をおこなうこと自体がキャリア形成に通じるもの」（p. 70）と，キャリア教育としてのアウトリーチ活動の重要性を指摘している。更に，聴衆との距離が近く，コミュニケーションも密になるアウトリーチ活動は，聴衆の立場に立ったプログラムを構想したり，分かりやすいパフォーマンスを実践したりする力を身に付ける場としても機能している。

4．課題解決に向けて

　このように多様化し，発展してきたアウトリーチ活動であるが，解決すべき課題も多い。

　予算面の課題は言うまでもないが，内容面でも，例えば，アウトリーチの形式模倣にとどまる事例や企画だけが一人歩きしているような実践も少なくない。「音楽アウトリーチ実践を提供する側と教育現場双方において実践の教育的意義が不明確なままワークショップ型の実践が乱発されており，そのために双方に混乱が生じているのが現状」（新原 2017, p. 120）という厳しい指摘もある。「人と人との関係」が大事で，「どのような人間理解に立つのか，それこそがアウトリーチの分水嶺となる」と主張する津上（2013）は，人と音楽とを出会わせ，結び付けるための「真摯で人間的な活動をこそ『アウトリーチ』と呼びたい」（p. 33）と言う。専門の知識や技能，活動のノウハウも大切であるが，人間と音楽との関わりの本質に根差したアウトリーチ教育，人材育成が不可欠なのではないだろうか。更に，アウトリーチ活動を対象とした研究は，質的にも量的にも十分とは言い難い。アウトリーチ活動の充実・発展に向けて，実践報告にとどまらない，多様な課題意識や視点からの研究が期待される。

（佐野　靖）

【引用・参考文献】
小井塚ななえ（2016）「演奏家の成長におけるアウトリーチの教育的意義―事例分析と聞き取り調査を通して―」東京藝術大学大学院音楽研究科博士論文.
齊藤豊（2013）「音楽の授業におけるアウトリーチ活動の展開―アウトリーチ活動の目的と形態からみた分類の試み―」『音楽教育実践ジャーナル』vol. 10, no. 2, pp. 71-79.
新原将義（2017）「ワークショップ型授業における教授・学習活動の対話的展開過程」『教育心理学研究』第65巻第1号, pp. 120-131.
津上智実（2013）「神戸女学院大学のアウトリーチ教育と3大学連携―『コミュニケーションとしての音楽』再発見の試み―」『音楽教育実践ジャーナル』vol. 10, no. 2, pp. 29-36.
林睦（2013）「音楽教育におけるアウトリーチを考える―基本的な考え方，歴史的経緯，最近の動向―」『音楽教育実践ジャーナル』vol. 10, no. 2, pp. 6-13.
壬生千恵子（2013）「音楽教育におけるアウトリーチを考える―キャリア教育の視点とアウトリーチ―」『音楽教育実践ジャーナル』vol. 10, no. 2, pp. 63-70.

3-2 生涯にわたる，社会とつながる音楽の学び　1

実践研究事例

カラオケ活動に携わる高齢者

1．カラオケの発展

　カラオケに関する活動は，高齢者が行う生涯学習や趣味の活動の中に含まれている。例えば，公民館やカルチャー教室でのクラブ活動，民間の音楽教室や個人経営の歌謡教室，カラオケ喫茶等があり，発表の場としては定期的にホールや公民館で行われるカラオケ発表会等がある。

　カラオケは日本で生まれた。70年代より井上大祐らによってカーステレオを改造させた機械が普及され始め（大竹 1997, pp. 214-218），後に現在の通信カラオケへと発展していった。烏賀陽が述べているように，カラオケが人気となった背景には岡山県で発祥したカラオケボックスの発展も影響している（烏賀陽 2008, pp. 77-78）。現在は手軽に一人カラオケのできる施設が都心部を中心に人気となり，幅広い年齢層に利用されており，高齢者の間でもカラオケは深く浸透している。また，カラオケは日本から台湾，香港，中国，ベトナム，フィリピン，韓国といったアジアを中心に広まり，人々に親しまれている。カラオケが発展した理由は，歌うことによる自己表現とストレス発散を挙げることができる。

2．カラオケクラブとカラオケ発表会出演者の実態と調査

　ここでは，カラオケに携わる高齢者の実態を知るために，日常からカラオケ活動を行っているO県のカラオケクラブAとBカラオケ発表会を取り上げ，インタビュー及び歌に関する質問紙調査を行う。参加者へのインタビューや観察から得られた情報は，（1）及び（3）の実態で述べる。

（1）カラオケクラブAの実態

　カラオケクラブA（以下Aと略称）は，公民館におけるクラブ活動の一つである。地域に住む

カラオケ好きの高齢者が集まり，30年前に始まった。参加者の中で歌上手で人望の厚い者が講師となっており，その講師はこのクラブ以外に個人指導も行っている。活動は公民館内の最も広い小舞台のある部屋で行われ，カラオケ喫茶と同様に歌いたい歌をリクエスト用紙に書いて曲の入力担当者に渡し，順番がきたら舞台に立って歌う。待ち人たちは観客となり，菓子をつまみながら舞台の発表者の歌を聴き，歌い終わりには盛大な拍手をしたり他の参加者たちと話したりして交流を深めていた。調査は，約3時間のカラオケに参加している60歳以上の者のみを対象とし，一人あたり5〜10分弱で同じ内容の質問をし，その回答を書き取る方法で行った。

（2）カラオケクラブA参加者への調査の詳細

場所：O県K市P公民館

実施日時：2015年4月30日，13時半〜16時

研究協力者：参加者30名中女性10名，男性7名（62〜85歳）計17名，配布数17，回答数17，回収率100%

（3）Bカラオケ発表会の実態

　カラオケ喫茶C主催のBカラオケ発表会（以下Bと略称）は年1回ごとの開催で，毎回100名前後の参加者（出演者）がいる。参加者は，カラオケ喫茶の常連客，カラオケ教室経営者と生徒，セミプロ歌手，プロ歌手等である。歌う曲は1〜2曲だが出演料は8,000円と高額で，一般参加者は日頃のカラオケ練習の成果披露，講師やプロ歌手は名を売る目的で参加している。県内ではこのようなカラオケ発表会が多数開催され，どの会も出演料が6,000〜10,000円と高額になっているが，一般参加者にとってはプロ歌手の歌声を生で聴くことができ，仲間と情報交換ができ，おしゃれな衣装も着られるよい機会となっている。また，B

の主催者はカラオケ喫茶経営者で，巡業中のプロ歌手に対してイベントでの歌唱兼講師を依頼し，カラオケ喫茶客がプロ歌手のレッスンを受講できる機会も頻繁につくっている。Bの運営は常連客のボランティアによって行われていた。

（4）Bカラオケ発表会参加者への調査の詳細

場所：O県K市N文化センター

実施日時：2015年4月19日，9時～17時

研究協力者：出演者125名中女性21名，男性11名（60～82歳）計32名，配布数125，回答数38，回収率30％

（5）質問紙調査回答の比較分析

　AとBの参加者に対して実施した質問紙調査のうち，「声についての悩みはありますか」「歌うために何か努力していること，心掛けていることがありますか」「歌うことに関してこれからの目標はありますか」の共通質問内容について，KH Coder（樋口）の階層的クラスター分析を実施し，比較分析した内容を述べる。

①「声についての悩み」

　A参加者は「声」，B参加者は「出る」が頻出語となった。「高音」「ロングトーン」等，声の高さや出し方，使い方に注目した言葉が共通して見られた。A参加者はロングトーンや低音の声を安定させて歌う，B参加者は低音や高音をうまく出して喉や声の使い方を整えるという課題をもっていた。高音や低音の響かせ方，ロングトーン等は専門的内容であり，生まれつきの声のよさではカバーできず，練習を必要とするものであった。

②「歌うために努力し，心掛けていること」

　両方に「毎日」「声」が存在し，「声を出す」「歌う」が上位に挙がり，「毎日する」ことに「声を意識的に出す」ことがあった。歌うこと以外の回答には，A参加者は「行く」，B参加者は「テープ」「聴く」があった。A参加者は，自身と向き合い，いろいろなことを見たり聞いたりする，週に何回かカラオケを練習する，毎日歌う，声やブレスを大切にする等の語群に絞られた。B参加者は，お腹の底から声を出す，テープを聴き先生の歌い方

を真似る，発声を毎日心掛ける等の語群に絞られた。また，上位の語群を集約すると，毎日声を出して歌うことやテープを聴いて研究することを重要と考えていることが明らかになった。

③「今後歌うことに関しての目標」

　A参加者は「歌える」「歌う」「健康」，B参加者は「歌う」「健康」が上位に挙がった。健康の為に歌うこと，または，健康に気遣って少しでも長く歌を楽しむこと等の目標に集約できた。更に，「自分」という言葉が出ており，自身のことについて歌を通して考える機会を得ていることが読み取れた。A参加者の方が多様な表現で回答していたため，多くの語群が出現したが，両参加者ともに「歌う」ことを重要なことと捉えていた。

3．まとめ

　調査の結果，カラオケ活動に携わる高齢者は健康維持等を目標にカラオケ活動を継続していたが，カラオケを通して日常生活でも歌唱活動を意識する等を心掛けていた。また，参加者は歌の継続によって課題を明確に意識し，カラオケにのめり込んでいくうちに，新たな目標や気付きを発見していた。

　カラオケを始めるきっかけは人に誘われるといった何気ないことであっても，継続して歌ううちにカラオケが生活に浸透し，歌うことが明らかに生きがいとなっていた。これらのことから，高齢者がカラオケに打ち込むことは生きていく上で意味のあることと推察できる。

　ここでは，カラオケの発展と活動の実態，カラオケに携わる高齢者の歌に関する考えの一部を紹介した。今後もカラオケが時代の流れに沿って多様に変化しながら発展していくことを期待したい。

（山下世史佳）

【引用・参考文献】

烏賀陽弘道（2008）『カラオケ秘史』，新潮社．

大竹昭子（1997）『カラオケ，海を渡る』筑摩書房．

樋口耕一 KH Coder（ver. 2.00b. 2015）

　http://www.macromill.com/landing/words/b003.html

　（2018/6/8にアクセス）

実践研究事例

義太夫節のライヴ活動の音楽教育的成果と課題

1. はじめに

義太夫節は, 文楽や歌舞伎, 全国各地の人形浄瑠璃等, 日本の重要な劇場音楽の一つとして継承されており, 今も比較的多くの日本人が身近に接することのできる伝統音楽の一つである。一方で, 義太夫節は, 人形を付けずに「語り物」音楽そのものとして味わうスタイルも継承されている。こちらは従来の人形浄瑠璃と区別するために,「素浄瑠璃」あるいは「素義」と呼ばれる。

兵庫県の淡路島では, 伝統芸能の人形浄瑠璃と併せて素浄瑠璃文化が継承されている。しかし, 1970年頃から今日に至るまでの間, 淡路島の人形浄瑠璃・素浄瑠璃界のプロ芸人や素人太夫, 観客数は激減しており, とりわけ素浄瑠璃界の衰退は危機的状況となっている。

そうした中, 筆者は, 2012年11月より『鶴澤友球 浄瑠璃おうちライヴ』(以下,『おうちライヴ』) を淡路市内にある自宅で定期開催してきた。

本稿では, 2012年11月の第1回から2015年4月の第28回までの『おうちライヴ』の実施状況について述べるとともに, 来場者を対象としたアンケート調査の結果の一部を取り上げ,『おうちライヴ』の音楽教育的な成果と課題を考察する。

2.『おうちライヴ』の実施状況

『おうちライヴ』の開催目的は, まず①浄瑠璃すなわち義太夫節のもつ音楽的な魅力や多様な価値を, 現代の人々に理解・共有・共感してもらうとともに, ②義太夫節が淡路島の人形浄瑠璃・素浄瑠璃ひいては日本の伝統芸能・郷土芸能において重要な音楽であることを島内外の人々に認識してもらい, 更には③プロ・アマ問わず, 将来の技芸の後継者や愛好者の育成を図ることである。

各回の基本プログラムは下記のとおりで, 義太夫節の上演は通常, 筆者が弾き語りで行っている。

> **『おうちライヴ』基本プログラム**
> [前半 (60分)]
> 節まわし☆耳ならし (部分演奏つき解説)
> ちょこっとお稽古体験コーナー
> ―休憩 (15〜20分)―
> [後半 (30〜45分)]
> 本日の外題 通し演奏

なお,『おうちライヴ』28回中6回は, 他ジャンルのゲスト出演者とのジョイント公演を行った。

来場者名簿を見ると, 第1回から第28回までの累計来場者数は259人で, その98.0%は成人である[1]。性別の累計を見ると, 男性は43.6%(113人), 女性は56.4%(146人)であり, 女性の方がやや多い。居住地の累計を見ると, 会場のある淡路市在住者は40.5%(105人), 洲本市在住者は31.3%(81名), 南あわじ市在住者は18.1%(47人), 淡路島外在住者は10.0%(26人)であった。

では,『おうちライヴ』の開催目的はどこまで果たされているだろうか。筆者は, 第28回までの来場者名簿に連絡先を記した114人を対象にアンケート調査を行い, 54人から回答を得た。回収率は40.7%である。その調査結果を抜粋し, 考察する。

3.『おうちライヴ』に対する来場者の評価

質問紙では,『おうちライヴ』の基本プログラムの内容への評価を5段階で問うた。回答者からの評価が最も高かったのは「部分演奏つき解説」で,「良い」「とても良い」を合わせると88.9%(48人)に上った。次に高評価であったのは「お稽古体験」で,「良い」「とても良い」を合わせると87.1%(31人中27人)[2],「本日の外題 通し演奏」も同様に79.6%(43人)であった。また, 出演者

と来場者あるいは来場者同士が交流できる休憩時間への評価も比較的高く，57.4%（31人）が「良い」「とても良い」と回答している。

4.『おうちライヴ』経験後の来場者の意識・音楽行動の変化と技芸習得への意欲

4.1 価値観の変化

　『おうちライヴ』経験後，浄瑠璃（義太夫節）そのものに対する価値観の変化があったかどうかを質問したところ，83.3%（45人）が「変化があった」と答えている。そして，そのうちの95.6%（45人中43人）が義太夫節を「良いもの・面白いものだと思うようになった」と回答している。

4.2 興味・関心・音楽行動の変化

　『おうちライヴ』経験後，浄瑠璃（義太夫節）や人形浄瑠璃に対する来場者の興味・関心，行動に変化があったかどうかを，項目を挙げて複数回答してもらった。最多の回答は「浄瑠璃（義太夫節）や人形浄瑠璃に親しみを持つようになった」で，44.4%（24人）である。次いで，「浄瑠璃（義太夫節）や人形浄瑠璃の歴史や文化に興味・関心を持つようになった」が29.6%（16人），「浄瑠璃（義太夫節）や人形浄瑠璃に関する新聞・雑誌等の記事を読むようになった」が22.2%（12人）であった。また，地元のプロ団体である「淡路人形座の公演へ出かけるようになった」という回答も18.5%（10人）であった。

　一方，文楽や歌舞伎等の舞台公演あるいは義太夫節の体験教室へ出かけたり，歴史や文化について実際に調べたりする等の項目への回答は，いずれも10.0%以下であった。また，浄瑠璃（義太夫節）や人形浄瑠璃に対する興味・関心，あるいはそれらを聴いたり観たりする手段や回数は「さほど変わらない」という回答がそれぞれ18.5%（10人），22.2%（12人），ライヴ経験後は「浄瑠璃（義太夫節）や人形浄瑠璃から遠のいている」という回答が27.8%（15人）であった。

4.3 語り・三味線の稽古への意欲

　将来，自分が義太夫節の語りや三味線の稽古を

してみたいかどうかを5段階で質問したところ，語りの稽古については，「どちらとも言えない」が最多で31.5%（17人），「あまりやりたくない」「まったくやりたくない」を合わせると26.0%（14人），「機会があればやりたい」「ぜひやりたい」を合わせると27.8%（15人）であった。一方，三味線の稽古については，「あまり」「まったく」が33.4%（18人）と最も多く，「機会があれば」「ぜひ」が合わせて24.1%（13人），「どちらとも」が20.4%（11人）であった。

5．まとめ

　『おうちライヴ』第1回から第28回までの来場者数はさほど多くないものの，淡路島内外から来ており，その8割以上の人が，ライヴを通して義太夫節への価値観をプラス方向に変えている。そして，約3割の人が，その後も日常生活や身近なところで義太夫節を意識したり，実際に接したりしている。このことから，ライヴの開催目的①②については，一定の成果が出ていると言えよう。しかしそれに比べると，『おうちライヴ』経験後，義太夫節に関する知識や体験を更に深めるための行動をとったり，技芸習得への意欲をもったりする人の割合は低く，目的③に対する手だては要検討である。本稿での成果と課題を踏まえてライヴの内容全体を見直し，今後も積極的に試行していきたい。

（向田由美〔鶴澤友球〕）

【注】
1）後述のアンケート調査の回答者は，50歳代が25.9%，60歳代が29.6%，70歳代が24.1%であった。実際の来場者の年齢層も，これらとほぼ同様であると見受けられる。
2）「お稽古体験」には，23人（42.6%）が無回答であった。これは，お稽古体験が加わったのが第9回からであることや，ゲスト出演者を招いた際に「お稽古体験」を省いた回があったためだと考えられる。

【参考文献】
鶴澤友球〔向田由美〕（2013）「【"浄瑠璃どころ 淡路島"復興プロジェクト】について」関西楽理研究会『関西楽理研究』30, pp. 274-278.

(3-2)　**生涯にわたる，社会とつながる音楽の学び　3**

実践研究事例
公共ホールが支援する音楽の学び

1．はじめに

　私たちが住んでいる地域には，芸術を発信したり受容したりすることができる公共ホールがあり，コンサートやミュージカル等多彩な催しが定期的に行われている。本項では，静岡県浜松市に所在するアクトシティ浜松において長年開催されている音楽鑑賞教室「となりのオーケストラ」の実践を取り上げ，公共ホールが支援する音楽の学びの事例を紹介する。なお筆者は，2014（平成26）年8月に実施された平成26年度音楽鑑賞教室第1回運営委員会からオブザーバーとして参加，翌年2月の開催に至るまで参与観察を行った。

2．音楽鑑賞教室「となりのオーケストラ」
2.1 音楽鑑賞教室の課題

　演奏家が学校へ赴き，コンサートを行うアウトリーチ活動は，現在日本で盛んに取り入れられつつある。プロの演奏家による生の響きを肌で感じられるこの活動は，子どもたちを音楽に惹き付け身近なものにする重要な役目を果たしている。また同様に，オーケストラの壮大さや伝統芸能の奥深さを本格的な音響設備の中で直に味わえるコンサートホールでの音楽鑑賞教室も，子どもたちの感性をはぐくむ上で貴重な機会となっている。しかし，これらの学校コンサートは，演奏家にプログラム内容を任されることが多く，教育現場の中では単発的で系統性のある学習内容にはなり難いという課題が指摘されている。

　中村（2013）は，公共ホールの行うアウトリーチについて，学校現場のタイトな年間計画や教員の多忙さから受け入れに消極的であること，アウトリーチの内容が，必ずしも後続する音楽学習の教材として活用されないこと，しばしば変則的なスケジュールで突発的に計画されたり，継続性を担保できなかったりすることを課題として挙げている。本項で取り上げる音楽鑑賞教室「となりのオーケストラ」は，中村の指摘する課題を克服している点で参照すべき事例であると言える。

　本コンサートは浜松市内の小学5年生全員を毎年招待し，長年好評を博してきた。この活動は，浜松市内にある小学校の年間指導計画の中にも位置付けられ，通常の音楽科授業において事前学習が行われている。開催時期を2月に設定することによって，1年間の学習総仕上げとしての役目も果たしている。また，各学校の音楽主任に対しては，教育委員会が指導法のフォローの機会も設けている。更に，教師の負担を軽減するため，様々な組織が業務を分担して実施しているのである。

2.2 実施の概要

　日本が世界に誇る数々の楽器メーカーが本社を構え「楽器のまち」とも称される浜松市は，2001（平成13）年度から毎年定期的に，「こども音楽鑑賞教室」を開催している。公演は2日間，午前と午後の部に分けられ，1公演につき約2,000名の児童が鑑賞している。演奏は浜松市を拠点とするプロの演奏団体が担い，これが「となりのオーケストラ」ネーミングの由来となっている。

3．「となりのオーケストラ」の特徴
3.1 行政と教師，演奏家が協働体制で企画

　浜松市における音楽鑑賞教室では，子どもの発達段階や学習内容に沿ったコンサートにするため，行政と教師，演奏家が協働体制で企画していることに大きな特徴がある。また一方，鑑賞活動と相互に働きかける表現活動の「しかけ」という点にも注目できる。

　鑑賞教室を開催するに当たり，例年運営委員会が立ち上げられる。この会は，小学校校長を運営

委員長とし，小学校教員から運営委員9名，指揮者，オーケストラ事務局から2名，舞台監督1名，事務局として浜松市教育委員会，浜松市文化政策課，浜松市文化振興財団，浜松市アクトシティ音楽院の関係者から構成され，コンサートのテーマや内容，曲目を決定している。この運営委員会に先立ち，浜松市内全小学校音楽主任へアンケート調査を実施し，音楽鑑賞教室への意見や要望を汲み取っている。

8月に行われる運営委員会では，アンケート調査の結果を基に，教科書に掲載されている楽曲リストや音源を準備して，各楽器の特徴やオーケストラの構成が分かる楽曲を指揮者やオーケストラ事務局と相談しながら選曲している。「子どもにきかせたい曲」と「子どもがききたい曲」とのバランスが考慮されている点が，鑑賞教室に効果的に働きかけている。プログラムは例年3部で構成され，第1部では楽器紹介，第2部では浜松市歌やリコーダーとオーケストラとの共演場面の設定，第3部はアニメの楽曲等子どもたちが聴きたい曲を取り入れ，75分を目安に構成している。

運営委員会において，コンサートのテーマや曲目等の枠組みが決定されると，2学期にはオーケストラとの共演曲に関する事前学習が始まり，2月の鑑賞教室当日を迎える。なお，各学校の音楽主任に対しては，教育委員会が夏・秋の教育研究会にて指導法をフォローする機会も設けている。

浜松市の音楽鑑賞教室は，2001（平成13）年度より同様のコンセプトで継続実施してきた実績があるため，体制や役割の分担，運営の流れがスムーズに進むようパターン化して確立している。また，日々児童と向き合っている教師側の負担を軽くするため，事前学習や当日の引率，運営の役割以外は，様々な組織が業務を分担していることにも特徴が見られる。

3.2「共演」場面の設定

本鑑賞教室では，児童とオーケストラとの「共演」場面が毎年必ず設定されている。共演の形態は，リコーダーや歌唱，手拍子であるが，8月の運営委員会で演奏曲が決定されるとすぐに共演曲に関する楽譜が手配され，9月中旬には各学校に楽譜を配布し，事前学習が始まる。これまでの共演曲を見ると《浜松市歌》《ふじ山》《ビリーブ》の歌唱，リコーダーは第1回目から現在まで《威風堂々》が演奏されている。また《カルメン》で指揮者体験コーナーが設けられていたり，《ラデツキー行進曲》に合わせて手拍子を加える共演も見られる。共演曲は，教科書に掲載されている教材曲が中心のため，平常の授業の一環として事前学習が行われている。オーケストラとの「共演」場面を設定するということは，子どもたちが自分もプロのオーケストラ演奏に参加しているという実感と会場全体の一体感を味わわせるための有効な「しかけ」となっている。鑑賞だけではなく，オーケストラと一緒に表現できる共演場面の設定を求める声は，事前に実施している教師へのアンケート結果からも読み取れ，毎年大きく期待されていることが分かる。

4．公共ホールにおける音楽の学び

学校外の劇場やホールにおいて行われる音楽鑑賞教室は，子どもたちの心に残る学校行事の一つであり，生涯にわたり音楽を愛好するきっかけとなる。鑑賞の授業は，子どもたちが受け身になりがちであり，能動的な学習活動に発展させることは難しいという教師の声をこれまで度々耳にしてきたが，作品と子どもたちとの出会いの演出とアレンジを工夫することによって，子どもたちを積極的に音楽鑑賞に向かわせることができるのではないかと，浜松市の芸術鑑賞教室の取組みから示唆を得られた。　　　　　　　　（今 由佳里）

【参考文献】
独立行政法人日本芸術振興会（2014）『平成24年度文化庁委託事業　芸術文化活動に対する助成制度に関する調査分析事業報告書』.
中村透（2013）「公共ホールとアウトリーチ」『音楽教育実践ジャーナル』vol. 10, no. 2, pp. 44-51.

第**4**章

小学校・中学校・高等学校
における音楽教育

introduction

　人は生涯において，様々な場所・機会を通して多様な音楽と出会う。その中で，学校は意図的な音楽教育の場としてきわめて重要な位置を占めている。また，学校で行われる音楽教育活動は，教育行政，学校・学級経営，生徒指導，カリキュラムなど様々な領域における意思決定に基づく複合的で状況依存的な現象でもある。このためそれを読み解くための様々な研究手法が試みられてもきた。

　本章ではまず，教科としての音楽の意義は何か，そこではどのような資質・能力の育成が目指されているのか，そのことに国や地方公共団体はどのように関与しているのか等，基礎的な問いに関わる研究動向を取り上げ，今後の研究への展望を示す。次に，音楽科授業に焦点を当て，授業開発・評価・授業分析に関する研究の視点と，歌唱／器楽／創作／鑑賞の各領域・分野に関する研究課題や研究方法を紹介する。更に，音楽文化／生活と社会／教科横断／校種間連携・接続を視点として，授業における音楽学習の周辺に存在する様々な課題についての研究動向を示す。最後に，学校における音楽の学びの実践研究としてわざ言語に関する談話分析と多文化音楽教育の現場をフィールドとする質的データ分析の2事例を紹介する。

　第4章全体を通じて，小学校・中学校・高等学校における音楽教育をフィールドとしてこれまで積み上げられてきた研究の多様性とこれからの発展可能性についての示唆が与えられる。

（菅 裕）

(4-1) 学校における音楽の意義　1

学校における音楽の学び

1. はじめに

　小学校・中学校・高等学校における音楽の学びの場は，教育課程の各教科の音楽科（高等学校においては芸術科［音楽］としての学び），他教科と関連する学び，学校行事等の特別活動や総合的な学習の時間と関連する学び，教育課程外の学校教育活動としての部活動がある。学校の音楽環境そのものが音楽の学びの場となることもある。本稿では，主として教育課程の音楽科に注目し，学校における音楽の学びの意義に関わる研究の歴史や動向を概観し，今後の研究の方向性について提言したい。なお紙面の都合上，紹介できる内容は限定される。

2. 学校における音楽の学びの意義に関わる研究
2.1 古代社会における研究

　古代ギリシャのアリストテレス（Aristoteles）は，音楽は「遊戯や休養」「徳の涵養」「高尚な楽しみ」において有用であると論じ，「徳の涵養」については教育の目的として最も重要であるとした（山本・村川 1969）。古代中国の孔子は，教育は詩（詩経）に始まり，礼（典礼）を学び，最後に音楽を学ぶことによって完成するとした。また，正しい音楽は，人々を正しい道に向かわせると論じている（市原ほか 1977）。古代社会における哲学は，その後の歴史に大きな影響を与え，音楽の学びの意義に関わる研究を行う際の原点となる。

2.2 日本における研究

　1872（明治 5）年に「唱歌」「奏楽」が設置され，「徳性の涵養」を目的とした日本の音楽教育が始まった。その流れは明治，大正，昭和初期まで続く。国民学校の時代は，「国民的情操の醇化」を目的とした芸能科音楽となった。その後，戦後から現在に至るまで，学習指導要領音楽編の目標に「情操」という言葉が入り続けていることから，音楽科は音楽を通して（音楽を手段として）の人間形成に重きを置いている。ただ，1947（昭和 22）年の学習指導要領（試案）において，当時の文部省調査官であった諸井三郎は，「音楽は本来芸術であるから，目的であって手段となり得るものではない」と述べていたことは特筆すべきことである[1]。

　音楽教育の意義に関わる研究は，1960 年代から 1980 年代にかけて盛んに行われている。例えば，『季刊音楽教育研究』（音楽之友社）には，それに関わる特集が複数回組まれており[2]，諸井をはじめとする研究者の見解が掲載されている。音楽科の教育的な価値として，供田（1975）は，「協調性の育成」「国際理解力の助長」「文化遺産の継承」「余暇の善用」等の諸項目を挙げている。山本（1987）は，学校における音楽の存在理由として，「感動体験の共有」「知性と感性の融合」「精神の集中と意思の持続」「人間感情の純化」「現実認識の方法」の五つを挙げている。

2.3 海外の動向

　イギリスの芸術教育学者のリード（Read, H.）は，審美的感覚の育成こそ教育の基礎であるべきとし，芸術教育の究極の目的は，「平和のための教育」であると論じた[3]。20 世紀後半からの米国の音楽教育界に注目すると，リーマー（Reimer, B.）とエリオット（Elliott, D. J.）による音楽教育哲学に関わる論争がある。リーマーは美的音楽教育の立場で（Reimer 1970），エリオットはプラクシス的（実践的）音楽教育の立場をとった（Elliott 1995）。海外の研究者の理論に注目した研究は，日本でも数多く紹介されている。例えば，吉野（2015）のように理論の解題を目的とした研究，木村（2010）のように米国の動向を概観した研究，杉田（2018）のように複数の研究者を取り上げ，キーワードを

挙げて論じている研究等がある。小川（2014）のように，日本の音楽科の現状と重ね合わせて検討する研究も重要である。

2.4 学会としての近年の動向

日本音楽教育学会は，2015年発行『音楽教育学』（第45巻第1号）で，「音楽科へのエール」という特集を組み，教育哲学，美術教育学，道徳教育，教育学，教育工学，教育社会学等の各界の第一人者による寄稿論文を掲載した。同年『音楽教育実践ジャーナル』（vol. 13, no. 1, 通巻25号）では，「これまでに音楽科が果たしてきた役割，これからの音楽科が担うべき役割」という特集を組んでいる。このように学校における音楽の学びの意義に関わる論議は，学会等の組織単位での企画型の研究が重要となる。

3．今後の研究に向けて

学校における音楽の学びの意義に関わる研究の歴史や動向を見てきた。時代や国が異なることから一概に比較することはできないが，学校における音楽の学びの意義を考えるためのヒントが散りばめられている。本稿においては，いわゆる哲学的な視点からの研究を主として取り上げたが，今後は，哲学の他に，教育学，社会学，心理学，生理学等の知見から，学問の知を結集していくような統合的な研究も必要となるだろう。例えば，音楽認知学者のケルシュ（2016）の研究のように，最新の脳生理学的な知見も不可欠となるだろう。今田（2015）は，サウンドスケープをキーワードの一つに挙げて論述しているが，そのようなオリジナルの視点をもつ研究も注目される。学校における音楽の学びの意義を論議することは，学習指導要領に示される音楽科の目標や内容を検討する上での根幹へとつながる重要な研究となる。

本稿では触れることができなかったが，本来ならば，学校における音楽の学びの意義を論議するには，人間にとって音楽とは何かという根源的な問いからの論議が必要となる。押谷（2015）は，「音楽そのものがもつよさに目を向けることによっ

て，おのずと音楽のもつ教育的役割が見えてくる。例えば，楽しむということは，背景に心地よいとか，気分がすっきりするとか，何らかの精神的，身体的，技術的欲求が満たされて起こる感情表現である」と述べている。音楽とは人間の生活において極めて身近なところに存在するものであることを考えると，目の前にいる子どもたちが，自然体で音楽とどのように関わり，どのように音楽を学んでいるかという日常の姿の中に，そのヒントがあるのかもしれない。　　　　　　（齊藤忠彦）

【注】
1）『学習指導要領音楽編（試案）昭和二十二年度』（文部省）の「第一章 音楽教育の目標」に記されている。
2）音楽之友社は『音楽教育研究』（1966〜1973）や『季刊音楽教育研究』（1974〜1993）を発行していた。
3）上村鷹千代ほか訳（1953）『芸術による教育』（美術出版社）や周郷博訳（1952）『平和のための教育』（岩波書店）等に理論が紹介される。

【引用・参考文献】
Elliott, D. J. (1995). Music Matters: *A New Philosophy of Music Education*. New York: Oxford University Press.
Reimer, B. (1970). *A Philosophy of Music Education*. New Jersey: Prentice Hall.
市原亨吉・今井清・鈴木隆一（1977）『全釈漢文大系 第十三巻 礼記 中』集英社，pp. 405-475.
今田匡彦（2015）『哲学音楽論—音楽教育とサウンドスケープ—』恒星社厚生閣.
小川昌文（2014）「音楽科教育の目的論の再検討— D. Elliott の Music Matters 第2版を手がかりに—」『第45回大会プログラム』p. 66.
押谷由夫（2015）「音楽教育への期待—人間らしい心を育む基盤として—」『音楽教育学』第45巻第1号，p. 48.
木村次宏（2010）「米国における音楽教育の哲学的基盤に関する一考察—1950年以降から現在までの動向の概観を通して—」『福岡教育大学紀要』第59号第5分冊，pp. 1-7.
ケルシュ，ステファン（2016）『音楽と脳科学—音楽の脳内過程の理解をめざして—』佐藤正之訳，北王子書房.
杉田政夫（2018）「音楽教育哲学における『社会正義』論の地平—ポストコロニアル批判，脱構築，リベラリズムに基づく論議の諸相—」『音楽教育学』第48巻第1号，pp. 13-24.
供田武嘉津（1975）『音楽教育学』音楽之友社，pp. 45-50.
山本文茂（1987）「音楽科の存在理由」『子どもと音楽 第1巻 音楽教育の目的と展望』同朋舎出版，pp. 26-27.
山本光雄・村川賢太郎訳（1969）『アリストテレス全集15』岩波書店，pp. 334-340.
吉野秀幸（2015）「David J. エリオットの音楽教育哲学（前）— Music Matters（1995）解題—」『大阪教育大学紀要』第1部門第63巻第2号，pp. 79-98.

「資質・能力」の育成から見る音楽教育

1．はじめに

　「資質・能力」は，主に文部科学省施策で用いられている用語である。2017（平成 29）年告示の学習指導要領（以下，29 年版）改訂の基本方針の一つが「育成を目指す資質・能力の明確化」である。29 年版では，汎用的な認知スキルを基盤としたカリキュラム編成を重視する国内外のカリキュラムや研究の動向を踏まえ，すべての教科等の目標及び内容を，育成を目指す資質・能力の三つの柱（「知識及び技能」，「思考力，判断力，表現力等」，「学びに向かう力，人間性等」）で再整理している。29 年版の告示を機に，資質・能力とその育成に大きな関心が集まっている状況にある。本稿では，本テーマに関する主な研究を紹介するとともに，今後の研究の充実に向けた視点について述べる。

2．資質・能力とその育成に関する研究

　資質・能力とその育成について包括的に研究してきたのが国立教育政策研究所（以下，国研）である。国研は，2009 年度から進めてきたプロジェクト研究[1]の一端を公刊している（国研 2016）。同書は，資質・能力の育成が求められる背景や諸外国の動向，キー・コンピテンシーと 21 世紀型スキルの概要，21 世紀に求められる教育の姿等について，国内外の多様な研究成果をもとに論じたものである。同書では，研究から得られた二つの示唆を述べている（p. 230，筆者要約）。

・思考力等の認知スキルを中核とし，それを支えるリテラシー等の基礎力，思考力の使い方を方向付け，社会と関わり，実践的な課題発見・解決とつなげる実践力が求められている。
・資質・能力をはぐくむためには，教科等の内容と資質・能力を学習活動でつなぐ教育が有効である。知識の伝達・注入だけでは資質・能力は育たない。問題解決の練習だけでは，生きて働く問題解決の資質・能力は育成されない。

　これらは，教育課程全体及び各教科等の資質・能力の育成において示唆を与える知見である。

3．音楽科における研究動向

　29 年版・音楽（中学校）では，音楽科で育成を目指す資質・能力を「生活や社会の中の音や音楽，音楽文化と豊かに関わる資質・能力」と規定し，音楽科の特質に応じた資質・能力を，三つの柱で示している（文部科学省 2018）。例えば「知識」については，音符や記号の名称等の個別の知識だけでなく，曲想と音楽の構造等との関わりを理解するという概念としての知識が示されている。

　このような考え方は 1980 年代から見られる。千成俊夫を中心とする研究者は，「教育内容」と「教材」とを分けて授業を構成すべきという立場で「音楽的概念」（リズム，旋律，テクスチュア，形式等）等を教育内容として措定し[2]，その獲得を企図して教材や学習活動を組織した様々な授業プランを開発した。例えば吉田（1991）による「音楽の形式」の基礎を扱った授業プランでは，反復と対照という音楽の構造と，その働きが与える効果（ハッとさせる等）を学び，それらを踏まえて表現を工夫する等の活動が組織されている。資質・能力という言葉は使われていないが，音楽表現の創意工夫等に活用できる概念として知識の習得が含意されており，29 年版・音楽で示された資質・能力と親和性が見られるものである。

　汎用的なスキルの育成が注目されて以後の研究では，高須（2015a, 2015b）が，21 世紀型スキルと，そのスキルの中で重要な位置を占める「創造性」についての研究を瞥見しながら，学校音楽で育成することができる創造性と，創造性をはぐくむ授

業への転換の方途について論じている。音楽科の存在意義を学術的な知見から明確にしたいという問題意識を背景にした研究である。また，日本学校音楽教育実践学会が，資質・能力に関わる我が国や諸外国の動向，生成の原理に基づく音楽科授業で育つ資質・能力等について組織的に研究を進めていることも注目される（清村ほか 2017, 2018, 2019）。29 年版の告示を機に，資質・能力の育成を企図した様々な実践研究も見られるようになる。例えば平野（2017）らは，小学校音楽科において育成すべき資質・能力を「育てたい音楽科の資質・能力」と「育てたい汎用的資質・能力」（コミュニケーション力，多面的に考える力等）の二つの観点から提示するとともに，各題材の特質に応じた「資質・能力」を位置付け，具体的な活動の流れを分かりやすく提示した「資質・能力を育成する音楽科の授業モデル」を提案している。

４．今後の研究の充実に向けて

4.1 資質・能力と内容との関係の深耕

　両者は，個別の具体的な内容について学ぶことを通して資質・能力を育成するという関係にある。音楽で言えば，個々の曲における固有の特徴といった具体的な内容の学びを通して，「知識及び技能」「思考力，判断力，表現力等」が育成される。授業研究やカリキュラム研究においては，個別の内容の学びと，育成する資質・能力との関係を明確にしていくことが必要である。また，資質・能力の育成は，「主体的・対話的で深い学び」の視点からの授業改善と併せて提案されていることから，学習・指導方法と連動させた研究が求められている。更に，資質・能力は，新たな学習過程を経て更新されていくものである。そのためには，どのようなカリキュラムや指導方法が必要なのかについて，内容レベルの検討と連動させながら研究を深めていくことが重要となる。

　このような研究を充実するためには，実践者と研究者との協働により，実践と理論との往還を深めていくことが大切である。

4.2 エビデンスに基づく資質・能力の検証

　高須（2015b）は，音楽科教育の研究者が提案すべきことを３点に集約して指摘している。

　　１）音楽科教育が子どもの全人格的な形成に固有に果たす資質・能力を研究成果から明らかにすること。

　　２）音楽科教育によって培われた資質・能力が他教科等の学習に生かされるものであり，汎用性・転移性のあるものであることを示すこと。

　　３）音楽科の担う固有性と汎用性・転移性との関係を資質・能力ベースで国民に広く理解されるかたちで示すこと。（p. 61）

　音楽科教育の存在意義の明確化につながる重要な提案である。そのためには，学会等において，科学的な根拠に基づく組織的な研究を充実させていくことが求められる。　　　　　　　　　　（津田正之）

【注】
１）国研（2010-2014）「教育課程の編成に関する基礎的な研究」報告書 1-7，及び（2015-2017）「資質・能力を育成する教育課程の在り方に関する研究」報告書，pp. 1-5. 国研 HP を参照。
２）このような主張と，それに対する批判や評価については批判や慎重論も見られた。山中（2017, pp. 27-92）参照。

【引用・参考文献】
清村百合子ほか（2017，2018，2019）「課題研究　音楽科で育成すべき資質・能力とその評価─生成の原理に基づく音楽科授業─その１，その２，その３」『日本学校音楽教育実践論集』no. 1，no. 2，no. 3，いずれも pp. 3-12.
国立教育政策研究所（2016）『資質・能力［理論編］』東洋館出版社.
高須一（2015a）「これからの学校教育が子どもに培うべき学力とは何か─21 世紀型スキルを視点にした創造性の育成─」『音楽教育実践ジャーナル』vol. 13，no. 1，pp. 6-17.
高須一（2015b）「３　行政は何を考えているのか」pp. 58-62，森下修次ほか「音楽科は存在できるのか─学校教育，行政，研究者の立場から─」『音楽教育実践ジャーナル』vol. 13，no. 1，pp. 54-64.
平野次郎編著（2017）『「資質・能力」を育成する音楽科授業モデル』学事出版.
文部科学省（2018）『中学校学習指導要領（平成 29 年告示解説音楽編）』教育芸術社.
山中文（2017）『音楽科における教育内容の成立と展開に関する研究』風間書房.
吉田孝（1991）「６．『音楽の形』発見」八木正一編『音楽の授業たのしさ発見！100 のネタ』学事出版，pp. 86-91.

(4-1) **学校における音楽の意義　3**

教育行政・施策からみる音楽教育

1. 教育政策としての学習指導要領等

　国や地方公共団体が教育政策を実施する過程が教育行政である。小・中学校等に係る教育行政は国が定める基本的な枠組みの下で，都道府県や市町村が主体となって実施される。国は文部科学省が，地方公共団体は教育委員会がその担い手となる。

　学校の教育活動の基本は，教育課程を編成し実施することである。日本では小学校1年から中学校3年まですべての児童生徒が音楽科を履修する。それは，学校教育法施行規則（文部科学省令）に定める教科や年間授業時数の標準等に従って各学校が教育課程を編成するからである。この意味で，義務教育の全学年で音楽を学ぶ枠組みは国の教育政策と言える。

　同規則には，学校の教育課程について，「教育課程の基準」として文部科学大臣が公示する学習指導要領によるものとする規定がある。学習指導要領は教育課程の全般的事項及び各教科の目標・内容等を大綱的に示したもので，1947年に作成されて以来，およそ10年ごとに改訂されてきた。よって，目標・内容等から，その時々の教育課題を踏まえ，教育政策において，国は学校の音楽教育に何を期待してきたかをみることができる。

　学校の授業は，教科書を用いて行われる。教科書の内容は児童生徒の学習に直接的な影響を与える。民間の教科書発行者から申請された図書を国が審査し，合格したものを教科書と認める検定制度は，1947年に制定された学校教育法において採用され現在に至る。検定基準（文部科学省告示）には，例えば，各法令の目的と目標，学習指導要領に示す方針や各教科の目標と一致していること，学習指導要領の示す事項を不足なく取り上げていること，発達段階に即していること等の条件がある。したがって教科書は，著作・編集におけ

る民間の創意工夫を生かすとともに，学習指導要領に準拠した内容になっている。

　地方公共団体は各地域の実情等に応じて，教育委員会が，公立学校の設置・管理，教職員の人事・研修，教育予算の作成・執行等を行っており，管下の学校の教育課程を管理し，教科書に関しては採択の権限を有している。

2. 改訂に関する考察

　1947年に作成され1951年に改訂された学習指導要領（試案）は，明治以来の唱歌中心の教育から脱却し，今日の音楽教育の基底となった。その特徴は，中山（2006）が述べているように，「1）……芸術教育としての音楽教育の出発を宣言したこと。2）……多様な学習領域を用意することにより，偏りのない，幅広い音楽性の陶冶とその獲得を目ざしたこと。3）……教育現場の1人1人の教師の自主性と決定権を尊重したきわめて民主的性格を有するものであったこと」である（p. 22）。

　学習指導要領はその後，1958年の改訂から「教育課程の基準」としての性格をもつ。また，歌唱と鑑賞の共通教材も指定された。1968年の改訂では基礎領域が追加されたが，1977年の改訂で表現と鑑賞の2領域に戻る。そして，1989年の改訂では「つくって表現する」活動が取り入れられて創造的な音楽学習が推進され，1998年の改訂では和楽器の表現活動が中学校で必修化される等，日本の伝統音楽の学習が一層重視された。こうした変遷を踏まえ佐野（2006）は，「歌唱，器楽，創作，鑑賞の各活動分野における実践の充実・発展」に「『学習指導要領』が大きな貢献を果たしたこともまちがいない」とする一方，「『学習指導要領』と学校音楽の展開にかかわる根本的な問題および実

践課題」として,「第一は,学校音楽の目的や理念,基本方向をあらためて問い直す」こと,「第二に,音楽教育の実践研究のあり方を問い直す」ことの必要性を指摘している（pp. 44-46）。

　学習指導要領は,大臣の諮問機関である教育課程審議会（現中央教育審議会）の「答申」に基づいて作成される。また,作成に当たっては教科等ごとに選ばれる研究者,指導主事,教員等が協力する。神野（1968）は,これらの「組織についての問題点として,『教育を微視的な立場からでなく,巨視的な立場からみられるか』また,『現場の研究実践を反映するのに十分なものであるか』という観点」で考察している（p. 63）。また,共通教材について津田（2016）は,「共通教材を指定していること自体については,設定当時のような大きな批判は行われなくなってきた」が,「選曲や指導のあり方に関しては今後議論の余地を大きく残している」,「作品としての文化的な価値,教材としての教育的な価値,子供の発達段階から見た妥当性,指導方法など,検討すべき課題は多い」と述べている（pp. 16-17）。

3．音楽教育研究の視点

　教育行政・施策に関し,これからの音楽教育研究に期待される視点を3点挙げておきたい。

　第一は,教育課程の検証・評価に関する研究の充実である。学習指導要領は前述した変遷後,2008年の改訂では,音楽的な感受をすべての活動の支えとし,音楽の特質に即した思考力等を育成する観点から〔共通事項〕が新設され,2017年の改訂では,生きて働く知識・技能,未知の状況にも対応できる思考力等,人生や社会に生かそうとする学びに向かう力等の育成といった三つの柱に基づく目標・内容の再整理が行われ,育成すべき資質・能力の明確化が図られた。これらの改訂やそれに準拠する教科書が,学校の実践を質的に向上させるものであるかを検証・評価することは,将来の音楽教育のあり方をめぐる議論を発展させる。

　第二は,政策に生きる研究内容の工夫である。例えば,前述した審議会の委員や作成の協力者の中心メンバーは研究者が務める。その研究者自身の研究成果が政策に生きる内容であることはもとより,学会等で広く共有される様々な知見の蓄積が,直接間接に政策に生きることを見据えた内容であることも大切である。日本音楽教育学会の取組みに対して高萩（1990）が,「特に,音楽教育の理論と実践の両面での研究を総合的に進め,関連諸科学との連繋を強化して,グローバルな視野から音楽教育の発展を目ざしている」と述べている趣旨の重要性をあらためて考えたい（p. 32）。

　第三は,様々な専門分野の研究者,音楽家,教員等が対等の立場で参加する研究の推進である。例えば,文化庁の伝統音楽普及促進支援事業に採択された「日本音楽の教育と研究をつなぐ会」のプロジェクトでは,音楽学と音楽教育学の研究者,伝統音楽の実演家,行政関係者,教員らが参加し,DVD教材『唱歌で学ぶ日本音楽』（2018）を作成した。学校における優れた教育活動の実現は,教員の資質・能力に負うところが大きい。一方,教員個々の経験や力量が多様である実状を踏まえれば,音楽教育研究は,現代的な教育課題に対応しつつ,すべての教員の創意工夫を引き出すことにつながるものであることが望まれる。そのためにも,教員の積極的な参加を得た共同研究が意味をもつ。

(大熊信彦)

【引用・参考文献】
神野正光（1968）「学習指導要領と現場の間」『音楽教育研究』音楽之友社, pp. 59-66.
佐野靖（2006）「基準『学習指導要領』と音楽教育の史的展開」音楽教育史学会編『戦後音楽教育60年』開成出版, pp. 37-48.
高萩保治（1990）「わが国の音楽教育の概観」『音楽科教育法概説』建帛社, pp. 22-32.
津田正之（2016）「『共通教材』—過去・現在・未来—」わらべ館　童謡・唱歌研究情報誌『音夢』第10号, pp. 3-18.
中山裕一郎（2006）「1947（昭和22），1951（昭和26）年『学習指導要領音楽（科）編』（試案）の史的意義」音楽教育史学会編『戦後音楽教育60年』開成出版, pp. 13-23.
日本音楽の教育と研究をつなぐ会編（2019）『音楽指導ハンドブック　唱歌で学ぶ日本音楽（DVD付き）』音楽之友社.

授業づくり研究

1．授業づくり研究とは

　授業研究は，授業を分析・評価する研究（授業分析研究）と授業をつくる研究（授業開発研究）の大きく二つに分けることができる（關 2017）。前者が，授業の中で生起する現象の分析を通して，教育的な概念の構成・再構成や授業を記述するための枠組みの解明を目的としているのに対し，後者は，既存の理論や学術的知見に基づく新しい教育実践の可能性を追求することを目的としている。更に両者に共通する課題として，これらの思考過程の記述が単なる個人の実践報告にとどまるのではなく，他者が批判的に吟味できる「開かれた知」となるべく，その知見に対する実証性や反証可能性を担保することが挙げられる。本項では，音楽教育領域における特に実践的な問題の解決や新しい教育実践の可能性を追求する授業づくり研究（授業開発研究）を取り上げ，その方法と課題について述べる。

2．問題の所在の明記

　授業づくりを研究として行う際に，まず重要となるのは，現実に直面している実践的な課題を「問題の所在」として明らかにすることである。例えば，松本・河添（2015）は，音楽科におけるアウトリーチを取り入れた授業実践に関する資料や先行研究の分析を通して，学校現場におけるニーズや課題を明らかにし，その課題解決を目的として演奏者・大学・地域財団・学校の4者協働による授業開発を行っている。また，小島（2018）は，「郷土の音楽」に関する先行実践では，日本の伝統音楽への導入的教材という視点が前面に出ており「子ども自身の生活とのつながりを掘り起こす」地域教材としての視点が欠落していると批判し，この課題を解決するための地元の伝承者との協働

による授業構成を試みている。

　関連諸科学の知見に基づく新しい概念を授業実践に応用することが課題となる場合もある。桑田ら（2009, 2010）は，DeSeCo が定義したキー・コンピテンシーを音楽科における習得・活用・探求の学習プロセスに位置付け，「音楽的な基礎的事項」を内面にインプットし，それをベースに「思考・判断」を行い，アウトプットする小・中合同による創作の授業開発を行っている。また，藤澤・松永（2018）は，21世紀型スキルに対応した音楽科の学習における汎用的な能力を整理し，「的確な『メタ認知』をもとにし，『問題解決・意思決定』能力を駆使し，『創造性』を生み出すことが，音楽表現の創意工夫を生み出すことにつながる」との研究仮説に基づく実践研究を行っている。

3．授業開発プロセスの記述

　研究の方法に相当するものが，実際の授業開発プロセスの記述である。ここでは問題の所在で取り上げている課題や概念と授業の目標・内容・方法・評価との関係性が明記されていなければならない。宮下・大熊・多賀（2015）は，ESD（Education for Sustainable Development）に焦点を当てた授業開発研究を行っている。この中で宮下らは，高等学校学習指導要領芸術科音楽における鑑賞教育の指導内容と指導要領解説に記述されているねらいを抽出し，これらを「ESD として獲得を期待する力」と対応させるとともに，その実現を導くための「思考させるテーマ」を設定する過程を具体的に示している。このように，授業づくり研究では，専門諸科学の成果に基づく教材解釈や授業方法の立案等，具体的な授業プランに至るまでの理論的検討過程が詳細に記述されていなければならない。

4．量的分析と質的分析

　授業の実際とその成果の分析については，広い意味での再現性や反証可能性が担保されるような実証的な手続きに基づいて報告がなされるべきである。その方法は，数量的な分析と質的な分析の大きく二つに分けることができる。

　量的分析では，観察対象を数値で表し，統計的な処理に基づいて結果が記述される。これは主に仮説検証的な授業づくりに採用される手法である。例えば深見ら（2017）は，学校外で演奏したり学んだりする機会が少なく，授業内での指導時間も十分ではないこと等から，家庭における学習機会を増やすための工夫が必要なリコーダーについて，タブレット端末の使用により家庭学習と連携する実践開発を行い，その効果について統計的な分析を行っている。

　質的分析では，授業中の出来事についてのフィールドノーツや学習者のワークシートへの記述，あるいは学習者に対するインタビュー等のテキストデータの分析を通して，授業場面の文脈依存的状況の中で生起する授業者や学習者の主観的な意味内容の解釈的理解が目指される。例えば，桂・川島・伊東（2009）は，文学教育における創作表現の授業における「ワークショップ授業モデル」の特徴を整理し，研究者と中学校教諭の協働でアクションリサーチによる授業開発研究を行っている。この研究では，詳細な授業記録，授業観察者のメモ，授業者自身の振り返りを通して，他領域や小学校への授業モデルの転移可能性について検討するとともに，授業者への非構造化インタビューに基づき，授業者の経験の内実が明らかにされている。

5．授業づくり研究の課題

　本項を執筆するに当たり，Cinii Articles（国立情報学研究所学術情報サービス）により「音楽」「授業」をキーワードとする 2008 年度以降の論文検索を行った。この検索によって得られた文献の多くは，授業者個人が自らの実践について主観的な記述によって報告を行う，いわゆる実践報告型論文であった。もちろんこうした地道な実践報告の蓄積が個人の経験を越えた新たな視点を提供することもある。

　しかし授業づくりが，単なる個別の実践報告を越えて，理論と実践の往還を推進する学術研究としてのモメントを獲得するためには，「開かれた知」として他者が批判的に吟味できる情報を具体的に示し，実証性や反証可能性を担保する必要がある。その意味において，本節で紹介した研究の多くが，大学の研究者と現場の教師による共同研究であることは示唆に富む。多様な視点からのトライアンギュレーションによって，音楽授業の暗黙の前提を問い直すことがこれからの授業づくり研究に求められている。　　　　　　　（菅　裕）

【引用・参考文献】
桂直美・川島雅樹・伊東玲（2009）「ワークショップ授業モデルによる音楽表現の授業構築」『三重大学教育学部附属教育実践総合センター紀要』29，pp. 29-37.

桑田一也・大橋美代子・三村真弓・濱本恵康（2009）「キーコンピテンシーを中心に据えた習得から探求への学習マネージメントの研究開発」『広島大学学部・附属学校共同研究紀要』38，pp. 229-234.

桑田一也・大橋美代子・泉谷正則・向井さゆり・三村真弓・濱本恵康（2010）「キーコンピテンシーを中心に据えた習得から探求への学習マネージメントの研究開発（2）」『広島大学学部・附属学校共同研究紀要』39，pp. 213-218.

小島律子（2018）「郷土性を基盤にした『郷土の音楽』の授業構成―子どもの生活経験と音楽科授業との結合―」『大阪教育大学紀要総合教育科学』66，pp. 49-61.

關浩和（2017）「教科教育の授業研究」日本教科教育学会編『教科教育研究ハンドブック―今日から役立つ研究手引き―』教育出版，pp. 142-147.

藤澤克彦・松永洋介（2018）「資質・能力を育てる音楽科授業の在り方に関する一考察―音楽表現へ生かす汎用的な能力の育成の視点から―」『岐阜大学教育学部研究報告.教育実践研究・教師教育研究』20，pp. 73-79.

深見友紀子・佐藤和紀・森谷直美・中平勝子・堀田龍也（2017）「小学校音楽科リコーダー学習における一人 1 台端末を活用した家庭学習が技能に及ぼす効果」『日本教育工学会論文誌』411，pp. 89-96.

松本菜摘・河添達也（2015）「小学校音楽科における『教育プロジェクト型アウトリーチ』の授業開発研究」『島根大学教育臨床総合研究』14，pp. 181-190.

宮下俊也・大熊信彦・多賀秀紀（2015）「ESDとしての音楽鑑賞教育―指導内容と対応させた授業プランの開発と実践―」『学校音楽教育研究』19，pp. 39-50.

評価研究

1. 音楽科における評価の問題と独自性

　『音楽教育実践ジャーナル』の特集「『評価』再考」は，その総括として，音楽科における客観的指標や「観点別学習状況」の評価規準，また音楽としての評価に対置される「教科としての評価」で，音楽学習に重要でありながらこれまで「測ってこなかった（または測れなかった）」ものがあったことを指摘した（西島 2012, p. 120）。このことは，音楽科の評価における問題の中心が，学校教育で求められる客観的分析的な評価と，音楽の創造性や総合性，子どもや教師の主観といった音楽学習に特有の質（独自性）をどう結び付けるかという点にあったことを端的に示している[1]。

　この音楽学習の独自性に関わって繰り返し指摘されてきたのが，子どもの自己評価の重要性である。例えば小山は，「本来的に美的価値は『主観的』」であるとし，「学習者自身が主体となって，音楽との関わりの中でより高い価値を求めていくことが音楽科の究極的な目標であり，これは『主観を磨くこと』と換言できる」(1994, p. 16)とした上で，主観を磨き得たかどうかを判断する学習者自身の自己評価の重要性を指摘した。

　メタ認知能力の育成に資するとされる自己評価が重視されるのは，音楽科に限ったことではない。しかしながら，音楽科における自己評価は美的価値に関わる主観を磨くという音楽学習の本質と密接に結び付いている点で独自の意味を有する。

2. 近年の動向

2.1「真正の評価」論の展開

　今世紀に入り，構成主義的学習観にもとづく「真正の評価（authentic assessment）」論を代表する評価方法であるパフォーマンス評価やポートフォリオ評価法の研究及び実践が展開する。小島(2006)は，構成主義の学習観に立てば音楽学習の認識過程を含む学力構造が求められるとし，ポートフォリオ評価法がその認識過程を表出させることを明らかにした。また横山(2011)は，鑑賞領域の授業実践においてパフォーマンスの質を評価するための評価指標であるルーブリックを開発し，単元目標や授業構成と連関させてルーブリック開発を行うこと等を提起した。小山(2013)は，音楽科に「真正の評価」としてのパフォーマンス評価がもたらす意義として，課題のリアルな文脈が学習への主体的な参加と学習内容の意味の理解を子どもにもたらすことや，評価指標を子どもと共有することが教師の形成的評価と子どもの自己評価の結合をもたらすこと等を明らかにした。

　教育政策では，中央教育審議会初等中等教育分科会教育課程部会「児童生徒の学習評価の在り方について(報告)」(2010)において思考力・判断力・表現力の育成のためにパフォーマンス評価を，また学習状況の把握，成果や課題を示すためにポートフォリオを活用することが推奨された。2010年改訂の指導要録における音楽科の4観点のうち，「思考・判断・表現」に対応するのは「音楽表現の創意工夫」と「鑑賞の能力」であり，これらの観点の趣旨には，音楽の諸要素の「知覚」とその働きが生み出すとされる特質等を「感受」することが明示されている。パフォーマンス評価が思考力・判断力・表現力を評価する方法として推奨されたことに関わって，音楽科におけるパフォーマンス評価を，特に音楽の諸要素の「知覚」と「感受」を評価する方法として位置付ける研究も見られた（例えば横山 2011）。

2.2「資質・能力」の評価

　2017・2018年改訂学習指導要領においては，教

科内容（コンテンツ）ベースの教育課程から「資質・能力」（コンピテンシー）ベースの教育課程への転換をはかるべく，これまでの内容が「知識及び技能」，「思考力，判断力，表現力等」，「学びに向かう力，人間性等」という「資質・能力」の三つの柱に沿って再整理された。それに伴い，指導要録における観点も「知識・技能」「思考・判断・表現」「主体的に学習に取り組む態度」の三つに改訂された。戦後の指導要録の変遷における重大な変化として，1980年の改訂時に観点が能力概念にシフトし，1991年の改訂時には音楽の活動領域の土台が取り払われた4観点が導入されたことが挙げられている（小山2005）。「資質・能力」論の台頭は，表現や鑑賞の一連の活動を能力分析的に評価することを一層推し進めるものとなろう。日本学校音楽教育実践学会は全国大会において，2016年から5か年計画で，課題研究「音楽科で育成すべき資質・能力とその評価─生成の原理に基づく音楽科授業」を進めている。

　一方で，中央教育審議会初等中等教育分科会教育課程部会「児童生徒の学習評価の在り方について（報告）」（2019）において，「観点別学習状況」には示しきれない子ども一人ひとりの感性等を評価する必要性が明示されたことは，主観的な美的価値に関わる音楽科の評価において注目される。

3．音楽科における評価研究の展望と課題

　音楽科の評価における独自性の問題と近年の動向を踏まえた上で今後の展望を考察すべく，ここでは「真正の評価」論がもたらす示唆に着目したい。例えば，学習者の「主観を磨く」自己評価のためには，教師が評価規準を設定するポートフォリオだけでなく，教師と子どもがともに評価規準を創出したり，子ども自身が評価規準を設定したりするポートフォリオを活用することが考えられる。また，ルーブリックを作成し，その指標について複数の評価者間で検討することは，教師の主観（鑑識眼）を磨くとともに，その主観的な評価を間主観的なものへと転換する道筋を拓くであろ

う。更に，教師の形成的評価と子どもの自己評価の結合をもたらすパフォーマンス課題は，学習内容の客観的評価と学習者の主体的追求を融合する視点を示すものとして捉えられる。

　また，「資質・能力」の評価に当たっては，音楽科における「資質・能力」が本来バラバラなものでも固定的なものでもなく，学習者一人一人が営む生きた一連の音楽活動の中で発揮されるものであることを理解することが肝要となろう。そのためにも，「観点」による精緻な評価の際には，子ども一人一人の音楽経験としての表現や鑑賞の営みと深まりをダイナミックに捉える視点を併せもつ必要があるだろう。そこでは，リアルな文脈で知識や技能を総合させるパフォーマンス課題を活用することが考えられる。

　他方で，音楽科において育成すべき力を再考していくことも課題である。例えば音楽活動における思考や判断には，「知覚」や「感受」にとどまらない，子どもの人生経験と結び付いた豊かな音楽の営みが含まれる。以上の示唆や課題を踏まえた更なる評価研究が期待される。　　　（小山英恵）

【注】
1）この点については，小山真紀（1994）「音楽科の評価研究における問題点」『教育目標・評価学会紀要』第4号，pp. 55-63 も参照されたい。

【引用・参考文献】
小島律子（2006）「構成主義の学習理論が求める音楽科の学力─ポートフォリオ評価法に着目して─」『教科教育学論集』5，pp. 69-81.
小山英恵（2013）「音楽科におけるパフォーマンス評価に関する一考察─『真正の評価』論に焦点をあてて─」『学校音楽教育研究』17，pp. 3-14.
小山真紀（1994）「音楽科のおける自己評価の重要性─学習者の視点に立つ音楽科の評価をめざして─」『音楽教育学』第23巻第3号，pp. 13-24.
小山真紀（2005）「到達度評価の提唱と意義」河口道朗監修『音楽教育史論叢　第Ⅲ巻（上）音楽教育の内容と方法』開成出版，pp. 296-314.
西島央「まとめに代えて」（2012）『音楽教育実践ジャーナル』vol. 10，no. 1，pp. 120-121.
横山真理（2011）「中学校音楽科鑑賞領域の授業におけるルーブリック開発の視点─『逆向き設計』論を活用した単元の再設計を通して─」『教育目標・評価学会紀要』21，pp. 67-77.

授業研究

1. 本稿における授業研究の定義

　關（2017）が「授業研究の目的によって，授業解明研究（授業を分析・評価する研究）と授業開発研究（授業をつくる研究）に分けることができる」（p. 143）と述べているように，授業研究は大きく二つに分けることができる。学校現場における授業研究は，その両者を一体的に行っている。学校現場で行われている授業研究の一連の流れは，「①授業構想→②学習指導案作成→③授業実践→④授業研究会（研究協議会，事後協議会等）→⑤成果と課題の整理」が一般的であり，①と②が授業開発研究に，④と⑤が授業解明研究に概ね相当する。授業研究は，授業開発研究に相当する内容を含むものであるが，本稿では，授業解明研究の視点から，学校現場における研修的授業研究に焦点を当て，その現状と今後の展望について述べる。

2. 授業研究に関わる研究の現状

2.1 研修的授業研究の目的

　關（2017）は，「研修的授業研究とは，学習指導要領の趣旨の徹底を図るものである」（p. 142）と述べている。小中高等学校における授業は，学習指導要領に基づいて行われるものであるから，研修的授業研究は，まず学習指導要領の趣旨の徹底を図るものでなければならない。その際，学習指導要領の趣旨を踏まえた授業研究の結果，学習指導要領の課題等の発見につながることもある。これは次期学習指導要領改訂に資する知見を提供するものであり，一つの重要な視点となろう。

2.2 事実の確定

　授業研究には，分析・評価の対象となる授業の記録が不可欠であり，分析の手がかりとなる信頼性のある授業記録の作成が重要である。そのこと

に関わって小川（2015）は，教師や子供たちの発言，行動等を客観的に捉えること，また笹野（2004）は，非言語的行為の記録等，音楽科の授業記録として極めて重要な点について指摘しているが，このような研究成果の学校現場への普及については十分とは言えない。そのような意味において，学校現場と研究者による共同研究によって，より実践的な研究が行われることは有意義なことであると考えられる。

2.3 授業記録の視点や方法

　授業記録の視点や方法，目的等に関わって，笹野（2004）は「教師の教授行為に焦点をあてて，教授行為の法則化をめざす」のではなく，「行為者の立場から物をみる」ことにより「行為者の内的側面を理解しようとする」〈民族誌的方法〉による授業研究論を，授業研究の方法の一つとして紹介している。教師と子供，子供同士の関わり等の視点をもち，行為者の内的側面を理解しようとする〈民族誌的方法〉による授業記録は，行為者の相互作用としての学習過程に焦点を当てるという意味において，学習指導要領（小・中学校2017年告示，高等学校2018年告示）が，子供が「何を学ぶか」「何ができるようになるか」「どのように学ぶか」を中核に据えて改訂されたこと，また，「どのように学ぶか」に関しては「主体的・対話的で深い学び」の視点からの授業改善について示されたこととも関連しており，今後の授業研究において一層重要な視点となろう。

2.4 観察記録の重要性

　授業研究会は，研修的授業研究において授業解明研究の中心的な役割を果たしている。授業研究会における協議は，授業記録を基に行われるが，その記録は参観者自身による観察記録が主であるため，観察記録の質が協議内容の質に大きく影響

する。また研究の成果と課題の整理については，授業研究会での協議内容や助言者からの指導内容をまとめるものが多いため，授業研究会の質がまとめの質に大きく影響する。したがって，観察記録の質を高める研究の充実が求められる。

授業記録の質を高めるためには，前述のように分析の手がかりとなる信頼性のあるものにしようとすることや行為者の内的側面を理解しようとすること等が必要であるが，授業研究会に活用するためには，授業のねらいや教師の指導と子供の言動等との関連性についての自分の気付きや疑問，見解等を併せて記録する必要がある。このことは，教師個々の経験則や能力に委ねられている面も多く，今後の研究の充実が必要である。

三村ら（2011）は，観察者の属性による授業観察の視点の相違について論じており，よかった点，問題点，改善点・対策の3項目による観察記録の分析によって，専門分野や教職経験と観察記録の内容との間に見られる特徴的な傾向について述べている。このような研究は，教師個々の経験則や能力による観察記録の内容の違いを見いだし，授業記録の質を高めることに資する研究の参考になろう。

3．授業研究に関わる研究の今後の展望

千成（2004）は，授業研究を「学校で学ぶ子どもたちによりよい授業をするために行う，教師・子ども・親の三者による授業における法則性の探求」と定義しているが，現在行われている授業研究に保護者の視点が見られるものは少ない。近年の学校評価の実施に伴い，授業参観後の保護者アンケートや子供による授業評価の実施を行っている学校が増えていること，また，学習指導要領（小・中学校2017年告示，高等学校2018年告示）が「社会に開かれた教育課程」を掲げて改訂されたこと等を踏まえれば，この「三者」の視点をもった授業研究は更に深める余地があろう。

学校現場では，授業開発研究に費やす時間に比べ授業解明研究に費やす時間が少ない傾向にあ

る。学校現場の多忙さを考えれば，両者の関連性や費やす時間のバランス等の観点から，より効率的かつ効果的な研修的授業研究の開発が求められるところである。

学校現場において授業研究を行う際は，「研究のための研究」ではなく，「子供のための研究」をすべきであることが重視される。したがって授業研究は，子供にとって意味のある授業に，そして，日々の授業改善につながることが重要である。

（臼井 学）

【引用・参考文献】

大杉住子（2016）「『主体的・対話的で深い学び』とは何か」教育課程研究会編『アクティブ・ラーニングを考える』東洋館出版社，pp. 38-49.

小川容子（2015）「第5章　音楽科授業と子ども」加藤富美子編『教科教育学シリーズ　音楽科教育』一藝社，pp. 78-91.

小島律子（2014）「音楽科教育における授業研究の動向」『大阪教育大学教科教育学論集』13, pp. 11-12.

坂本篤史（2011）「授業研究の事後協議会を通した授業実践の変化」『日本教育心理学会総会発表論文集』53, p. 307.

笹野恵理子（2004）「授業記録」，「民族誌的方法」日本音楽教育学会編『日本音楽教育事典』音楽之友社，pp. 428-429, pp. 737-738.

白石文子・菊池真理子・小川暁美・山根大輔（2017）「音楽指導技術の向上を目指した授業構想」『岩手大学教育学部プロジェクト推進支援事業教育実践研究論文集』4, pp. 74-79.

關浩和（2017）「第8章 教科教育の授業研究」日本教科教育学会編『教科教育研究ハンドブック』教育出版，pp. 142-147.

千成俊夫（2004）「授業研究」日本音楽教育学会編『日本音楽教育事典』音楽之友社，pp. 429-430.

中央教育審議会（2016）『幼稚園，小学校，中学校，高等学校及び特別支援学校の学習指導要領等の改善及び必要な方策等について（答申）』

津田正之（2011）「教師の指導力の向上と授業研究」『初等教育資料』876, pp. 26-29.

三村真弓・深澤清治・三根和浪・桑田一也・泉谷正則・大橋美代子・向井さゆり・赤松猛・森長俊六（2011）「学部教育実習生と院生のチームによる共同アクションリサーチを通した授業研究（2）」『広島大学学部・附属学校共同研究機構研究紀要』39, pp. 69-74

村井尚子（2015）「教師教育における『省察』の意義の再検討」『大阪樟蔭女子大学研究紀要』5, pp. 175-183.

文部科学省（2017）『中学校学習指導要領解説音楽編』教育芸術社．

文部科学省（2017）『中学校学習指導要領解説総則編』東山書房．

横山真理（2017）「第6章 授業デザイン」日本学校音楽教育実践学会編『音楽教育実践学事典』音楽之友社，p. 223.

(4-2)　**授業における音楽の学び　4**

歌唱

1．歌唱研究を進めるに当たって

　歌唱は声を使った人間の最も身近な音楽表現であるが，その一方で表現様式・形態は極めて多様であり，歌唱を成立させる要因やその背景にある文化的・社会的固有性も異なる。このことを踏まえて歌唱教育を研究対象として捉える必要があり，研究の方法についても生理的，心理的，現象的，音響的，発達的，民族的，教育的といった局面から学際的にどう組み立てていくかが問われるだろう。ジョルダーニア（2017）は人類の進化という文脈から歌唱行動を捉え，それが声，言語，音・音楽の機能を獲得しながら人間の生き抜く力をどうはぐくんできたかについて論じている。「人間はなぜ歌うのか？」，歌唱教育の究極の目的はこの問いにあることを認識しておきたい。

2．西洋芸術音楽を軸としたアプローチ

　西洋音楽史において例を挙げると，キリスト教会や修道院における典礼や聖歌の歌唱法，バロック・オペラの歌唱法等，各時代の様式やジャンルに基づいた歌唱法があり，歌唱の様式・技法，テキスト解釈，ソルミゼーション等，歴史的研究の側面から教育的課題を見いだすことができる。

　科学的側面からの研究については，解剖学の進歩とともに19世紀以降，発声器官・呼吸器官の働きによる発声のメカニズムが解明され，生理学的な観点から歌唱メソードを確立しようとする動きが起こる。その代表としてガルシア（M. Garcia 1805-1906），フースラー（F. Husler 1889-1969）の研究が挙げられる。日本ではフースラー，レーマン（L. Lehmann 1848-1929），ローマ（L. Roma 1892-1965），リード（C. L. Reid 1911-2008），ミラー（R. Miller 1926-2009）らの著書が翻訳され，いわゆる西洋芸術音楽における歌唱法[1]の理論と技法

についての認識が高まる（リード1986，ミラー2014ほか）。この分野において日本声楽発声学会（1964年に「発声指導法研究会」として発足）は実践的に研究を推進している。また医学と歌唱実践をつなぐ研究としては，音声生理学の立場から歌声の科学的検証を行っている斉田（2016）が注目される。Karen Sell（2005）は歌唱教育について1）歴史，2）倫理学・心理学，3）科学，4）声・音色・声種・テクニック，5）パフォーマンスの五つの領域からまとめており，分野相互の関係から歌唱教育を捉える際に参考になる。

3．我が国の学校教育における歌唱指導の課題

　我が国の学校では明治期から「唱歌」が音楽科の中核を担い歌唱指導が実践されたが，戦後に入り学習指導要領改訂の変遷とリンクしながら，発声[2]と唱法（ソルミゼーション）[3]の問題に関心が集まる。前者については「頭声発声」「頭声的発声」「自然で無理のない，響きのある歌い方」「曲種に応じた発声」等の解釈と，それを児童・生徒の発声指導においてどう習得させるかという課題に基づく実践研究が進められた。後者については移動ド唱法，固定ド唱法の問題として論争にまで発展したが，原則移動ドが望ましいとする学習指導要領の方向性を基礎段階からどう発展させるか，器楽学習との関連をどう図るか等，解決すべき課題は少なくない。また最近の学校現場では階名による聴唱・視唱があまり実践されていないことが懸念され，音楽科教育の実態に即して歌唱学習の根幹である唱法の位置付けをどうするか，再検討する必要がある。この唱法と密接に関わるコダーイメソードの研究動向は，今後も歌唱領域の研究に影響を与え続けるであろう。

　第7次学習指導要領改訂（1998-99）において日

本の伝統音楽の学習が重視され，それ以前からのわらべ歌や民謡を教材とした授業研究が積み重ねられてきたが，これ以降「日本の伝統的な歌唱」に関する指導実践の研究が充実し，成果を上げている（中里 1999，山内 2011，本多・山田・志民 2013，田村 2018）。

4．最近の研究動向から歌唱教育を展望する

近年，音響・情報工学のレベルで音響・音声の解析法が進歩し[4]，歌声の実体が可視化されるようになった。これにより個々の歌声の特質や歌い方によるピッチや声量の変化が科学的に検証される等，この分野における研究の成果に期待される（志民 2017）。

一方これまで歌唱研究は技術的側面や教材，歌声そのものを対象として扱ってきた経緯があり，歌唱者の感情や思考の働きを認識しつつも，そのことについて心理的側面から十分に研究されてきたとは言えない。その意味で高橋（2000）が合唱指導において「動機づけ」に着目し，社会心理学的視点から指導過程を捉えなおそうと試みた研究は注目される。

また，近年学習者のメタ認知についての研究が盛んであるが，その中で，歌唱時の認知過程における感性，知性，身体性の相互作用に迫る研究の進展が望まれる。脳生理学の研究手法を取り入れた齊藤（2011）の研究は，歌唱時における「歌いやすさ」「心地よさ」「リラックス」の心理状態を科学的に検証するものであり，歌唱研究を新しい方向へと導いている。

歌唱教育の現場では，指導者と学習者，学習者同士の間で身体や言語，音を通して様々なコミュニケーションが図られ，感情や感覚の共有が促進されていると考えられるが，ミラーニューロンの発見により認知神経科学の進歩が著しい昨今，歌唱行動における「模倣」や「共感」の特性について解明されれば，協働的学習における歌唱の新たな局面が見えてくるだろう。そして科学的な進歩と同時に，音楽文化の視点から歌唱行動の原点を

問うエスノグラフィックな研究（黒田・伊野・権藤 2017）は，今後ますます重要になり，歌唱教育のみならず学校音楽文化についても再考を促すであろう。

（中嶋俊夫）

【注】

1）通例として「ベル・カント Bel Canto」と呼ばれるが，用語の解釈については諸説ある。
2）児童発声については岩崎（1997）に詳しい。
3）小川・柴田・吉田（2004）に詳しい。
4）日本音響学会の研究業績の中に歌声に関する研究が一定数見られる。「日本音響学会誌」参照。

【引用・参考文献】

Sell, K. (2005). *The Disciplines of Vocal Pedagogy: Towards an Holistic Approach*. Ashgate.
岩崎洋一（1997）『小学生の発声指導を見直す』音楽之友社.
小川昌文・柴田篤志・吉田孝（2004）「唱法」『日本音楽教育事典』音楽之友社，pp. 474-479.
黒田清子・伊野義博・権藤敦子（2017）「音楽文化の視点から教科内容としての『歌うこと』を捉え直す―ブータンの掛け合い歌に見られる双方向性をてがかりに―」『音楽教育学』第47巻第1号，pp. 25-36.
斉田晴仁（2016）『声の科学―歌う医師があなたの声をデザインする―』音楽之友社.
齊藤忠彦（2011）「歌唱表現におけるカラオケ使用時の大脳皮質前頭部・側頭部の活動の特徴―無伴奏，カラピアノ使用時と比較して―」『音楽教育学』第41巻第1号，pp. 1-10.
志民一成（2017）「小学校の民謡授業における児童の歌唱に現れたコブシの分析」『静岡大学教育学部附属教育実践総合センター紀要』No. 26，pp. 85-90.
ジョルダーニア，ジョーゼフ（2017）『人間はなぜ歌うのか？』森田稔訳，アルク出版.
高橋雅子（2000）「合唱の指導過程分析に関する一試論―『動機づけ』に着目した実践事例の分析を通して―」『音楽教育学』第30巻第1号，pp. 24-41.
田村にしき（2018）「能の学習プログラムの開発及び実践―宮城県大崎市大貫地区に伝わる『春藤流』の謡を核として―」『音楽教育学』第47巻第2号，pp. 1-12.
中里南子（1999）「演歌・民謡における発声・歌い方の指導と学習―民間音楽教室におけるコブシ・ユリの指導事例を中心にして―」『音楽教育学』第29巻第2号，pp. 1-12.
本多佐保美・山田美由紀・志民一成ほか（2013）『我が国の伝統音楽の指導法および教材化研究―長唄の表現活動と鑑賞との関連を軸に―』音楽教育研究報告 第28号，音楽鑑賞振興財団.
ミラー，R.（2014）『歌唱の仕組み』岸本宏子・八尋久仁代訳，音楽之友社.
リード，C. L.（1986）『ベルカント唱法―その原理と実践―』渡部東吾訳，音楽之友社.
山内雅子（2011）「小学校における日本の伝統的な歌唱の指導に関する研究―一般的な音楽教師が可能な長唄の指導法―」『音楽教育学』第41巻第1号，pp. 11-23.

(4-2) 授業における音楽の学び　5

器楽

1．授業における器楽の概観

1.1 本項における器楽教育の範囲

　本項では，小中高等学校の「授業における」器楽教育（合奏・アンサンブルを含む）を取り上げる。音楽科教育における器楽は，特に戦後に大きな発展を遂げた。学習指導要領の改訂に伴い，取り扱う楽器の範囲が段階的に拡張し，現在では基本的に世界のあらゆる地域と時代の楽器を授業で取り上げることが可能となっている（中地 2006）。授業で取り上げられる楽器と器楽教育の研究は，各時期における音楽科教育の動勢に応じた傾向が見られる。例えば，近年和楽器に関する研究が増加しているが，これは1998（平成10）年度の学習指導要領改訂における中学校での和楽器の必修化を受けたものである。器楽教育の研究対象は，今後も教育の動向を受けて変化すると考えられる。

1.2 器楽教育の研究における技能の多様性

　器楽教育で取り上げられる楽器は幅が広く，歌唱における発声法以上に演奏法が多様である。研究においても，楽器固有の演奏法に関する学習指導や教材に関する検討が必要となる。また，聴唱法でも可能な歌唱（合唱）と異なり，器楽では音名の理解やタブラチュア等の読譜・視奏法の学習指導が必要となる場合が少なくない。演奏法と読譜は，児童・生徒の技能差が学習の進行に伴い大きくなり，学習のつまずきや音楽嫌いの原因にもなり得るため，研究においても検討が必要となる。近年ではこれらを考慮し，楽譜を用いない聴奏法（範奏—模倣）・即興演奏・唱歌を用いた器楽活動に着目した研究も増加している。

2．近年の研究対象と研究方法の動向

2.1 器楽教育における研究対象の動向

　研究の対象とする楽器は，大きく二つの方向に区分できる。第一に，特定の楽器を対象とした研究である。第二に複数の種類の楽器を用いた，合奏（アンサンブル）を対象とした研究である。

　2009-17年の『音楽文献目録』「音楽教育 71 初等・中等教育」に掲載された研究が対象としている主な楽器は次のとおりである。昭和期から用いられているリコーダー・鍵盤ハーモニカ・ギター・マンドリン。和楽器では，篠笛・箏・尺八・三味線・和太鼓。民族楽器ではガムラン（楽器群）・トガトン等。更にデジタル楽器・電子打楽器・ボディーパーカッション・ブームワッカー・手づくり楽器等である。楽器の保有状況には学校ごとに差があるため，現状の改善を目指した研究，今後の普及・発展を望んだ双方の研究がある。

　合奏に関しては，和楽器合奏，リズムアンサンブル，ドラムサークル，ガムラン等が新たな研究の対象として見られる。合奏に関する研究では，音楽学習の基本的内容として，音の性質・合わせること・イメージ形成・創意工夫等が課題として取り上げられている。また活動を通じて得られる資質・能力，即ち形式陶冶的な側面に着目した研究が合奏に関しては，より多く見られる。例えば，「合奏を通じた」コミュニケーション力の育成，不登校経験者の自立，復興支援の活動等である。また，学校教育の全般の課題に関するものとして，創造性・主体的活動・生きる力・協働的な学び等と関連させた研究も行われている。

2.2 器楽教育における研究方法の動向

　器楽教育に複数の視点からアプローチしている研究をいくつか例に取り上げたい。中山(2014)は，小学校高学年の器楽を中心に，子どもの実態とニーズを把握し（児童理解），身近な音楽から子どもに選曲させ（教材選択），文字譜を含めた複数の記譜法を活用し（読譜），継続的に検証する（評

価）「授業マネジメント」の在り方を提案している。

　質的・量的研究を複合させた研究として，齊藤・田邊・中地・石上（2018）[1] を例に挙げる。ここでは，質的研究として対象授業を複数の研究者が継続的に参観し，教師と対象生徒へのインタビュー，授業の発話・映像記録の分析から，授業で育成された「知識・技能」と「スキル・価値・態度」との関係を省察している（質的研究）。並行して，対象授業の前・中・後に児童・生徒への質問紙調査（量的研究）も行い，授業における児童・生徒の変容を検討する。3 台のカメラで撮影された授業の映像記録がインターネットで公開され，省察の場と素材を広く提供している。器楽合奏（小学校）の授業が視聴可能となっている。

　また近年の動向として，日本の器楽教育に関する歴史的研究の数の増加が挙げられる。日本の学校における音楽教育史の研究は唱歌・童謡を対象としたものが主流であったが，第 2 次世界大戦前後の試行期から昭和 40 年代までの発展期にかけての器楽教育の研究が充実を見せている。例えば樫下は，教材集・楽器製造・教育研究団体等，多角的な視点から戦後の器楽教育の普及・発展の過程を考察している（樫下 2016 ほか）。これらは，昭和期の事象を対象としているが，現在の器楽教育を研究する際の視点も同時に提示している。

3．器楽教育研究の今後の展望

3.1 器楽教育研究の活性化への期待

　小中高等学校における器楽を対象とした研究は，その実践と比して少ない。2017 年の『音楽文献目録 45』「音楽教育 71 初等・中等教育」の項に掲載された 140 タイトルのうち，本項に該当するものは 5 編であった。まず，器楽教育を対象とした研究全般の活性化が望まれるだろう。また修士論文に器楽教育を対象としたものが散見されるが，当該大学でしか閲覧できない場合が多いため，学会誌・研究誌等での成果公表が一層期待される。

3.2 研究方法・研究対象の統合

　小中高等学校の授業以外における器楽教育の研究は，部活動（特に吹奏楽），社会教育，教員養成教育等に関してより活発に行われている。それらの多様な研究方法を授業における器楽の研究に応用することも期待できる。また，歌唱・創作（音楽づくり）・鑑賞等他分野と器楽の関連性を視野においた研究も一層必要であろう。器楽教育の意義（哲学的研究），縦断的・横断的比較研究等にも検討の余地がある。更に，ICT 等の現代的な学習支援ツールに着目した研究も求められる。

3.3 器楽教育の系統性

　取り扱う楽器の種類の拡大は，音楽科の授業時間数の削減という矛盾の中で，短期間で器楽活動を行う傾向を見せている。和楽器を市区内の学校で共用するという楽器保有環境も背景にある。これらの状況は，器楽教育の系統性という検討課題を生じている。幼小・小中・中高という校種間の連携や，一貫校の開設が学校教育全般で近年求められている。これらを踏まえたモデルとなる系統的な器楽指導の研究も今後求められるだろう。

（中地雅之）

【注】
1 ）本研究は，OECD の Education2030 を受けたものである。三宅太鼓（小学校），アルトリコーダーを用いた編曲（中学校）の授業に関する研究報告・映像も公開されている。http://www.u-gakugei.ac.jp/~jisedai/21CoDOMoS/index.html （2019/7/17 にアクセス）

【主要参考文献】
音楽文献目録委員会編（2009-2018）『音楽文献目録 37-45』音楽文献目録委員会.
樫下達也（2016）「文部省『合奏の本』（1948 年発行）とその器楽教育成立過程における位置」『音楽教育史研究』19，pp. 1-12.
齊藤豊・田邊裕子・中地雅之・石上則子（2018）「各領域の指導案と分析結果　5 音楽」『『OECD との共同による次世代対応型指導モデルの研究開発』プロジェクト　平成 29 年度研究活動報告書（小学校授業分析版）』Vol. 5，東京学芸大学次世代教育研究推進機構，pp. 73-90.
中地雅之（2006）「戦後器楽教育の展開」『戦後音楽教育 60 年』開成出版，pp. 75-88.
中山由美（2014）『身近な音楽を起点とする授業マネジメントに関する研究―小学校高学年の「器楽の活動」を中心に―』閏月社.

4-2　授業における音楽の学び　6

創作

1．創作の用語の定義と概観

　音楽における創作は，本来，芸術作品として独創的に表現することやその作品を意味する。しかし音楽教育における創作は，高度な作曲と言うより，音楽遊びや即興表現，初歩的な作曲体験や多様な創造的な音楽活動をその内容としている。

　ところで大正期には，童謡運動を代表する雑誌『赤い鳥』誌上で児童の作曲作品を自由作曲と称して募集していた。また大正期後期には一部の先導的な教育者によって創作の研究や実践への挑戦が行われ，それは自由作曲，即興創作，即興作曲，児童作曲，児童の作曲等，多様な用語で表されていた。既に大正期には，研究誌等でダルクローズや創造的音楽学習の先駆者コールマンの紹介がなされており，即興という用語も登場していた（島崎 2017）。戦後，1951 年版の学習指導要領第 2 次試案では，中学校・高等学校版では創作の用語が使われ，小学校版では創造的表現が使われていた。翌年開催された第 9 回教育指導者講習（IFEL）で，創造的表現は音楽経験全般に含まれるので，歌唱，器楽，鑑賞，創作の四つに統一するべきとの見解が出され，1958 年告示の第 3 次学習指導要領からは，創作の用語が定着した。しかし創作の内容は旋律創作が中心であり，即興的な表現は旋律創作の前段階の体験として位置付けられ，即興表現自体の価値を重視するものではなかった（島崎 2013）。

　日本における創作の概念が大きく転換したのは，1980 年のシェーファーの『教室の犀』と 1982 年のペインターとアストンによる『音楽の語るもの（Sound & Silence）』の邦訳出版からである。これを契機に創造的音楽学習（Creative Music Making，以下 CMM）の研究や実践が積極的に行われ，CMM が導入された 1989 年改訂の学習指導要領では，小学校のみ「つくって表現する活動」と称された。更に 2008 年改訂の学習指導要領で，小学校の創作は音楽づくりと改称された。従来，既存作品の表現の推敲も音楽づくりと言っていたが，「児童が自分にとって価値ある新しいものをつくりだすこと」と定義され，内容的には音遊びや即興を含む，創作活動を表す用語となった。

　多様な音素材の活用，様々な音楽ジャンルの導入，手づくり楽器や図形楽譜等の CMM の特徴は，既に現在の創作学習に定着している。1980・90 年代に先進的な研究者と実践者が積み上げた創作研究は多岐にわたる成果を残し，今なお新たな創作教育の研究が継続されてきている。

2．創作教育の近年の研究動向

　創作の研究は，理論と実践が互いに補完し合いながら研究成果を上げてきた歴史がある。両者の研究における近年の研究動向を概観する。

　第一に，身体表現を含む即興的な音楽遊びの価値を認識した実践研究や音楽づくりにつながる音楽遊びの実践研究は増えてきている。

　第二に，研究対象となる学習者の広がりの面では，特別支援学校での実践研究が成果を上げている。例えば，知的障害の生徒を対象としたサウンド・エデュケーションの実践研究は，知的障害のある生徒と教師が共に音を介して互いの関係を見直す契機にもなっている（小枝 2016）。また文部科学省の専門家派遣事業を活用して，特別支援学校の中等部で打楽器奏者と連携して行われた研究では，個々の生徒の変容を的確に捉え，日常的な表現が難しい生徒に音楽づくりで表現する達成感を与えた（岡 2016）。特別支援学校の実践研究には，音楽づくりの原点を見ることができる。

　第三に，ICT を活用した創作研究の可能性が見

られる。サウンドスケープの考え方が浸透している音楽づくりでは，積極的にテクノロジーの活用を推進してきたとは言えない。しかし，近年のICT推進の気運の中で，『教育音楽』における深見の連載（2015-2016）や，サンプリングを用いた創作活動（木下・金崎 2018）等，創作教育におけるICTの有効な活用を示唆する研究が見られる。

第四に，研究面では，聴くことそのものの本質を問う研究が注目される。日本ではCMM導入期から，サウンド・エデュケーションは創作活動に位置付いてきたが，長年，多くの教師と関わりながら，真摯に聴くことそのものを問い続けた阪井の音楽づくりと聴くことを考察する研究は，刮目に値する（阪井 2011）。また耳の記憶から自らの中心点を自覚して，内と外の世界をつなぐシェーファーの気付き（「意識〈耳〉の変化」）のプロセスを音のワークショップで実践した研究（今井 2014）も，聴くことの根源的な意味を問うものである。本分野の継続研究を期待したい。

第五に，理論研究では，子どもと音・音楽との関わりに関連して，近年，アメリカの知覚心理学者J. ギブソンによるアフォーダンス理論の音楽教育への援用が試みられている（今川ほか 2013）。またアフォーダンス理論による実践（内海 2017）は，聴取や身体表現を含む創作学習にも示唆を与えている。

この他，坪能由紀子主宰の新しい音楽教育を考える会による英語の研究誌 *International Journal of Creativity in Music Education*（第6巻まで既刊）には，海外の著名な研究者も編集委員に名を連ねている。第7巻以降は電子書籍化の予定のようだが，創作関連の研究集として注目したい。

3. 創作教育研究の課題と展望

第一に，音楽の構成についての理論的な研究が必要と思われる。CMMの導入時に，物語に効果音を付す活動や情景描写の音楽づくりに偏波したことから，近年，「音を音楽に構成すること」が強調されている。構成は重要であるが，構成や全体のまとまりという形を整えることだけがねらいの活動に陥る（阪井 2011）危惧が無いわけではない。また形式は楽式論によって分析可能だが，構成は一般的な用語である。児童・生徒の創作では全体と部分の両構成がある場合が多く，構成に関する理論と実践研究の更なる深化が求められる。

第二に，創作に関わる理論的研究（歴史的・心理学的・哲学的・社会学的研究等）の蓄積が必要である。「今」を捉え「未来」を予測する上で，歴史的研究はもとより関連分野の理論研究は，創作研究に新たな視座を与えてくれる。

第三に，現在でも学校で創作学習が積極的に行われているとは言えない。特に中学・高等学校では，授業時数の制約等から難しい現状がある。それ故に発達段階を踏まえた創作学習の研究，創作を含む年間指導計画の研究等，教育実践に直結する研究も必要である。子どもが将来音楽的な生活を営み，文化を支える聴衆に成長できるような文化的・社会的視点をもつ創作研究が望まれる。

（島崎篤子）

【主要参考文献】
今井裕子（2014）「内と外を繋ぐ柔らかな耳」『音楽教育実践ジャーナル』vol. 1, no. 2, pp. 130-141.

今川恭子ほか（2013）「身体・モノ・音，それってアフォーダンス？」『音楽教育学』第43巻第2号, pp. 63-68.

内海昭彦（2017）「音楽との相互関係を結ぶ力を育てる」『芸術表現教育の授業づくり』三元社, pp. 81-98.

岡ひろみ（2016）「特別支援学校における打楽器を使った音楽づくり―専門家派遣事業（文部科学省）の採択を受けて―」『音楽教育実践ジャーナル』vol. 14, pp. 24-33.

木下和彦・金崎惣一（2018）「サンプリングの手法を用いた創作活動の教育的意義」『音楽教育学』第48巻第1号, pp. 1-12.

小枝洋平（2016）「知的障害を有する生徒とのサウンド・エデュケーションの実践」『音楽教育実践ジャーナル』vol. 14, pp. 15-23.

阪井恵（2011）「〈聴く〉とはどのようなことか」『音楽教育実践ジャーナル』vol. 9, pp. 15-23.

島崎篤子（2013）「1960年代の学校教育における創作学習―わらべうたとふしづくり教育に着目して―」『文教大学教育学部紀要』第46集, pp. 115-134.

島崎篤子（2017）「音楽教育における創作の黎明期―大正期から昭和初期―」『文教大学教育学部紀要』第51集, pp. 77-95.

深見友紀子（2015.4-2016.6）「音楽科教育とICT」『教育音楽 中学・高校版』第59巻第4号～第60巻第6号，音楽之友社.

鑑賞

1．はじめに

　音楽鑑賞教育とは，『教育的な意図をもって様々な音楽を対象として行われる，理解を伴った音楽享受の過程』である」と，山本（2010, p. 6）は述べている。鑑賞の授業研究は，児童生徒が，鳴り響きつつ変化する音楽のどこから何を享受し，どのように理解したのかを知るための不断の努力であると言っても過言ではないだろう。その点で，2008年の学習指導要領に〔共通事項〕が新設されたことの意義は大きかったと考えられる。

　本項では，この2008年から2018年までに学会誌や大学紀要に発表された鑑賞の授業研究を検討し，その傾向と成果，そして今後の課題を探る。

2．鑑賞領域における授業研究の傾向

2.1 知覚と感受を促す学習過程

　〔共通事項〕の新設を受けて，「知覚と感受」が主要な研究テーマの一つになっている。

　山﨑（2012）は，中学校の新任教員3名とともに，知覚する要素を絞り込んだ10〜20分程度の鑑賞活動を繰り返し行った結果，興味関心をもって聴こうとする生徒が増えたと報告している。

　また，「生成の原理」に基づく授業が数多く提案されているのは特筆に値する。生成の原理では，「自分の外側に音楽を生み出すことと連動して自分の内側も新たに変化していく」として，「経験－分析－再経験－評価」という学習過程の枠組みを用いて授業をデザインする（小島2018）。例えば，山下ら（2015）は，体を動かしたりリズムの文化的背景を学んだりしながらオペラのアリアを聴くことにより，知覚・感受が深まるとしている。また，兼平（2014）は，感受したものを図形楽譜に表す授業では，比喩的表現が理解しやすいため，子供同士の共感が生じやすいと論じている。

　更に，プロの演奏家と協働して継続的にコンサート鑑賞の授業を行っている松本ら（2015）は，「なま」の音の体験や奏者との双方向的なやり取りが，要素の傾聴に有効であると述べている。

2.2 言語活動との関わり

　鑑賞における言語活動も，近年の重要な研究テーマである。鑑賞後には，以前のような感想文ではなく，知覚と感受との関わりを示した紹介文や批評文を書くことが求められるようになった。

　三村ら（2009）は，中学生が批評や評価で用いる言葉を丁寧に収集し，鑑賞能力の向上について検討した。宮下ら（2011）は，音楽鑑賞学習における批評能力について吟味し，創造的な鑑賞活動を，「見つける（認識と自分の感情の変化）→考える（作曲者・演奏者の創造意図や感情）→生み出す（批評能力の育成）→拡げる（批評能力の社会的貢献）」という段階に分けて説明している。また，「逆向き設計」論を援用した批評文によるルーブリックの開発等も試みられている（横山2011）。

　その他，鑑賞領域と表現領域との関連を図った実践が多数報告されており，小集団での言語的な交流が批判的思考力を活性化し，未知の音事象に対する評価力を高めるとされる（横張ほか2017）。

2.3 学習の道具立てと指導の手立て

　鑑賞の学習における視聴覚教材の活用について，吉野ら（2014）は，演奏者の映像が楽曲の認知に及ぼす影響を検討し，動機付けには映像提示が効果的であるが，諸要素の認知や情景のイメージには音響のみの方が優位であるとしている。

　ICTの活用例については，音声，映像，ワークシートや図形，楽譜等の提示に工夫が見られるほか，授業支援ツールの開発が進んでいる（林田2014）。また，タブレットを用いた授業や動画編集ソフトを用いた事例等も提案されている。ただ

し，タブレット端末を使った鑑賞活動については，「やはり今までのように全体で聴くのがいいように思った」（川合 2016, p. 316）という声もあることから，特性と限界を見極める必要がある。

その他，表情カードを用いた内的世界のアウトプットの支援（尾崎 2014），シンキングマップによる思考の整理（齊藤 2016），パフォーマンス課題（薄田ほか 2013）や知識構成型ジグソー法（山口 2017）の導入等，多様な試みがなされている。

3．考察

鑑賞の授業に，もはや受動的という形容は当てはまらないという率直な感想をもった。体の動きや図形楽譜，擬音語を含む言語等の活動が組まれ，子供たちは感受したことを思い思いに表している。これによって私たちは，児童生徒が音楽を豊かに感じ取っているという現実をはっきりと知ることができるようになったのである。

ただし，「音楽がもつ，言語を超越した無根拠な音楽の力に反応して語ることが難しい」（小中 2011, p. 76）という問題から目を背けてはならない。知覚と感受の先にある「全体を味わって聴く」こと，そして美的享受の深淵に迫ることが今後の課題となろう。

もう1点，共同研究が積極的に行われていることを実感した。教員同士のピアレビュー，大学院生と指導教員，教員と実演家等，異なる立場の人間が協力し合って一つの実践をつくり上げたり省察したりすることの意義は大きい。

これからは，個々の研究を関連付けながら，音楽の文化的特性に応じた指導の工夫を模索することが必要となろう。教材の音楽様式によって，最適な学習過程や道具立ては異なるかもしれない。

今回，紙幅の都合で取り上げられなかったが，雑誌掲載の実践事例や隣接諸科学での基礎的研究にも目を配りながら，スケールの大きな協働研究を目指していきたい。　　　　　　（山下薫子）

【引用・参考文献】

薄田茂樹・原田信之（2013）「中学校音楽科鑑賞領域におけるパフォーマンス評価の導入」『教師教育研究』9，pp. 65-82.

尾崎祐司（2014）「『表情カード』を利用した内部世界の表出支援―発達障害のある児童生徒への音楽学習過程―」『学校音楽教育研究』18，pp. 37-48.

兼平佳枝（2014）「『図形楽譜づくり』の鑑賞授業における共感を通した意味の共有の特性―比喩的表現に着目して―」『学校音楽教育研究』18，pp. 25-35.

川合利幸（2016）「タブレット端末を使用した合唱・鑑賞指導」『次世代教員養成センター研究紀要』2，pp. 311-316.

小島律子監修（2018）『三訂版 小学校音楽科の学習指導―生成の原理による授業デザイン―』廣済堂あかつき.

小中慶子（2011）「音楽鑑賞指導における『言葉』―『根拠をもって批評する』をめぐって―（シンポジウム 音楽科と言語活動―その功罪を問う―）」『音楽教育史研究』14，pp. 74-76.

齊藤淳子（2016）「音楽鑑賞におけるシンキングマップ（Thinking Map）の援用に関する実践的研究」『学校音楽教育研究』20，pp. 95-96.

林田壮平（2014）「音楽鑑賞指導におけるICT活用例と（公財）音楽鑑賞振興財団の取り組みについて」『音楽教育実践ジャーナル』vol. 11，no. 2，pp. 34-39.

松本菜摘・河添達也（2015）「小学校音楽科における『教育プロジェクト型アウトリーチ』の授業開発研究」『島根大学教育臨床総合研究』14，pp. 181-190.

三村真弓・光田龍太郎ほか（2009）「中学校における音楽科の学力を確かなものとする教育プログラムの開発（3）―中学生の批評能力及び鑑賞能力に着目して―」『学部・附属学校共同研究紀要』38，広島大学，pp. 167-172.

宮下俊也・大熊信彦ほか（2011）「『批評を取り入れた新しい音楽鑑賞授業のためのガイドブック（中学校編）』試案と授業実践」『学校音楽教育研究』15，pp. 206-207.

山口亮介（2017）「音楽鑑賞活動における知識構成型ジグソー法の導入―その有効性と課題―」『音楽教育学』第47巻第1号，pp. 13-24.

山﨑正彦（2012）「鑑賞における『知覚・感受・味わい』の指導と評価」『音楽教育実践ジャーナル』vol. 10，no. 1，pp. 40-43.

山下敦史・川原明子（2015）「Ⅲ だれもが主体的に取り組む鑑賞の授業（中学校）（第3次）―身体の動きを通して知覚・感受を深める鑑賞の授業」『学校音楽教育研究』19，pp. 90-97.

山本文茂（2010）「理解を伴った音楽享受をめざして」（特集テーマ「鑑賞指導で子どもは何を身につけるか」設定の趣旨）『季刊音楽鑑賞教育』vol. 1，pp. 6-7.

横張唯・山中和佳子（2017）「児童の創造性の育成を目指した音楽活動―鑑賞と音楽づくりを関連させた小学校音楽科の授業実践―」『福岡教育大学紀要 第六分冊 教育実践研究編』66，pp. 1-8.

横山真理（2011）「中学校音楽科鑑賞領域の授業における『批評』のルーブリック開発の視点と『逆向き設計』論を活用した単元の再設計を通して―」『教育目標・評価学会紀要』21，pp. 67-77.

吉野巌・山田健一ほか（2014）「音楽鑑賞における演奏者の映像の効果―音楽心理学研究に基づく仮説の実践授業での検討―」『教育心理学研究』62，pp. 143-155.

（4-3）　音楽の学びの広がり　1

音楽文化との関わり

1．音楽文化の対象

　学校教育において音楽文化の取扱いを考える場合，その対象を選択することが課題となる。指標となる学習指導要領には，基盤とする我が国や郷土の伝統音楽に対する理解と，中学校以降に音楽文化と豊かに関わる資質・能力を育成するとの目標が示されている。そして，様々な音楽の尊重とその多様性を理解する指導を求めている。原・山田（2016）が「学習指導要領の改訂毎に，文言の違いや強調の軽重はあるものの，『歴史（時代的な特徴），文化』と関わった音楽学習の取り扱いを示している」（p. 176）と述べているように，1951 年の学習指導要領試案から 2017 年告示学習指導要領に至るまで指導概念は示されているものの，教材選択に結び付くような対象は示されておらず指導の曖昧さが続いている。こうした中，1989 年告示学習指導要領で和楽器の取扱いを求めたことをきっかけに，1990 年以降から我が国や郷土の音楽や諸外国の音楽を取り扱った研究が見られるようになった。その研究は学習指導要領の影響もあって，学習者が生活する地域や時代に応じる音楽文化を取り扱い，これを基盤に他の音楽文化を関連させるという方向性があったと考える。例えば小島（1994）は，スワンウィック（1992）の提唱を踏まえて子どもが属している音楽文化を学ぶことを基盤に，文化の伝達・創造・理解と対応させ，学習者がその形成の道筋をたどる必要性を述べている。

　また近年，我が国の文化の一つであるアイヌ文化への理解と保存についての取組みが進んできている。佐々木（2011）は，アイヌ文化についての民族共生象徴空間[1)] の整備構想に向けた議論の中で，日本の文化を，①アイヌ語を母語とするアイヌ文化，②日本語を母語とする日本文化，③琉球語を母語とする琉球文化，の「みっつの文化」に分類し，アイヌ文化の保護を訴えている。アイヌ民族の伝統音楽については，1960 年代以降の保存及び記録を目的とした研究に始まり，2000 年代に入り自治体や法人による普及や啓発への取組みが展開されているが成果は十分とは言えない。今後，学校教育におけるアイヌ民族の伝統音楽を取り扱う研究が必要であるとともに，我が国や郷土の音楽文化の認知や定義を再考する時期を迎えている。

2．教材化の視点や課題

　教材化では，音楽の要素に基づく楽曲分析を行い，発達段階やレディネス等に応じて内容や範囲を明らかにすることが原則となる。これに基づき音楽の構造や様々な特徴，音楽の多様性の理解へと向かうよう学習の構造化を図ることも重要である。音楽文化を取り扱う学習について原・山田（2016）は，特定の音楽の要素を聴取したり楽器の基礎的な奏法を身に付けたりすることに終始する指導は，音楽の特徴や多様性を理解することにならないと指摘する。これは，音楽の背景が音楽表現に与える影響やそれによる音楽的特徴を学習対象としていない実態の指摘と言える。教材の分析に当たっては，身近な地域から世界規模に至る伝承や伝播等の関係性となる「地理的視点」と，発祥や現在に至るまでの変容や定着等の「歴史的視点」による教材化の視点が考えられ，これらが関連した分析も求められる。こうした視点は，文化や言語，風俗習慣，人々の暮らし等についても同様で，対象とする音楽との関連を図りながら特徴を明らかにすることになる。そして，学習者の音楽科以外のレディネス，例えば社会科の地理的分野や歴史的分野のレディネス等も影響する。こ

の他に，楽譜や録音・録画等の学習資料を準備することが困難なことも多く，既存の研究用資料が学習に適さないこともあって教材開発が必要な実態もある。

現代に近づくと急速な風俗習慣や伝統的な暮らし等の喪失や変化が要因となり，教材化が困難となる音楽文化や音楽がある。アイヌ民族の音楽文化も，アイヌ語の話者数の激減，風俗習慣の伝承が途絶える等の影響が大きい。萬（2015）は，アイヌの伝統音楽の特徴や多様性の理解を目的として，座り歌（upopo）[2] 等の教材化と授業開発について述べている。そして，歌う場や目的，歌詞の内容等を明らかにすることに困難さがあり，高度情報化社会の影響による地域的相違の消失，現在の音楽との融合，新たな音楽表現の出現等の課題を指摘している。これと同様な指摘ができる我が国や諸外国の音楽文化は，今後増えていくと予想する。

3. 今後の方向性

小野（2014）は，音楽文化の理解という軸での研究はほとんど行われておらず，指導の次元と価値観をもって各音楽文化を相対化し，理解を深め尊重する態度へと収斂することが望ましいとしている。これは，特徴ある音楽に焦点化した微視的研究から，音楽の現状や背景更には他の音楽文化との比較や関連までを含む巨視的研究への展開の必要を意味する。そのため，音楽科の学習対象とする内容や範囲が広がる可能性，発祥や伝播の過程が推測だったり表現者個々で音楽的差異を生じたりする等学術的根拠を示しにくい内容等も当然対象となっていくことが予想される。これら総体を音楽文化と認識し，教材化，学習用の教材の選択や開発，学習の構造化の方法論，モデルカリキュラムの作成等の研究が求められる。

現代社会に係る課題もある。少子高齢化によって音楽文化の伝承や保存に係る担い手の減少や変化，広域で大量の人的な流動による社会の変容等，音楽文化に与える新たな影響がある。商業的・経

済的意図による新たな音楽文化の誕生もある。出生，生育歴，ジェンダー，障害，国籍，思想，宗教等学習者自身が多様化している実態もあり，学習者が属する音楽文化が均一とはならない前提での研究も必要だろう。基盤とする我が国や郷土の音楽文化，関連させる他の音楽文化の選択，現代社会における音楽文化の状況等，これらが相互に関わる研究が求められる。　　　　　（萬　司）

【注】
1）アイヌ（先住民族）の尊厳を尊重し差別のない多様で豊かな文化をもつ活力ある社会を築いていくための象徴として，2020 年北海道白老郡白老町に国立アイヌ民族博物館の建設を含む整備計画のこと。
2）特徴として，行器（シントコ）の蓋を中心に車座になり，それをたたきながら輪唱する。

【引用・参考文献】
小野亮祐（2014）「音楽科における音楽文化についての理解に関する考察」『北海道教育大学釧路校研究紀要』46, pp. 153-158.
小島律子（1994）「授業における音楽文化の理解とその伝達―和太鼓・お囃子実践の検討を通して―」『音楽教育学』第 24 巻第 1 号，pp. 21-28.
佐々木利和（2011）「ひとつの列島，ふたつの国家，みっつの文化」『公益財団法人 日本学術協力財団 学術の動向』16(9), pp. 70-78.
スワンウィック，キース（1992）『音楽と心と教育』音楽之友社，pp. 23-32.
原里美・山田潤次（2016）「多様な音楽文化の理解に資する授業づくりに関する一考察―諸外国の音楽を教材として―」『佐賀大学教育実践研究』34, pp. 175-190.
文部科学省（2010）『高等学校学習指導要領解説 芸術（音楽美術工芸書道）編 音楽編美術編』教育出版.
文部科学省（2018）『小学校学習指導要領解説 音楽編』東洋館出版社.
文部科学省（2018）『中学校学習指導要領解説 音楽編』教育芸術社.
萬司（2015）「アイヌ民族の伝統音楽の教材化―座り歌（upopo）と踊り歌（rimse）の教材化と授業開発―」『民俗音楽研究』40, pp. 34-43.

音楽の学びの広がり　2

生活や社会との関わり

1．はじめに

　学校内外を問わず，我々の生活や社会の中には，様々な音や音楽が存在する。特にここ近年はグローバル化や情報化が急速に進み，自分たちが意識する・しないにかかわらず，日常の営みの中に音や音楽が深く，広く入り込むようになった。このような音や音楽を取り巻く急激な環境の変化は，学校音楽教育の在り方に対しても少なからず影響を及ぼしており，生活や社会の中の音や音楽の働きについて意識を深める学習の充実を図ることが，今後更に求められるようになると考えられる。そこで本節では，「音や音楽と生活や社会との関わりを視点とした授業研究」を取り上げ，その研究の取り組み方について一例を述べる。

2．研究へのアプローチ

　本研究分野にアプローチするためには，音楽授業と生活や社会との関わりについて，1）子どもの意識の実態を把握すること，2）学習指導要領におけるこれまでの取扱いを整理すること等を通して，研究の方向性をある根拠をもって明確にしておくことが大切である。1）に関しては，例えば国立教育政策研究所が実施した「特定の課題に関する調査（音楽）」及び「学習指導要領実施状況調査」における児童・生徒質問紙調査結果（音楽）を参考資料として活用することができる。これらは国の機関によって実施されているものであり，量的データとしての信頼性も高い。前者の質問紙調査（2008-2009）の中の「音楽の学習をすれば，ふだんの生活に役立つと思いますか」，「音楽の学習は，将来の生活や社会に出て役立つと思いますか（小学校では「音楽の学習は，しょう来，社会に出て役立つと思いますか」）」という項目で，「そう思う」，「どちらかといえばそう思う」と肯定的な回答をした割合と，後者の質問紙調査（2013）の同様の内容の肯定的な回答の割合を経年比較することによって，音楽授業と日常生活の中での音や音楽との関わりに対する子どもの意識の変化の一側面（後者の方が，肯定的な回答の割合が低下している）を読み取ることができる。

　2）に関しては，1951（昭和26）年の学習指導要領音楽科編（試案）において，学校で得た音楽経験を生活に生かし日常生活を豊かにすることが，すでに目標の一つとして掲げられている。それ以降，この目標は多少の文言の違いはあるものの，基本的な趣旨は現在まで引き継がれていると考えられるが，1989（平成元）年（告示）より，その取扱いに関して，質的な充実が図られた。例えば小学校では，表現領域の中に「音楽をつくって表現できるようにする」という項目が新設され，身の回りの音（自然音や環境音等）にも注目し，音や音楽に対する鋭い感性を育成することが目指されるようになった（中学校においても同様に，「自由な発想による即興的な表現や創作をすること」という項目が新設された）。そして2017（平成29）年（告示）の小学校・中学校学習指導要領及び2018（平成30）年（告示）の高等学校学習指導要領では，生活や社会の音や音楽と豊かに関わる資質・能力の育成を目指すことが，音楽科の担うべき役割として明示され，日々の生活の様々な場面での音環境への関心を高めたり，音や音楽に対する価値を見いだしたり，音楽文化について理解を深めたりすることを目指した授業の一層の充実を図ることが求められている。これは人間にとっての音や音楽の存在意義を考えたり，音楽を学ぶことの意味を認識することにもつながるものである。

3．研究の実際：先行研究の検討と今後の展望

　音や音楽と生活や社会との関わりを視点とした授業研究は，管見の限り，教育実践に有用な教材開発，指導内容や方法の改善・工夫の効果（仮説）の検証，指導上の問題点や実態把握のための調査等を行い，そこで得られたデータや結果を演繹的・帰納的な手法を用いて分析・考察を行う実証的研究として取り組まれているケースが多い。例えば東海林（2011）は，児童が聴取した音を〈音ことば〉や造形表現で表す「音の日記」及び「音のノート」の活動の実践データ（児童の変容を視覚化した量的データ及び観察記録や文章分析の質的データ）より児童の五つの特徴的変容を明らかにし，別の実践でその変容の1項目である「音の聴取・表現と造形表現の相関」について，仮説演繹法によって検証した（相関が見られた）。この活動は，児童の音の聴取の意識化（身の回りの様々な音の特徴に気付くこと）にもつながるものである。また三井は，「学校外における音楽活動を取り入れた課題発見・解決学習が，児童に生活や社会の中の音や音楽の働きについての意識を深めることに有効に機能する」という仮説の妥当性を，演繹的手法によって検証した。授業としては，老人ホームを訪問して歌を発表するというプロジェクトを通して，どうしたらお年寄りの思いにこたえられるかについてグループで意見を出し合い，表現の工夫を深め，歌い試しながら学級としての表現をつくっていき，発表会を開くというものであったが，事前と事後の意識調査（選択式と記述式を併用）やT-C型授業記録等の分析・考察を通して，その授業が生活や社会の中の音や音楽に対する意識を深めるために有効であったことを実証している。更に原口（2017）は，「音楽に理解ある市民を育てる」ことをテーマとして，音楽と民間企業，国際社会，税金，社会運動，知的財産権との関わりについて考案した授業実践（5件）を通して，帰納的手法によって音楽科の存在意義を示そうとした研究を行っている。そこで紹介されている実践事例数が多いので取組みの概要，考察，課題はコンパクトな形でまとめられているが，それらの実践は実社会と実生活と音楽の授業が深く結び付いていることを教師が意識してデザインしたもので，いずれも音や音楽と生活や社会との関わりを視点とした学びの先駆的な事例として，これからの音楽授業の在り方にも有益な示唆を与えてくれるものである。

　以上，ここでは先行研究について述べてきたが，このような研究の蓄積は，音楽科の存在意義の顕在化にも大いに寄与するものであり，音や音楽を取り巻く事象を様々な視点で捉えることによって，授業を通して学んでいること，学んだことの意味や価値を自覚するとともに，音や音楽を生活や社会に生かそうとする態度の育成にもつながるものである。今後，本研究分野では，ある特定の授業の短期的な成果を求めるだけではなく，その個々の量的・質的なデータ等を集約し，中長期的な視点からも音楽授業で生活や社会における音や音楽，音楽文化との関わりについて学習することの意義や有用性を実証したり，時代の変化に対応した教材や教育リソースの開発を推進すること等が一層期待される。　　　　　　　　　　（木村次宏）

【参考文献】

文部科学省（2018）『小学校学習指導要領（平成29年告示）解説 音楽編』東洋館出版社，『中学校学習指導要領（平成29年告示）解説 音楽編』教育芸術社．

国立教育政策研究所教育課程研究センター「特定の課題に関する調査（音楽）調査結果（小学校・中学校）」，「平成24年度小学校学習指導要領実施状況調査 児童質問紙調査結果（音楽）」，「平成25年度中学校学習指導要領実施状況調査 生徒質問紙調査結果（音楽）」，インターネット，http://www.nier.go.jp/04_kenkyu_annai/div08-katei.html（2018/7/25にアクセス）

東海林恵里子（2011）「音の聴取・表現と造形表現の相関関係に関する研究—『音の日記』及び『音のノート』の実践を通して—」『音楽教育実践ジャーナル』vol. 9, no. 1, pp. 54-65.

原口直（2017）「音楽科の存在意義を示すために，生活や社会とつながる授業を」『音楽鑑賞教育』vol. 28, pp. 20-23.

三井明子「生活や社会の中の音や音楽の働きについての意識を深める音楽科学習指導の工夫—学校外における音楽活動を取り入れた「課題発見・解決学習」を通して—」『広島県立教育センター平成29年度教員長期研修研究報告』，インターネット，http://www.hiroshima-c.ed.jp/center-new/h29kouki-tyouken.html（2018/8/30にアクセス）

4-3　音楽の学びの広がり　3

教科を横断しての音楽の学び

1．教科を横断しての音楽の学びとは何か

　音楽は，音楽科という教科だけでなく，他教科との連携，合唱コンクールのような教科外活動との連携等，それぞれの目的，課題に応じた多様な活動の中で扱われている。これらの音楽活動は，広く教科横断的な関わりをもつ音楽教育として捉えることができる。

　2017年改訂の学習指導要領では，「カリキュラム・マネジメント」の実現が重要事項の一つとして挙げられた。そこでは，教育課程全体を見通した上で教科横断的な視点から教育活動を改善していくことや，学校全体の取組みを通じて教科等や学年を越えた組織運営を改善していくことが求められている。本稿ではこうした動向も踏まえつつ，教科横断的な関わりをもつ音楽教育研究について，①先行研究をレビューしながらその特徴を捉えるとともに，②今後の研究の展望と課題について述べたい。

2．教科横断の目的や構成原理を問う研究

　音楽科の教科横断的な取扱いについては，1989年「生活科」，1998年「総合的な学習の時間」の創設が一つの契機となり，教科を横断的に扱うことの意義や可能性，課題について議論されるようになった。また，制度化されなかったものの「表現科」を構想した千代田区立錦華小学校（1991-92年文部省研究開発指定校）の実践研究は，児童の発達段階に即した表現から教科の構成原理を探る画期的なものだった。

　教科横断的な指導内容のあり方として，例えば，八木ら（1998）は，音楽「を」学習するだけでなく，音楽「について」学習する音楽科のパラダイム転換の必要性を指摘した。例として音楽室に飾られている肖像画の多くが西洋クラシックの作曲家である点に着目し，文化相対主義的な音楽観について議論する「音楽家の写真から音楽を見る」の指導例等を提案した。また，伊野（2011）は，民俗芸能を教材とする際，現在の音楽科の指導内容には，「舞う・踊る」といったカテゴリーが含まれておらず，音楽文化を捉える根本要素が欠けてしまうことを危惧し，教科内容の捉えなおしの必要性を指摘している。その他音楽教育学と気象学の共同研究として加藤ら（2014）は，春を題材とした音楽作品の背景を理解するために，気候による科学的理解と絵画や詩歌等他の芸術表現の解釈も含めることを提案している。

　これらの研究は，人々が営む日常生活の中での音楽を意味付けたり，あるいは音楽が生み出された世界を拡大・深化させ文化全体の中で音楽を位置付けたりしようとする試みであり，教科横断的な音楽の学びを支える基盤を提供するものとなっている。

3．教科横断に関わる教育史研究

　次に，過去の事象から教科横断的な構成原理や実践上の成果・課題の解明を試みる歴史研究を見てみよう。嶋田（2005）は，随意科目であった「唱歌」が1900年代に修身・地理歴史等他教科の内容と結び付いた歌詞を歌うことで普及を遂げたことを明らかにしている。また有本（2011）は，学校儀式を取り上げ，道徳との結び付きの強い儀式内容に「唱歌」が取り入れられたことで，「共同一致の精神」等を喚起・深化させるものとして時代を超えて作用してきたことを指摘している。

　唱歌は，他教科や儀式と関わり，教科横断的な性質を保持しながら学校教育の中で成立してきた。こうした教科の特質を歴史的事象から捉えることも重要である。

4．教科横断に関わる比較研究

　もう一つ，諸外国の音楽教育事情を知り，それを踏まえて日本の音楽科を捉える比較研究を見てみよう。例えば，磯田（2010）は，全米音楽教育協会（MENC）が差別や不平等を排除するための教育を教科横断的な多文化音楽教育として開発した取組みについて解明している。今（2011）はスイス・フランス語圏ジュネーヴ州の小学校の実践を取り上げ，歌唱や器楽の他，身体の動きや美術的内容も含んでいることを指摘する。これらの研究は，諸外国の異なる目的・内容から構成された教科横断的なカリキュラム編成や実践を見ることで日本の音楽科カリキュラムを相対化し，教科の特質を捉えることを可能にするものである。

5．現代的課題に対処する音楽の総合化された学習の可能性

　2017年改訂学習指導要領『総則編』巻末には「カリキュラム・マネジメント」に関わって「現代的な諸課題に関する教科等横断的な教育内容」と関連する教科内容が示された。音楽科に関連する現代的な課題としては，次の内容も考えられる。例えば「生命の尊重」や「心身の健康の保持増進」に関する教育であれば，音楽レクリエーションや音楽療法が挙げられる。これらは人々の日常生活における音楽の役割や機能について教科横断的に学習することが可能である。

　更に「防災を含む安全」や「生命の尊重」，「環境」に関する教育に関連するものとして，例えば杉田ら（2018）の研究があげられる。杉田らは，震災後の民俗芸能の復興活動に民俗芸能学会関係者，保存会や教育行政の担当者，教員等，学校の子どもたちがいかに関わっているのかを考察している。また永幡（福島大学）の福島サウンドスケープの記録（2011〜）には，音楽科から環境教育へのアプローチを可能にする貴重なデータが提供されている。こうした地域社会で直面している問題こそ，学校教育の場で教科横断的かつ総合的に捉え，学校外の伝承者等関係する人々とも関わりな

がら取り組むことが喫緊の課題として求められている。

6．展望と課題

　以上，教科横断に関わる音楽教育研究を見てみると，音楽科は教科枠を軸としながら他教科と横断的に関わるもの，他方，一つの課題の中に音楽に関わる学習が総合化されているものと様々である。それらは音楽科の本質的な内容を学ぶとともに，音楽科を越えて連なり繋がっている世界を捉え，より広く深く学ぶことを目指している。そのため，研究者・実践者はともに教科と教科横断・総合化の往還する学習構造の視点をもつことが必須である。また今後の課題として，教科横断に関わる音楽教育研究を進める際には，個別の実践研究の積み上げとともに量的な研究が重要となる。研究体制についても学際的に進められるよう，研究者，実践者，学校外の関係者等が協働的に関わること，同時に各学校，地域に生起する身近な課題を視野に入れ取り組んでいくことが一層求められるだろう。
　　　　　　　　　　　　　　　　　　（菅 道子）

【引用文献】

有本真紀（2011）「儀式／道徳教育と唱歌―「同情」の作動に着目して―」『音楽教育実践ジャーナル』vol. 8, no. 2, pp. 14-21.

磯田三津子（2010）『音楽教育と多文化主義』三学出版.

伊野義博（2011）「なぜ日本の舞・踊りは音楽教育と結びつかないのか―民俗芸能を切り口として―」『音楽教育実践ジャーナル』vol. 8, no. 2, pp. 6-13.

加藤晴子・加藤内蔵進（2014）『気候と音楽―日本やドイツの春と歌―』協同出版.

今由佳里（2011）「スイス・ジュネーヴ州における複合的アプローチによる音楽教育」『音楽教育実践ジャーナル』vol. 8, no. 2, pp. 70-73.

嶋田由美（2005）「唱歌教育の普及過程」河口道朗監修『音楽教育史論叢第II巻　音楽と近代教育』開成出版, pp. 65-78.

杉田政夫・縣田弘訓・佐々木繁子・川田強・大越良子（2018）「東日本大震災後の福島県浜通り地方における民俗芸能の被災と復興の状況」『福島大学地域創造』29(2), pp. 147-164.

福島サウンドスケープ（永幡幸司）インターネット, http://www.sss.fukushima-u.ac.jp/~nagahata/fsp_311/index.html（2018/8/28にアクセス）

八木正一・吉田孝（1998）『音楽の授業―総合的な学習をどうつくるか―』学事出版.

(4-3) 音楽の学びの広がり　4

校種をつないでの音楽の学び

1．はじめに

「小1プロブレム」や「中1ギャップ」等の状況が示す「段差」への対応が叫ばれる中，第9次学習指導要領（平成29年3月告示）において，「幼児期の終わりまでに育ってほしい姿」が明示され，「スタートカリキュラム」の充実を図ることが掲げられた。また，義務教育9年間を通してはぐくむ資質・能力を明確にした取組み，教育機関・保護者・地域で連携した特色ある教育活動を推進していくことが示された。今後一層，「一貫した学びの充実」に向けた，幼小，小中，中高等の学校段階間の接続を円滑に実現していくことが求められている。

2．音楽的な学びの系統性・連続性に関わる視点

2.1 幼保小の連携・接続

幼保小の連携・接続について先行研究を整理した岩立（2012）は，①幼保小連携の背景，意義や課題，②学び，目標，カリキュラム，③特別支援，障害をもつ乳幼児の移行支援，④特定地域の連携の取組み，⑤小1プロブレムの認識や対応，⑥幼保小連携に関する教師，保護者や保育者の意識，⑦幼保小連携をめぐる地域との協同，⑧海外の移行期の連携，⑨入学期をめぐる家族や子どもの発達・変化，⑩その他，というカテゴリーを提示しており（p. 77），音楽教育における研究視点として活用することができる。

音楽教育においては，近年，幼保側と小学校側の相互観察や共同実践等がさかんに実施されており，「遊びから学びへ」つなげるために，遊び歌やわらべ歌の表現，オノマトペの活用，絵本や自然素材を用いた音楽づくり等，接続期の音楽活動への提案がなされている。音楽的な学びの系統性・連続性を明確化するために，領域「表現」と小学

校「音楽科」の内容の比較検討や，アメリカ，ハンガリー等の海外の教科書分析を行っている研究もある。

こうした中，接続期の子どもの音楽的な発達や能力を明らかにしようとする研究が徐々に進められている。実験的研究としては，例えば三村ら（2008）による4歳児～小学校3年生のピッチマッチング能力調査があり，保育形態や音楽活動の質や量の違いがピッチマッチング能力の差異につながること，幼稚園と小学校の連携により音楽的発達の順調な伸びを期待できることが示されている。フィールド・ワークによる事例研究としては，例えば村上ら（2018）の学校種を越えて共有できる子どもの音楽的な資質・能力に関する調査がある。また，教育制度やカリキュラムに関わる海外の動向について，尾見・小川・永岡（2014）は，「幼小接続」の制度として，アメリカ，フィンランド，ハンガリーの「小学校入学前教育」における音楽教育の状況について報告している。アメリカの学校制度上の「幼小連結」や教員免許制度上の「幼小中高一貫」，フィンランドの就学前教育において音楽教育を実現する地方自治体と教師のあり方，ハンガリーの幼稚園において音楽教育を通した人格全体の発達を目指している状況等について提示した。このように，子どもの発達や新たな教育制度についてより具体的に検討していくことによって，接続期における音楽教育の意義を明示していくことができるのではないだろうか。

2.2 小中，中高の連携・接続

小中連携や一貫教育，ならびに，中高一貫教育が推進される中，全国各地で，一貫教育カリキュラムが策定・実施されるようになってきている[1]。2014（平成26）年に文部科学省が実施した実態調査によれば，小中一貫教育の主なねらいは，①中

１ギャップの緩和，②学習指導上の成果，③９年間を通して児童生徒を育てるという教職員の意識改革，④教員の指導力の向上，⑤異学年児童生徒の交流の促進，⑥特色ある学校づくりを進める，等に集約できると言う（国立教育政策研究所2016, pp. 2-6）。こうしたねらいの実現を念頭に置くことにより，音楽科教育における研究視点を具体化することができる。

これまでの音楽科における取組みとしては，中学校教員が小学生に対して音楽授業を行う「乗り入れ指導」や，小学校６年生と中学校１年生の合同練習，小中高一貫校における合同授業等，児童生徒や教員の交流に関わる事例が多く挙げられている。小中一貫，中高一貫カリキュラムについては，系統性に配慮した読譜指導や音楽づくり，諸民族の音楽の取扱い等の実践事例や試案がある。このような中，伊野（2006）は，日本音楽の認識法や日本人の音楽的感性を出発点とし，文化に固有な捉え方を視点とした小中９年間のカリキュラム試案を提示している。また菅ら（2014）は，〔共通事項〕を軸とした小中一貫カリキュラムを作成し，達成すべき行動目標について児童生徒の具体的な姿を見取ることを重要視している。

ところで，新学習指導要領において，高等学校音楽科の内容に〔共通事項〕が新設された。今後は，小中高の12年間を見通した学びについて，具体的に検討するための手立てとなるであろう。

３．まとめと今後の方向性

本テーマで扱っている「段差」や「系統性・連続性」をめぐる研究は非常に幅広く，子どもの発達面や心理面にも関わっているため，未だ解明されていない事柄も多いと思われる。今川（2014）の唱える「子ども理解にもとづく」研究を基本姿勢としながら，今後一層，継続的なデータの蓄積が必要とされる研究テーマであると考えられる。また，地域連携や一貫教育カリキュラムが推進される中で，笹野（2009）は「理念と相反するカリキュラムの現実の中に生きる教師の葛藤」の様子や「学校内部から脱文脈化されたところで開発されたことによって生じる現実とのギャップ」について報告し，連携や一貫教育カリキュラム編成に際しての注意を促している（pp. 242-244）。新たな体制下に置かれた子どもや教員の状況を見つめながら，カリキュラム内容や連携のあり方について改善していこうとする姿勢が重要であり，これらに関わる指導者の資質・能力の向上も急務であろう。

子どもにとって意味のある，校種をつないでの音楽の学びの実現に向けて，今後も一層，多方面からの検証が望まれる。 （桐原 礼）

【注】
1）例えば，東京学芸大学附属竹早地区の幼小中連携カリキュラム，京都府舞鶴市の全中学校区における小中一貫教育，長野県の「野沢温泉学園」の地域連携型保小中一貫教育等がみられる。

【引用文献】
伊野義博（2006）「日本音楽のカリキュラム構築にむけて―日本人の認識法や音楽的感覚によるアプローチ―」『新潟大学教育人間科学部紀要』9(1)，pp. 87-99.

今川恭子（2014）「幼児と音楽をめぐる質的研究の現在」『音楽教育学』第44巻第1号，pp. 32-39.

岩立京子（2012）「幼保小連携の課題と今後の方向性」『保育学研究』50(1)，pp. 76-84.

尾見敦子・小川昌文・永岡都（2014）「音楽教育における『幼小接続』をどう考える―アメリカ・フィンランド・ハンガリーの現状比較から―」『音楽教育学』第44巻2号，pp. 80-84.

国立教育政策研究所（2016）『小中一貫 事例編』東洋館出版社.

笹野恵理子（2009）「学校音楽教育における潜在的カリキュラム研究の可能性―カリキュラム経験研究の視角と教師のカリキュラム経験―」『音楽教育学の未来』音楽之友社，pp. 238-250.

菅裕・葛西寛俊・藤本いく代・阪本幹子・浦雄一・竹井成美・金本志秀・岡元雅代・谷口朋美・山下さちか・下川和弥（2014）「音楽科における小中一貫教育に関する研究(3)―行動目標分析に基づいて―」『宮崎大学教育文化学部附属教育協働開発センター研究紀要』22，pp. 81-99.

三村真弓・吉富功修・金岡美幸・青原栄子・大橋美代子・有村由香・池田明子・磯村亜紀・井上由子・掛志穂・君岡智央・久原有貴・州濱美由紀・東加奈子・山中覚美（2008）「幼・小連携の音楽カリキュラム開発の基礎的研究（Ⅰ）―幼児・児童のピッチマッチング能力に着目して―」『広島大学 学部・附属学校共同研究機構研究紀要』36，pp. 95-100.

村上康子・加賀ひとみ・越山沙千子・近藤麻里・櫻井良子・神三奈・杉能祥子・髙田のぞみ・田中芙弥乃・谷合千文・新美光映・藤田朗子・山本佳澄（2018）「幼保小の接続を支える音楽にかかわる資質・能力の検討」『共立女子大学家政学部紀要』64，pp. 187-193.

4-4　**学校における音楽の学び　1**

実践研究事例

わざ言語による感覚の共有を通した学び

1．研究の目的

　本研究の目的は，新たな「わざ」の創造が起こると見込まれる教育実践の場面において，「わざ」の伝承過程で何ゆえに新たな「わざ」の創造が起こるのかという先行研究に残された課題について検討することである。同時に，当該場面における生徒の変容について微視的に捉えていくための実践研究の視座を提案するものである。

　「わざ言語」という用語は，様々な「わざ」の世界でその伝承の折に頻用されている，相手に関連ある感覚や行動を生じさせたり，現に行われている活動の改善を促したりする時に用いられる言語（生田・北村編 2011, p. i）を示す。今日では，わざ言語は「わざ」の卓越者と学習者との間に「身体感覚の共有」と呼ぶべき関係性の構築を促す媒介物として位置付けられており，「わざ」の伝承は，卓越者がもつある種の身体感覚についてわざ言語を媒介して学習者が身体的に感得し共有していく過程として捉えられている。更に，伝えることの不可能性を認めながらもわざ言語を投げかけ「突きつける」という，「わざ」の卓越者の達成状態についての感覚を学習者自らが探っていくように誘うことについても研究されている。

　なお本研究において成立している実践は，研究者が生徒らの活動を計画したり諸々の行為に指導したりするのではなく，生徒らが温かい眼差しで傍らにいる研究者から見守られていると実感できていることによって初めて展開されるものである。生徒における小さな変容を肯いながら観察するという方法で実践を構築するという研究者のあり方が問われる本実践研究の独自性を明記しておく。

2．方法と分析

　高等学校吹奏楽部の相互行為の事例が分析対象である。本事例は３年生二人がマーチの演奏の仕方について語り合うサクソフォーンパートの様子である。練習への参与観察から得られたビデオ記録のデータをもとに，研究目的に対して示唆に富む場面を，質的研究法の一つである E. W. アイスナーによる「教育的鑑識眼と教育批評」をモデルに分析する。この方法は，研究者自身を情報収集の道具として位置付け，一時的・身代わり的参加によるものであること，構造的一貫性と指示適切性という信憑性の基準を追求すること等の点から社会構成主義的パラダイムに立つものである（桂2006）。談話展開に着目しながら場面を記述し（「表」を参照のこと），教育批評の形式で場面の解釈を行う。

2.1 多様な感覚提示と共感的理解

　＊特徴的な箇所にアンダーラインを付す

　卓越的な状態とはかけ離れている現下の状態に対する違和感を歩未が多様な言葉かけ（わざ言語）でリコに伝え，問題を共有しようとしている（発話１・７・９・11）。その結果，理解した同じ感覚を言い当てるために，リコもわざ言語を歩未への応答の中に使い始める（発話２・４・６・12）。また違和感を捉える語りから，卓越的な状態を言い当てようとする語りへと，変化が生じている（発話２→12）。このような共感的理解を導く過程は，試行錯誤による螺旋的な発展を遂げながら確かな感覚を特定していく（発話1-14）。

2.2 新たな「わざ」感覚の発見・共有・達成

　＊特徴的な箇所に文字囲みを付す

　音量が豊かな方が望ましいと指摘する歩未の言説とは矛盾すると認識しながらも，卓越的な状態とは音量の問題ではないことを，リコが歩未との相互行為を通して気付き始める（発話２・４・６）。サクソフォーンの役割や存在感といった楽

表　談話展開―新たな「わざ」の創造が起こると見込まれる教育実践の現場（サクソフォーンパート練習）

発話1 歩未：聴いてて不安なん。どうしたらいいんだろ？	発話7 歩未：うん、そうなんだよね。なんかうすい。表面づらって感じなんだよね。だから余計小っちゃく聴こえるんだよね。どうすればいいと思う？自分（自身でサクソフォーンを）吹いてて。 なんかねー。不安なの、聴いてて。あー、なんか。なんか、消えちゃいそう。ていうかね。何て言うんだろう。
発話2 リコ：CDを聴く感じの時も、それはちょっと、先入観が否定されるかもだけど、なんか、なんか、[右手で所作を付けながら]すごい小っちゃい。	
発話3 歩未：わかるわかる。	発話8 リコ：音量小っちゃいかな？
発話4 リコ：で、（レッスンで講師の）由澄先生にそういうような吹き方している時も、もう課題曲、目立たないように目立たないようにサックスはって。 で、まー、トリオは、まー目立つけど、でもあのー、（プロのサクソフォーン奏者である）中条さんみたいな感じで、綺麗な音で、響かせられたら、いいみたいな。	発話9 歩未：あーでも音量、………今リコが言ってたのを思ってたら、浅い。深くないよね。
	発話10 リコ：（肯定の応答として）[うなずく]
	発話11 歩未：音が浅くて、たぶんうすいんだと思う。 から、………、わかんない。
発話5 歩未：（肯定して）うん。	発話12 リコ：深いってどういうん？
発話6 リコ：って言ってたから、………、音量（の問題）じゃないんだろうなって、思ってたけれど。 そのまんま気にせずにいたんだけれど、でもやっぱーこの前の（顧問の福原先生による）サックスだけのレッスンでなんかめっちゃ出す（ように演奏してほしい）って言われたから。 （今のままの状態の演奏でも）いいけどね。 わかってないみたいな（というように助言された）。	発話13 歩未：ちょっとさ、深い音イメージして1回やってもらっていいですか。
	発話14 リコ：（肯定の応答として）はい。 [サクソフォーンを実際に演奏する]
	＊掲載許可を含む研究倫理に配慮しすべて仮名である。

器固有の主張の仕方について現下の演奏が誤った表現の方向性にあるわけではないが、音量と音色（響き）との問題とを識別し吹き分けられる水準まで技能を高めてほしいという助言をリコはこの場において回顧している（発話6）。リコが内面を自己表出することにより、それを自分のこととして受け止めている歩未においても感覚の意識化が促進され、自分一人では到達し得ない感覚へと発想が拡張されている（発話7・9）。リコも更に歩未の語りに応じ、新たな「わざ」感覚について互恵的に確かめ合っている（発話11-12）。

2.3 研究者の「鑑識眼」と、歩未とリコが卓越性を捉える「深い音」というわざ言語との関係

　事例に登場する「深い音」が卓越した状態を示すとは、研究者の「鑑識眼」や一般的な語句の意味により第三者が判断し得るものではなく、あくまでも歩未とリコが卓越した状態を言い当てた、二人だけが意味や価値を見いだすことのできる文化的道具（わざ言語）として理解する必要がある。研究者は相互行為における談話展開から、卓越した状態を二人が言い当てた瞬間がこの場面であるということを「鑑識眼」で読み取っているのである。

3．結論

　新たな「わざ」の創造が見込まれる場面では、

相互行為の両者どちらかの身体感覚を「突きつける」というよりもむしろ、相手がわざ言語を用いて提示する感覚を契機として、それを細分化し特定しながら親身になって受け止めようとした結果、自分の内面に気付きとして卓越的な状態につながる感覚が芽生える。そして互恵的な相互行為の過程で卓越的な状態を言い当てた瞬間の感覚が共時的に共有されることによって、それまでその場に存在していなかったわざ言語の意味が創発され、新たな「わざ」を特定する感覚が発見・共有・達成されていく。このような「わざ」の伝承活動の過程では、相手の感覚と自分の感覚とをいかに協調させていくのかが問われ、まずは相手の感覚に寄り添うことからすべての行為が始められるため、お互いの学習者としての尊厳を大切にしながら互恵的に聴き合う関係を構築しようとする動機が絶えず芽生え続けることを確認できる。

　今後更に事例を追うことによって、一事例では捉えきれない変容や信憑性について精度を高めていきたい。

（小林剛志）

【引用・参考文献】
生田久美子・北村勝朗編（2011）『わざ言語―感覚の共有を通しての「学び」へ―』慶應義塾大学出版会.
桂直美（2006）「E・アイスナーの「教育的鑑識眼と教育批評」の方法論―質的研究法としての特徴―」『教育方法学研究』15，pp. 57-72.

実践研究事例

多文化音楽教育における自文化・民族への肯定的意識の形成過程

1．はじめに

　先行する多文化音楽教育の理論研究において，多様な民族的背景をもつ子どもたちが，音楽科で自文化の音楽を学習することは，自文化への理解を深め，自文化・民族の社会的な肯定に繋がる可能性が示唆されている（磯田 2014, pp. 53-54）。今後，実証的な研究によって，自文化・民族への肯定的意識の形成過程を明らかにし，民族的マイノリティ集団のエンパワメント，すなわち，主体的な社会的地位の向上という多文化教育の理念により迫りうる授業モデルの生成が望まれる。

2．目的と方法

　本稿の目的は，日本在住の中国人中学生が，中国音楽の学習を通して，自文化・民族への肯定的意識を高める過程を明らかにすることである。

　対象とする中学生 A・B に関するデータは，本実践前・中・後の 14 場面にわたって収集された。具体的には，実践者によるフィールドノーツ，生徒への事前・事後質問紙調査，生徒のワークシートへの記述等である。これらのデータを，質的データ分析の手法である SCAT を用いて分析・理論化し，変容の過程を考察した（大谷 2011）。

3．授業の概要

　本実践においては，中国にルーツのあるゲストティーチャー（以下 GT）を招致し，音楽文化の意味だけでなく，彼らが直面する葛藤が生徒に伝わることを重視した。また，一般に，多文化音楽教育では，マイノリティの視点から授業を構成する（Campbell 2018 等）。事前調査の結果，A は，他生徒に紹介したい歌として《丟手絹》と呼ばれるハンカチ落としの歌を挙げた。中国人音楽家の意見も考慮し，中国で広く親しまれ，他文化と比

較しやすい点から本教材を採用した。一方 B は，中国のポピュラー音楽に関する学習意欲が高かった。GT との協議の結果，本実践では，GT の家族にとって重要な意味をもち，李子恆が作詞・作曲し，蘇芮が 1993 年に発表した《牽手》を教材として取り上げた。更に，既習事項と関連付いた器楽鑑賞等，多様な中国の音楽文化への理解を促す授業を計画・実施した。授業の流れを表 1 に示す。

表1　主な授業の流れ

実施日	2017 年 2 月 10 日	2017 年 2 月 13 日
ねらい	・中国の音楽的多様性の理解	・音楽が人々の生活に果たす役割の考察
導入	・舞獅の比較鑑賞 ・GT の紹介	・中国語の挨拶 ・前時の振り返り
展開	・《丟手絹》の鑑賞，遊び方の予想。発音・リズムに着目した範唱の模倣。遊びながらの歌唱 ・《牽手》の鑑賞，歌詞の理解。GT の範唱を聞き，サビを歌唱	・ホーミー，京劇，古箏，最新のポピュラー音楽に関する他文化との比較鑑賞 ・中国の文化・人々への印象・知識に関する意見交流と省察 ・《牽手》にまつわる GT 家族の話の聴講 ・《牽手》サビの歌唱
まとめ	・振り返りと感想の記入	・振り返りと GT の講評

4．結果・考察

　ここでは，A・B の変容に関する結果を考察する。紙面の都合上，A の分析結果のみを表 2 に示す。

　授業に先立って実施した質問紙調査からは，A・B ともに，中国の音楽を他生徒に伝える意欲がありながらも，日中の間にいる自身の立場の不安定さを感じていたことが明らかになった。

4.1 生徒 A の変容・考察

　生徒 A に関して，1 日目の授業の前半では，他生徒に中国文化を紹介する活動へのためらいが認められた。しかし，授業後半には，積極的に中国文化について伝え，範唱をするまでに自信をつけ

た。授業後には，「中国のプラスなことをみんなに伝えたい」といった自文化・民族への肯定意識の高まりが認められた。

この変化の要因として，他生徒における中国の文化・人々に対する受容的態度や理解の深まりを実感したことによって，授業当初感じていた，他生徒から中国人として見られる不安が緩和されたことが挙げられる。例えば，事後調査において，Aが親しむ中国の音楽を授業で取り上げた感想を求めたところ，「みんな中国について，もっと理解することができたのでよかった」，「みんな覚えて，遊んでくれたから。楽しそうでよかった」と述べている。また，言語的活動と比較した音楽的活動の特性について，「アクションとか，動き」があり，皆が一緒に取り組めることを挙げた。

このように，Aにおいては，自身が親しむ中国の音楽を，他生徒が積極的に学ぶ姿を目の当たりにしたことによって，また，GTや他生徒と一緒に体験的に文化を共有し，ともに楽しんだ経験によって，自文化・民族への肯定的意識が高まった。

表2　生徒Aにおける自文化・民族への肯定的意識の変容に関する理論記述（一部省略）

・日中の間に立つ自身の立場について，多様な言語的・文化的経験ができるという利点を感じる一方で，差別を受けたことはないものの，日中関係の難しさによって辛さを感じることがある。
・1日目の授業開始直前には，中国人の代表としてふるまうことを躊躇した。授業中，自文化の音楽文化について他生徒に伝えることへの葛藤が生じたが，実際にやってみたことで，満足感を得た。授業後，遊び歌の学習を楽しかったと評価し，教員の発音の誤りを指摘する等，自文化を表現することへの前向きな姿勢を示した。2日目の授業では，GTとその家族の体験を真剣な表情で聞き，受け止めた。
・中国人に向けられる固定的見方への危機意識を有していたAは，本取り組みを，メインストリームがもつ，マイノリティへの固定的な見方を修正するいい機会だったと評価した。GTのように中国のよい面も伝えたいというGTへの共感が喚起され，自民族への肯定的意識が高まった。また，本授業を通して，他生徒の中国の文化・人々に対する理解の深まりを実感した。これに関して，音楽的活動のもつ体験的に理解が図れる特性によって，他生徒の異文化学習への積極的態度が促されたと考えた。

4.2 生徒Bの変容・考察

一方Bは，授業前から一貫して，自文化につい

て他生徒へ積極的に教える様子が観察された。授業後，本実践について，「みんなが，他の国の歌が歌える，異文化って受け入れてくれる。楽しそうに歌ってくれたから。よかった」と評価している。また，GTとの関わりにおいて，自身も中国人・日本人双方から偏見をもたれた経験に触れ，「先生も同じ体験があったんだなあと思い，同情しました」，「先生の話を聞いたら自分は中国人でも，誇りをもっていいんだと思いました」と記述した。

Bは，他生徒が中国の音楽を楽しんで受容したことや，GTに対する共感によって，これまで以上に自民族について誇りに感じたと考えられる。

5．まとめ

本実践を通して，中国人生徒の自文化・民族への肯定的意識は，他生徒の受容的態度や，GTへの共感の喚起によって促されたことが明らかになった。この自文化・民族への肯定的意識は，中国の音楽文化への理解の深化によって強化されるとも考えられるが，この点は稿を改めて述べたい。

外国にルーツをもつ生徒の文化を授業で取り上げる際には，彼らが不安や葛藤を抱く可能性がある。この不安や葛藤を緩和し，彼らの文化・民族に対する肯定的意識をより高めるには，①彼らの意見をもとに，音楽文化と人々・社会の繋がりを実感でき，体験的に文化を共有できる教材選定，②彼らと他生徒，GT間の相互作用に着目した肯定的な理解・共感を促す授業構想・実践が重要である。

（八桁由布樹）

【参考文献】

Campbell, P. S. (2018). *Music, Education, and Diversity: Bridging Cultures and Communities*, New York; Teachers College Press.

磯田三津子（2014）「韓国芸能『サムルノリ』の教材としての意義と教育内容―在日コリアンを対象とした外国人教育の授業実践に向けて―」『教材学研究』25，pp. 51-58.

大谷尚（2011）「SCAT: Steps for Coding and Theorization ―明示的手続きで着手しやすく小規模データに適用可能な質的データ分析手法―」『感性工学』10(3)，pp. 155-160.

第 5 章

高等教育・教員養成課程における音楽教育

introduction

　大学・短期大学進学率は, 2018 年度に過去最高の 57.9%（文部科学省学校基本調査）を記録した。このうち, 音楽大学進学者は専門課程で, 教育・保育分野への進学者は主に教員・保育士養成課程で, それ以外の進学者の一部は一般教育として音楽関係科目を履修する。この履修者たちは, 少なくとも小学校・中学校で 9 年間の音楽授業を受けたのちに, 学校制度の最終段階である高等教育機関で再び音楽を学ぶ。大学における音楽教育の研究者であり実践者でもある大学教員には, この「再び出会う音楽授業」をいかに充実させられるかが問われている。それは, 大学での音楽授業において音楽的な教養をもつ市民, 音楽を介して人と関わる職業人を養成することが社会に直結しており, 音楽文化を発展させ次世代へと受け渡していくための中継地であるからだ。

　本章ではまず, 広く「大学における音楽教育の意味」と, 実践例を通して「教養教育としての音楽教育」の意義を考察する。次いで,「教師教育の課題」と「保育者養成の課題」における重要なトピックと, それぞれの実践研究事例を取り上げている。教員・保育者養成は, 大学教育の中でもとりわけ国や社会からの要請が強く働く分野である。国の教育施策を理解することは当然であるが, 音楽の先生になるとはどういうことかといった根源的な問いを見据え, 保育者の専門性や研修, 音楽教員養成史や教員・保育者養成の国際的動向に関する研究等にも目を配る必要がある。本章をもとに, 大学における音楽教育に関する議論を深めたい。　　　　　　　（有本真紀）

大学における音楽教育の意味

1．教職教育と大学―教養の重要性―

　小中高等学校（以下「学校」）の教員になるためには，大学（短期大学も含めて）を卒業していなければならない。大学というのは，文部科学省の大学設置基準からも分かるように，専門の授業だけではなく，教養に関わる教育が不可欠である。

　音楽を教育する際，例えば楽器の演奏を学びたい人にそれを教えるだけであれば，専門的な知識や技術以外のことはそれほど強くは求められないかもしれない。しかし，学校においては，多くの教科があって一つの教育であり，音楽以外のことが分からなければ，学校教育の中で音楽が果たすべき役割を考えることもできない。

　それでは大学で専門以外に何を学べば役に立つのだろうかという発想をもちがちだが，そのように考えている限り，言わば，他の領域を取り込んで専門領域を拡張しているのでしかない。だから，教養のために必要なのは，まず，役に立つか立たないか分からなくても学ぶことである。

　しかし，教養があるというのは，博識であることと同じではなく，知識が関係し合ってネットワークをつくってこそ，それぞれの領域の思考の共通性が分かり，人間の活動及びその所産として，また，知ることに対する人間の基本的欲求によるものとしてつながり合い，異なる部分は異なるものとして共通した部分との関連でネットワークに加わっていく。そして，ネットワークが仔細になればなるほど，その中での特定の領域の位置付けは明確になる。経験したことのない物事に出会っても，既知のものと関連付けて把握することができ，それがまた教養の一部となるのである。

　人に対しても同様であり，とりわけ学校教育のように多くの他人との比較的密接な関わりが必要である場合，知識やこれまでの経験に収まりきら

ないことを思考の一部に組み入れて対応していくことができるようにするのは，教養の働きに他ならない。それはまた，そのように思考を形づくっていく中で，音楽という活動の人間にとっての意義，ないしは，音楽を学ぶこと，教えることの意義を自覚できるということでもある。

2．音楽の専門教育と大学―研究と教育の統一―

　例えば作曲家として活動するために，大学を卒業していることが必要であるわけではないが，現に大学で音楽の専門教育が行われているという事実を前提とすれば，大学は，「高等」教育として，高次の教育を提供するものであることは言うまでもない。それに対応できる教員やカリキュラム等々，大学における教育の意義は多く挙げられるが，それらは大学という形を取らなければ実現できないことだとは限らない。他の教育形態とは違って大学に課せられていることとして，「研究と教育の統一」がある。研究とは何かというのを概括的には真理探究と考えるにしても，音楽の実技の場合は，研究が作品や演奏として結実するため，真理を探求するというより，物事を疑うことを通してよりよい（あるいは正しい）ものを求めることと捉えた方が適切であろう。

　その姿勢はあらゆることに向けられるべきであるが，ピアノを弾く際の手の構え方と指の使い方一つを取っても様々な考え方があることは，ピアノ演奏に関する多くの書物を見れば分かるとおりである。演奏解釈についても多くの問題があり，そこには記譜法や作曲当時の演奏習慣等の研究も関わってくるし，演奏のためには身体構造等の研究も必要であろう。しかし，そのような研究や考え方を幅広く知った上で最良と考える方法を採るというだけでなく，まず，今自分が実践している

ことが最良ではないかもしれないという疑いをもち，どうすればよりよくなるかを考える姿勢がなければ，多くの意見も単に自分を取り巻いている情報に過ぎず，自分自身を変える力にはならない。

更に，現状や常識を疑うことを通して自分を向上させていく姿勢そのものが，学生にとっても（卒業後も含めて）意義深いはずである。その意味で，研究の立場から，何らかの問題について学生とともに考えることは，答えが出なくても，考える過程自体が大学教育の重要な一面であろう。

中央教育審議会の2012年8月の答申の中で，「知識の伝達・注入を中心とした授業」から「能動的学修（アクティブ・ラーニング）」への大学教育の転換が提唱されている。音楽の実技の教育は，「知識の伝達・注入を中心とした授業」では成り立たないため，もとより「アクティブ」であるとも言えるが，学び方が方法として習慣化されてしまえば，その面ではアクティブでなくなる。アクティブであり続けるために現在行っていることとは別の何かを多く考えても，そのうちで自分の思考に組み入れることのできるものだけが，そこから先に進む可能性を持っているのだから，アクティブであることを促進するのは教養である。

3．一般教育の中の音楽―実感を伴った認識―

大学では，専門科目外の一般教育として，音楽史等の音楽に関する学術的研究の科目が置かれている場合がある。そのような科目は研究の一分野として興味を与えるというだけでなく，芸術と学術それぞれの性質に着目しておくべきである。

学術において，研究の出発点あるいは根底には，個別の具体的な現象，経験，活動等があるが，研究の中では，それらは例えば法則で説明できる多くのことのうちの一つのものや，理論の有効性を確認するためだけのものになりかねない。

それに対して，芸術作品は，完結した一つの世界なのだから，そもそも個別的なものであり，一つ一つの作品の重要さが失われることはない。芸術の原理の説明や芸術の歴史の記述をどれほど整合性を持ったものにできても，芸術作品がその一部を成す構成要素に過ぎないものとなりはしない。つまり，個別を具体的にしっかり確保した上で，個別から一般に向かい，また個別へと戻るという知の本来のあり方を明示する可能性を，芸術の学術的研究はもつのである。

そして，諸芸術のうちで音楽には，まず非具象的であるという特質がある。文学が言葉で叙述し，絵画が人物や事物等を描くことができるのに対して，音楽は，風景や物語等との関連を意識してつくられることもあるが，それを描き出すことには適していない。そのように実際の現実との結び付きが稀薄であるために，作品自体で具体的なものと受け取られ，具体性を保ちながら学術的な認識へと進むことができる。また，音楽は時間的に進行し，しかも，造形芸術のように人間から距離をおいた対象として作品があるのではないため，音楽を演奏する時や聴く時，あたかも音楽が自分の活動そのものである。つまり，実感とともにそれ自体で完結したものとして受けとめやすく，また，音楽が単に感覚的・感情的なものではなく，そこには知性もたぶんに関わっていることから，実感を含み込んだ認識へと進んでいきやすい。

だからといって，音楽こそが大学での一般教育に適したジャンルだということではなく，具象画等では実際の現実との接点をもつこととの対比で別の世界をつくっていることが明確になる面もあり，それは，音楽では標題音楽等のことを考えれば分かるところである。つまり，芸術ジャンルそれぞれの特質を把握することが重要であり，それを踏まえて音楽の学術的研究を一般教育の中に置くことにより，音楽そのものだけでなく，音楽についての知識だけでなく，音楽が実感とともに思考に組み入れられることで，他の領域の思考とも関係をもち，教養に加わっていくのである。

（前川陽郁）

【参考文献】
酒井諄（1993）『音楽の体験と思索』音楽之友社.
リースマン，K. P.（2017）『反教養の理論―大学改革の錯誤―』斎藤成夫・齋藤直樹訳，法政大学出版局.

教養教育としての音楽教育
US音楽史「音楽はなぜ人類の歴史から消滅しなかったのか」

1．音楽授業廃止論に対抗して

「人類の歴史において，音楽はなぜ消滅することはなかったのか」

これは，一般教養としての「音楽史」授業の，最終レポート課題である。われわれ音楽教育者がこの問いに論拠とエビデンスをもって答えることは，学校における音楽科の授業廃止論への反論，すくなくともその契機ともなるのではないだろうか。

その意味で，一般大学における「教養教育としての音楽教育」は，音楽文化を守る最後の教育機会，座学として最後の砦だと考える。

1.1 全人教育としての音楽教育

筆者は本務校の玉川大学において，そうした危機感・悲壮感をもってユニバーサルスタンダード（US）科目群の「音楽史」を担当してきた。

本稿は，この科目を中心に論じるが，その前に学校法人玉川学園の教育環境について触れておく。

本学園は，幼稚園から大学院までが東京都町田市の同一キャンパス内に展開し，その教育方針は「全人教育」である（小原 1994）。それは，学園創設者，小原國芳のモットー「真，善，美，聖，健，富」の6語に集約される。すなわち，学力偏重の教育ではなく，学問，芸術，道徳，宗教，健康，技術の六つが調和するように教育を行うことこそが，「人格形成」に重要だという考え方である。

更に大学でも，1年生は全学部（農，工，文，教育，経営，芸術，リベラルアーツ，観光）の全員が，12月に行われる大学行事「音楽祭」において，必修単位としてベートーヴェンの《第九》をドイツ語で歌う（暗譜）（玉川大学編 2016）。そのとき演奏する学生オーケストラも，「フィールドワーク」科目として，単位化されている（2017・2018年の音楽祭本番は，筆者の指揮による）（野本 2016）。

1.2 US科目「音楽史」

上記のように，一般大学としては音楽教育に対してかなり積極的な大学ではあるが，「音楽史」は US科目（かつての一般教養やコア科目に相当）である。そのため，履修者は音楽専攻ではない一般学生であり，譜例もほとんど扱えない。筆者は2003年度以降，春秋の年間2回この授業を担当してきたが，2017年度には340名もの履修者数に達したため，2018年度から秋学期に2クラスに分けて開講されることとなった。

なお，授業は100分×15回であり，第16回が試験（レポート提出）となる。また，本講座は一方的に講義するのではなく，アクティブ・ラーニングとして授業の事前・事後学修を重視し，紙媒体でのポートフォリオ作成を毎回課している。その採点量は，2017年度は約8,000ページであった（それ以外に，最終レポートあり）。

一方で筆者は，「西洋音楽史」の授業も受け持っているが，そちらは「通史」であり，楽譜も多用している。教養教育（リベラルアーツ）ではなく，音楽科教員養成の専門科目だからである。

1.3 音楽に不変・普遍の価値はない

それに対し，US音楽史は通史で行わない。なぜなら，講座テーマを「音楽芸術の成立と瓦解」とし，挑発的に「**音楽に永遠の命はない**」ということを「隠しテーマ」としているからである。これを別の言葉で言うなら，「音楽に不変・普遍の価値はない」ということに他ならない。

2．授業の概要

それにもかかわらず，人間生活から音楽が消滅することがなかったのはなぜか。

それは，音楽がむしろ「時代や社会の変化に応じて〈変わる〉ことができたから」であろう。例えば，音楽史上，バッハが一度忘れられたことは，音楽に不変・普遍の価値がないことを如実に例証している。その復活も，けっして「ありのままに」復活したのではない。バッハは生きていた時，ドイツの中でも「ローカルな音楽家」に過ぎず，身分的にも「職人」であった。

しかし，1801年にフォルケルが『バッハ小伝』（2003）を出版した時，バッハは職人ではなく「芸術家」として復活した。しかも「ドイツの民族的英雄」として神格化されたのである。これは，時代や社会の価値観が変化したことで，バッハに対する評価・見方も変化したことを意味する。

音楽が「芸術」として認められるようになったのは他の芸術に比べて比較的遅く，18世紀末から19世紀初頭にかけてである。その要因はフランス革命とベートーヴェンの存在が大きい。すなわち，フランス革命による市民社会の成立は，社会全体の価値観をパラダイムシフトさせることになり，音楽観の変化につながったわけである。

フランス革命に熱狂したベートーヴェンは，自身も「芸術家」意識をもち，音楽作品を使い捨ての「手工品 Handwerk」から，繰り返し演奏される「芸術作品 Kunstwerk」へと変えた。これも価値観の大転換である（Dahlhaus 1988）。それに伴い，作品出版の量と意味合いも変わった。

19世紀ロマン派の作曲家たちにとって，ベートーヴェンが芸術にまで高めた音楽を，いかに継承し，更に発展させていけるかが，使命となる。

しかし，彼のどの作品（特に交響曲）を理想モデルとするかで，二派に分かれて激論を繰り広げた。すなわち，絶対音楽派と標題音楽派の大論争である。同時代・同社会でも，価値観は異なる。

ロマン派は世紀末になると，直接的にはゲルマン民族系の「表現主義」へと爛熟し，無調音楽への道を歩む。他方，ラテン系民族はロマン派への反発から「象徴主義」（かつては印象主義とされた）に進み，旋法性の世界へと温故知新を遂げる。

同時期のジャポニズムは，芸術に不変・普遍の価値がないことを端的に証明している。すなわち，日本では低俗な「芸能」扱いされた浮世絵が，ヨーロッパでは斬新な「芸術」として衝撃を与えた。

ここで重要なのは，芸術かどうかを決めるのは創作者ではなく，受容者だという点である。すなわち，コンスタンツ学派における「読者行為論」や「受容史」あるいは「作用史」の観点である（ヤウス 1970）。

3．市民としての社会的責任

したがって，US音楽史が教養教育として目指しているのは，価値観の変化に気付くことだけではない。むしろ，芸術の受容者たる学生たちが，最終目標として「芸術文化を守り，育成していく社会的責任をもてるようになる」点にこそある。

すなわち，シラバスの「修得できる力（Competency Goals）」で言う，「態度・志向性（Personal Qualities）：市民としての社会的責任（Social Responsibility）」が自覚できるように導くことこそが，芸術文化を次代に伝え，発展させる，大学教育だと考える。

結論を言えば，音楽が歴史上残ってきたのは，熱心に残そうとする人物がいたからなのである。教養教育としての音楽教育は，そのような音楽受容者を育て上げることにこそ，意義があるのではないだろうか。

（野本由紀夫）

【参考文献】
Dahlhaus, Carl. (1988) *Klassische und romantische Musikästhetik*. Laaber-Verlag.
イーザー，ヴォルフガング（1976）『行為としての読書―美的作用の理論―』轡田収訳，岩波書店.
小原國芳（1994）『全人教育論』玉川大学出版部.
玉川大学編・野本由紀夫編集主幹（2016）『ベートーヴェン交響曲 第9番 第4楽章 歓喜に寄せて』玉川大学出版部.
野本由紀夫（2016）「《第九》研究から『生きた』演奏実践へ―楽譜新版の作成と大学教育―」，『平成28年度 全日本音楽教育研究会 大学部会 会誌』pp. 44-53.
フォルケル，ヨハン・N.（2003）『バッハ小伝』角倉一朗訳，白水社.
ヤウス，ハンス・R.（1970）『挑発としての文学史』轡田収訳，岩波書店.

5-2　教師教育の課題　1

音楽の先生になるということ

1．教師になるには

1.1 教員免許状の概要

　日本の幼稚園，小学校，中学校，高等学校の教師になるには，学校種ごとの「教員免許状」の取得が求められる（「教育職員免許法」及び「教育職員免許法施行規則」を参照）。

　免許状は学校種によって異なるが，中学校または高等学校の教師は，教科ごとの教員免許状が必要である。また，中学校または高等学校の教員免許状を所有している者は，小学校で所有免許状の教科に相当する教科を担任することができる（教育職員免許法第16条の5）。

　戦後の我が国の教員養成は，幅広い視野と高度の専門的知識・技能を兼ね備えた多様な人材を求めることを目的として「大学における教員養成」と，国立・公立・私立のいずれの大学でも制度上等しく教員養成に携わることができるという「開放制の教員養成」を原則としてきた。

1.2 教師に求められる資質能力

　近年，教育改革とともに教師の資質能力，そして教員養成のあり方が活発に議論される中で，2006（平成18）年7月の中央教育審議会答申「今後の教員養成・免許制度のあり方について」では，教師に「いつの時代にも求められる資質能力」として，「教育者としての使命感」，「人間の成長・発達についての深い理解」，「幼児・児童・生徒に対する教育的愛情」，「教科等に関する専門的知識」，「広く豊かな教養」と「これらに基づく実践的指導力」が示された。

　また，この答申で教員養成に特化した専門職大学院である「教職大学院」制度の創設が提案される等，実践的で高度な指導力を備えた教員養成や育成に着目した改革が，現在国によって進められている。これは，学校教育を取り巻く環境の変化への対応として教師の資質能力の向上を目指すものであり，「教えること」の専門性と，教師として学び続ける力を備えた教員養成の実現のための改革と位置付けられる。

1.3 教職課程の改革の方向性

　2015（平成27）年12月の中央教育審議会答申「これからの学校教育を担う教員の資質能力の向上について」において，養成段階は「学び続ける教師」の基礎力を身に付ける時期と位置付けられ，「教員となる際に最低限必要な基礎的・基盤的な学修」という認識の必要性，「学校現場や教職に関する実際を体験させる機会の充実」，「教職課程の質の保証・向上」，「教科・教職に関する科目の分断と細分化の改善」が求められることとなった。これは，教育職員免許法の改正（2016年），「教職課程コアカリキュラム」の策定（2017年）と大学の教職課程改革及び自己点検・評価機能の強化，大学と教育委員会との連携による教員育成協議会の創設と各都道府県による教員育成指標の策定，といった形で進められている。

　前述の「教職課程コアカリキュラム」は，教育職員免許法施行規則の規定に基づき，すべての大学の教職課程で共通的に修得すべき資質能力を示したものである。大学の教職課程は，教職課程コアカリキュラムの定める内容を学生に修得させた上で，地域や学校現場のニーズに対応した独自性を反映させることになる。

2．「教えること」の専門性

2.1 教師に求められる音楽能力

　伊野（2015）は，教師になる前に必要とされる音楽能力として，「教育職員免許法で求められる音楽能力」と「学習指導要領から浮かび上がる音楽能力」を挙げている（pp. 107-110）。前者は，音

楽の専門的内容（歌唱，器楽，弾き歌いの実技や楽典等）及び音楽授業の指導法を指す。一方，後者について，学習指導要領で示された内容は児童生徒に身に付けさせなければならない資質能力であり，教師自身が予め身に付けておくべきものであるが，教育職員免許法で定められる内容と必ずしも整合しているとは言えない，と指摘している（p. 110）。教育職員免許法の改正や教職課程の改革による成果が待たれるところである。

　小学校教員採用試験では，多くの自治体が音楽実技試験を実施している。しかし，音楽実技能力の修得は容易ではない。また，音楽的知識と実技が往還することで音楽の理解が深まるが，特に小学校教師の養成課程では，音楽能力の育成のための時間が限られているという課題がある。

2.2 音楽教師に求められる能力

　教職専門科目と教科専門科目を架橋する教科構成原理を明らかにすることを目的とした研究において，三村（2013）は表1の項目を用いて教育実習生に自己評価を促している。

表1　教育実習映像自己評価項目（三村 2013，p. 72 より転載）

項　目	内　容
技術	指揮，ピアノ伴奏，範唱，範奏
知識	教材分析・知識，授業構成・指導案作成
授業力	授業運営力，形成的評価，課題改善の指導
教授行動	言語的教授行動（教示・発問・説明） 非言語的教授行動（表情・しぐさ・身振り） 標記的教授行動（板書・図示）
授業成立の基盤	コミュニケーション，授業規律，生徒理解

　この表1の内容は，実際に音楽授業を遂行する際，教師に必要な資質能力を端的に表している。

3．音楽教師のアイデンティティ

3.1 校種による教師の指導観の違い

　小学校から中学校，そして高等学校へと学校種が上がるにつれて，音楽科で扱う内容はより専門的なものになると考えられている。実際に小学校，中学校，高等学校の教師への調査からも，その認識がうかがえる（図1参照）。

　このような教師の認識の背景として，全科担任

の育成を前提とする小学校教師の養成課程において，音楽の専門性の追求が十分ではないことも挙げられる。

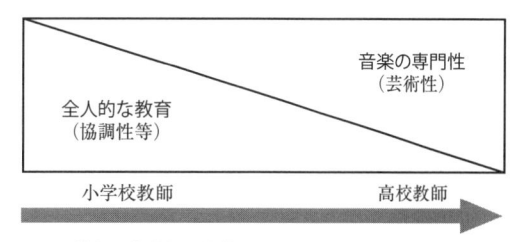

図1　教師の指導観の特徴（古山 2018，p. 84 を和訳）

3.2 音楽教師となるために

　音楽教師は学校種を問わず，教師自身の美的価値観が問われる。また音楽科は，知識だけではなく音楽表現を伴う教科であることから，教師となる者には音楽経験の質と量が求められている。

　今後も，学校教育は学習者の現状や社会環境の変化によって見直され，教師に求められる資質能力も変わるだろう。それに対する対応力は必要であるが，教師としての根幹は不変である。

　エリオット（2017）は，音楽教師になることは，「継続的かつ即興的に，行動と思考，そして活動と反省をリアルタイムに行なっていくプロセス」であると言う（p. 44）。

　音楽科における「学び続ける教師」とは，主体的かつ自律的に，子どもたちに音楽の何を伝えるのか，何のための音楽教育なのかを問い続ける教師であり，音楽教師になろうとする過程においても同じ姿勢が求められる。　　　　　（古山典子）

【引用・参考文献】
伊野義博（2015）「音楽科授業と教師」橋本美保・田中智志監修，加藤富美子編著『教科教育学シリーズ5　音楽科教育』一藝社，pp. 105-118.
エリオット，D. J.（2017）「プロフェッショナルな音楽教育者であること」『音楽教育学』第46巻第2号，pp. 43-48.
古山典子（2018）『音楽科教育における教師の評価基盤としての価値体系の解明』平成26〜29年度科学研究費基盤研究（C）課題番号26381240 研究成果報告書.
日本音楽教育学会編「特集『教員養成の現状と課題』」『音楽教育学』第46巻第1号，pp. 25-46.
三村真弓（2013）「音楽科教員養成における教職と教科を架橋する構成原理を求めて」『日本教科教育学会誌』35-4，pp. 71-76.

（5-2）　**教師教育の課題　2**

音楽の先生として育つ

1．教師が授業を通して成長すること

1.1 省察的実践家としての教師

「教師は授業を通して成長する」ということは古くから経験的に語られてきた。日本ではこれまで学校における校内研修（授業研究）を中心に教師が中心となった教師文化を形成し，その中で成長してきたのである。言うなれば，教師は，教員養成段階で実践的指導力を，大学院レベルでは高度職業人として，そして教職生活全体では「学び続ける教師」を追求するように，教師を目指してから退職するまで成長を続ける。そして，この「学び続ける教師」像を掲げた教師教育改革は，1990年代以降，ドナルド・ショーン（Donald A. Schön）が提起した省察的実践家に基づいた「省察的教師」が中心概念になっている。また省察的教師の持つ実践的な知識や実践的思考はリー・ショーマン（Lee Shulman）が提起したPCK（授業と学びに翻案された教科内容の知識）の観点から研究が進められている。

1.2「学び続ける教師」の指標化・基準化

教師自らが中心となって築いてきた教師文化は，教職の専門職化の促進と教員制度改革の動きと相まって，1990年以降，各国で指標化・基準化が進められている。アメリカでは，1987年に設置された「全米教職専門性基準委員会」によって「教職専門性基準」が確立され，教師の専門職性の資格証明を認定している。

我が国では，中央教育審議会答申「これからの学校教育を担う教員の資質能力の向上について」（2015年12月）において教員育成指標の導入が提唱された。その目的の一つは高度専門職業人として教職キャリア全体を俯瞰しつつ，教員がキャリアステージ（ライフステージ）に応じて身に付けるべき資質や能力を明確化するためである。この答申では，教師を「学び続ける教師」とし，教職生活をいくつかのステージに分け，各ステージで指標を定め，養成と採用と研修を一貫させる考えが示されている。2017年現在，およそ半数の都道府県政令市において教育委員会による教員育成指標が策定されており，また養成・採用・研修の接続の強化という観点から大学においても「教員（養成）スタンダード」といった指標を提唱している所もある。

2．音楽の教師として成長する

では，音楽教師として教師はどのように成長するのだろうか。本項では，音楽教師のPCKと教師のライフステージについて概観する。

2.1 音楽教師のPCK

ニアマンら（Nierman, Zeichner & Hobbel）は，ショーマンの概念に依拠して，音楽教師の知識領域を考察している。「内容領域」としてもつべき知識ないし能力としてパフォーマンス，聴く力，アナリーゼ，作編曲，即興，レパートリーの蓄積，作品の精通，音楽史，指揮等をあげ，「一般教授学の知識」として評価ストラテジー，授業計画，学級経営，学習理論や哲学的枠組み，テクノロジーの知識，多文化的な問題に関する知識を挙げる。そしてこれらと経験が融合した形で表現される音楽教師のPCKが最も大切だと指摘する。また伊藤（2008）や古山・瀧川（2017）は，現職の音楽教師への質問紙調査を通して，音楽教師の実践的指導力や指導観に言及し，音楽教師は指導法に困難を感じながらも教材選択や指導内容は経験年数を重ねることが自信につながると明らかにしている。更に瀧川（2008）は，演奏において刻一刻と現出する表現に対応する音楽教師特有の省察の存在を示唆している。

2.2 音楽教師として成長する

音楽教師は，授業実践の最中や前後に様々な省察を重ねることで，音楽教師として成長する。

高見（2014）は，ライフヒストリー法を用いて，熟練教師の各段階を描き出している。高見によれば，音楽教師としての成長は，授業観の萌芽の形成と再構成という順序性を伴った過程があり，再構成の本質は，音楽の技能的側面と音楽に対する興味・関心の側面とのバランスの取り方であり，またそこに他の観点を加えるか否かといった複合的なテーマの組み換え作業であることを明らかにしている。また音楽教師の成長には，音楽が学校文化として位置付くことと，音楽科に関する良質の同僚性の存在が必要であることが示唆されている。

3．今後の課題：音楽教師として成長するために

以上，見てきたように省察的教師としての音楽教師の成長に欠かせない PCK の解明や，教師がどのようにして自らの力量を高めているのか（熟達化していくのか）についての研究は始まったばかりであり，今後一層の研究成果の蓄積が待たれる。それと同時に，これらの研究成果は，現場の音楽教師がより意識的に自らの力量を高められる形で還元されなければならない。　　　（瀧川 淳）

【引用・参考文献】

Nierman, G. E., Zeichner, K. & Hobbel, N. (2002). "Changing Concept of Teacher Education". *The New Handbook of Research on Music Teaching and Learning*, Oxford press, pp. 818-839.

伊藤誠（2008）「音楽科教師に求められる実践的指導力─教員養成の充実と改善に向けて─」『音楽教育実践ジャーナル』vol. 5, no. 2, pp. 51-56.

古山典子・瀧川淳（2017）「アンケート調査から見る音楽教師の音楽指導観」『福山市立大学教育学部研究紀要』vol. 5, pp. 25-33.

ショーン，D.（2001）『専門家の知恵─反省的実践家は行為しながら考える─』佐藤学・秋田喜代美訳，ゆみる出版.

高見仁志（2014）『音楽科における教師の力量形成』ミネルヴァ書房.

瀧川淳（2008）「音楽教師の行為と省察─反省的実践の批判的検討を通した身体知の考察─」東京藝術大学博士学位論文.

参考：「全米教職専門性基準：音楽版」

参考までに，先述した全米教職専門性基準委員会が示した「全米教職専門性基準：音楽版（National Board for Professional Teaching Standards: Music Standards）」の基準を示す。これは「教職専門性基準」に準拠する形で2001年に作成されており，卓越した音楽教師がもつべき重要な八つの専門的力量が基準として提示され，それぞれの詳細（各基準を達成するために知るべき事柄や評価，実践）が記されている。

表1　全米教職専門性基準：音楽版より（作表及び訳は瀧川）

基準	領域	内容
基準1	児童生徒に対する知識	子どもの認知的，社会的，身体的発達を理解する
		子どもと建設的で協力的な関係を築く
		洞察力をもって子どもを観察する
基準2	音楽の知識・技能	演奏する
		指揮をする
		創造的なミュージシャンシップをもつ
		音楽理論，音楽史，レパートリーに関する知識をもつ
基準3	評価の計画と実施	評価を計画する
		個人グループの評価を実施する
		データを分析し，子どもの成長を記録する
基準4	音楽の学びを促進する	カリキュラムをつくる
		指導技術をもつ
		教材に対する知識をもつ
		幅広く教材を選択する
		指導方略をもつ
		自らの専門領域（一般音楽，器楽，合唱等）に対する技術や知識をもつ
基準5	学習環境を整える	学習環境の特性を知る
		子どもの信念や作品の質，演奏に対して高い基準を設定する
		すべての子どもを音楽教育に参加させる
		社会的，知的発達を促進する
		音楽学習に対する好奇心や継続性を助長する
基準6	多様性を価値付ける	音楽学習への公平なアクセスを提供する
		世界の音楽を含めてレパートリーと指導方略をもつ
		音楽の文化的，文脈的側面を強調する
		特別支援の子どもと音楽活動をはぐくむ
		英語を第二外国語とする子どもにも効果的に対応する
基準7	協同する	保護者と協同する
		同僚と協同する
		コミュニティの人たちと協同する
		賛同者と協同する
基準8	省察し，専門家として成長，貢献する	結果を評価し，様々な資源から系統的な情報を探し出す
		研究と省察から技能を高める
		カリキュラム設計に参画する
		専門職性の向上に貢献する

音楽教員養成史の研究動向と課題

1．戦前の音楽教員養成

　戦前は，校種に応じて養成機関が異なり，初等教員養成は師範学校，中等教員養成は高等師範学校が主として担っていた。音楽教員養成に関しては，施設・設備等のこともあり，高等師範学校では行われず，東京音楽学校で実施されていた。

　1879（明治12）年に設置された音楽取調掛は，1887（明治20）年，東京音楽学校へ改組される。1893（明治26）年，東京高等師範学校附属音楽学校と改名されるものの，1899（明治32）年，再び東京音楽学校となる。中等音楽教員養成は，「甲種師範科」において実施され，国語の免許も取得できた。小学校専科教員を養成するための「乙種師範科」も存在した。

　明治期の東京音楽学校の音楽教員養成に関しては，坂本（2006），佐野（1988）によって解明される。また，勝岡（2009）は，1900（明治33）年まで師範科において箏の時間があり，伴奏楽器として学ばれていた点を指摘する。淺野（2014）は，東京高等師範学校附属音楽学校になったことに伴い，音楽教員養成が重視された点を指摘し，文学関連科目の実態を明らかにするが，国語の免許に関しては触れていない。大正・昭和期に関しては，『東京芸術大学百年史』（2003）の成果が大きい。カリキュラム，教職員が網羅され，「第四臨時教員養成所」の実態についても明らかにされる。他方，同窓会誌の分析と聞き取り調査により，甲種師範科の教育実習の実態が浮き彫りになる（鈴木2008）。

　私学では，1926（大正15）年創立の東京高等音楽学院（現，国立音楽大学），1929（昭和4）年創立の武蔵野音楽学校において中等音楽教員養成の許可を受けていた。

　その他，東京女子高等師範学校体育科において音楽の教員免許状も取得できた。この点については，坂本（2006），鈴木（2003）によって取り組まれる。

　このように戦前の音楽教員養成は，東京のみで実施されていた。上記の養成の他，「文部省師範学校中学校高等女学校教員検定試験」に合格するという方法もあったが，この点に関する研究はまだ進んでいない。

2．戦後の音楽教員養成

　1949（昭和24）年，師範学校から昇格した新制大学においては，初等教員養成に加え，中等教員養成の機能が加わり，全都道府県において音楽教員養成が始まった。国立大学の音楽の専門分野の不足を補強するために，1年間，東京藝術大学で学ぶ委託生制度も実施された[1]。

　1949（昭和24）年，日本教育大学協会が発足し，全国音楽部門大学部会では音楽教員養成に関する実践研究が展開され，今後の在り方についても協議されている。1972（昭和47）年には，『音楽科教育の研究』が発行され，教員養成大学における音楽科教育の実態が明らかにされる。

　通史的な研究の成果としては，上原（1988），木村（1993）が挙げられる。

2.1 特別教科（音楽）教員養成課程の新設

　高等学校の教員が不足したため，特別教科（音楽）教員養成課程が1952（昭和27）年以降，東京藝術大学，大阪学芸大学，山形大学，島根大学，宮崎大学，北海道学芸大学，愛媛大学，東京学芸大学，新潟大学に設置された。立ち上げには，東京音楽学校教授であった，城多又兵衛，高折宮次，遠藤宏らも関わっていた。中でも北海道学芸大学は，北海道大学教育学部音楽科，新潟大学は芸能学科が母体となっていた。このように新制大学発

足当初は，独自の教員養成も展開されていたが，1964（昭和 39）年，「国立大学の学科及び課程ならびに講座及び学科目に関する省令」を受け，統一された。また，1966（昭和 41）年には「教育学部」へと改称され，教員養成の目的大学として明確に位置付けられた。

その他，広島女子高等師範学校体育科等を母体として創設された広島大学教育学部福山分校には，高等学校教員養成課程音楽科が置かれていた（鈴木 2014）。

特別教科教員養成課程に関しては，上原（1976）によって現状報告がされてはいるものの，総括がなされないまま，廃止に追い込まれてしまった。

2.2 教育職員免許法

1949（昭和 24）年公布の教育職員免許法施行規則は，1989（平成元）年に改正され，「日本の伝統音楽及び民族音楽を含む」となり，2000（平成 12）年には，「合唱及び日本の伝統的歌唱を含む」，「合奏及び伴奏並びに和楽器を含む」と規定された。このように音楽教員養成において西洋音楽だけではなく，日本の伝統音楽も含められるようになった。しかし，一種免許状の単位数はこれまで 40 単位あったのに対し，20 単位と半減されたため，課題も残されている（奥 2008）。

3．研究動向と課題

音楽教員養成史の研究では，法令等の「制度」，カリキュラムや教材等の「内容」，そして「実態」の 3 側面からの検証が求められる。

戦前に関しては，研究対象が絞られていることもあり，すでに多くの蓄積がなされている。『東京音楽学校一覧』は，国立国会図書館デジタルコレクションに保存され，インターネット公開もされ，アーカイブも進んでいる。また，聞き取り調査等により，実態の究明も行われた。

一方，戦後に関しては，養成機関が全国に広がり，養成方法も担当教員の裁量に委ねられることが多く，個々の実践研究はあるとはいうものの，集約されてはいない。オルフ，コダーイ等の及ぼした影響について考慮する必要がある。また，音楽教員養成に対する学生ならびに教員の意識調査は，実態を探る上でも欠かせない。戦後といえども，早急な調査が求められる。他方，教員採用や教員研修等行政に関する研究は立ち遅れている。また，地域の音楽文化の進展との関連に関する研究もばらつきがある。

ところで，音楽教員の育成には，正規の授業の他に，課外活動が与えた影響も大きい。水野康孝が取り組んだ岡山大学のオペラ公演のように（鈴木 2017），演奏会やサークル活動等が及ぼした影響についても検証する必要がある。更には音楽教員養成の中核的な指導者のライフヒストリー研究も今後，期待される。　　　　　（鈴木慎一朗）

【注】
1）日本音楽学校，東京声専音楽学校，国際音楽学校においても，中学校教諭免許状が取得できた。

【引用・参考文献】
淺野麻衣（2014）「明治後期の東京音楽学校における文学関連科目の実態—旗野十一郎の講義内容を中心として—」『音楽教育学』第 44 巻第 1 号，pp. 1-12.
上原一馬（1976）「特別教科（音楽）教員養成課程の現状」『季刊音楽教育研究』第 19 巻第 2 号，pp. 70-77，音楽之友社.
上原一馬（1988）『日本音楽教育文化史』音楽之友社.
奥忍（2008）『日本の伝統的なリズムの学習に関する基礎的研究』科研成果報告書.
勝岡ゆかり（2009）「音楽取調掛における箏の教習—伝統的曲目の教習の可能性，教授法，東京音楽学校への影響—」『音楽教育学』第 39 巻第 2 号，pp. 1-11.
木村信之（1993）『昭和戦後 音楽教育史』音楽之友社.
教員養成学部教官研究集会音楽科教育部会（1972）『音楽科教育の研究』東京書籍.
坂本麻実子（2006）『明治中等音楽教員の研究—『田舎教師』とその時代—』風間書房.
佐野靖（1988）「東京音楽学校と教員養成」『季刊音楽教育研究』第 31 巻第 2 号，pp. 24-40，音楽之友社.
鈴木慎一朗（2003）「高等師範学校，女子高等師範学校における音楽教員養成」『関西楽理研究』20 号，pp. 58-65.
鈴木慎一朗（2008）「東京音楽学校における教育実習の実態—『同声会報』の記事と聞き取り調査から—」『音楽教育実践ジャーナル』vol. 5，no. 2，pp. 134-141.
鈴木慎一朗（2014）「広島女子高等師範学校から広島大学再編による音楽教員養成」『地域学論集』第 11 巻第 1 号，pp. 59-75.
鈴木慎一朗（2017）「岡山大学教育学部のオペラ公演の背景—水野康孝の生涯にみる軌跡—」『音楽表現学』vol. 15，pp. 19-36.
東京芸術大学百年史編集委員会編（2003）『東京芸術大学百年史 東京音楽学校篇 第二巻』音楽之友社.

5-2 教師教育の課題 4

教職大学院の動向と課題

1. 現状と課題

　専門職大学院としての教職大学院は，①学部段階での資質・能力を修得した者の中から，更により実践的な指導力・展開力を備え，新しい学校づくりの有力な一員となり得る新人教員の養成，②現職教員を対象に，地域や学校における指導的役割を果たし得る教員等として不可欠な確かな指導理論と優れた実践力・応用力を備えたスクールリーダーの養成，の二つを主な目的・機能として，2008（平成20）年度より開設が始まった。

　その背景には，①複雑・多様化した学校教育が抱える諸課題に対応し得る高度専門職業人としての教員が求められていること，②大学院修士課程が克服できずにいた問題，特に，研究者養成と高度専門職業人養成との機能の不分明，理論と実践との往還不全，学校現場や教育実践が抱える現代的課題解決とは乖離した修士研究等，高度な実践的指導力の育成機関としてその期待にこたえきれていないこと，等があった[1]。

　しかしながら，この10年間は修士課程と並存させた大学がほとんどで，この間の教職大学院設置申請においては，カリキュラムにおいても，大学院教員組織においても，修士課程との差異化が厳しく求められた。とりわけ，各教科の専門的内容や教科教育に係る「研究」は修士課程で扱うものとして，教職大学院のカリキュラムに取り込むことはほぼ不可能であった。たしかに各教職大学院に共通するカリキュラムとして制度上規定されている「共通五領域」には「教科等の実践的な指導方法に関する領域」がある。しかし，そこで開設できる科目は指導方法に関するものに限られ，各教科名を冠した科目の開設や修士課程の科目を履修することには制限がかけられていた。その結果，教職大学院では「内容のない方法」の追求が

行われ，学部から進学した院生からは「もっと教科の原理を知り，それに根差した指導力を身に付けたい」，現職教員からは「教科内容に関わる研究をしたい」という要望が出され続けてきた。

　教員養成を担う大学院において，「研究者養成」は異なるミッションである。また，そもそも研究と実践を二項対立として捉えた「研究は修士課程で，実践的な指導力は教職大学院で」という区分は教員養成においてあり得ない。高度専門職業人としての教員が備えるべき高度な実践的指導力とは，単に「上手な授業」ができることだけではない。既存の理論を実践化し，行った実践の蓄積から新たな理論を導き，導いた理論は固定化せず仮説的に捉え，再び新たな実践を積んで検証し，更に新たな理論として描き，その過程を省察して論理的に説明できる力である。それは謙虚で探究的な実践によって身に付く。この営みこそが「理論と実践の往還」であり，それができる素地を教職大学院で育成しなければならない。

　このように考えると，大学院段階における高度専門職業人としての教員養成機能を修士課程から教職大学院に移行させる制度改革は当然の流れである[2]。また言うまでもなく，移行し拡充される新しい教職大学院は，従前の教職大学院がもつ上記の課題が克服されなければならない。

2. 今後の展望

　現在，国立の教員養成系大学修士課程は，教職大学院への重点化・移行が加速している。それにより，これまでの課題であった「学校現場の実情に即した実践的な教科領域の教育の導入」も実現されようとしている[3]。

　それでは今後の教職大学院において音楽科教育をどう扱ったらよいか，奈良教育大学教職大学院

において音楽科教育を専門とする研究者教員として関わった立場から，院生と教職大学院教員に向けてのアドバイスを以下に述べる。

2.1 教職大学院生（現職教員を含む）に向けて

第一は，人間が音楽と関わることの本質的な意味，そして，音楽を学んで得た資質・能力は，子供自身の豊かな人生と，その子供がやがて持続可能な社会創造に貢献するためにどう生きて働くものなのかを明確にした音楽授業実践の在り方や方法を追究してほしい。特に，学部でピアノ，声楽，作曲等の専門分野を専攻した院生においては，そこで得た経験や学びを拠りどころに音楽創造や鑑賞の原理を探り，それをカリキュラム構成，教材選択を含む指導方法，評価方法等に反映させた実践力を身に付けてほしい。もちろん，それ以外の院生も，音楽を教えるためのみならず，音楽科以外の教科についても，各教科を教え学ぶ意味としての共通性や独自性を理解するためにこのことを生かしてほしい。

第二は，教職大学院で音楽教育関連科目を履修したからこそ発揮できる学級経営，学校経営の実践力を身に付けてほしい。キーワードは，感性，センス，表現力，発想力，創造性，等である。教職大学院修了生として，音楽活動によって学級や学校を盛り上げていくことはもちろん，例えば教室の掲示物におけるセンス，子供の表情や内面を察知する鋭い感覚，保護者とのコミュニケーションにおける感性を働かせた的確な判断力，芸術的な視点で学校改革を図っていく創造力等，学びを発揮できる機会や場はあらゆるところにある。

2.2 教職大学院教員（研究者教員）に向けて

教員養成系大学で音楽を教える教科専門教員が教職大学院に移籍する時，あらためて「教員養成に携わる大学教員」としての意識を強くもつ必要がある。これまで幾度となく指摘されてきたが，音楽大学とはミッションが違うのだ，という意識の改革を確実に図ってほしい。例えば，実技を通して「人間が音楽と関わることの本質的な意味」を教授するのは教科専門教員の仕事である。音楽

を教える小・中・高等学校教員にとって必要不可欠な音楽の専門的知識・技能に加え，このことをしっかりと理解させてほしい。

音楽科教科教育教員については，学校現場の教育実践に関わる研究と，その成果の還元がより求められる。例えば，音楽学や音楽教育史，比較音楽教育学等を専門とする教科教育教員は多く存在するが，その研究成果を教育実践力育成にどう寄与させるかを考えなければならない。

教科専門，教科教育いずれにおいても，研究者教員は実務家教員とは異なるから教育実践については専門外である，ということは許されない。教育委員会や他教科を専門とする同僚教員との協働は欠かせず，例えば，音楽科の立場から他教科の授業についてコメントしなければならないことはいくらでもある。その時，上述したキーワード等を視点に分析・批評することで貢献できる[4]。

教員養成系大学の教員は，自分の関心や業績の成就だけを目的に研究するのではなく，研究成果を教師教育に寄与させて教育改善に努めなければ社会的責任は果たせない。「教員養成学」の構築や教職大学院教員の養成を目指す Ed. D 構想が出てきているが，その実現を待っている時間はなく，現場教員と同様，大学教員も研修等によって教師教育の実践力を身に付け高めていく必要がある[5]。

（宮下俊也）

【注】
1）「教職大学院」制度の創設については，中央教育審議会答申「今後の教員養成・免許制度の在り方について」（平成 18 年 7 月）を参照されたい。
2）「教員の資質能力向上に係る当面の改善方策の実施に向けた協力者会議報告」（平成 25 年 10 月），「国立教員養成大学・学部，大学院，附属学校の改革に関する有識者会議報告書」（平成 29 年 8 月）等を受けて。
3）同上。
4）例えば，宮下俊也（2010）「感性育成のための指導指針—芸術鑑賞における批評を通して—」（『学校教育実践研究』（奈良教育大学教職大学院研究紀要）第 2 号）は，奈良教育大学教職大学院科目「感性を育む教育実践」の資料として用いている。
5）例えば，奈良教育大学では悉皆研修として「奈良教育大学教員のための研修プログラム」の受講を課している。

(5-3)　教員養成の国際的動向　1
香港での教員養成プログラム

1．香港の教育事情

　香港ではイギリスから中国へ返還された1997年以降，1国2制度のもとに多様な教育が行われている。官立学校と呼ばれる政府直属の公立学校をはじめキリスト教，仏教，道教系の学校及びインターナショナルスクールまで様々な学校が散見される。特にキリスト教系の学校数は多く，著名な学校もキリスト教系が多い。こういった私立学校でも政府から補助金を受けることができ，独自のカリキュラムを提供している。

　香港にある八つの公立大学に入学するのは容易ではなく，高校生のおよそ20％しか進学できない。そのためか町中には塾産業の広告があふれ，著名な塾講師が顔写真入りで紹介されている。ピアノ教室の数も多い。音楽を習うことが子どもの将来に役に立つと信じられているためである（Leung & McPherson 2010）。実際，競争社会の香港では，よりよい学校に入るための手段として ABRSM 音楽試験等のグレード取得が求められている。先日，筆者が訪れた小学校では子どもの80％がピアノを習っていた。98％の子どもが音楽を習っている学校もあった。小学校では無理やり音楽を習わせられた反面，中等学校に入ると勉学集中のために音楽をやめさせられたという経験をもつ香港人は多い。

　また多くの学校が吹奏楽や弦楽器アンサンブルや合唱等のプログラムを提供している。こうしたアンサンブルはフリーランスの音楽家によって指導される場合が多く，コンクールでの結果主義につながっている（結果を残さないと契約更新されないため）。学校外では政府が様々な音楽プログラムを提供しているが，すべての子どもに届くには至っていない。特に労働者や移民の子弟に対する教育的配慮は不足していると言ってよい。

2．音楽のカリキュラムと教員養成

　儒教の影響が色濃く残る香港では試験中心の教育から創造的な教育へのシフトが求められている。政府発行のカリキュラムガイドラインを見ると，小学校から中学校の音楽の授業で子どもが養うべき力として（1）創造性とイマジネーション，（2）技術とプロセス，（3）批判的レスポンス，（4）文脈の中で芸術を理解する力が提示されている。日本同様，活動領域は「創作」「演奏」「聴取」となっている。ただし，Leong（2010）によると，歌唱や鑑賞に比べて器楽は行われておらず，また創造的活動も行われていない。子どもらは歌唱や演奏において評価されることを好み，創作では評価されたくないと答えている。別の調査によれば，小学生の6％のみが何らかの創造的な音楽活動を小学校時代に経験したと答えている。また日本同様，香港でも自文化の音楽の教育が求められている。特に香港のアイデンティティともなっている広東オペラへの期待は高い。近年はテクノロジーを使った授業も散見され，香港で最も研究が行われている分野の一つである。

　香港で教員免許を取得できる大学は限られており，その中でも香港教育大学はこれまで数多くの教員を輩出してきた（小学校教員の60％は当大学出身）。当大学の教員養成課程（5年課程）では卒業時までに156クレジットポイント（CP）の取得が求められている。これは3時間×13週で行われる授業を5年間で52取得するということである。教育実習系の授業数は12CPとなっており，1・2・3学年時の観察実習の時間を含んでいる。教育実習の期間は計12週間であり，4年時の後期と5年時の前期にそれぞれ6週間ずつ行う（香港のプログラムは初等・中等課程に分かれておらず，両方で実習を行う）。学生の教育実習の

評価には大学の教員も大きく関わり，最低2回は実習校に赴き，授業観察後に評価シートを記入しなければならない。eポートフォリオも導入されている。数年後には実習の単位が12CPから20CPに増え，実習経験がより重要視されることになっている。

当大学での音楽の専門の授業は4分野に区分されており，「理論（音楽理論・音楽学等）」「教授法（音楽教育法やメソッド等）」「研究（卒業論文）」「実技」に分かれている。「理論」には中国音楽の授業（必修）が含まれており，広東オペラの授業が選択で用意されている。「研究」では卒論の一斉授業が課されている。学生はこの授業で研究方法を学んだ後，各指導教官のもとで卒論研究を行う。「実技」の授業には作曲やテクノロジーの授業が含まれている。学生の実技指導はすべて非常勤講師によって賄われている。学生が参加できるアンサンブルが学科内で10以上用意されており（例えば合唱，シンフォニックバンド，リコーダー，ハンドベル，中国オーケストラ，バロックアンサンブル，現代音楽，eオーケストラ，ジャズ，ボーカルジャズ等），学生は必ずどれかに所属しなければならない。学生の実技のレベルは必ずしも高くはないが，幅広い人材が集まるようになっている。入試の段階でエレキギターやベース，ドラム，中国楽器等で受験する学生も珍しくない。

3．教員養成プログラムの評価

日本では行われていないことの一つは教員養成プログラムの評価である。当大学では授業の質を保証するための様々な仕組みが用意されている。例えば（1）教員間の授業観察が義務付けられており，毎年異なる同僚がペアとなって授業を観察・評価する。（2）学生の提出物は授業者が採点するだけでなく，第三者による客観審査が行われる。実技の試験も同様である。（3）学生からの授業評価が重要視される。この評価ポイントが低いと（4点中3点以下だと）授業者は解雇されてしまう。また学期ごとに学年代表らと教員の間でプログラ

ム改善のための会議が行われる。（4）2年ごとにプログラム全体を学外の評価者が行う。この評価者は通常，海外大学の教授が行い，シラバスからプログラムのバランス，学生のレポート・演奏までをすべて客観評価する。授業者はこの評価結果にもとづき次年度のプランをたてて，大学に報告しなければならない。またこれとは別に「ティーチングに関する委員会」があり，日々授業の質をモニターしている。例えば，今年は学内のすべての授業をレビューするための予算が配分され，授業者と第三者によるシラバスチェックが行われた。日本の大学からすると行き過ぎのように見えるかもしれないが，世界の大学では決して珍しくはない。このようなメカニズムを行使することによって，当大学は世界大学ランキング指標の一つ「QS世界大学ランキング」の教育学分野において第9位にランクインしている。

当大学の卒業生らが教職につくことは困難ではない。香港政府が需要に応じて教員養成課程定員数を調整しているためである。他方で，中等レベルの音楽教師の81%が英語や数学や国語等他の教科を併用して教えている現実がある。教員の給料は高めに設定されているが，教育現場は高いストレスにさらされている。また教員養成課程（及びPGDE）が充実している一方で，現職教員のための専門性向上の機会は限られている。近年ではSTEM教育に芸術を統合したSTEAM教育への需要が高く，当大学でもテクノロジーやエンジニアリングとリンクさせた音楽の授業を行っている。また美術と音楽分野からなる本学科では学生が様々な芸術領域の授業をとることも珍しくない。こういった学生が香港の教育を支えていくことになる。　　　　　　　　　　（松信浩二）

【参考文献】

Leong, S. (2010). "Creativity and Assessment in Chinese Arts Education: Perspectives of Hong Kong Students." *Research Studies in Music Education, 32* (1), pp. 75-92.

Leung, B. W. & McPherson, G. E. (2010). "Students' Motivation in Studying Music: The Hong Kong Context." *Research Studies in Music Education, 32* (2), pp. 155-168.

5-3　教員養成の国際的動向　2

欧州高等教育圏における教員養成制度
エストニアとフィンランドを中心に

1．ボローニャ・プロセスと欧州単位互換制度

　ヨーロッパ29か国の高等教育担当大臣が署名した「ボローニャ宣言」（1999年）は，比較可能な学位制度の採用，欧州内の学生・教員・研究者の移動促進等を目的とし，2010年までに「欧州高等教育圏」の実現が目指された。ボローニャ・プロセスと呼ばれる一連の改革によって，それまで国ごとに異なっていた大学制度の共通化が進められ，3年制（6セメスター）の学士 Bachelor と2年制の修士 Master の「2段階」制度の学修プログラムと学位制度，欧州単位互換制度（ECTS, European Credit Transfer System）が広く行き渡った（署名国は2010年には47か国）。

　二元的な高等教育を有する国（例：ドイツの総合大学と専門大学，フィンランドの大学と職業大学）では，実態に合うように後者の学士課程を3.5〜4年とし，修士の学位取得の制度も整備した。ECTSの制度は法制化され，高等教育段階の学修量の指標や課程修了の要件等に用いられている。

　ECTSの単位は「期待される学習成果へと到達するのに必要な課業量に基づくもの」で，ECTSの1単位は「平均的な学生」が教室内外での平均25〜30時間を要する課業に対して与えられる。学士課程修了に要する180単位を修得するための学習時間は5,400時間となる。学士課程修了試験が単位化されているのが特徴的である（表1，「D. 学士の試験」）。「学修プログラム」には，学位の取得に求められる「能力 competence」と「学習成果 learning outcomes」が明示されている。

2．5年制の教員養成制度

　教員養成制度は5年制となり，学士課程と修士課程が連続する。フィンランドでは就学前教育（6歳児）以降の教師は修士の学位が必要である。ド

表1　タリン大学（Tallinn University）の学士課程（3年）「音楽教育　合唱専攻 Music education Choral Music Specialization」のカリキュラム（180 ECTS）

科目名／学期	1	2	3	4	5	6
A.　主要（32 ECTS を履修）						
1　教育科学と一般教授学				4		
2　普通・学校教育における音楽指導				3		
3　乳児・幼児の音楽活動	3					
4　研究入門			3			
5　教育実習（観察のみ）						4
6　オルフ教授法					2	2
7　コダーイメソッドと相対音感のソルフェージュ					2	2
8　音楽教育のリトミック				3		
9　コミュニケーション心理学	2					
B.　音楽の実践的な科目（100 ECTS を履修）						
1　合唱				4	4	
2　合唱演習	4	4				
3　合唱指揮	3	3	3	3	3	3
4　ジャズ　リズミックス	3	3				
5　ジャスの理論とソルフェージュ					2	2
6　アンサンブル					2	2
7　声楽アンサンブル					3	
8　ポピュラー音楽（1楽器選択）	2	2	2	2		
9　ピアノ A	2	2	2	2		
10　ピアノ伴奏法と編曲法					2	2
11　Kannel（ツィター, 民族楽器）				3		
12　声楽研究	2	2	2	2		
13　ソルフェージュ II	3	3				
14　ソルフェージュ III				2	2	
15　声の即興					2	2
C.　音楽理論，音楽史，人文学に関連する科目（38 ECTS を履修）						
1　和声 I	2	2				
2　和声 II			2	2		
3　西洋音楽史 I	5					
4　西洋音楽史 II		5				
5　エストニアの音楽			3			
6　エストニアの民俗音楽入門		3				
7　分析			3	3		
8　哲学入門					3	
9　文明の歴史			3			
10　大学の学修と専門世界	2					
D.　学士の試験（10 ECTS）						
1　学士の試験						10
総単位数　total ECTS			180			

〔カリキュラム改訂：2015年3月18日〕※他に選択科目あり
（注．科目の番号は科目掲載順に作成者が付した）

イツは修士課程の修了年限が学校種で異なり，基礎学校（小学校1〜4年生）の教師は1年，ギムナジウムと職業学校の教師は2年である。学士課

表2　タリン大学（Tallinn University）の修士課程（2年）
「教員養成と教育科学」部門，「音楽教師 Music Teachers」のカリキュラム（120 ECTS）

E. 修士論文（18ECTS）			
A. 教育科学研究	B. 教科固有の科目群	C. 教育科学概論と心理学概論	D. 教授法と教育実践
教育研究演習（6）	【必修 20 ECTS】 学級における相互的音楽学習指導法（3），音楽教育の基礎・哲学・歴史（4），ピアノ自由伴奏（8），学級におけるリコーダー（3），声楽演習（2） 【選択 14 ECTS】 ジャズの理論とソルフェージュ（2），オルフの教授法（4），コダーイの階名唱のソルフェージュ（4），音楽による障害児の発達（3），音楽教育のマルチメディア（4），文化プロジェクトのマネジメント入門（3），世界の音楽文化（3），等	【必修 24 ECTS】 学習の感情的・社会的側面（6），学習と発達の援助（6），知識の分化（6），学校と社会における学習者としての教師（6） 【選択 6 ECTS】 学校における教育工学（4），遊びのデザイン（4），教育研究のための質的・量的研究法（3），学級における学習障害・行動障害（3），等	【必修 32 ECTS】 音楽教育の教授法（12），音楽教師の教育実践（主とする学校種）（11），音楽教育の教授法（乳幼児・幼稚園）（4），音楽教師の教育実践（乳幼児・幼稚園）（5）
6 ECTS	34 ECTS	30 ECTS	32 ECTS

〔カリキュラム登録：2016年1月7日〕　凡例：A〜Eはモジュール，科目名のあとの（　）内の数字は単位数（ECTS）を表す

程では「二つの専門教科」の関連学問領域，教育科学，教育実習（特定の学校種と全般）を履修し，修士課程では特定の学校種の関係科目を履修する。学位記には教科名と学校種（「学位証明補足資料（diploma supplement）」）が記載される。

　ドイツでは第2次国家試験（第1次試験は修士課程内）に合格すると州が資格認定する（2002年の協定により各州が相互認定）。フィンランドでは公用語の能力があればエストニアで取得した教員資格で就職できる（訪問調査2015年3月）。

　ヘルシンキ大学の学級担任教師の免許取得に必要な単位は5年間で300単位（学士178，修士122）である（渡邉2007）。カリキュラムは学士と修士にまたがる。その構成と単位数は，①コミュニケーション研究・研究入門：25，②教育学主要科目：140，③教育実習〔修士課程〕：20，④教科〔学士課程〕60（国語・数学15，美術・工作・音楽・体育13，歴史・倫理6，地理・生物・物理・化学12，選択14，⑤副教科：60〔学士25，修士35〕，⑥選択研究15となっている。「調査研究を基礎とした教育（research-based teaching）」を教員養成の教育方針とし，免許取得単位の約半分（140単位）が②の教育学・心理学・研究法（学士論文10，修士論文40を含む）である。教科教育は重視されず，必修の「音楽教育」科目は3単位である。

　エストニアでは，修士課程で教育科学・心理学と，乳幼児から各段階の発達と教授法・教育実践

を豊富に学んだ音楽の専門家が音楽教師となり，乳幼児から中等教育まで教える。表1，2はタリン大学の学士課程（「音楽教育 合唱専攻」180単位）と修士課程（「音楽教師」120単位）のカリキュラムである（音楽教育学科長から英語版の資料提供を受けて作表）。5年間を通じて音楽専門領域と教授法が充実している。学士課程の「A. 主要」〔モジュール（科目群）〕の3分の2以上が音楽の教授法で，乳幼児から小中高の学校教育の指導法，オルフ，コダーイ，リトミックのメソッド，教育実習を履修する。「B. 音楽の実践科目」100単位は総単位数の半分以上を占める。

　この国の音楽の教員養成システムは「音楽を教える専門性」とその教育について示唆を与える。

（尾見敦子）

【引用・参考文献】

Katarzyna Przegietka and Józefina Turáo, "School System and Teacher Training in Germany"（英語）インターネット（EU Train: European Training for student teachers in science による「諸外国の教育報告書」より），http://sub.luma.fi/eutrain/outputs/teacher_education_germany.pdf（2018/6/30 にアクセス）

田中正弘・森利枝（2014）「ボローニャ・プロセスへの対応による新たな学位・単位制度の活用と課題」『21世紀教育フォーラム』第9号，pp. 8-18.

フィンランド教育文化省（2016）「フィンランドの教育概要2016」（日本語）インターネット，https://www.oph.fi/download/151277_education_in_finland_japanese_2013.pdf（2018/6/30 にアクセス）

渡邉誠一（2007）「フィンランドの初等教育教員の養成カリキュラムに関する一考察」『山形大学教職・教育実践研究』2，pp. 37-42.

(5-4)　教員養成の現場から　1

実践研究事例

教員養成におけるピアノ弾き歌いの反転授業実践研究

1．研究の背景と目的

　教員養成課程のピアノ教育においては，ピアノ学習経験の有無に関わらず，短い授業時間内での技能習得が要求されることが多い。多くの採用試験で課される弾き歌い等の音楽実技の影響も考えられる。酒井担当分の宮崎大学の「初等音楽科教育研究ⅡA・ⅡB」の授業も例外ではなく，限られた一斉指導の授業時間内でいかに必要な知識・技能を学習するかが課題となっていた。

　教員養成課程におけるピアノ学習の今日的課題として，長山ら（2017）は，小学校教員に求められる鍵盤楽器活用能力や，初等教員養成課程の学生の課題を整理するとともに，どのように学習支援を行っていく必要があるかを考察している。その結果，「教科と教職の融合を意識し，演奏技能の指導のみならず，それを実際の授業の中で活用していくための鍵盤楽器活用能力を育てる」ことが求められており，「自主練習の充実を目的とした支援及び指導時間と自主練習の時間をつなぐための支援」等の工夫を行いつつ，学生たちが学び続ける教師を目指して自分自身の力で鍵盤楽器の技能を高めていけるようにしていく必要性があると提言している。

　これまでにも，模範演奏動画を用いたピアノ学習（小林 2014），e-learning（深見ほか 2010），モバイル SNS（田中・小倉 2014）等，学生の自主練習の充実のために様々な試みが行われてきた。これらの実践はいずれも一定の成果をおさめており，ICT を活用した授業外の自主練習のための支援が有益である可能性が示唆されてきた。

　以上のような状況を鑑みた時，当該授業でもICT を活用することで授業外の自主練習支援を工夫することが有効なのではないかと考え，授業改善を目標としたアクションリサーチ的な研究とし

て反転授業[1]を導入し，学生の反応から，その成果と課題を考察していくこととした。

2．研究事例

2.1 反転授業の導入と課題の考察

　以上の問題意識から，宮崎大学の授業において必要な反転授業を探求するべく，予備調査として2016 年度後期の授業に反転授業を導入し，全授業終了後の質問紙調査によって，成果と課題を明らかにした。10 本の教材動画を作成し，質問紙調査を行った結果[2]，反転授業の成果と課題として，以下 3 点の示唆を得た。

①教材動画による予習・復習を通して主体的に学習に取り組んだ実感を得られ，自力で練習する力を付けることができる可能性があること。

②ピアノ学習経験の少ない学生でも最後まで視聴できるような必要最低限の知識・技能をまとめた動画と，発展的な学習を促す動画等，習熟度別動画作成の必要性があること。

③教材のソフト面を改善する必要があること。具体的には，アングル等を工夫することで，動画の利点をより生かすことができること。また，模範演奏中心の教材から，授業と連関した解説中心の教材に改善していく必要性があること。

2.2 課題の改善と実践研究

　2016 年度の実践研究で得られた示唆をもとに，2017 年度後期授業では，授業に関連した学習内容の解説を習熟度別にまとめた教材動画を使用した反転授業を導入し，その成果と課題を考察することとした。そのために，動画の内容と授業の内容の関連に留意しつつ，計 31 本の習熟度別動画[3]を作成するとともに授業を実践し，受講記録からその学習効果を検証することとした。

　反転授業の内容については，まず，コードを見

てベースラインを弾くところから始めた。次に，ハ長調のダイアトニック・コードでできた課題曲のコード伴奏の弾き歌いを，ペダル・転回形・伴奏形等を工夫しながら，自力で準備して発表することとした。そして，移調やコーラスパートの作成方法を学び，最終的にグループでの二部以上の合唱編曲と演奏発表を行った。受講記録には，動画を使用した予習・復習と授業での演習の反復学習によって学習成果が得られたり，学習成果を生かして色々な工夫を行ったりできるようになったというような記述がみられた。

研究の結果，ピアノ実技指導における反転授業について，以下の3点が示唆された。

①教材動画を利用した反転授業によって，学生の知識・技能を深める効果が期待できること。

②教材動画において，模範演奏ではなく，解説によって目標となる知識や技能を明確に示すことで，課題意識をもった練習への取組みを促進させることができる可能性があること。

③授業時の活動の材料として教材動画をうまく使用することで，授業時の協働を円滑にするとともに学習を深化できる可能性があること。

3．研究の成果と今後の展開

ICTを活用したピアノ教育の先行研究では，模範演奏の動画配信が中心であったが，本研究では予備調査の結果から，授業と連関した習熟度別の解説動画を中心に据えるという授業改善を行った。その結果，学習内容の焦点化による学生の自習内容の明確化とそれによる知識・技能習得の促進，及び授業時の演習や協働的な音楽活動の充実が成果として得られた。一方，本研究の問題点として，現段階では，アクションリサーチ的な授業改善のための研究という性格が強い点が大きいと考える。現在までの範囲では，得られた成果が，反転授業という授業形態，習熟度別動画，解説を中心とした教材のいずれの効果であるのか，因果関係が十分に明らかになっていない。また，得られた成果に関しても，客観的に再現性のあるもの

かどうかが十分に検討されていない。

現段階では，本研究の結果を一般化することはできないが，本来，授業改善がこのようにアクションリサーチ的になされていることを考えると，教員養成課程においては実践的な教育者と研究者の両方の視点を融合した授業改善的な実践研究を行い，そこで得られた知見を一般化していくというプロセスが自然であるように思われる。

本研究は，前述した長山ら（2017）の訴える指導時間と自主練習の時間をつなぐための支援の一つに位置付けられ，自分自身の力で学習する力を育成するための実践事例として重要である。一方で，「教科に関する科目」と「教職に関する科目」の融合の観点から，得た演奏技能を教員として授業で活用する力の育成という視点については不十分であったため，今後取り組む必要がある。

（酒井勇也・仙北瑞帆）

【注】

1）知識・技能の伝達をオンラインでの事前学習に置き換え，そこで得た知識・技能を用いた演習等を授業中に行う学習形態。

2）10本の教材動画は，「音名の練習」「移調に挑戦！」等，簡単な解説と練習用模範演奏をまとめたものである。授業後の意識と動画に関する5段階のリッカート尺度による評定と，自由記述で構成される質問紙調査を最後まで受講した123名に実施し，同意書に不備のなかった114名の記入内容を分析対象とした。

3）内訳は，たまご9本，ひよこ9本，にわとり10本，特別編3本である。たまごは，大学までピアノ学習経験のない約半数の受講生用に授業で最低限必要な内容をまとめた動画である。ひよこ，にわとり，特別編は，たまごを学習すれば取り組める程度の難易度の動画で，授業で詳しく扱えない発展的内容を参考教材としてまとめたものである。

【引用・参考文献】

小林恭子（2014）「ピアノ独習におけるインターネット動画教材の活用と有用性」『目白大学高等教育研究』第20巻，pp. 75-82.

田中功一・小倉隆一郎（2014）「モバイルSNSを活用したピアノ学習の試み」『音楽教育実践ジャーナル』vol. 11, no. 2, pp. 52-59.

長山弘・寺内大輔・権藤敦子・田中香月（2017）「初等教員養成における鍵盤楽器学習の支援」『広島大学大学院教育学研究科紀要』第1部，第66号，pp. 71-78.

深見友紀子・中平勝子・赤羽美希・稗方瑞子（2010）「ピアノ弾き歌い学習におけるeラーニング教材の効果」『京都女子大学発達教育学部紀要』第6号，pp. 35-46.

5-4　**教員養成の現場から　2**

実践研究事例

授業設計シート・ミーティングによる授業づくりの取組み

1．授業設計シートによる授業づくりの構想

　大学の教員と中学校（実習校）教員の両方の立場で学生に授業させることに関わってみると，「授業を俯瞰する」ことの難しさに気付く。大学での模擬授業では，題材の一部しか扱うことができない。一方，実習校では学生の力量が分からず，限られた時間で，学習指導案作成及び実習の指導を行わなければならない。そこで，大学の学修と実習を結び，短時間で授業を俯瞰できるプレ指導案となるシートを考案し，個々の思考の整理と効率的なミーティングに活用することとした。

　本事例は，中学校での実習において実践したものである。シート・ミーティングは，以下の内容で行った。（ア）指導案検討時（個別：学生・中学校教員）に，シートの書き方，生徒の既知情報収集，教材分析，授業設計の可能性について。（イ）模擬授業後（集団：授業参加学生・教員）に，目標と授業の流れ，評価の方法，教材・教具の検討について。（ウ）指導案修正後（個別）に，全体を通して。（エ）授業後（集団・個別）に，目標の設定，教材の提示，評価の方法，題材の発展について。

　なお，本事例の中学校では，「理論と実践の往還型教育実習プログラム」[1] の形で実習が進められるため，上記（ア）（イ）（ウ）（エ）のシート・ミーティングを，大学での２か月間の学修を挟んで２回行った。

2．授業設計シートの概要

　シートは，A3判２枚で，授業が俯瞰でき，以下の五つの部分で構成される。

❶「目標・教材の分析」では，授業の枠組みをつくる。前提となる生徒の知識・技能，思考・表現力，主体的な態度を確認し，達成できる目標かどうか検討。教材を〔共通事項〕の窓口で分析。

❷「設計」では，授業展開の可能性を考える。新しく学ぶ内容や活動をすべて書き出した後，取捨選択し，扱う順番を検討する。

❸「準備」では，教材・教具の開発をする。板書ノート，ワークシート，プレゼン資料等，何をどう使うか，検討する。授業プリントのつくり方については，設計シートだけでは，活動の手順等の書き方の把握が難しいため，種々の例示[2] を行って検討した。

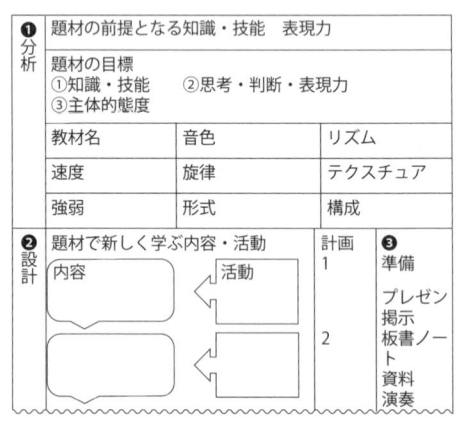

図1　授業設計シート（2018改訂　鶴岡）

❹「授業」では，導入・展開・まとめを構成する。「導入」では，つかみ・目標確認・既知との結び付けを，「展開」では，内容と活動の仕方（説明・聴く・活動・練習・発表）を，「まとめ」では，評価の方法や次題材への発展と課題を書き込む。留

意点も検討した後，指導案を作成し授業を行った。

❺「評価」では，上記❶❷❸❹の振り返りを，自己・生徒（授業プリントの記述）・参観学生・教員で行う。

シートは図 1 のとおりである。関連付ける線や採用しなかった内容や活動等も残し，検討の足跡が分かるようにする。

3．「授業設計シート・ミーティング」実践の考察

シート・ミーティングを活用し実習をした際の学生の様子や変容を授業の様子，指導案，授業プリントの記述を通して，考察する。考察する視点は，1）授業の目標が明確か，2）目標達成できる展開か，3）目標達成を明確に見取ることができているか，等である。

授業設計シート使用以前の授業との変容を見る。

1）については，最初の実習授業終了直後に尋ねると，本時の内容と題材の目標の関連が明確でなかったが，シートで「題材の目標」を常に意識することで，目標達成のための授業展開，目標達成を見極める評価につなげていくことができた。

2）については，導入として扱うべき既知の内容を展開として扱っていた。シート❶の目標設定の際，既知の学習を把握していなかったことに気付くことができた。また，いくつかある展開の順番が逆であったり，知識の習得に関する活動が教科書やプレゼンソフトを書き写すのみで，何を思考させたらよいのか，明確でなかったりしていた。シートの❶の教材分析から❷の指導したい内容と活動をすべて書き出して厳選し，順番も検討することで，シート❹に適切な展開を整理することができた。準備する掲示物，プリントはシート❸で検討し，目標にそった思考の手順で授業ができた。

3）については，授業の最後の評価で漠然と感想を書かせるのみで，何ができるようになったのか，生徒に明確になっていなかった。シート❹の評価の部分で，授業の目標に立ち返り，目標の達成を見取る評価を検討した。

質問紙調査によると，個別のシート・ミーティ

ングで授業全体の整理がついたと，全員が述べていた。また，シート❹を見て，実際に授業で扱えることの少なさに驚き，より目標に直結した内容を考えるようになったことが述べられていた。

指導案については，常に題材の目標にそった導入・展開・評価を考えることができ，その上で生徒の活動を多様に広げていくことができるようになった。本実践の課題であった「授業を俯瞰する」ことに向け，一定の成果があったと言える。

4．授業設計シートの可能性

授業設計シートは，大学における「アクティブラーニングを導入した授業づくり」[3] でも，活用している。グループで考える模擬授業では，授業の前提条件が明確になり，短時間で授業を構想でき，互いのグループ発表の評価も明確であった。また，弾き歌いの学修においても，ただ，弾き歌いをするのではなく，授業で取り上げたい目標や身に付けたい音楽的な要素を明確にして取り組むことができ，本シートが有効であった。

学生が授業を俯瞰して指導案を書くには，シート❶の分析が大切である。生徒の実態に合致した目標の設定，曲の面白さを十分理解した教材研究の 2 点を押さえることである。

授業設計シート・ミーティングは，つまずきや矛盾を自分で見つけやすいので，大学を離れ，学生が一人で授業を考えていく時にも，おおいに活用できるであろう。　　　　　　　　（鶴岡陽子）

【注】
1）文部科学省高等教育局（2018）「文部科学省国立教員養成大学・学部，大学院，附属学校の改革に関する取組状況について―グッド・プラクティスの共有と発信に向けた事例集―」インターネット，http://www.mext.go.jp/b_menu/shingi/chousa/koutou/077/gaiyou/__icsFiles/afieldfile/2018/07/27/1407166_01.pdf（2018/11/10 にアクセス）
2）鶴岡陽子（2013-2015）「授業にそのまま活用！ 学習プリント」音楽之友社『教育音楽 中学・高校版』第 57 巻第 4 号～第 59 号第 3 号.
3）鶴岡陽子（2018）「鍵盤楽器の授業におけるアクティブラーニングの可能性―弾き歌いのグループレッスンの取り組み―」玉川大学芸術学部芸術教育学科『2016 年度 アクティブラーニングを導入した授業研究』pp. 41-49.

5-4　教員養成の現場から　3

実践研究事例

教員養成課程では「移動ド唱法」をどう教えるべきか

1．はじめに

「移動ド唱法」は，学習指導要領において扱うことが義務付けられているにもかかわらず，教育現場ではほとんど無視されていると言っても過言ではないだろう[1]。本項では，教員養成において筆者が20年にわたって行ってきた指導実践内容を述べる。

2．教育現場で「移動ド唱法」が定着しない理由

理由は大きく四つ挙げられる。まず，小学校で音楽の授業を担当する教員の多くは「移動ド唱法」に関する知識をほとんどもっていない。また，音楽の専門教育を受けている教員の多くが幼少より「固定ド」で教育を受け，「移動ド」にほとんど触れないまま現場に立っているためである。

次に文部省・文部科学省は約30年にわたって「移動ド唱法」についての誤った認識を全国的に浸透させたことが挙げられる。1977（昭和52）年，1989（平成元）年，1998（平成10）年告示の学習指導要領において「階名唱を取り扱う場合には，移動ド唱法を原則とする」という記載があった。また「階名唱には移動ド唱法と固定ド唱法とがありそれぞれに特色を持っている」という記載も見られ（文部省 1978），その結果「固定ド唱法」が潜在的にオーソライズされることになった。

三つ目に，一部を除いて教員養成課程において「移動ド唱法」がシステマティックに教えられていないこと。これは教員養成課程において「移動ド唱法」の必要性や重要性を感じている教員の絶対数が少ないこと等が挙げられる。

四つ目として，分野による「移動ド」「固定ド」の使い分けが困難であること。我が国では，鍵盤ハーモニカやリコーダーを「固定ド」で教えている。この場合の「ドレミ」は楽器演奏のポジションを示している。よって，同じ「ドレミ」であっても，音階の機能を示す「移動ド」とはその意味が全く異なる。教育現場においては「ドレミ」を二つのシステムで使い分けて教えることが困難な状況にある。

3．「移動ド唱法」はなぜ必要なのか

「移動ド唱法」のメリットは以下の5点に集約されるだろう。(1) 旋律を「線」「面」として捉え，各音の相対的な位置を把握しながら歌唱できる音程感覚の習得，(2) 集団で音程感覚が共有された状態での音程がそろった集団歌唱，(3) 純正律によるハーモニー感覚の育成，(4) 調性の身体的理解による音楽理論の習得，(5) 五線譜へのスムースな移行（小川 2016）。

4．学生の実態

学生は大きく分けて二つのタイプがある。ピアノ等を幼少時から学び，音楽は得意科目であったグループと学校で音楽が様々な原因で嫌いになり，全く音楽的素養が欠けているグループである。前者はドレミを「固定ド」としてしか認識できず，「移動ド唱法」を嫌悪さえする。後者は，そもそも音と向き合うことに拒否反応を示すケースが多いものの，のちに「移動ド唱法」についてのメリットを理解し，現場での指導意欲をもつ傾向がある。

5．「移動ド唱法」を教えるための考え方

「移動ド唱法」の教育で最も大切なことは，聴覚から入り徹底的に音程感覚を十分に身体化させてから五線譜に入ることである。鍵盤楽器の訓練を受けていない学生はほぼ相対音感保持者であるにもかかわらず，小中学校で無理矢理「固定ド唱法」によって訓練され，相対的な音程感覚をほと

んど身に付けていない。まずは，長音階，短音階，諸旋法の音階構造を「耳から」徹底的に覚えさせ，全音と半音の区別を付けさせる。その後，聴覚から視覚（簡易楽譜・五線譜）へシフトさせ，音程感覚の「見える化」へと移行する。また，「ドレミ」は階名のみに用いて，音名は英語またはイロハによる日本語表記で表し，両者の厳密な区別をする。その際，ピアノ等の楽器は一切使わない。

6．指導のステップ
6.1 楽譜を用いずに音階構造を身体化する

まず「ドレミファソラシド」「ラシドレミファソラ」の文字のみ提示し，各音をランダムに指差しながらそれぞれの音を歌わせる。ドはCではない音を選び，頻繁に変更する。音名はこの時点では教えない。その後，筆者が考案した「縦譜」（図1）を示し，全音と半音の感覚を視覚的に示しながら，音階と音程の構造を体に埋め込んでいく。この時点で長調は「ド」，短調は「ラ」を主音とすることを教える。また，いずれも「ミーファ」「シード」は半音，それ以外の隣接音は全音であることを教える。

6.2 階名と音名を区別して教える

次に階名と音名を教える。この時「ドレミ」は階名でのみ用い，音名は英語音名と日本語音名を教える。そして，プリントに縦譜を書き，中央の左に階名，中央の右に音名を記載し，その後中央線に沿って二つに切り離す。これにより「ド」をスライドさせて「移動」することによって右側に各調の構成音が示される。

6.3 ハンドサイン等の簡易楽譜で歌う

童謡や教科書の教材曲をハンドサインによって階名唱する。その際，常にピッチを合わせ，「口移し」によって音程感覚を身に付けさせる。

6.4 調を理解させる

それぞれの調の「ド」「ラ」に当たる音名がそのまま調名となること，五線譜に書かれている調号の一番右のシャープは，常にその調の「シ」，フラットは「ファ」になることを教える。

6.5 現行の教科書の曲を「移動ド」で歌う
6.6 音叉を用いて開始音を導く訓練をする

上記を一通りマスターすると，音叉を用いて各教材の開始音を導き出して，児童に提示する訓練を行う。音叉音＝Aの階名音を特定し，そこから開始音の階名を歌わせる。

6.7「移動ド」を用いた歌唱指導

最後に，各学生が実際に「移動ド」を用いた歌唱指導の実践を行う。基本パターンとして，①教師範唱，②ハンドサイン，指五線譜による階名唱，③楽譜を見ながらの階名唱，④歌詞唱の順に行う。

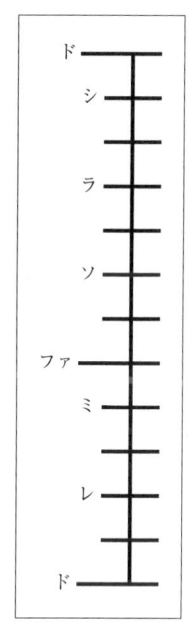

図1　小川式縦譜

7．最後に

「移動ド」唱法は，調や旋律各音の機能を理解しながら，早く正しく美しく歌唱することができる極めて有効な音楽学習法である。音楽を教える教員にとって「移動ド唱法」で歌唱教材（合唱を含む）を教えることが当たり前になることが1日も早く実現することを強く願っている。

（小川昌文）

【注】
1）ここでは，ハ長調，イ短調以外の調での移動ド唱法の実践を指している。

【引用・参考文献】
小川昌文（2016）「義務教育と初等教員養成における『移動ド唱法・階名唱』の問題」『都留文科大学音楽教室論集』pp. 27-36.
小川昌文・長谷川恭子（2010）「声楽教育における唱法の問題—「移動ド」「固定ド」の二項対立の呪縛からの解放を目指して—」『声楽発声研究』第1号，pp. 17-34.
北川翠（2009）「唱法問題の史的展開—昭和時代を中心とした移動ド唱法と固定ド唱法の相克」平成21年度横浜国立大学修士論文.
文部省（1978）「指導計画の作成に関する配慮事項」『小学校指導書音楽編』pp. 86-87.

5-5　保育者養成の課題　1

領域「表現」に関する専門的事項に係る科目をめぐって

1．領域「表現」に関する専門的事項

1.1「領域に関する専門的事項」とは

　新しい教育職員免許法（平成31年4月1日施行）では，幼稚園教諭養成課程において，従来小学校教員養成課程と共通に開設していた「教科に関する科目」が廃止され，「領域に関する専門的事項」が新設された。領域に関する専門的事項とは，領域それぞれの学問的背景や基盤となる考え方を学ぶことを基本とするものであり，幼児教育において「何をどのように指導するのか」という視点で見た時の「何を」を深める部分である。

1.2 領域「表現」に関する専門的事項の内容

　領域「表現」において，その「何を」には，幼稚園教育要領に依拠しながら，担当者の専門性を生かした幅広くより深い内容が求められる。『平成28年度幼稚園教諭の養成課程のモデルカリキュラムの開発に向けた調査研究』（2017）では，専門的事項を学ぶモデルカリキュラムが，次のように提案されている。

【全体目標】

　当該科目では，領域「表現」の指導に関する，幼児の表現の姿やその発達及びそれを促す要因，幼児の感性や創造性を豊かにする様々な表現遊びや環境の構成等について実践的に学び，幼児期の表現活動を支援するための知識・技能，表現力を身に付ける。

【一般目標及び到達目標】

（1）幼児の感性と表現

　幼児の表現の姿や，その発達を理解する。

1）幼児の遊びや生活における領域「表現」の位置づけについて説明できる。

2）表現を生成する過程について理解している。

3）幼児の素朴な表現を見出し，受け止め，共感することができる。

（2）様々な表現における基礎的な内容

　身体・造形・音楽表現などの様々な表現の基礎的な知識・技能を学ぶことを通し，幼児の表現を支えるための感性を豊かにする。

1）様々な表現を感じる・みる・聴く・楽しむことを通してイメージを豊かにすることができる。

2）身の周りのものを身体の諸感覚で捉え，素材の特性を生かした表現ができる。

3）表現することの楽しさを実感するとともに，楽しさを生み出す要因について分析することができる。

4）協働して表現することを通し，他者の表現を受け止め共感し，より豊かな表現につなげていくことができる。

5）様々な表現の基礎的な知識技能を生かし，幼児の表現活動に展開させることができる。

　なお同時改定（訂）された，幼稚園教育要領，保育所保育指針，幼保連携型認定こども園教育・保育要領では，3歳以上の保育が「幼児教育」として共通化されている。したがって，前述の各目標は，保育士養成に関する教授内容としても必須となる。加えて新しい保育所保育指針では，0歳児のねらい及び内容が満1歳以上とは別に示される等，乳児期からの積み重ねの大切さが強調されていることから，保育者養成においては0歳からの発達や応答的な関わり及び環境構成等も「専門的事項」の内容に含まれることになる。

　また，資質・能力の三つの柱（「知識及び技能の基礎」「思考力・判断力・表現力等の基礎」「学びに向かう力・人間性等」）をより具体的に示した「幼児期の終わりまでに育ってほしい姿」と子どもの表現との関係や，小学校教育との学びの連続性も視野に入れた教育内容が求められる。

2．領域「表現」の専門的事項に係る科目

2.1 科目担当者に求められること

　領域「表現」の専門的事項に係る科目は，身体表現，造形表現，音楽表現等に関する学問的基盤を有する者が担当することになる。ここで重要なのは，この科目担当者が，「幼児」や「幼児期の教育」，「幼稚園教育」についてよく理解していることである（保育教諭養成課程研究会 2017a, p. 9）。今川（2014）は，「音楽をめぐる質的研究が，環境，生活，遊び，そして表現といったキーワードとともに，音に関わる出来事を包括に捉え，子どもにとっての意味を見直そうという態度は，確実に発展しつつある状況にある」と，乳幼児期の音楽教育研究の動向について報告している。乳幼児の音楽表現を専門分野としている研究者のこうした指摘から，保育者養成教育における更なる質の向上が期待できる。

　もちろん，専門的な表現技能と豊かな感性を常に磨いておくことも必須である。子どもの感性をはぐくむ環境を構成し，表現を引き出し，それを深める工夫が保育者に求められるように，それが領域「表現」に関する専門的事項に係る科目担当者に求められるのは当然のことである。そして，「風の音や雨の音，身近にある草や花の形や色など自然の中にある音，形，色などに気付くようにすること」（『幼稚園教育要領』2017）もまた重要なことである。加えて，学生が体験を通し，「主体的・対話的で深い学び」を実現できるような教育技術も求められる。

2.2 領域「表現」に関する専門的事項に係る科目の内容

　領域「表現」に関する専門的事項に係る科目では，学生自身が「表現とは何か」という根源的な問いに向き合いながら，幼児の表現を支える保育者としての感性や創造性を養うことを目的に，授業の全体像を構成したい（保育教諭養成課程研究会 2017b, p. 55）。『平成28年度幼稚園教諭の養成課程のモデルカリキュラムの開発に向けた調査研究』（2017）では，次のような授業モデルが紹介

されている（pp. 19-20）。

（1）幼児期の表現の特性やそれを受け止めていくことの重要性，幼児の遊びや生活の中に見られる素朴な表現に関し，映像や具体的事例を通して説明し，幼児の世界に関心をもつようにする。

（2）様々な表現を体験することを通し，表現の多様性について説明する。また，表現を生成する過程について，学生自身の体験を通して分析する機会を設ける。

（3）身体の諸感覚を通し，身近な素材を用いた表現活動に取り組み，その面白さや可能性，重要性を説明する。

（4）自然，生活，文化における様々な表現に触れ，感じたことを共有したり，そのイメージを再構成し表現したりする機会を設ける。

（5）季節や行事，伝統芸能，文化財，文化的活動，伝承遊びなどを体験する機会を設ける。

　領域「表現」の専門的事項に係る科目は，担当者の専門領域により，多様な授業展開があり得るが，上記の授業モデルに示される内容を含むような授業計画が望まれるであろう。感じたことや考えたことを自分なりに表現するという領域「表現」の目標は，養成校の学びにおける学生の目標でもあり得る。授業においては，学生自身が「感じる」「考える」というプロセスを経て表現を楽しむというぶれない方向性のもとに，豊かな感性と表現の習得を目指したい。　　　　　　（吉永早苗）

【引用・参考文献】
今川恭子（2014）「幼児と音楽をめぐる質的研究の現在」『音楽教育学』第44巻第1号，pp. 32-39.
保育教諭養成課程研究会（2017a）『平成28年度幼稚園教諭の養成課程のモデルカリキュラムの開発に向けた調査研究—幼稚園教諭の資質能力の視点から養成課程の質保証を考える—』文部科学省委託研究報告書，インターネット，http://www.mext.go.jp/a_menu/shotou/youchien/1385790.htm（2019/1/21 にアクセス）.
保育教諭養成課程研究会（2017b）『幼稚園教諭養成課程をどう構成するか—モデルカリキュラムに基づく提案—』萌文書林.

(5-5)　**保育者養成の課題　2**

保育者の専門性という観点から見た実技の位置付け

1．はじめに

　「環境を通した保育」が定着するのと連動するように，子どもが身近な音に気付き，身近な音と関わりながら音をつくり出すような保育実践も定着しつつあると言ってよいだろう。ここでは，人やモノとの相互作用の中で音楽することの基盤となるような大切な経験をしている子どもの姿を見ることができる。一方，子どもは，こうした「音」との関わりだけでなく，長い歴史の中でつくられ磨かれてきた文化としての「音楽」に憧れ，文化的実践者として育っていこうとする存在でもある。保育者は，こうした子どもと音楽との出会いを創造し，文化的実践に導く使命をも担っているのではないだろうか。子どもたちは保育者の歌う声を聴き，保育者の弾くピアノの伴奏で歌う。子どもと音楽とが出会う環境を構成するためには，保育室の音環境の整備や楽曲の選択だけでなく，保育者自身の音楽的な表現を磨くことも重要なのである。では，「保育者自身の音楽的な表現を磨く」とはどのようなことだろうか。首都圏の保育者養成校のシラバス分析を行ったところ（木村ほか2016），領域「表現」に関連する学習内容の中で特に「知識・技能の習得」（とりわけピアノ実技指導）に重点が置かれていることが明らかになった。多くの保育現場でピアノ伴奏によって歌う実践が行われている実態に符合する。しかし一方で，昨今，ピアノをはじめとする音楽実技が保育者の専門性として果たして必要だろうかという議論もある。

2．保育者に求められる音楽の専門性

　では，保育者に求められる音楽の専門性とは何か。事例を通して考えてみることにする。

2.1 関わりを支える

　保育者が赤ちゃん（０歳児）を膝に乗せてわらべ歌を歌っている。保育者のやわらかな声としなやかな身体の動きに安心している様子で，にこにこ笑っている赤ちゃん。保育者自身も楽しそうである。その姿に憧れた実習生が自分もこんなふうに関わりたいと思い真似てみるが，なかなかうまくいかない。歌のピッチやテンポを工夫して様々な表現を試みるうちに，わらべ歌を歌う自身の感覚が「自分の表現になってきた」と実感されるようになり，それに呼応するように赤ちゃんの表情もやわらかくなる。赤ちゃんと楽しさを共有している喜びを感じる中で，「もっとわらべ歌のことを知りたい，もっと声の技能を磨きたい」という学びへの意欲が高まる。保育実践に必要な音楽実技はなにもピアノだけではない。子どもに寄り添い，やわらかな声で，しなやかな身体でわらべ歌を歌う保育者の姿には，高い専門性を見ることができる。

2.2 遊びを支える

　自己紹介遊びをしている４歳児たち。列になって遊ぶうちに一人の男児が「かもつれっしゃ，やろうよ」と言う。近くにいた保育者が近寄ってきてピアノで前奏を弾き始める。大喜びの子どもたちは何度も「もう１回弾いてー」と言い，遊びが盛り上がっていく。子どもの遊ぶ世界を感じ取り，そこにそっと寄り添うピアノ。子どもと保育者（あるいは子ども同士）の応答的な関わりをつなぐモノとして，遊びの豊かな展開を支えるための環境として，ピアノが機能している。子どもに背を向けて子どもの歌声をかき消すような大音量で伴奏が弾かれる，そのようなピアノのありようとは全く異なるのである。

2.3 文化としての音楽との出会いを支える

　園の近隣でお祭りが開催された翌日，一人の子ども（5歳児）がお囃子の真似をして段ボールをたたいている。保育者は「お祭りごっこ」が展開するという見通しをもち，子どもたちが屋台や法被をつくりたくなるような環境を構成し，お囃子の音楽のCDをかける。子どもは段ボールをたたくのをやめる。総合的な遊びとして「お祭りごっこ」が展開していく中で，子どもたちは楽しさを存分に味わい，そこで多くの学びを得ることになるであろう。一方で，もしも保育者が「段ボールをたたく」という行為を音楽的表現（文化的実践者としての入り口に立つ姿）であると捉えたならば，CDを流すのではなく，子どもと一緒にお囃子のリズムをたたいて遊んだり，あるいは段ボールよりももっとお囃子の太鼓の音色に近いモノは何かないかと探しに行ったりしたかもしれない。

　三つの事例から，①遊びや生活の中に見いだされる子どもの表現を受け止め，経験の意味を捉え，子どもが表現者としてより豊かに育っていくことを支え導くための専門性をもつこと，②保育者は，自身が文化的実践者としてのモデルであると同時に，文化的実践に向かおうとする子どもをガイドする役割をも担っていること，以上の2点が重要であることが分かる。

3．養成教育における実技の位置付け

　ICEモデル（Young & Wilson 2000）によれば，学習者の主体的な学びは，I（Idea 新しく学ぶことの基本），C（Connections IとIの関係を明確にし，関連付けることができる），E（Extensions 学んだことを自分のものとし，他の場で新しい形で使える）の3段階として見ることができると言う。保育者養成における実技学習の位置付けについて，ICEモデルを参照して整理すると，その構造は図1のように表すことができる。まず，実技学習（I）は，子ども理解に関する学習等（I）と関連するように計画されることが重要である。学生自身がその関連に気付くことにより，それぞれの

学びは相互作用的に深化し（C），保育実践力の獲得に向けて新たな次元へと発展する（C→E）。ここで言う保育実践力とは，子ども理解を基盤とし，それとの往還の中で獲得されるものを指すのであり（E），子どもの姿や保育の文脈から切り離して獲得されるような技能ではない。I-C-Eのプロセスで学生が自らの技能を高めることの意義に気付いた時，新たな学びを求め（E→I），I-C-Eのサイクルが繰り返されることになる。このように，生涯にわたって主体的に学び続けることのできる学生を育てたい。

（木村充子）

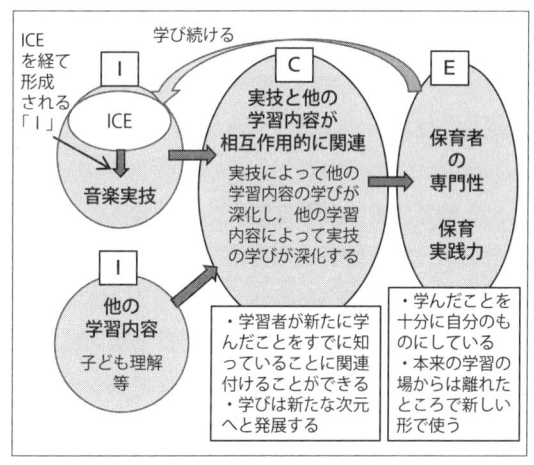

図1　ICEモデルによる音楽実技学習の構造

【引用・参考文献】

Young, S. F. & Wilson, R. J. (2000). *Assessment & Learning: The ICE Approach*. Portage & Main Press.

今川恭子ほか（2010）「『そこにピアノがあるから』ですか─子どもたちの表現を支えるために─」『保育の実践と研究』vol. 15, no. 2, スペース新社保育研究室, pp. 40-57.

木村充子ほか（2016）「領域『表現』をめぐる養成校の現状と課題─シラバス分析の報告─」第3回保育教諭養成課程研究会研究大会 ポスター発表.

杉原真晃ほか（2016）「保育教諭に求められる資質・能力を検討するための基礎的研究─幼稚園教諭と保育士の養成課程における領域『表現』にかかる科目のシラバス分析─」『保育教諭養成課程研究』2, pp. 17-30.

土持ゲーリー法一（2017）『社会で通用する持続可能なアクティブラーニング─ICEモデルが大学と社会をつなぐ─』東進堂.

ヤング, S. F. & ウィルソン, R. J.（2013）『「主体的学び」につなげる評価と学習方法─カナダで実践されるICEモデル─』土持ゲーリー法一監訳, 東信堂.

5-5　**保育者養成の課題　3**

乳幼児教育の質の維持・向上に関わる国際動向

1．はじめに

　国際的に見て，乳幼児教育の質をめぐる議論はすでに19，20世紀転換期に展開していた。各国で園の設置基準やカリキュラムの開発や，保育者の専門要件や養成や研修の検討，実践とその成果の評価システムが開発されてきた。1970年代以降は女性の社会進出の広がりから，ケアと教育を一体化したエデュケアといった造語と共に子どもに保障すべき権利として，教育格差是正の観点からも議論がなされている[1]。

2．乳幼児教育の質の定義

　乳幼児教育の質の定義については，例えば*Handbook of Child Psychology and Developmental Science*（2015）で，構造の質，プロセスの質，子どもの育ちと学びの姿といったアウトカムの質の三つに整理されている。

3．乳幼児教育の質の評価方法の開発

　乳幼児教育の質の評価は園舎や，園庭，遊具，自然環境といった物的環境の評価から，クラスサイズや，先生一人あたりの子ども数，更には養成要件や研修体制，労働環境等，幅広い内容について吟味されている。また実践つまり，保育者が実践においてどのように子どもと関わっているか等の実践評価の方法の開発も進められている。

　1980年代にアメリカで開発された「ECERS: Early Childhood Environment Rating Scale（保育環境評価スケール）」は，「環境評価の指標」として世界で最も浸透している。その他にも，1994年にベルギーで開発されたCISは子どもがいかに安定していて，遊びに没頭しているかを評定するものであり，CISを保育者の自己評価ツールとして開発したSiCsも各国で浸透している。ピアンタらにより2007年に開発されたCLASSは保育者と子どもの相互作用，子どもたちの相互作用，子どもたちの探求等関係性に注目し，子どもの社会性の基礎や探求心，創造力の育ちを評価の観点としている。SSTEW（2015）は保育者と子どもの相互作用の質に注目した指標であり，子どもの安心や情緒の安定，信頼や自信等社会情動的育ちと，子どもの主体的な探求に着目したものである。

4．乳幼児教育の質検討をめぐる国際動向

　乳幼児教育の質をめぐる国際比較研究はかつてより盛んになされてきたが，2000年前後から乳幼児教育分野においても科学的根拠に基づく制度改革が進められるようになり，グローバル・ガバナンスを試行する国際比較研究が広がっていった。経済協力開発機構（OECD）の教育委員会における乳幼児教育ネットワーク（OECD 2016ほか）や，EU（European Commission 2014），ユニセフ（UNICEF 2008），エコノミストのシンクタンク（Economist Intelligence Unit 2012）等において乳幼児教育の質の維持・向上が目指され，評価方法の検討や，実際の比較調査がなされている。これらは，国境を越えた研究者と行政担当者の連携による，子どもの教育保障の試みである。

　乳幼児教育の質の維持・向上を図るための調査項目としては，例えばEU（2014）では①制度，②利用者，③財政，④従事者，⑤教育プロセス，⑥支援を必要とする子どもの保育制度が，エコノミスト（2012）では，①社会的文脈（衛生，栄養，死亡率，識字率といった基礎的な分野），②利用率（1〜6歳の保育施設利用率，子どもの権利保障等の分野），③経済負担状況（税金による保育料負担，特別なニーズのある場合の負担状況，公私格差といった分野），④乳幼児教育の質評価（保

育者一人当たりの子ども数，健康安全対策，保育者養成制度，保育者の待遇，調査，監査，小学校との接続，家庭との連携等の分野）が挙げられている。

　OECD（2016）では，各国でなされている，乳幼児教育の質評価に関わる項目が調査されている。24の国地域で実施されているモニタリング項目として多いものは，「カリキュラムの実施状況」，「スタッフと子どもの相互作用」，「教育とケアの実践方法の全体的な質」（17国地域），「教育方法」，「スタッフ間の連携協力」（16国地域），「子ども一人一人への対応」「保護者との連携」（15国地域），「年齢にふさわしい実践」（14国地域），「感性（優しさ，丁寧さ等）」（10国地域）である。

5．おわりに

　質の維持・向上と関連して，環境評価等のスケールを活用した研究や，構造の質に加えて実践の質，特に，保育者と子どもとの相互作用，子どもどうしの関係性，子どもの興味・関心や没頭の状況等内容を含めた研究が進められている。文化的背景や地域や家庭等の背景の多様性へ配慮等，より複雑な要素も吟味されている。ある時点についての定時的な調査から，縦断調査も進められている。研修効果やプログラム開発による子どもの育ちや学びの姿の変化等，実践現場の問題の解決を志向するアクション・リサーチや，保育者の力量向上研究や，実践開発や研修開発研究も発展してきている[2]。

　これからの音楽教育への期待は大きい。文化的視座の伸長，STEAM教育等科学とアートの融合教育や，教科の観点や資質・能力観点からの幼児期から児童期への学びの連続性を図る実践研究が今後ますます期待される。評価は不可欠であるがしかし，一方で，その質は，単純に定義することが困難なものであり，それゆえに，唯一無二の評価方法があるわけではない。他方で，子どもへの責任から私たちは，乳幼児教育の評価をしないわけにはいかない。評価を放棄するのではなく，一つの評価方法に傾倒しすぎることなく，しかし多数ある評価の指標を適宜，道具として活用し，多方面から乳幼児教育の質を問い，その維持・改善を図る必要があると考える。

　公開がパブリック・ガバナンスを促す点も注目に値すると考える。アメリカでは，質の評価システム（Quality Rating Improvement System）が各州で導入されており，研修についても評価項目に挙げられている。更に，2015年に表された米国医学研究所（IOM）と全米研究委員会（NRC）とによる誕生から8歳の子どもの乳幼児教育に携わる保育者の労働環境の改善を訴えた報告書（IOM & NRC, 2015）が起爆剤となって，アメリカ最大の保育専門組織がイニシアティブをとり，全国規模での大キャンペーン「Power to the Profession（専門職化運動）」が起こっている。

　乳幼児期の教育保障が，子どもの権利として認識されつつある。乳幼児教育のユニバーサル化は無償化，更には義務教育化と各国で進みつつある。

（北野幸子）

【注】
1）アメリカの保育専門組織の歴史的動向や，昨今の議論については，以下を参照されたい。
北野幸子（2001）「世紀転換期アメリカにおける幼児教育専門組織の成立と活動に関する研究─領域の専門性の確立を中心に─」（広島大学博士論文）.
北野幸子（2009）「アメリカの保育専門組織による保育改革─全米乳幼児教育協会（NAECY）の動向を中心に─」『国際幼児教育研究』第17号，pp. 55-60.
2）なお，海外における幼児教育の質に関する研究の動向については，以下を参照されたい。北野幸子（2017）「海外における幼児教育の質に関する研究の動向」国立教育政策研究所『幼小接続期の育ち・学びと幼児教育の質に関する研究』pp. 122-133.

【引用・参考文献】
Economist Intelligence Unit (2012). *Starting Well Benchmarking Early Education Across the World*, EIU.
OECD (2016). *Starting Strong V*, OECD.
UNICEF (2008). "The Child Care Transition," *Innocenti Report Card 8*. UNICEF.
European Commission / EACEA / Eurdice / Eurostat, (2014). *Key Data on Early Childhood Education and Care in Europe 2014 Edition*. Eurodice and Eurostat Report.
Lerner, R. M. et al. (2015). *Handbook of Child Psychology and Developmental Science*, 4-Volume Set, 7th Edition, Wiley.

5-5　保育者養成の課題　4

幼稚園教諭・保育士・保育教諭の研修とその課題

1．教員の養成・採用・研修の一体的改革

　2015年12月，中央教育審議会による「これからの学校教育を担う教員の資質能力の向上について─学び合い，高め合う教員育成コミュニティの構築に向けて─（答申）」では，これまでの答申で繰り返し提言されてきた，教員としての使命感，教育的愛情，教科や教職に関する専門的知識，実践的指導力，総合的人間力等，従来必要とされてきた不易の能力に加え，キャリアステージに応じた資質能力を高める自律性，情報を収集・選択・活用する能力や深く知識を構造化する力，学校を取り巻く新たな教育課題に対応できる力量等が求められている。

　こうした答申を踏まえ，2016年11月には，教員の養成・採用・研修の一体的な改革を図るための「教育公務員特例法等の一部を改正する法律」が可決・成立した。その一つである教育公務員特例法の改正では，(1) 校長及び教員の資質の向上に関する指標の全国的整備と，(2) 十年経験者研

修の見直しが行われ，中堅教諭等資質向上研修となった。これまでのように10年ではなく，実施時期の弾力化を図ることによって，中堅教諭としての職務を遂行する上で必要とされる資質の向上を図るための研修となったのである。

　また，独立行政法人教員研修センター法の改正に伴い，独立行政法人教員研修センターは，「独立行政法人教職員支援機構」と名称を改め，これまでの直営型の研修実施機能を維持する一方で，全国の教職員に対する養成・採用・研修の一体的改革を推進する中核拠点として，調査研究を実施する等，新たに機能を強化した。

　こうした動向を踏まえ，一般社団法人保育教諭養成課程研究会では，養成・採用・研修の一体的な流れを，幼稚園教諭と保育教諭の成長過程として次のような図にまとめている（図1）。

2．保育士等キャリアアップ研修

　一方，保育士にあっては保育所保育指針の第5

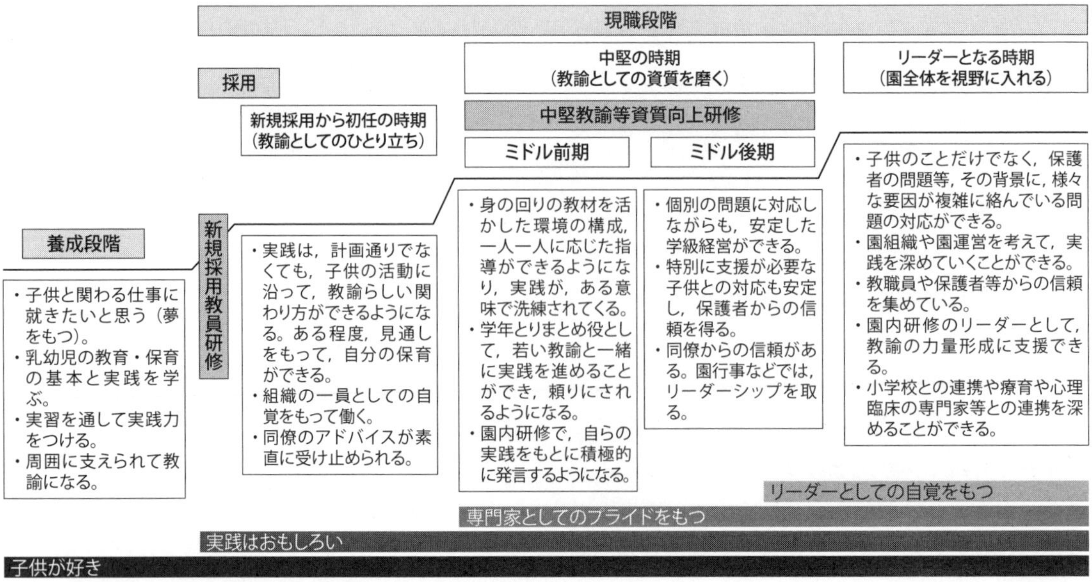

図1　幼稚園教諭・保育教諭としての成長過程（保育教諭養成課程研究会 2017, p.7）

章において，「質の高い保育を展開するための専門性の向上」のために，職員のキャリアパスを見据え，それぞれの職務内容に応じた体系的な研修の機会と，組織的な実施体制に言及している。これを踏まえて，2017年4月には「保育士等キャリアアップ研修ガイドライン」が策定された。これにより，幼稚園教諭，保育教諭，保育士のいずれも，研修の機会の充実が図られていることが分かる。また，幼稚園教育要領，保育所保育指針，幼保連携型認定こども園教育・保育要領いずれにおいても，満3歳児以上の教育内容は共通であることから，全国保育士会（2017）は，幼稚園教諭や保育教諭には「初任者研修」「中堅教諭等資質向上研修」が実施されていることに鑑み，幼児教育に携わる者に対する研修内容は，資格・免許や職名によらず，整合性が図られるべき（p.11）と述べている。この「資格・免許によらず」が重要である。すべての子どもに対する質の高い幼児期の教育・保育を保障するために，管轄省庁の枠を超えて，研修内容の整合性は図られなければならないのである。

3．幼稚園教諭・保育士・保育教諭のキャリアステージに応じた研修と課題

　一般社団法人保育教諭養成課程研究会は，幼稚園教員養成課程学生と新規採用教員の間にあるギャップに焦点を当て，新規採用教員の抱える課題を探り，「新採ギャップ」を乗り越えるための新規採用教員研修のモデル案を作成している。この報告書によれば，新規採用教員は，幼稚園教員養成課程学生に比べて，保育効力感，保育実践力の自己評価が低い。これを「教育現場に自ら身を置くことにより生じた『学習者』から『教育者』へのアイデンティティの変容に直面した困惑」（保育教諭養成課程研究会 2016a, p.18）と考察している。また，在学中に学んでおけばよかったことについて行った因子分析から，第一因子として「指導方法・指導技術」特に表現活動に関する項目が挙げられていた（保育教諭養成課程研究会 2016b, p.35）。つまり，新規採用教員研修では，「実践で

直面する葛藤や不安を乗り越えることを支援する形で展開すること」（保育教諭養成課程研究会 2016a, p.5）が求められているのである。

　中堅教諭等を対象とした研修では，「特別支援を要する子供への対応」「子供理解」「教育・保育においての遊び」「子供を観る上での観点」「子供の発達」「環境の構成と保育者の援助」といった内容の研修が経験年数を問わず求められている（保育教諭養成課程研究会 2017, p.22）。一方で，求められる資質・能力と現在身に付いていると考えられる資質・能力の差を，潜在的な研修ニーズとして捉え，「園運営の中核」といった，求められているものの，まだ十分に身に付いてはいないと想定される項目も明らかとなっており（保育教諭養成課程研究会 2017, p.23），より幅広い視野と専門性を高める研修が必要であることが分かる。

　研修の実施主体は自治体であり，自治体による研修に対する意識の差は否めない。更に幼稚園・保育所等の設置主体は，全国の6割以上が私立[1]であり，研修体制や規模も多様である。専門性の向上を図る研修の在り方について，実施主体における更なる検討が求められる。　　　（駒 久美子）

【注】
1）厚生労働省による平成28年度社会福祉施設等調査の概要から，経営主体別施設数を参照。文部科学省による平成29年度学校基本調査の調査結果のポイントから，学校数を参照。

【引用・参考文献】
全国保育士会（2017）『保育士・保育教諭が誇りとやりがいを持って働き続けられる，新たなキャリアアップの道筋について』保育士等のキャリアアップ検討特別委員会報告書，社会福祉法人全国社会福祉協議会・全国保育士会.
保育教諭養成課程研究会（2016a）『幼稚園教諭・保育教諭のための研修ガイドⅡ―養成から現職への学びの連続性を踏まえた新規採用教員研修―』インターネット，http://www.youseikatei.com/pdf/20170927_1.pdf（2018/8/31にアクセス）.
保育教諭養成課程研究会（2016b）『幼稚園教員養成課程カリキュラムと現職研修とのギャップの検証　報告書「新採ギャップ」に関する研究―幼稚園教員養成校学生との比較―』インターネット，http://www.youseikatei.com/pdf/20160602_4.pdf（2018/8/31にアクセス）.
保育教諭養成課程研究会（2017）『幼稚園教諭・保育教諭のための研修ガイドⅢ―実践の中核を担うミドルリーダーの育成を目指して―』インターネット，http://www.youseikatei.com/pdf/20170927_2.pdf（2018/8/31にアクセス）.

保育者養成の現場から　1

実践研究事例

保育者養成における唱歌に着目した伝統音楽の指導

1．はじめに

　保育現場でわらべ歌や伝統的な音楽のよさ，面白さを子どもたちに伝えるためには，保育者自身が体験を通してそれらのよさや面白さを実感し，価値あるものとして理解していることが重要である。本稿は，唱歌に着目した二つの活動を通して学生の伝統音楽への興味・関心が高められたか，そしてこれらの活動が保育実践の場で子どもが伝統音楽に親しむ指導のあり方を思考することにつながったかの視点から考察する。

2．実践の概要

　本実践は，2016年4月と11月に「保育内容の研究（表現－音楽）」を履修する2年次生81名を対象に行った。
実践1．締太鼓と鉦のよく使われる手の唱歌を覚え，それぞれの手の組合せを工夫してわらべ歌と合わせる。
実践2．長唄《雛鶴三番叟》の合方の一部を教材として，掛け声を伴う小鼓の「三番地」の手と合方の三味線の唱歌を覚え，合わせる。
　実践1では，和楽器の唱歌とわらべ歌の合奏として楽しい活動になることを期待した。実践2は学生にとってなじみがない楽器と言えるが，実践1の後で，伝統芸能の鑑賞につながる，やりがいあるものとして取り組むことを期待した。実践後振り返りの記述をさせ，最後にDVDで《三番叟》，長唄《雛鶴三番叟》の鑑賞を行った。

3．本実践で取り上げた唱歌について

　唱歌は，箏の「コロリン」や締太鼓の「テレツク」のように，和楽器の音を日本語の音韻によることばとして唱えるものであり，器楽を伝える場面で伝統的に使われてきた。唱歌には，楽器の音色や旋律，リズムだけでなく，奏法における身体性，息遣い等日本の音楽に関わるすべての要素が内包されている。

　本実践で扱う唱歌は，基本的で覚えやすいものであることを重視した。実践1では，締太鼓の唱歌として基本的な奏法である「天」と「ツ」及び掛け声と所作を伴うかつぎ撥の手を扱った。鉦の唱歌は祭囃子等でよく使われる手を取り上げた。実践2では小鼓と三味線の唱歌を取り上げた。小鼓の「三番地」は，演奏の基本になる「タ」と「ポン」を交互に打つ手である。長唄《雛鶴三番叟》の〈三番叟の合方〉にこの手の繰り返しがあり，覚えやすいと考えた。三味線の唱歌は，「チリチレツン」等調子のよい唱歌が繰り返し出てくるので比較的覚えやすく，合わせた時に三味線の旋律と小鼓のリズム及び掛け声が生み出す独特の雰囲気を感じ取ることができるものとして取り上げた。

4．振り返り記述からの考察

①唱歌は楽しい

　「唱歌を初めて聴いて感じたこと」について「不思議な感じ」という記述が多く見られたが，「楽器の音をことばで表現するのは覚えやすく，楽しい」「日本人独特の音の表現の仕方」と，唱歌について受容的態度が感じられた。これは唱歌の日本語の音韻によるところが大きいのではないかと考える。唱歌にはことば遊びのような面白さがあり，技能面の心配なく誰もがすぐにできる。

②唱歌と楽器の音色

　「唱歌を唱えた後に聴いた楽器の音」について，約6割が「そのとおりに聞こえた」と回答した。「ぼんやりと感じていた音が，頭の中で『スッ』とか『チン』に置き換えられてはっきりと聞こえるようになった」「唱歌の歌い方を聞いて楽器をやってみ

ると，雰囲気やニュアンスを感じることができた」は，単に楽器の音色に置き換えるだけでなく，表現された音楽そのものとして感じ取ったということである。唱歌と楽器の音色をつなぐ耳ができたと考えられる。

③掛け声も音楽

「締太鼓と小鼓の掛け声」について，「掛け声があることによって一体感を出す」「音楽の世界観の拡大。ふくよかな音楽への変換」「指揮者のような役割」等，実際に体験することによって掛け声が音楽を進める上での重要な役割を果たしており，表現を支える役割も担っていること，音楽の一部であることに気付いたと言える。

④音楽の全体像を捉える

実践2で「集中して聞けば聞くほど音の合わさるタイミングが難しく，それでいながら全体をぼんやり聞くとちゃんとまとまって聞こえるから不思議な感じだった」からは，「小鼓，掛け声，三味線のタイミング」を分析的に聞こうとする耳と「全体をぼんやり聞く」ということばから，音楽の全体像を捉えようとする耳の両面が開かれたことが分かる。そして「唱歌を覚えて2回目に聞いた時はそれぞれの音がよりはっきり，混ざり合うように聞こえた」からは，「三番地」の手の繰り返しによって生み出される拍子感と，三味線の唱歌との関わり合いから成る一つの音楽としての全体像を捉えることができたことが分かる。

5．唱歌がもたらしたもの

「活動を通して自分の中に変化があったか」について，次の記述には，これまで伝統的な音楽に興味をもてなかったという学生の大きな内的変化を見ることができる。「小学校や中学校で太鼓や三味線をやったことはあったが全く興味がもてなかった。しかしこの授業で初めて興味をもてた。唱歌も楽しかったし，一体感みたいなものも感じられて，子どもたちにもまず，この感覚を感じさせたいと思った」。この記述の「まず，この感覚を感じさせたい」に注目したい。「この感覚」には，

自分が捉えたものが価値あるものであることの確信が見える。そして，今まで興味を感じなかったものが，魅力あるものへと大きく転換し，子どもたちにも伝えたいという思いにつながっている。日本音楽の教材化について山田（1990）は「日本音楽の教材化は，こうした固有の様式とそれを受け止める感性を育てることでなければ意味がない」（p.58）と述べており，また柳生・山田（2006）は文化の様式が凝縮したような楽曲を選ぶことの大切さと「教材は純粋で単純なものほど子どもを変える力がある」（p.37）ことを述べている。

本実践で，それぞれの唱歌が提示された時はまさにそのものを学ぶわけであるが，その学びを通して，伝統音楽を受け止める耳が開き，子どもに伝えたい思いにつながっていくのである。佐伯（2006）は，保育を「文化的実践をする子どもを，ともに文化的実践することで，より豊かに文化的実践をするように仕向けること」（p.184）だとした。子どもは，対象をまるごと受け止める。唱歌を介して日本の伝統音楽に出会う場を設定し，そのよさや価値の理解をもって子どもとともに楽しみ実践することで，子ども自身の世界として拡大していくのではないだろうか。実践の結果，唱歌を学ぶことが楽しいと実感され，伝統的な音楽についての興味・関心が高まった。そして唱歌が伝統音楽への関わりの手がかりとなり，「子どもたちにも日本の音楽を真似っこさせたい」と伝統的なものがもつよさや味わいを子どもたちに伝えたいこととして捉え思考することができるようになった。また，子どもとともに文化的実践をし，より豊かな文化的実践へと導くために，保育者としてもつべき知識・技能の獲得にもつながる実践であったと言える。

（寺田己保子）

【引用・参考文献】
佐伯胖（2006）『幼児教育へのいざない』東京大学出版会.
『日本音楽大事典』（1989）「唱歌」平凡社，p.97.
柳生力・山田隆（2006）『からだと音』アガサス.
山田隆（1990.5）「連載24　呼吸（いき）が合うよ！日本の音―表現教材として邦楽を生かす―」『教育音楽・小学版』第45巻第5号，音楽之友社，pp.58-59.

5-6 保育者養成の現場から　2

実践研究事例

保育者養成における「竹」を用いた楽器制作を通した協働的学び

1．はじめに

　子どもの表現を支える保育者は，子どもの表しにつぶさに気付き，寄り添い，時にはともに思いや感情を共有できる感受性が豊かでなければならない。感受性の豊かさというのは，佐藤（1995）が述べるように，自身を取り巻く世界（モノやヒト）と相互作用しながら，内と外の往還によってはぐくまれるものである（p. 233）。そこで，学生が深くモノやヒトと関わる実践として，協働による楽器制作を構想した。制作に当たり，内面に働きかけるのに有効であると考えられている自然素材に着目した。自然素材の中でも，身近な植物であり，かつ民族楽器としても多数存在していることから教材としての可能性の広がりが期待できる竹を選択し，その伐採から行った。

　本研究は，保育者養成校の学生が，協働による竹を用いた楽器制作とそれらを用いた活動を通して得られた学びについて明らかにすることを目的とする。

2．研究の方法

(1) 研究対象者：保育者養成大学学生8名のうち，入学前にピアノ等の音楽経験のある学生は4名，その他の学生は楽器等の音楽経験はない。

(2) 分析方法：竹の伐採から始めた楽器制作の学生たちの様子を筆者が筆記及び撮影によって記録したものと活動終了後に行った学生たちの振り返りの記述から分析，考察を行う。

(3) 活動の概要

・活動期間：20XX年11月（竹の伐採）20XY年4月〜20XZ年1月（楽器制作から振り返りまで）

・活動内容：①竹の伐採，②楽器制作（スリットドラム，トガトンほか），③保育実践の計画及

び練習，④保育実践，⑤振り返り（質問紙に記述）

3．実践事例の検討

　学生たちは，竹というモノとの関わりにより，音を探求するようになり，音の感じ方が深まった。更に，音を介したヒトとの関わりにより自分自身の見方や考え方も拡がった。

3.1 モノとの関わり

【事例1：音の探求】

> 　竹に四つの音板ができるよう，悪戦苦闘しながら小刀でスリットを入れた。そして，響きがよくない音板のスリットを削ってはたたいて聴くという作業を繰り返し，さっきより音がよくなっていると微細な音の変化を聴き取る。その後も竹を様々な角度から観察し，時にはたたき方を変えてみる等，それぞれが考えを巡らせた。

　学生たちは，思い通りに進まず悪戦苦闘するうちに，竹の構造だけでなく，奏法やたたくものとの関係にまで言及する等，様々な角度からアプローチするようになり，音づくりが創造的なものへと変化し，音を聴く集中力も高まっていった。学生Aは，制作で感じたことについての振り返りで「自然の物だからこそ思ったように鳴ってくれないし，使い捨ての物ではないため，失敗した時の失望感も大きい。けれどその分，竹によって音や感触が変わる面白さが大きな割合を占めた」等，学生たちからは，大変な作業であったものの音が出た時の喜びと面白さについての記述が見られた。

【事例2：音の聴き方，感じ方の深まり】

> ・トガトンの制作中，微調整をするために切り落とした竹がタイルの床に落ちた瞬間A（ラ）の音が鳴った。全員「あ！」という表情になる。学生Bが「これも使おう！（音素材として）」と言う。
> ・竹が足りなくなり，最初の伐採から9か月後，再

度伐採を行った。学生Ｃは生えている竹の節を手でたたいて「いい音」と言う。更に，竹の先端部分（笹）の枝を切り落としている最中，葉がこすれ合う音を聴いて，学生Ｄが「これも使える！」と言う。

・昼食中，仲間の箸が食器に当たる音を聴いた学生Ｄが「もはやそれも音に聴こえる」と言って笑う。

　学生たちは，初めての伐採時には竹から出る音についての反応はなかったが，楽器制作の過程で音を探求し，同時に聴き方も変化していったことで，竹だけでなく，自身を取り巻く音に気付き，音を質的に捉えるようになった。学生Ｂの活動後の音への意識の変化に関する記述では，「音の意識は以前と比べて全然違う。活動後は子どもが楽器にふれているのを真剣に聴いてみる姿勢に自然となっていた。また，街中の音も『この電子音じゃない方が良いんじゃないか』と言うように音を通して考えるようになった」と記している。

3.2 音を介したヒトとの関わり

【事例３：他者との協働と自己の世界の拡がり】

　学生Ｅと学生Ｃそれぞれが，完成したスリットドラムをたたいているうちに，学生Ｃが学生Ｅに投げかけるようにタンタンタンとたたく。するとそれにこたえるように学生Ｅがタンタンタンとたたく。更に言葉によるやりとりなしに，投げかける役割とこたえる役割が途中で交代しつつ，その音遊びが暫く続いた。その後，学生Ｃが「ここの音，台所の包丁で切ってる音みたい」と言うと，それぞれに楽器づくりをしていた全員が手をとめて賛同する。すると，学生Ａが竹でつくったばち２本同士をぶつけてたたき，「じゃあこの音は？」と問いかける。

　音を鳴らして遊ぶうちに，二人の学生の間で自然に音のやりとりが始まった。こうしたやりとりは他の学生たちの間でも見られた。また，鳴らした音のイメージを共有し合い，音当て遊びとして発展していったが，こうした音を介したやりとりは，伐採の作業や，同じモノを見て聴いて考えを共有し合い試行錯誤を重ねてきた協働作業と音への感じ方の変化によるものと思われる。学生Ｂが，

制作の過程で感じたこととして「切るごとに音がかわっていくなど様々な発見をみんなで共有できたからこそ，こだわりをもって音の探求ができた」と記述していることから，事例１で取り上げた音の聴き方の深まりも，モノとの対峙だけでなく人との関わりも大きな意味をもたらしていたと言えるだろう。また，学生Ａは「誰かと共有することで自分を伝えることや相手の世界が見えてきて，自分の世界も拡がっていくことを学んだ」と述べており，ヒトとの協働により自身の拡がりがもたらされることも分かった。更に，学生Ｆは活動後の自身の変化について「楽器を使って一つの曲を演奏することが音楽だと思っていたが，この活動を通して，それだけが音楽ではないと考え方が変わった」と記述しており，音楽表現を育てる上での考え方が変化したことを述べている。

4．まとめ

　以上，保育者養成校の学生が伐採から始めた竹を用いた楽器制作の事例と振り返りの記述をもとに検討してきた。学生たちは，竹と向き合い，思考する過程で音を質的に捉えるようになった。また竹だけでなく他のモノに対しても興味・関心を示すようになり，モノとヒトとの関わりによって内面や音への感性が深まり，視野の拡がりが見て取れた。ここで取り上げたのは，音楽表現の学びに焦点化しているが，音楽領域だけで括ることができない多様な体験と自身を取り巻く世界との往還によってはぐくまれるものは，音楽にとどまらず子どもの表現をはぐくむ上での保育者の感性の育ちへとつながっていくであろう。（斉木美紀子）

【引用・参考文献】

檀本眞美代（2016）「保育者養成校における栽培活動の教育的意義について―環境教育の視点から―」『佐賀女子短期大学研究紀要』50，pp. 115-125．

小島律子・関西音楽教育実践学研究会（2013）『楽器づくりによる想像力の教育―理論と実践―』，黎明書房．

佐藤学（1995）「『表現』の教育から『表現者』の教育へ」佐伯胖・藤田英典・佐藤学編『表現者として育つ』東京大学出版会，pp. 221-238．

5-6　保育者養成の現場から　3

実践研究事例

保育者養成校における世界音楽へのアプローチ

1．保育者養成にとっての世界音楽[1]

　幼稚園教育要領では，領域「環境」において異なる文化に触れる活動に親しんだりすることに言及し，国際理解への意識の芽生えを生むとともに，幼児の体験が豊かになることが大切だとされている（文部科学省 2018, p. 201）。本稿では，幼児の体験が豊かになることを目指した養成校における世界音楽の実践報告を通して，保育者養成に世界音楽を取り入れる意義について検討する。

2．養成校における世界音楽へのアプローチ

　幼児にとっては音楽のジャンルの区別はなく，楽しいものは楽しい。楽器・声・身体の動きを通して表現の多様性を備えた世界各地の伝統音楽には，幼児にとって楽しいものがたくさん含まれている。世界各地の多彩な音楽との出会いの場を設けることによって，幼児の表現の幅を広げ，感性を豊かにすることにつながると考えられる。

　保育者養成にあっては，環境として幼児にこうした出会いをもたらせるよう，保育者自身の「音楽」の広がりを促すことが望まれている。

　授業では「見る→真似る→遊ぶ」の3段階の過程を経るようにした。

①鑑賞（←見る）
　対象となる世界音楽（アジアの民謡，フィリピンの竹楽器，アボリジニの舞踊，アフリカの太鼓文化等）が，本来どのような文化的脈絡で行われているかを，鑑賞を通して学ぶ。
②体験（←真似る）
　アジアの民謡（日本民謡の囃子言葉，韓国民謡《アリラン》等）を歌い，世界の打楽器（フィリピンの竹楽器，韓国の杖鼓，沖縄のパーランクー等）や民俗舞踊を体験する。
③創作（←遊ぶ）
　体験した音楽や舞踊の特徴を見いだし，保育現場

に応用できる形で，その要素を用いて創作する。実践例としては，竹楽器の創作では，種類の異なるものを組み合わせてリズム合奏を考えたり，子どもの歌に竹楽器だけの伴奏付けを行ったりした。また，アボリジニの踊りを参考に，一定の拍に乗って身近な動物の動きを真似る身体遊びを考えた。韓国民謡《アリラン》と民俗舞踊《カンガンスルレ》を組み合わせて，歌を伴う身体遊びを創作して実践した。

　学生の感想には，「子どもに伝えたい」「親しみやすかった」といった肯定的な内容が多く，世界音楽を身近に捉えられるようになったことが窺える。中には，自らが体験したことを保育現場で実践してみたいという前向きな姿勢も見られた。

　一方，人間の根源的表現を体現できる要素を備えた世界音楽の体験が，学生に幼児の素朴な表現への気付きを促した。

3．幼児の表現への捉えの広がりと世界音楽

　保育者養成における世界音楽の実践からは，保育者に幼児の表現について大きく以下の2点の広がりが期待できる。一つは，声・身体・リズムによる多様な表現を「音楽」として捉えることで，幼児に豊かな体験をもたらすことができる点である。もう一つは，世界音楽に見られる人間の根源的表現を体験することで，幼児の素朴な表現への気付きを生む点である。　　　　　　　（山本華子）

【注】
1）ここでは地球上のあらゆる音楽を対等に扱う意味で，世界音楽という用語を用いる。

【引用・参考文献】
文部科学省（2018）『幼稚園教育要領解説』フレーベル館.

5-6　保育者養成の現場から　4

実践研究事例
音楽・造形・身体を連携させた保育内容「表現」の授業実践

1．保育者養成における保育内容「表現」

　保育所保育指針や幼稚園教育要領等に示された領域「表現」では，子どもの表現を総合的に捉えている。しかし，全国の養成校を対象として行った質問紙調査では，分野をクロスさせた総合的な表現活動に関心ある養成校は少ないことが明らかとなっている（智原ほか 2016）。また，養成校における保育内容「表現」の授業は，音楽・造形・身体・保育等の専門家が主に担当し，多くは分野ごとに分けて開講されている（鷹羽・水谷 2014）。

2．分野を連携させた「表現」の授業実践

　筆者らは，各分野が相互に繋がりをもつ授業設計について研究を進めており，保育内容「表現」の授業は音楽・造形・身体各分野の教員3名によるオムニバス形式で行っている。全15回の授業のうち11回までは，分野相互の連携を視野に入れつつ各教員が専門分野を生かした授業を行った。音楽を専門とする教員が担当する回では，造形で制作した手づくり楽器の活用，ボディパーカッション，身の回りのモノや音を用いてイメージを音楽表現にする等，造形・身体への繋がりを意識した内容を選択した。12回以降は3名が合同で実施し，分野を連携させた活動例を示した上で自由な表現活動を支援するよう留意した（図1）。

　最終回には各分野を総合的に組み合わせた表現の発表を行い，指導計画の作成も課した[1]。指導計画には，製作した造形物を音楽活動や身体活動に生かす展開例のほか，経験した出来事を想起しながら総合的な表現をつくる展開，動物のイメージを軸に「なりきり遊び」と歌唱と折り紙製作を繋ぐ展開，音楽と動きを合わせる展開等が見られた。生活や遊びの中での子どもの姿を踏まえ，指導計画に反映させている様子がうかがえる。

1. オリエンテーション（領域「表現」のねらい及び内容について）
2. 造形①（手づくり楽器製作1★）
3. 筆記試験／表現活動を含む指導計画の作成
4. 音楽①（ボディパーカッション★）
5. 身体①（歌を手がかりにした表現）
6. 造形②（手づくり楽器製作2★）
7. 音楽②（ヴォイスアンサンブル★）
8. 身体②（日常的なものを使った表現）
9. 造形③（製作物からの発展）
10. 音楽③（イメージからの音楽表現★）
11. 身体③（動き，音を用いた表現★）
12. 音楽④（創作合奏の録画★）
13. 身体④／造形④（音楽表現を基にした身体表現／造形表現★）
14. 造形④／身体④（音楽表現を基にした身体表現／造形表現★）
15. 音楽・造形・身体を連携させた表現について（学内ホールでの発表）

★は分野間のつながりを含んだ内容
　矢印は造形で製作した手づくり楽器の使用を表す

図1　保育内容「表現」の授業設計

　授業開始時と終了時に受講生を対象として実施した質問紙調査から，授業を通して音楽・造形・身体の各分野だけでなく，「自らの思いを様々な形で表現すること」に対する自信も有意に高まることが明らかとなった（$p<0.01$）。

（滝沢ほだか・横田典子・山田悠莉）

【注】
1）授業は，「領域に関する専門的事項」に該当するが，本研究は指導法に関わる内容との関連も視野に入れながら行っている。

【引用・参考文献】
鷹羽綾子・水谷誠孝（2014）「愛知県の保育士養成校における担当者の専門領域からみる保育内容『表現』」『全国保育士養成協議会第53回研究大会研究発表論文集』p. 108.
智原江美・鍋島惠美・和田幸子・田中慈子（2016）「アンケート調査からみた保育者養成校における総合的な表現活動に関する授業の実施状況」『京都光華女子大学京都光華女子短期大学部研究紀要』第54号，pp. 197-208.

人名索引

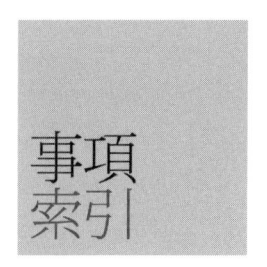

事項
索引

あとがき　日本音楽教育学会の設立50周年記念として，ここに『音楽教育研究ハンドブック』を刊行できますことを心より嬉しく思います。本学会ではこれまで，10年ごとの周年に合わせて研究の歩みをまとめ，『音楽教育学の展望』（1979），『音楽教育学の展望Ⅱ』上・下（1991），『音楽教育学研究』1～3（2000），『音楽教育学の未来』（2009）を世に出してきました。またその間には，設立30年記念企画として『日本音楽教育事典』（2004）を刊行しました（いずれも音楽之友社刊）。その中で，広く音楽教育研究の方法を捉える書の刊行が待ち望まれてきました。しかし，それはとても難しいことでした。なぜならば，音楽教育研究の対象や内容は極めて多岐にわたり，更に，個別の研究テーマごとに求められる研究方法が異なるからです。

　本書は「ハンドブック」として，こうした音楽教育研究の広がりを踏まえながら，これからの音楽教育研究の進め方の指針となる書を目指しました。また，本学会の叡智を結集することはもとより，関連周辺諸科学の知にネットワークを張ることも方針としました。

　本書の趣旨を汲んで，限られた紙幅にエッセンスを凝縮させた原稿をお寄せくださいました執筆者の方々，本書の方向性について討議を繰り返しながら，長期間にわたり膨大な時間を割いて全面的に編集にあたっていただいた常任編集委員の方々，そして編集の随所随所で多大なご協力をいただきました編集委員ならびに編集協力者の方々等，本書の刊行に関わってくださった方々すべてに深く感謝いたします。

　刊行に当たっては，音楽之友社の岸田雅子さんに大変なご尽力をいただきました。企画段階から編集の実務に至るまで，日本音楽教育学会が50周年の節目に当たり本書を刊行することの意義を深くとらえ応援していただきました。ここに心より感謝申し上げます。

　最後に当たり，本書が「ハンドブック」として，音楽教育研究に携わるすべての方々にとって，その指針を探すための書として生かされていくことを衷心より祈念いたします。

編集委員長　加藤富美子

おんがくきょういくけんきゅう
音楽教育研究ハンドブック

2019 年 10 月 5 日　第 1 刷発行
2025 年 4 月 30 日　第 3 刷発行

にほんおんがくきょういくがっかい
編　者　日本音楽教育学会

発行者　時枝　正
　　　　東京都新宿区神楽坂 6 - 30

発行所　株式会社 音楽之友社
　　　　電話 03（3235）2111（代）　〒 162-8716
　　　　振替 00170-4-196250
　　　　https://www.ongakunotomo.co.jp/

装丁／本文デザイン：光本順一（色えんぴつ）
組版／印刷：（株）シナノパブリッシングプレス
製本：（株）ブロケード

©2019 by Japan Music Education Society.
ISBN978-4-276-31140-4
Printed in Japan.

落丁本・乱丁本はお取替えいたします。

本書の全部または一部のコピー、スキャン、デジタル化等の無断複製は著作権法上での例外を除き禁じられています。また、購入者以外の代行業者等、第三者による本書のスキャンやデジタル化は、たとえ個人や家庭内での利用であっても著作権法上認められておりません。